2023증보판

100억 도전 비대면 시대 폭발적으로 주목받는 비즈니스

기적의 구매대행 노하우

저자 강창호

- 온라인 판매 기본 프로세스 이해
- 무재고 창업
- 진정한 디지털노마드
- 잘 팔리는 아이템 찾는 핵심 기술

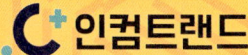

프롤로그

지구촌이 점점 가까워지면서 온라인 쇼핑과 마케팅에도 정말 많은 변화가 계속되는 세대에 살고 있습니다. 20년 동안 오프라인 판매, 광고 마케팅 업무에 종사해 왔어도 온라인 마케팅은 어렵고 늘 새로우며 하루가 다르게 변화해서 적응하기가 정말 무섭다고 느끼고 있습니다.

이 책에는 구매 대행 사업을 하면서 경험했던 내용들 위주로 정리하였고 자의적 해석에 기초한 내용이지만 현장 팁이 된다면 가급적 담으려고 노력했습니다. 제한된 지면에 모든 정보를 기술하기보다 셀러에게 필요한 정보만 설명하려고 했습니다.

그래서 사이트에 회원 가입하는 방법, 오픈 마켓 메뉴 기능 설명, 어느 버튼을 누르면 어떻게 된다와 같이 포털이나 블로그, 유튜브에 조금만 검색하면 알 수 있는 기초적인 내용들은, 꼭 필요한 내용이 아니고는 많이 생략하였습니다. 또, 현실적인 수익을 내는 강력한 방법이라도 데이터를 오픈하기 곤란한 자료이거나 비공식적인 방법, 검색 로봇과 마켓의 어뷰징(abusing) 요소가 포함된 노하우들은 대부분 제외하였습니다. 가급적이면 장사하는데 현장에서 도움이 되고 셀러가 많이 느끼고 궁금해 할 내용 위주로 다루었습니다. 많은 부분이 경험이나 개인 지식에 기초한 부분이라 틀린 부분도 있을 것이라고 생각합니다. 단지 구매 대행의 소설 한권 읽는 느낌으로 보아주시면 감사하겠습니다.

이 책이 탄생하게 물심양면으로 도움을 주신 정명희 원장님, 전진수 선생님과 인컴 식구들께 깊은 감사를 드립니다. 부족한 역량임에도 오랫동안 기다려 주셔서 감사한 마음을 전하고 싶습니다. 또, 퇴사한지 까마득한데 선배가 책을 내는 것에 적극적으로 쌍수를 들고 도서 유통을 도와준 jtbc+의 우광채 팀장께도 깊은 사의를 표하고 싶습니다. 특히, 출간하는데 실무적으로 저에게 많은 도움을 주신 정현아, 이지현, 윤지선 각 대표님께도 진심으로 감사의 마음을 전합니다. 제가 살아가는 이유인 가족들도 늘 고맙습니다.

오래전 내한한 브라이언 트레이시의 강의를 듣고 흥분하여 책을 밤새 읽은 적이 있습니다. 가난한 이민자의 아들로 태어나 결국 자수성가한 그가 지구촌 곳곳에 희망을 전파하고 꿈을 심어 주는 노력 덕택에 큰 자극을 받았던 기억이 생생합니다. 저도 한 분야에서 조그마한 노하우를 쌓게 되면 다른 사람과 공유하며 선한 영향력을 전파해 가겠다는 다짐을 어쩌면 그때부터 하고 있었는지도 모르겠습니다. 은둔 고수들이 너무 많은 걸 알기에 이 정도 노하우로 감히 풋내기 광장에서 담을 넘어 나가려 한다니 참으로 부끄럽습니다.

그러나 저와 같이 공부하신 분들 중 강력히 지지 해주시는 분들이 있고, 성과를 많이 내시는 분들이 저의 구매 대행 노하우가 틀리지 않았다는 것을 증명하고 있어서 힘을 내서 조심스레 세상에 내보내 봅니다. 이 세계에 몸담으면 자신들만의 방법과 철학이 생기지만 누구도 결코 이것 아니면 안돼, 이 방법 밖에 없어! 이런 교만한 자세를 보이면 금세 외면당한다는 것을 잘 압니다. 그래서 과장되고 단정적인 표현을 쓰지 않으려 노력했고 장사하면서 기록했던 소소한 팁부터, 길게 보고 흔들림 적은 뚝심 있는 방법까지 망라했고 이를 실전에 몸에 베이도록 체득해야 오래 간다는 생각을 오랫동안 견지해오고 있습니다.

개인적으로 저는 어느 분야나 먼저 길을 닦은 분들의 위대함을 우러러보는 성향이 있습니다. 그래서 업계의 파이오니어들을 늘 존경하고 있습니다. 누군가의 지식을 쉽고 빠른 시간 내에 흡수하는 것은 무척 중요한 일입니다. 시행착오를 하면서 겪게 될 시간과 비용, 그리고 잘못된 방향을 잡아 주니까요. 그래서 어린이들에게 위인전을 읽게 하고 어른들도 죽을 때까지 돈과 시간을 써서라도 성공한 사람들의 인문학 강의를 들으려는 것이겠죠.

나날이 새롭게 쏟아져 나오는 정보의 홍수 속에 필요한 모든 것을 다 찾아 외울 수는 없는 일이지요. 그래서 Know-how 못지않게 Know-where가 중요해지는 것일지도 모르겠습니다. 그래서 이 책이 구매 대행 사업자님 곁에 두고 필요할 때마다 스스로 쉽게 찾아볼 수 있는 공유 서적이 되었으면 하는 소박한 마음으로 집필하게 되었습니다. 누군가에게는 타이탄의 도구가 될 것이고 또 누군가에게는 수건 깔아 쓰는 목침이나 컵라면 덮개가 될 수도 있을 것입니다. 구매 대행은 교육비가 창업비입니다. 아깝다 생각 말고 전문가를 찾아가시고 책을 읽으시길 권합니다.

혹시 밤늦게까지 그냥 자기 아까워서 좀 더 의미 있는 일을 해볼 맘으로 또 새벽까지 컴퓨터 앞에 앉았는데 생각과 달리 뉴스나 유튜브에 몰두하고 있는 자신을 발견하지는 않으신가요? 그리고 다음날 회사 가서 꼭 해야 하는 일에만 급급하다 퇴근하고요.
정시에 딱 맞추어 회사에 도착하는 사람은 향기가 없습니다.

새벽 4시에 일어나세요!! 식구들 다 잘 때 졸리더라도 3달만 컴퓨터 앞에 앉아 보세요. 달라집니다. 분명 달라지거든요. 숙제를 다 하고 출근하는 사업자님은 회사 가서 마케팅도, 수정작업할 시간도 충분해지고 정시에 퇴근해도 시간이 여유롭습니다. 거기서부터 돈이 되기 시작합니다. 눈 딱 감고 1년간만 투자해 보세요.

"새벽 4시의 은밀한 돈의 역습!"

독자님의 업무도, 돈도, 건강도 달라집니다. '구매 대행의 기적은 끈기 있는 사람에게만 일어납니다.' 구매 대행 사업자님들의 성공을 기원합니다!

강창호 드림

Part 01 시작부터 앞서가는 초격차

이 책의 차례

SECTION 01 구매 대행 업무 기본 지식　　　　　　　　　　18

1. 수익을 못 내는 이유 2가지　　　　　　　　　　18
2. 구매 대행 사업을 시작해야 하는 이유　　　　　　　　　　19
3. 온라인 판매 시 염두에 두어야 할 내용　　　　　　　　　　20
4. 제대로 알고 시작하자　　　　　　　　　　20
5. 구매 대행 사업의 오해와 진실　　　　　　　　　　21
   - 외국어?　　　　　　　　　　21
   - 포토샵?　　　　　　　　　　21
   - 스마트한 두뇌?　　　　　　　　　　22
   - 아이템 보유?　　　　　　　　　　22
6. 구매 대행 사업을 좌우하는 4가지 핵심 사항　　　　　　　　　　23
   ❶ 시장 조사 능력　　　　　　　　　　23
   ❷ 최적화와 마케팅　　　　　　　　　　23
   ❸ 사업의 시스템화　　　　　　　　　　23
   ❹ 사업자의 마인드　　　　　　　　　　23
7. 온라인 판매의 기본 프로세스 이해　　　　　　　　　　24
   7.1 드랍 쉬핑 비즈니스 형태　　　　　　　　　　24
   7.2 어떻게 하는 거예요?　　　　　　　　　　28
   7.3 구매 대행 사업을 하면 왜 좋을까?　　　　　　　　　　29
   7.4 구매 대행은 어떤 비즈니스인가?　　　　　　　　　　29
   7.5 온라인 판매 프로세스　　　　　　　　　　30
      첫 번째, 상품 소싱 단계　　　　　　　　　　30
      두 번째, 상품 등록 단계　　　　　　　　　　30
      세 번째, 마케팅 단계　　　　　　　　　　31
      네 번째, 퍼포먼스 산출 단계　　　　　　　　　　31
   7.6 아이템을 어디서 갖고 와야 하나요?　　　　　　　　　　31
   7.7 일반 쇼핑몰과 구매 대행몰의 차이　　　　　　　　　　33
   7.8 구매 대행 VS 병행 수입　　　　　　　　　　33
   7.9 마켓의 추세와 핵심 트렌드 읽기　　　　　　　　　　34

SECTION 02 개설(제 사업자 세팅) 42

1. 사업자 등록 42
2. 사업자 등록 신고 방법 43
   2.1 통신 판매업 신고 43
   2.2 화장품 책임 판매업 영업 허가 43
   2.3 수입 식품/건강 기능 식품 영업 허가 44
3. KC 인증 45
   3.1 KC 인증은 왜 필요한 건가요? 45
   3.2 KC 인증 확인은 어디서 할 수 있나요? 46
4. 어린이 안전 기준(http://www.law.go.kr) 48
5. 상표권 확인 49
6. 구매 대행 추천 신용 카드 49
7. 업무 기본 세팅 50
   7.1 SETTING 1 50
       온라인 도장- 모두싸인 50
       서식 양식 사이트 – 프리폼, 예스폼 50
       맞춤형 인쇄물 51
   7.2 SETTING 2 52
       글로벌 스킨의 활용 52
   7.3 SETTING 3 53
       PAPAL 가입은 필수 53
       자사몰인 경우 PG사 가입 필수 53
       캐시백 사이트 54
       아마존 프라임 가입 56
8. 기본적으로 알아야 하는 사이트 56

SECTION 03 구매 대행 실무 기초 60

1. 개인 통관 고유 부호 발급 60
2. 해외 구매 대행(직구) 통관 방법 61
   2.1 목록 통관 61
   2.2 일반 통관(수입 신고) 61
   2.3 통관 진행 조회 방법 62
   2.4 해외 직구 및 구매 대행 관련 문의 63
3. 아마존 구매 계정 해킹? 이렇게 해결하세요! 63
4. 그 외 알짜배기 정보 64

5. 해외 사이트 결제가 안 될 때 해결 방법　　　　　　　　　65
6. 우회 접속 프로그램 VPN　　　　　　　　　　　　　　68
7. 가품, 지재권 이슈와 마켓 환불　　　　　　　　　　　　69

SECTION 마켓　　　　　　　　　　　　　　　　　　　　71

04

1. 초보 셀러가 시작하기 좋은 마켓은?　　　　　　　　　　71
　　1.1 마켓 수수료의 비밀　　　　　　　　　　　　　　72
　　1.2 구매 대행, 스마트스토어와 쿠팡 어디가 유리한가?　　73
2. 네이버 플랫폼과 마켓 환경 이해　　　　　　　　　　　78
3. 스마트스토어 뽀개기　　　　　　　　　　　　　　　　78
　　3.1 수수료　　　　　　　　　　　　　　　　　　　78
　　3.2 모르면 나만 손해! 각종 혜택들　　　　　　　　　79
　　3.3 구글과 아마존만 있는 것이 아니다. AI 기능　　　　81
　　3.4 스마트스토어의 판매 등급　　　　　　　　　　　82
　　3.5 스마트스토어의 페널티　　　　　　　　　　　　83
　　3.6 판매 관리 APP　　　　　　　　　　　　　　　85
　　3.7 노출 관리　　　　　　　　　　　　　　　　　86
　　3.8 마켓 운영에 대한 몇 가지 팁　　　　　　　　　　89
　　　　템플릿의 마술　　　　　　　　　　　　　　　89
　　　　다소 미흡한 스마트스토어 메인 페이지　　　　　89
　　3.9 공지 사항 관리　　　　　　　　　　　　　　　89
　　3.10 스마트스토어의 컨셉 설정 고민　　　　　　　　89
4. 쿠팡 뽀개기　　　　　　　　　　　　　　　　　　　90
　　4.1 아마존의 현재는 쿠팡의 미래　　　　　　　　　90
　　4.2 아마존과 쿠팡의 비슷한 시스템　　　　　　　　90
　　4.3 판매자에게 역대급으로 가혹한 쿠팡　　　　　　91
　　4.4 쿠팡 선 정산 서비스　　　　　　　　　　　　　92
　　4.5 쿠팡에 관한 주요 이슈　　　　　　　　　　　　92
5. 또, 어디다 팔죠?　　　　　　　　　　　　　　　　　93

SECTION 소싱(Sourcing)   98

05

1. 좋은 상품 확보하는 방법   98
    - 1.1 아이템 찾는 꿀 팁들   98
        - 1) 소싱 팁 1 – 키워드 도구를 이용한 아이템 찾기   98
        - 2) 소싱 팁 2 – SNS를 활용한 아이템 찾기   100
        - 3) 소싱 팁 3 – 네이버 쇼핑 탭에서 아이템 찾기   100
        - 4) 소싱 팁 4 – 커뮤니티 사이트를 통한 아이템 찾기   102
        - 5) 소싱 팁 5 – 아마존에서 평소보다 싸게 파는 상품은 없을까?   102
        - 6) 소싱 팁 6 – 빅 세일 아이템만 모았다   103
        - 7) 소싱 팁 7 – 네이버 쇼핑 1 페이지의 유사 아이템으로 승부하기   103
    - 1.2 나만의 사이트 발굴하기   104
        - 1) 네이버 데이터 랩(DataLab) 이용하여 소싱해 보기   104
        - 2) 알리익스프레스에서 이미지를 조회하여 네이버 웨일로 소싱하기   106
        - 3) 중국어만 제공하는 사이트에서 소싱은 어떻게 해야 할까요?   108
        - 4) 네이버 쇼핑 BEST 활용한 상품소싱   111
        - 5) 유튜브 소싱   115
        - 6) 아마존 상품 빠르게 갖고 오는 방법   116
        - 7) 조건 반사 경지의 습관 쌓기!   126
2. 국내에서 아이템을 소싱하는 방법도 알려줘요   126
3. 해외 아이템 소싱   129
    - 3.1 해외 상품 소싱할 때 알아 두어야 할 꿀 팁   129
    - 국가별 상품 소싱 사이트   130
    - 3.2 미국 사이트 모음   130
    - 3.3 일본 소싱 사이트   135
    - 3.4 영국 소싱 사이트   136
    - 3.5 중국 소싱 사이트   137
4. 해외 아이템 소싱 사례   139
    - 4.1 미국 상품 소싱은 이런 식   139
    - 4.2 빅 데이터 활용 소싱   140
    - 4.3 중국 상품 소싱 예   142
5. 각국의 가격 비교 사이트   145
6. 해외 사이트에서 저렴하게 결제하는 방법?   147
7. 조금 더 손 쉬운 상품 소싱 팁   147
    - AliScraper를 활용하라   147
    - Unicorn Smasher   148
8. 소싱 형태별 소싱 방법   148
    - 8.1 블로그 아이템 소싱   148

8.2 공홈 아이템 소싱 … 150
8.3 이베이 소싱 … 151

Part 02 10년을 좌우하는 순간의 선택

SECTION 06 상품 관리와 등록 … 153

1. 첫 단추를 잘 끼워야 하는 이유 … 153
   상품 등록(리스팅) 방식에 대한 고민 … 153
   상품 등록 방식을 정하기 위한 고려요소 … 153
   구매 대행 상품 등록? 나는 어떤 게 좋을까? … 153
2. 노출! 온라인 판매의 핵심 … 154
3. 상품 등록 방식 … 154
   3.1 대량 등록 솔루션(broad netting) … 155
   3.2 FTP를 활용한 단순 리스팅 방식(Coupled Model) … 158
   3.3 SEO 수동 등록 방식(loose optimization) … 161
      1) 모든 검색 영역에서 완전한 SEO를 하지 않는다. … 162
      2) 보완책? 이렇게 하면 일거양득 … 162
   3.4 One-item 런칭 방식(Intensive Works) … 163
4. 타오바오 상품 5분 만에 리스팅하기 … 166
   4.1 소싱전 준비할 도구 … 167
   4.2 등록 과정 … 168
5. 상품 등록 기초 … 173
   5.1 상품 등록 전개도 & 루틴 만들기 … 173
   5.2 스마트스토어 카테고리 설정 방법 … 174
   5.3 스마트스토어 동영상 등록 … 177
   5.4 스마트스토어 이미지 노출 기준 … 178
6. 상품 등록 솔루션 … 179
7. 구매 대행 솔루션 선별 기준 … 180
8. 유용한 솔루션, 웹사이트 및 툴 소개 … 181
   1) 해외 상품 대량 등록 솔루션 … 181
   2) 국내 상품 등록 및 관리 시스템 … 182
   3) 상품 페이지 편집 도구 … 183
   4) 영상 편집 … 183
   5) 상업용 무료 폰트 … 184
   6) 상품 리스팅 활용 도구 … 184
9. 저절로 손이 기억하는 등록 프로세스 … 185

	10. 상품을 많이 등록해야 하는 진짜 이유	187
	11. 아마존 아이템 소싱시 이미지를 갖고 오는 꿀 팁	187
	이럴 때는 이렇게 해보세요.	187
	w3schools.com	189
	이미지 일괄 다운로드	191
	파일 이름 일괄 변경	191
	이미지 사이즈 일괄 조정	193

SECTION 배송 대행지   196

07

1. 배대지 활용시 필히 고려해야 할 사항	196
2. 구매 대행에 대한 반품 팁	203
2.1 현지에서 리턴하는 경우	203
2.2 한국으로 들어온 물건을 리턴하는 경우 3가지 리턴 방법	203
2.3 반품 시 리턴 레이블 pick-up과 drop-off 선택은?	205
2.4 배대지에 도움을 요청할 때 주의할 점	205
3. 부피 무게 적용 이유	206
4. 사업자 통관과 배대지	208

SECTION 통관   211

08

1. 통관	211
1) 통관 조회는 어디서 하나요?	211
2) 국제 우편물 예상 세액 조회 서비스	212
3) 관·부가세를 카드로 납부하기	212
2. 수입 금지 품목 안내	212
1) 항공 운송이 불가능한 제품	212
2) 수입 금지 품목	213
3) 검역 불합격품	213
3. 수입 금지 성분이 포함된 제품	213
1) 수입이 안 되는 식품과 건기식은 무엇이 있나?	214
2) 통관 불가 주요 건강 보조 식품 제품명	215
3) 통관 불가 반려 용품 외 기타	215
4) 구매 대행이 가능한 브랜드인지 알아보기	218
4. 관부가세안내	219
5. 과세 금액 산정	221

6. 통관 가능 제품은? 224
   1) 목록 통관 품목 224
   2) 목록 통관 배제 물품 224
   3) 통관에 대한 일반 상식 225
   4) 화장품의 통관 방법은? 226
   5) 아기 분유의 통관 절차는? 226
7. 병행 수입 개념 및 병행 수입 요건 227
8. 상표권 침해 물품의 통관 보류 절차 228
9. 개인 통관 고유 부호 발급 안내 229
10. 자가 사용 기준 234
11. 해외 직구 물품의 통관 정보 조회 방법은? 235

SECTION 배송 236

09
1. 순간의 선택이 사업의 질을 좌우한다! 236
2. 미국 현지 배송 236
3. 국제 배송 및 국내 배송 240
4. 교환 및 환불 242
   1) 미국 배송지로 물건 보내기 243
   2) 리턴 라벨 발급받기 245
   3) 배송 대행지 리턴 라벨 및 반품 서비스 수수료 제공 245
   4) 판매처에서 물건 확인 후 교환 및 환불 진행 245
5. 국내 택배 업체와 계약은 어떻게 해야 하나? 247
   1) 배송 계약 247
   2) 실제로 반품이 일어났을 때 대처 방안 247
6. 중국 택배 배송 조회 248

SECTION 마케팅 도구 249

10
1. 키워드 도구 249
2. 로그 분석 251
   네이버 애널리틱스 연동 방법 252
   네이버 애널리틱스의 다양한 활용 253
3. 이외의 로그 분석 사이트 253
   1) 플랫폼 기업의 로그 분석 툴 253
   2) 일반 로그 분석 툴 253

4. 상품 키워드 랭킹 관리 툴 　254
　　1) 내가 등록한 상품은 네이버 쇼핑 어디에? 　254
　　2) 이외의 랭킹 관리 툴 사이트 　255
5. 네이버 광고 및 키워드 관리 　255
　　1) 네이버 쇼핑 광고 　256
　　2) 메인 키워드 광고 　256
　　3) 롱테일 키워드 광고 　256
6. 상품 등록 도구로 작업 속도 올리기 　257
　　1) 기본 도구 　257
　　2) 이미지 추출 3가지 방식 　258
　　3) 마케팅 편집 도구 　259
　　4) 마케팅 커뮤니케이션 도구 　260
　　5) 기타 도구모음 　261
　　6) 네이버 웨일 활용 　263
7. 구글 상품 검색 TIP 　264

SECTION 11 마케팅　266

1. 직접 마케팅 　266
　　1) 다이렉트 마케팅 　266
　　2) 현실적인 다이렉트 마케팅 방법 　267
2. 간접 마케팅 　268
　　1) 인플루언서 마케팅 　268
　　2) SNS 마케팅 　268
3. 네이버 활용과 변화 　268
　　1) 네이버 무료 툴 활용 　268
　　2) 6조 원 매출 시대에 네이버의 대대적인 변화 　269
4. 마케팅 도구 이용 　270
　　1) 흔한 상품을 다르게 팔아라 　270
　　2) 롱테일 키워드 작업 방법 　271
5. 마케팅 노하우 　273
　　5.1 HOLIDAY MARKETING 　274
　　5.2 블로그 마케팅 　274
　　5.3 한마디로 요약하는 구매 대행과 페이스북 마케팅 　283
　　5.4 인스타그램 마케팅 초 간단 핵심 메모 　284
　　5.5 바이럴 마케팅 　284
6. 통계를 어떻게 활용하나? 　286
7. 알아 두면 유용한 도구 사이트 모음 　288

Part 03 열정에 기름 붓기

SECTION 마켓 운영 — 290

12
1. 중국? 미국? 핵심은 트렌드 읽기! — 290
2. 통계자료를 활용한 구매 대행 사업 분석 — 293
   - 2.1 국가별 이용 비중 미국인가? 중국인가? — 293
   - 2.2 일상으로 자리 잡은 직구 습관 — 295
   - 2.3 국가별로 선호하는 대표 구매 품목 — 296
   - 2.4 꾸준히 성장하는 중국 — 298
   - 2.5 쇼핑의 트렌드 변화 — 299
3. 스마트스토어의 스마트한 3가지 발송 처리법 — 301
4. 스마트스토어 운영 노하우 — 305
5. 구매 후기의 가치를 진짜 아시나요? — 307
6. 도매 상품 판매 방법 — 308
7. 경쟁사 상품 하루 판매량이 궁금해요 — 309
8. 네이버 광고 — 312
9. 통계와 애널리틱스 — 312
   - ■ 유입 도메인 확인 방법 — 312
10. 구매 대행을 미리 잘 준비하고 창업하자(미팅, 모임, 교육) — 313

SECTION C/S(Customer Service) — 314

13
1. 최소한의 준비물 ONE! — 314
   해외 구매 대행 서비스 표준 약관 — 314
2. 최소한의 준비물 TWO! — 315
   - 2.1 쇼핑 정책 가이드 예시 — 315
   - 2.2 사이트 이용 안내에 표기되면 좋을 내용 — 316
3. 최소한의 준비물 THREE! FAQ — 317
   1) 배송비와 관·부가세 부담 주체에 대한 내용 — 317
   2) 사이즈 문의에 답변으로 인한 책임 구분 — 317
   3) 송장 번호에 대한 예상 답변 — 317
   4) 반품에 대한 책임 문제 — 317
   5) 모니터 상의 상품 명도와 채도의 한계 문제 — 318
   6) 다양한 예시 모음 — 318
   7) 기타 상황 별 알아 두면 좋은 현장의 꿀 팁 방출! — 321

SECTION 14 SEO(Search Engine Optimization)　　326

1. 검색 엔진 최적화(SEO : Search Engine Optimization)	326
2. 네이버 SEO vs 구글 SEO	327
3. 네이버 SEO와 상위 노출	328
4. 이미지 SEO 이해하기	336
5. 스마트스토어 스마트에디터 활용	340
6. 네이버 쇼핑 검색 SEO & 상품 정보 제공 가이드	345
7. 네이버 쇼핑에서 검색 잘 되는 법?	350
8. SEO 체크업 서비스 툴	352
1) 내 쇼핑몰 메인 페이지 SEO 레벨 체크하기	352
2) SEO - 웹사이트 성능 테스트 사이트	353
3) 구글 네이버 SEO 최적화 마케팅 도구	353
4) 웹사이트의 순위와 트래픽 올리기	353
5) 백 링크 및 SEO(검색 엔진 최적화) 서비스	353
9. SEO 현장의 판매 실무 팁	354
10. 판매 현장 SEO 꿀 팁 8선	357
1) 메인 키워드 세팅	357
2) 상품 등록 기본 세팅	358
3) 아마존 상품 수집과 키워드 세팅	358
4) 롱테일 키워드 세팅	359
5) 네이버 쇼핑 노출 위치 확인	359
6) 네이버 쇼핑 노출을 위한 추가작업	359
7) 네이버SEO 효율 UP 전략 1	359
8) 네이버 SEO 효율 UP 전략 2	360
11. SEO 효과를 배가시키는 운영 팁들	361
1) 카탈로그 가격 관리 그루핑 작업에 대해	361
'1 item Magnifying 전략'	361
2) 도매 상품 등록과 SEO	361
3) 판매 방해 고객 관리	362
4) 꼼수 보석함	362
5) 생각보다 괜찮은 구매 대행 약관	363
12. 앞선 검색 엔진들을 통해 알게 되는 SEO 팁	364
1) 캐노니컬 요소	364
2) 네이버 VS 아마존의 다른 PPC 가치	365
3) 구글의 발자국을 보면 네이버가 보인다	366

4) 쿠팡의 SEO가 정말 궁금했다. 쿠팡 최적화 핵심 노하우 … 366
  ❶ 키워드를 어디서 추출해야 정답인가? … 366
  ❷ 키워드의 띄어쓰기 인식 구분이 없어졌다. … 367
  ❸ 검색 옵션의 비중이 상대적으로 스마트스토어 보다 커졌다 … 367
  ❹ 아무 상품이나 메인 키워드로 광고하는 것이 아니다 … 367
  ❺ 나만의 브랜드를 구축하자 … 367
  ❻ 기획전을 구성하자 … 367
  ❼ 셀러의 쿠팡 스토어를 구축하라 … 367
  ❽ 광고도 해야 한다 … 367

SECTION Skill-Up Action … 368

15

1. Skill Up! Catch Up! … 368
  1.1 비즈니스 및 커뮤니티 사이트 … 368
  1.2 네트워킹 … 369
    1) 스터디 그룹 운영과 방법 … 369
    2) 스터디 네트워킹의 목표 설정 … 369
    3) 스터디 그룹의 효과 … 370
    4) Output 기록 인쇄 매체로 좋이 매체로 기록하고 공유하라 … 370
  1.3 협업 도구 … 371
  1.4 마켓 MD 미팅 … 372
  1.5 해외 판매 응용 … 373
2. 퍼스널 레이블을 키우는 방법 … 375
  2.1 PL(Personal Label) 작업 순서 … 375
  2.2 PL화 작업 시 주요 고려 사항 … 377
  2.3 개별 상품 Personal Label화 최저가 세팅 … 377
3. 아웃 소싱 … 377
4. Next Step! 사업의 시스템화 … 379

Part 04 돈이 들어오는 업무 루틴

SECTION 구매 대행 사업자의 세무 — 382

16
1) 하나의 스마트스토어에서
   위탁 판매와 구매 대행 상품을 같이 팔아도 괜찮나요? — 382
2) 간이 과세자의 혜택을 최대한 누리라는 것이 무슨 뜻이예요? — 383
3) 언더 밸류 하면 잘 걸리나요? — 383
4) 구매 대행업 세금 신고시 주의할 사항 있나요? — 384
5) 매출/매입 내역 잘 매칭하여 정리하는 방법 — 384
6) 자영업자를 위한
   간단한 무료 ERP 회계 영업 관리 프로그램 좀 추천해 주세요. — 386
7) 마켓 외에서 따로 파는 거 고객이 카드로 결제한다는데 어떻게 하죠? — 387
8) 해외 구매 대행 현금 영수증 발급 방법 — 388
9) 주요 품목별 과세 정보를 알려주세요. — 389
10) 종합 소득세 세율 – 국세청 자료 — 389
11) 세무사 쉽게 구하는 방법 — 390

SECTION 정부 지원/공공 — 391

17
1. 근로 장려금이란? — 391
2. 소상공인 지원 — 393
   1) 소상공인 기본법 및 지원 정책 — 393
   2) 소상공인 보호 및 지원 관련 법률 — 395
3. 공공 사이트 — 395

SECTION 비즈 원칙   397

18
1. 온라인 판매 전 기본적인 체크 사항   397
2. 마켓 별 다른 노출 정책을 알자   397
3. 묘하게 적용되는 파킨슨 법칙 & 파레토 법칙   398
4. 필수 업무 루틴 세팅   399
5. 생산성을 높이는 효율적인 도구   404
6. 현장 경험에서 얻은 노하우 10선   406
7. 현장에서 사업하면서 느낀 점   407
8. 비즈 원칙   408

SECTION 글로벌 셀링 용어와 참조   409

19
1. 기본 셀링 용어   409
2. 셀링 필수 용어, 모르면 안돼요!   410
3. 까다로운 셀링 중국어 정복하기   410
4. 참조   413
5. 구매 대행 비즈 협력사   415

Part I 시작부터 앞서가는 초격차

Section 01 구매 대행 업무 기본 지식
Section 02 개설(제 사업자 세팅)
Section 03 구매 대행 기초
Section 04 마켓
Section 05 소싱(Sourcing)

SECTION 01 구매 대행 업무 기본 지식
복권 당첨 기도하기 전에 복권부터 사라!

1. 수익을 못 내는 이유 2가지

쉽게 갈 수 있는 것을 이타적인 마인드가 부족해서 고독한 경주를 하지 않도록 주의해야 합니다. 손쉽게 창업해서 큰 노력을 하지 않고도 수월하게 돈 벌기를 원하시나요? 그런 분들은 이 책을 바로 덮으실 것을 권합니다. 정상적인 비즈니스는 일확천금을 얻기가 쉽지 않습니다.

구매 대행 사업은 어떻게 보면 온라인 글로벌 셀링의 핵심 과정이라고 할 수 있습니다. 일단 해외 상품을 스마트스토어에 판매하는 실전부터 잘 익히게 되면 모든 마켓에서 어떠한 상품이라도 잘 팔 수 있는 스킬이 길러지게 됩니다.

일반적으로 구매 대행 사업을 하면서 돈을 벌지 못하는 두 가지 이유가 있습니다.
그 중 하나는 그 '방법을 잘 몰라서' 입니다. 그래서 많은 사람들이 교육을 다니고 인사이트를 얻기 위해서 책이나 유튜브를 보면서 노력을 하는 것이죠.

그러나 그것보다 더 중요한 이유는 '해야 할 일을 안 하기 때문에' 돈을 못 버는 것입니다.
뭐 당연한 이야기를 하냐고요? 실제로 뛰어 드신 분들은 무슨 말인지 금방 공감할 것입니다. 시간이 부족해서? 역량이 부족해서? 사실은 스마트한 두뇌보다 '끈기'가 사업의 성패를 좌우하는 게임입니다.

해야 할 일들이 잔뜩 쌓여 있어도 인간 본성에서 나오는 게으름 때문에 이를 통제하지 못하고 차일피일 미루다가 악순환이 되는 결과를 낳는 것이죠. 이는 마치 돈은 많이 벌고 싶지만 행동을 하지 않고 매일 꿈만 꾸다가 시간을 낭비하는 것과 같습니다.

그래서 자리 잡을 때까지는 몰입이 필요한 것이고 목표를 정했으면 완수해 나가는 실천력이 결국 성패를 좌우한다고 볼 수 있겠습니다. '몰두, 실천, 끈기' 이것이 전부입니다.

구매 대행 사업을 시작해야 하는 이유

- **적은 실패 후유증** : 매년 큰 폭으로 성장하고 있으며 실패해도 후유증이 적다.
- **전문성 누적** : 업무 능력과 성과가 누적되며 전문성이 배가된다.
- **덜한 자본 잠식** : 주문이 늘수록 자본 잠식되는 현상이 다른 방식보다 덜하다.
- **적은 돈으로 출발** : 초기에는 돈 없이도 할 수 있는 서비스업이다.
- **진입 장벽** : 약간의 허들은 남에게 진입 장벽을 세운다.

요즘 같은 세상에 오프라인에서 창업할 때 많은 자본금을 들이면서도 성공을 장담할 수 없습니다. 하물며 온라인은 실패 위험성이 훨씬 더 큰데 반해 돈 한 푼 들이지 않고 창업하면서 안정적인 고수익을 올리는 것이라고 쉽게 생각하는 사람들이 많습니다.

온라인 창업은 교육비가 창업비입니다. 시행착오를 줄이면 기회는 빨리 다가옵니다. 무료든 유료든 남의 경험을 사서 시행착오를 줄이고 돈과 시간을 SAVE 하는 것이 결국 돈을 버는 길입니다.

③ 온라인 판매 시 염두에 두어야 할 내용

-많이 배우면 그래도 장사가 잘 되지 않을까요?

-NOPE!

일반적으로 성장이란 남들의 노하우를 내 사업에 적용시키는 반복 작업의 결과물입니다. 그래서 **지식의 깊이가 중요하죠.** 그러나 **아는 것과 이것을 실전에 적용하는 능력은 사실 다른 영역입**니다. 아는 노하우를 적용하고 실천하지 않으면 무용지물이 되거나 감당이 안 되어 오히려 일이 커지게 마련입니다.

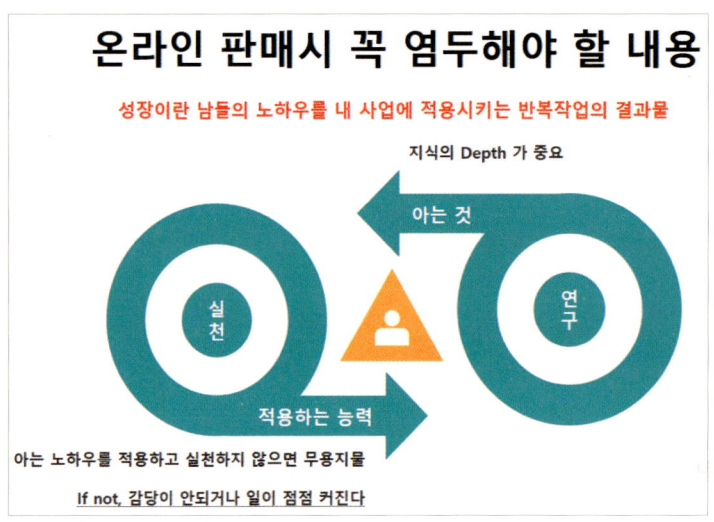

④ 제대로 알고 시작하자

믿음을 갖고 함께 구매 대행의 추월 차선으로 달리자!

구매 대행 분야 즉, 해외 직구가 매년 큰 폭으로 성장하고 있는 매우 흐름이 좋은 사업임에는 분명 하지만 열심히 노력해야만 제대로 된 수입을 거둘 수 있습니다. 단, 방법을 알고 시작하면 시간을 크게 줄일 수 있습니다.

특히 취준생, 경력 단절 여성이나 이직, 퇴직을 고려중이신 분들은 특히 관심 가져 보세요. 부업으로 자신의 현재 수입보다 100~200만 원을 더 추가하는 방식도 가능하지만, 보다 온전히 몰두해서 끈기 있게 사업을 해 볼 것을 권합니다. 누구나 손쉽게 시작할 수 있지만 아무나 성공하는 것은 아닙니다. 하지만 방법을 잘 알고 시작하면 성과도 좋고 시행착오를 확실히 줄일 수 있습니다.

보통 구매 대행 실전 강좌에 수백만 원을 지불하고 들으시죠?
이 책으로 수년간의 현장 경험을 모두 담을 수도 없고 모든 내용을 커버할 수 없겠지만 남의 경험을 손쉽게 취하여 시간과 비용을 줄이고 시행착오를 줄이는 데는 크게 도움이 될 것입니다. 구매 대행에 관심 있는 분이라면 그 기초부터 심화 과정의 내용까지 망라했으니 정독하고 작은 인사이트를 얻어 가기 바랍니다.

과연 내가 스스로 할 수 있는 비즈니스인지, 돈이 되는 창업인지 확인해 보세요.

5 구매 대행 사업의 오해와 진실

■ 외국어?

해외 상품을 소싱하고 해외 마켓에 주문과 문의를 해야 하므로 언어가 능통할수록 이점이 많습니다. 그러나 온라인 비즈니스에서 같은 형태의 반복적인 문구가 사용되므로 큰 부담이 없는 것도 사실이고 각종 번역 툴도 잘 개발되어 있어서 일정 수준까지 올라갈 때 까지는 언어적인 문제는 크게 부딪히지 않습니다.

> **KEY WORDS**
> ■ 소싱(Sourcing)
> 판매할 물건을 찾아 경쟁력을 체크하여 내 마켓에 올릴 물건을 확보하는 행위

■ 포토샵?

상품을 재가공하고 마켓에서 정해진 툴에 맞게 조정 작업을 하고 바탕을 따서 양질의 디자인 작업물을 뽑아내야 하는데 이럴 때 포토샵 기술 역시 잘 할수록 좋습니다.

하지만 업무에 깊이 관여하면 할수록 모든 것을 혼자 할 수 없어서 업무를 분담하여 처리하거나 좀 더 간단한 방식을 적용하게 되어 있으며 단순 반복적인 일은 아웃 소싱하는 것이 효율적인 편이라는 것을 알게 됩니다.
사업 초창기에는 간단한 수정이나 편집 작업은 포토스케이프나 picpick, 알툴 등 간단한 도구들을 활용해도 웬만큼 커버할 수 있습니다.

■ 스마트한 두뇌?

사실 어느 분야나 머리 좋은 사람은 빛이 납니다. 같은 시간을 투자하는데도 그 결과 값은 다르고 작업의 효율도 어마어마하게 차이가 나는 것도 분명하죠.

그러나 구매 대행의 일은 끊임없는 시장조사, 쉬지 않는 상품 등록, 지치지 않는 유입 마케팅 작업등 스마트한 머리보다 결국 끈기가 성패를 좌우한다고 봐도 과언이 아닙니다. 따라서 스마트한 두뇌보다 변치 않는 성실함과 끈기가 더 관건입니다.

■ 아이템 보유?

사업을 할수록 결국 내가 판매할 물건을 갖고 있어야만 All-in을 할 수 있고 모든 것을 던질 수 있겠다고 생각이 들게 되지만 이 역시 사업 초창기에는 드랍 쉬핑을 통해 남의 물건을 소싱해서 필요로 하는 사람에게 연결하여 판매하고 수수료를 얻는 구조로도 충분히 일어설 수 있습니다.

> **KEY WORDS**
>
> ■ 드랍 쉬핑(DropShipping)
> 실제 재고를 두지 않고 물건을 필요로 하는 사람에게 주문을 받아 상품을 배송하여 수익을 내는 유통 방식

요약!

> 결론은 외국어가 서툴러도 포토샵 전문가가 아니어도 심지어 내 물건이 없더라도 포기하지 않을 끈기만 있으면 충분히 수익을 낼 수 있습니다.

구매 대행 사업을 좌우하는 4가지 핵심 사항

다음의 4가지 요인에 의해 사업의 성패가 좌우된다고 해도 과언이 아닙니다.

❶ 시장 조사 능력

무엇보다 기본적으로 경쟁력 있는 상품을 찾아오는 능력이 중요합니다.
경쟁력 좋은 상품을 발굴하는데 총력을 기울이는 방식도 중요하지만 덜 주목받는 상품이라도 고객들에게 많이 노출시킬 수량(상품 수)을 많이 확장하는 방식도 꽤나 유효한 방법입니다. 여기서의 능력이란 시장조사를 잘하는 DNA를 가진 천부적인 능력이 아니라 이런저런 시도를 반복적으로 실천하고 몰입하는 고고성 능력을 말하는 것입니다.

❷ 최적화와 마케팅

상품이 잘 노출되고 유입이 잘 되도록 하는 기술이 매출을 증가시킵니다.

아무리 좋은 상품도 노출이 되지 않으면 결국 판매가 이루어 지지 않습니다. 또한 상품의 노출 못지않게 상품을 보러 들어오게 하는 유입 스킬도 관건입니다.
따라서 상품의 등록 이후에도 유입을 위해 공부를 하고 지속적인 지식과 트렌드를 UP-DATE 해야 하는 것입니다.

❸ 사업의 시스템화

비즈니스를 깊이 진행하면 할수록 단순 반복적인 일과 창의적인 일이 계속 반복되게 됩니다. 이때 사업자를 위해 자동으로 일이 진행되는 구조로 사업 구조를 시스템화 하는 일이야 말로 큰 폭의 성장을 기대할 수 있게 합니다.

직원이나 알바를 사업성과가 나게 세팅하거나 솔루션이나 외주 인적 자원을 활용하면서 돈이 돈을 벌어 주는 구조를 만들어야 더 크게 성장할 수 있습니다. 단, 사업 초기부터 상품 등록하기 힘들다는 애로점 때문에 솔루션부터 의지하는 것은 비추합니다. 초창기에 체득해야만 하는 일의 기본과 많은 기회를 동시에 잃게 됩니다.

❹ 사업자의 마인드

이 모든 비즈니스의 성패는 결국 사업자의 마인드와 열정입니다.

사업자의 열정과 끈기는 참으로 장기적으로 유지되기 힘든 덕목이죠. 성과가 눈앞에 안보이면 바로 지치고 힘들어 집니다. 그러다 보니 좀 더 쉽고 편한 방식을 찾게 되고 몇 개월 지나지 않아 지치거나 매너리즘에 빠지게 됩니다. 의식적으로 더 이상 물러설 곳이 없다는 절박한 마음 그걸 끝까지 유지하려는 진득한 마음이 결국 비즈니스의 성패를 좌우하게 됩니다.

요약!

> 구매 대행은 사람이 하는 일이고 시장조사 능력은 연습을 통해 갖추어야 하며 상품 최적화와 마케팅 능력을 끝없이 발전시키면서, 사업을 시스템화 하여 나를 위해 돈 벌어 주는 구조를 만들어야 성공할 가능성이 커진다.
> 단, 이 모든 작업의 바탕에는 사업자의 열정과 끈기가 사업의 성패를 좌우하는 핵심 요소이다. 나만의 경쟁력을 갖춘다는 뜻은 다른 사람이 쉽게 흉내 내어 진입하기 어렵다는 뜻입니다.

7 온라인 판매의 기본 프로세스 이해

일반적으로 B2B 위탁 사업과 구매 대행, 오픈 마켓 역직구는 대략 1차부터 8차까지의 업무 프로세스를 수행하게 됩니다.

7.1 드랍 쉬핑 비즈니스 형태

■ 국내 B2B 위탁 판매

	B2B 위탁 사업
1차	시장조사 후 제조 또는 수입
2차	공급자는 사입 물품 재고 확보, 상품 정보, KC 인증 완료
3차	공급자는 도매 업체와 공급 계약
4차	리셀러(판매 사업자)도 도매 업체와 계약
5차	리셀러 쇼핑몰에서 고객의 구매
6차	도매 업체에 주문
7차	공급사에 주문 정보를 전송
8차	공급사에서 주문 상품을 고객에게 배송

위탁 도매 비즈니스의 프로세스

국내 B2B 위탁 판매란 물건을 제조하거나 해외에서 수입한 후 그 상품을 도매 업체(도매 사이트)에 계약을 하고 상품 정보를 제공함으로써 나를 위해 상품을 팔아 줄 리셀러가 필요한 공급자의 지위로 계약하면서 한 축을 형성하게 됩니다.

반대편에는 일반 개인 사업자 또는 셀러들이 그 도매 사이트에 회원 가입을 한 후 공급자가 제공한 상품의 정보를 다운 받아 그 상품을 각 오픈 마켓에 등록함으로써 고객이 주문을 하면 주문 정보를 도매 사이트에 주문 신청하고 도매 사이트는 다시 공급자에게 주문 정보를 전송하게 됩니다. 그러면 공급자는 주문 내역을 확인한 후 일반 고객에게 그 상품을 직접 보내 주게 되는데, 이때 공급자 - 도매 사이트 - 셀러 간에 각각 단계별로 마진이 포함되게 됩니다.

상품을 제조하거나 국내에서 제조사한테 총판권을 확보하여 조달하든지 아니면 1688, 이우 시장, 광저우 시장, 중국 공장 같은 곳에서 물건을 수입하여 도매 사이트에 제공하면 도매 사이트의 마진과 셀러의 마진이 더해져서 오픈 마켓에서 전시되고 이 물건을 실제 주문하는 사람은 결국 원천 가격에서 크게 상승된 상태에서 물건을 주문하게 되는 것입니다.

이런 사업 형태가 초보 사업자 내지는 온라인 창업을 막 시작한 자영업자들에게 큰 인기를 누리고 있는 'B2B 위탁 판매 비즈니스'라고 일컬어지는 사업 형태입니다.

물건을 입고시키는가?

물건의 공급자는 도매 사이트에 물건의 실물을 납품하는 경우보다 대개 상품의 상세 정보와 상품의 이미지 정보, 가격 옵션 그리고 KC 인증 정보까지 제공하면서 계약하게 되고, 도매 사이트는 세금계산서 발행 문제로 간이 과세자를 제외한 일반 사업자나 법인 사업자임이 확인되면 심사 후 공급자 계약을 하게 됩니다.

중국이 소싱처의 보고인 셈

B2B 위탁 판매 도매 사이트에 입점 되어 있는 상품들은 가격이 저렴한 해외 도매 사이트 또는 해외 제조 공장에서 소싱된 상품이 상당수를 차지하고 있습니다. B2C 마켓의 정점을 찍고 있는 아마존도 입점 상품의 상당수가 중국에서 갖고 와서 판매하므로, 가격 경쟁력을 베이스로 판매하고 있는 오픈 마켓들과 크게 다르지 않습니다.

■ 구매 대행

한국에 마켓을 개설하되 물건은 해외에서 소싱 하는 것으로 미국, 중국, 일본, 독일, 영국, 이탈리아, 프랑스 등 여러 나라에서 아이템을 찾아 갖고 옵니다. 이와 같은 국가에서 좋은 아이템을 발굴하여 국내 자사 몰 또는 오픈 마켓에 상품을 진열하여 고객에게 노출시키고 주문이 들어오면 그 상품을 당초의 소싱 사이트 또는 그보다 더 가격이 저렴한 사이트를 조회해서 상품을 구매하여 한국 세관 통관 후 고객한테 발송하는 구조의 비즈니스를 말합니다.

	구매 대행
1차	고객이 내 쇼핑몰에서 구매
2차	판매자는 해외 사이트에 구매
3차	배대지로 현지 로컬 배송
4차	중량 측정 후 배대지에서 출고
5차	항공 선적 및 항공 운송
6차	세관 통관, 수입 신고
7차	국내 택배사 인계 및 국내 배송
8차	고객에게 도착

■ 역직구

한국에 있는 물건을 해외 마켓에 상품을 진열하여 해외 소비자한테 물건을 판매하는 비즈니스 과정을 말합니다. 당초에 역직구는 한국 상품이 해외에서 판매될 때 한국보다 오히려 가격이 싸게 진열되어 있는 것을 확인한 한국 구매자가 해외에서 물건을 다시 한국으로 사오는 행위를 역직구라고 일컬었습니다.

예를 들어 아마존에서 삼성전자 TV를 한국 가격보다 저렴하게 판매하는 경우 미국에서 한국으로 역으로 다시 사오는 이런 쇼핑 패턴을 역직구라고 불러왔지만, 이후에 해외에서 물건을 판매하고자 하는 사업자들이 폭발적으로 증가하면서 아마존 US, 아마존재팬, 이베이, 큐텐, 라자다 등의 해외 마켓에 국내 상품을 판매하는 형태를 통칭하여 역직구라고 일컫게 되었고 그 역직구의 시장은 현재 구매 대행 비즈니스의 볼륨을 초과하고 있는 것으로 나타나고 있습니다.

	오픈 마켓 역직구
1차	국내에서 소싱한 상품을 해외 고객을 위해 리스팅
2차	국내 오픈 마켓 글로벌 코너 or 해외 마켓에 판매
3차	해외 고객이 내 쇼핑몰에서 구매
4차	마켓 발송 처리
5차	해외로 발송 or 국내 집하 센터로 배송 or 현지 창고에 기 입고된 상품 출고 요청
6차	항공운송 세관 통관 or 해외 물류센터 집하, 출고
7차	해외 로컬 배송
8차	도착

■ **글로벌 셀링**

말 그대로 글로벌 셀링이라 하면 국가를 제한하지 않고 한 국가에서 다른 국가로 상품을 소싱해서 판매하는 글로벌 비즈니스를 말합니다. 국가 간의 무역 형태를 개인 차원에서 해외에 있는 상품을 소싱하여 소비자가 있는 국가의 마켓에 상품을 진열하고 그 상품의 주문이 들어오면 물건을 사서 구매자가 있는 다른 국가로 물건을 배송하는 시스템을 일컫는 것이죠.

그래서 냉정하게 보면 글로벌 셀링이란 조금 전에 이야기했던 B2B 위탁 판매 구매 대행 역직구 같은 모든 비즈니스를 포함하는 개념이라고 볼 수도 있습니다.

자, 그러면 어떤 비즈니스가 우리에게 가장 유리할까요? 특정 비즈니스가 더 유리하다고 말할 수는 없지만 일단 고객이 한국 사람이라는 것은 사업을 하기에 매우 편리하며 커뮤니케이션 면에서 굉장히 유리한 장점이 아닐 수 없습니다.

그래서 구매 대행은 상품의 마진이나 약간의 진입 장벽, 노하우의 차별성 등을 감안하면 난이도는 어렵지 않으면서도 마진은 다른 비즈니스 형태보다 괜찮은 편이라고 볼 수 있습니다.

이런 이유로 작년 한 해 동안 구매 대행 사업에 대해서 관심들이 많아지고 크게 성장하는 계기가 되었던 것입니다. 그래서 이제 이와 같은 구매 대행 사업에 대해서 구체적으로 하나하나 풀어 보려고 합니다.

7.2 어떻게 하는 거예요?

큰 회사는 팔 물건을 고민하지만 개인 회사는 고객이 무엇을 원하는지를 서치(Search)하는 것에서부터 출발합니다. 개인 사업자일수록 인 바운드 비즈니스로 승부해야 됩니다. 결국 개인 사업자의 비즈니스는 고객의 욕구에 녹아 있는 결핍을 찾고 충족시키는 게임이라 할 수 있습니다.

'이런 기능은 없나?', '이런 컬러는 왜 없을까?', '뭐 때문에 이렇게 크지?', '왜 가방에는 안 들어가나?', '좀 더 빨리 작동 안 되나?', '더 VOC를 확실히 캐치하는 방법은 뭘까?', '매뉴얼을 제공해 줄 수 없나?', '손가락에 감기지 않는 이유는?' 등등 결핍을 찾는 것이 중요하다는 뜻입니다. 그래서 한국에 없는, 한국보다 싼, 한국보다 품질 좋은 상품을 찾아 고객의 결핍을 충족하기 위해 전 세계 글로벌 제품을 찾아 나서는 비즈니스가 구매 대행인 것이죠.

7.3 구매 대행 사업을 하면 왜 좋을까?

구매 대행의 가장 큰 장점은 초기에 큰 돈 없이도 할 수 있는 서비스업이라는 점입니다. 주문이 늘수록 자본 잠식 되는 현상이 다른 판매 방식의 비즈니스 보다 덜 합니다. 적립금을 현금으로 먼저 입금하고 주문이 들어올 때마다 상품비와 배송료를 결제하는 B2B 위탁 판매 같은 사업 형태는 매출이 늘어날수록 사업자 카드의 청구일이 마켓의 정산 주기보다 빨라 자금이 경색되고 별도로 자금을 융통해야 하는 위험성이 있습니다. 특히 쿠팡이나 위메프 같은 마켓의 경우 정산주기가 매우 늦어 주문이 큰 폭으로 증가할 때마다 당황하게 되는 것도 사실입니다.

구매 대행 사업의 진입이 쉬워졌고 누구나 할 수 있는 영역인 것처럼 보이지만 사실 **누구나 시작할 수 있지만 아무나 성공하지 못하는 사업**이라고 봐야 합니다. 하지만 매년 직구 시장이 큰 폭으로 성장하고 있고 실패해도 후유증이 적다는 점에서 망설이지 말고 시작해야 하는 이유라고 볼 수 있습니다.

7.4 구매 대행은 어떤 비즈니스인가?

보통 사업자의 위치를 고용의 형태와 기능으로 구분해 본다면 구매 대행 비즈니스는 Self-Employed 비즈니스입니다. 변호사, 관세사, 변리사와 같은 전문 직종처럼 사무실을 내서 운영하는 사업의 형태를 말하죠. 진입 장벽은 그리 높지 않지만 자기만의 성을 구축하면 그 부문만큼은 다른 사람이 넘어서기 어려운 구조이기도 합니다.

반면 청출어람이 언제든 실현되는 직업이기도 합니다. 먼저 시작했다고 해서 경력과 수입이 비례하지도 않습니다. 분명한 것은 어느 수준까지는 열심히 달리면 성과가 나게 되어 있고 오프라인보다 돈이 크게 들지 않는 장점이 있습니다.

하지만 하면 할수록 어려운 직업입니다. 시장의 환경이 급변하고 온라인의 각종 트렌드와 노하우들이 점점 디테일해지고 고도화되어 업그레이드를 하면서 따라가기도 힘들 지경이지요. 그렇다고 내 의지와 상관없이 세상과 격리되는 일은 일어나지 않는 만큼 조금씩만 관심을 키우면서 접근하면 충분히 돌파해 갈 수가 있는 직업입니다.

온라인 판매에 종사하려고 뛰어드는 사업자님들께 강조 드리고 싶은 3가지는 아래와 같습니다.

❶ 남의 경험을 빨리 얻자.　❷ 혼자 모든 걸 하려하지 마라　❸ 사업을 시스템화 하자.

하다 보면 반드시 가슴으로 느끼게 되실 것으로 생각합니다.

글로벌 셀링 업무는 시작은 미약하나 업무 시스템이 안정되면 정말 많은 만족을 하게 되고 또 다른 기회를 수도 없이 접하게 되며, 많은 보람을 느낄 수 있는 직업임에는 틀림없습니다.

7.5 온라인 판매 프로세스

전 세계 어느 마켓이나 업무 로직은 비슷합니다. 첫 번째 상품 소싱 단계, 두 번째 상품 등록 단계, 세 번째 마케팅 단계, 네 번째 퍼포먼스 산출 단계로 나뉩니다.

첫 번째, 상품 소싱 단계

전 세계 어디에서든 경쟁력 있는 아이템을 찾아오는 단계입니다. 무엇보다도 좋은 아이템, 좋은 상품이 기본이 되어야 하는 것이죠. 좋은 아이템을 갖고 오기 위해서 우리는 전 세계 마켓에서 시장조사를 하고 때로는 중국 이우시장이나 광저우 시장에 가서 상품을 직접 선별하기도 합니다. 많은 사람들이 중국의 1688.com에서 상품을 찾고 있으며 또 다른 아이템은 일본, 미국, 영국, 독일, 영국에서도 물건을 찾아옵니다. 이 패턴이 일정해지면 곧 내 마켓의 경쟁력이 되어 견고한 시스템이 구축되게 됩니다.

두 번째, 상품 등록 단계

일단 노출이 잘 되는 상품을 고르는 것이 중요합니다만 어느 상품이 잘 팔릴지를 알 수 없기 때문에 노출이 잘 되게 하기 위해서는 가급적 많은 상품을 올리는 것이 유리합니다. 또한 이 단계에서는 검색 로봇의 원리에 충실해서 등록해야 하는 단계입니다.

즉, 오프라인에서 구매 수요가 높은 백화점이나 스트리트 매장도 목 좋은 곳의 상품이 잘 노출되어 더 손쉽게 구매로 연결되듯이 온라인에서도 상품 페이지가 잘 노출되어야 주문이 들어올 기회를 더 많이 갖게 된다는 점에서 매우 중요한 단계인 것입니다.

세 번째, 마케팅 단계

상품이 잘 팔리게 프로모션과 구매 동인을 자극하는 행위를 말하는 것이죠. 소비자를 찾고 효율적으로 알리고 관심을 갖도록 만드는 작업 단계입니다. 유입을 늘리기 위한 채널을 운용하는 능력이 중요한 단계이기도 합니다. 이는 보통 다이렉트 마케팅과 간접 마케팅을 서로 병행해서 많은 고객을 유입하게 되는 단계를 말합니다.

네 번째, 퍼포먼스 산출 단계

마켓을 운영하며 경쟁에서 승리하여 결과 값을 얻어내는 단계입니다. 경쟁에서 이길 수 있도록 마켓을 운영합니다. 고객의 CS를 관리하고 마켓의 실적 관리, 구매평 관리, 세무신고, 기타 마켓의 운용에 대한 결과 값을 이끌어 내는 실적 단계입니다.

7.6 아이템을 어디서 갖고 와야 하나요?

온라인에서 판매 방식별 특징을 구분하면 다음과 같습니다.

❶ 직접 제조 　❷ 독점 위탁 판매

❸ 수입, 병행 수입 　❹ 구매 대행

❺ B2B 도매업

일반적으로 1 ➡ 5로 갈수록 업무는 수월하나 마진은 적어집니다. 어느 방식이든지 아이템을 소싱 하는 능력이 필요합니다. 아이템을 소싱하는 천부적인 식별 능력은 없으며 반복적으로 많은 시도와 경험을 통해 선구안을 키우게 될 뿐입니다.

> **아이템을 어디서 갖고 와야 하나요?**
>
> ☞ 판매방식별 특징
>
> 1. 직접제조
> 2. 독점위탁판매
> 3. 수입, 병행수입
> 4. 구매대행
> 5. B2B도매업
>
> ○ 1 → 5 로 갈수록 업무는 수월하나
>   마진은 적어진다
>   다양한 아이템을 소싱하는 능력이 필요
>
> ○ 국내 도매업체 활용의 핵심은?
>   1) 소비자에게 상품 선택 기회 확대
>   2) 총판권
>   3) PL 화

그럼 각 온라인 사업 방식에서 비즈니스 핵심은 무엇일까요?

1) '소비자에게 상품 선택의 기회를 확대시켜 줄 수 있는가?'가 관건입니다.

즉, 상품의 수량을 늘려서 보여지는 기회를 확대하든, 소수의 상품으로 '노출'이 잘 되게 작업하든 소비자가 상품을 선택하는 경우의 수를 늘려 주는 것이 중요합니다.

2) 총판권의 확보 여부입니다.

제조업자나 독점 수입 업체는 자연스럽게 권한이 확보되겠지만 남의 물건인 경우 특정 상품을 판매할 수 있는 배타적인 권리를 갖는다는 것은 매우 어렵고도 중요한 권한입니다. 드랍 쉬핑으로 판매하다 보면 내 물건에 대한 갈증이 커지게 됩니다. 총판권은 대개 가격 경쟁력을 갖게 되고 쇼핑몰별 가격 비교에서도 우위를 점할 수 있는 장점이 있습니다.

3) PL(Personal Label)化, 내 브랜드가 가능한지 여부입니다.

자신의 물건이면 더 좋지만 내 물건이 아니더라도 PERSONAL BRAND화 할 수 있으면 경쟁에서 더 유리합니다.

물론 알려지지 않는 브랜드를 띄우는 작업은 남의 브랜드를 판매하는 것보다 어려운 일입니다만 장기적인 비즈니스를 생각하면 결국 내 브랜드야 말로 사업의 영속성을 결정하는 관건이라는 것을 깨닫게 됩니다.

7.7 일반 쇼핑몰과 구매 대행몰의 차이

일반 쇼핑몰은 발품이 기본이나 구매 대행몰은 서칭이 기본입니다. 또한 일반 쇼핑몰은 재고를 확보한 후 판매를 시작하게 되나 해외 상품은 이미지 전시로 판매가 가능합니다.

일반 쇼핑몰은 사입과 촬영, 포토샵, 포장, 배송을 기본 업무로 해야 하나 구매 대행 마켓은 오히려 경쟁력 있는 상품과 노출 작업에 많은 시간을 보내게 됩니다. 그러나 중, 고수 이상 되면 구매 대행 사업자도 촬영과 포토샵 작업을 하게 되며 반복적인 상품이 생길 경우 자연스럽게 사입을 시도하고 싶어집니다.

7.8 구매 대행 VS 병행 수입

구매 대행은 개인의 사용 목적으로 소비자의 요청에 따라 해외에서 판매되는 제품에 대하여 주문, 대금 지급 등의 절차를 대행하여 해당 제품을 해외 판매처에서 국내 소비자에게 직접 발송하도록 하는 방식의 용역을 제공하는 비즈니스를 말합니다.

반면 병행 수입은 해외 상표권자에 의해 생산·유통되는 제품(상표가 외국에서 적법하게 사용할 수 있는 권리가 있는 자에 의하여 부착·배포된 상품에 한정한다)을 국내 전용 사용권자가 아닌 제3자가 판매를 목적으로 수입하는 사업을 말합니다.

7.9 마켓의 추세와 핵심 트렌드 읽기

상품과 마켓의 흐름을 빨리 캐치하는 것은 수익과 바로 직결되는 일입니다. 구매 대행 판매에 있어서 꼭 필요한 마켓의 추세와 핵심 트렌드를 알아보도록 하겠습니다.

온라인 마켓과 모바일 쇼핑

국내 온라인 마켓 비중 33%, 온라인 쇼핑 거래액 9조 544억.
온라인 거래 중 모바일 쇼핑의 비중은 62.2%. 점차 비대면 비즈니스는 커질 수밖에 없고 온라인과 모바일 쇼핑은 앞으로도 확대될 것으로 예상됩니다.

1인 기업이 우선 집중할 마켓 추천 순위

– 이유는 '마켓 챕터'에 설명되어 있습니다.
– 사업자나 아이템마다 차이가 있을 수 있습니다.

❶ 스마트스토어   ❷ 쿠팡
❸ 11번가, 위메프, 티몬, G마켓, 옥션, 인터파크, NH 마켓,
❹ 개인 쇼핑몰

국내 소비자 행동 트렌드 요약

❶ **모바일 천하** : 일반적으로 8:2의 비율로 모바일이 PC보다 구매가 왕성합니다.
❷ **YOLO(You Only Life Once) 현상** : 한 번 뿐인 내 인생 지금 가치 있게 산다.
❸ **소확행** : 작지만 확실한 행복
❹ **1코노미** : (1일 소비 경제)-1인 가구 급증, 전체 가구의 33%가 1인 가구
　소싱 단계부터 1인용 패키지 상품에 주목해야 합니다.
❺ **1인 미디어 시대** : 유튜브나 SNS 활동 시대
　SNS를 효과적인 마케팅 채널로 활용해야 합니다.

온라인 쇼핑 거래액 동향 트렌드

통계청 자료 – 2023년 3월 온라인 쇼핑 거래액 동향

[18조 8,379억원으로 전년동월대비 7.0%(1조 2,297억원) 증가. 사회적 거리두기 해제 등에 따른 외부활동 증가 영향]

2023년 1/4분기 온라인 해외 직접 판매 및 구매 동향

- (해외 직접 판매) 2,871억원으로 전년동분기대비 49.4% 감소
  · 국가별로는 중국(-62.1%), 미국(-28.7%) 등에서 감소
  · 상품군별로는 화장품(-60.6%), 의류 및 패션 관련 상품(-24.7%) 등에서 감소

- (해외 직접 구매) 1조 5,984억원으로 전년동분기대비 16.6% 증가
  · 국가별로는 중국(99.4%), 일본(29.4%) 등에서 증가
  · 상품군별로는 의류 및 패션 관련 상품(24.3%), 음·식료품(12.7%) 등에서 증가

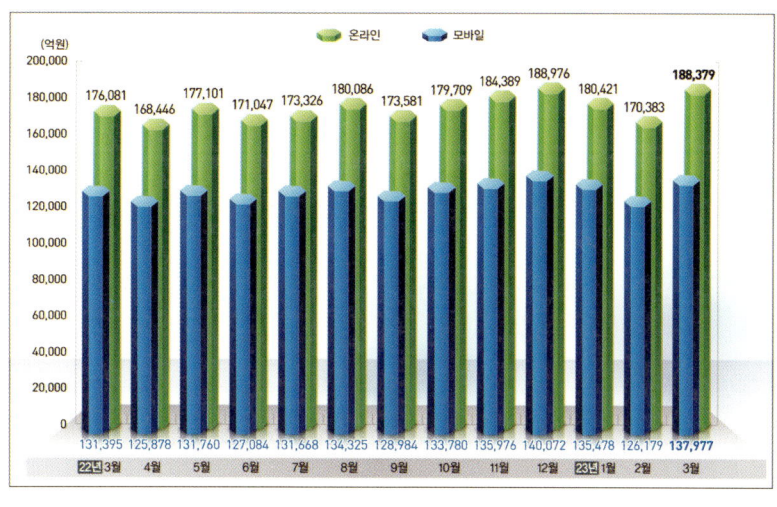

< 온라인쇼핑 거래액 동향 >

(억원, %, %p)

	2022년		2023년		전월대비		전년동월대비	
	연간	3월	2월ᵖ	3월ᵖ	증감액	증감률(차)	증감액	증감률(차)
총 거래액(A)	2,098,790	176,081	170,383	188,379	17,996	10.6	12,297	7.0
모바일 거래액(B)	1,569,016	131,395	126,179	137,977	11,797	9.3	6,582	5.0
비 중(B/A)	74.8	74.6	74.1	73.2	-	-0.9	-	-1.4

─ 온라인쇼핑 거래액은 전년동월대비 7.0% 증가한 18조 8,379억원이며, 온라인쇼핑거래액 중 모바일쇼핑은 5.0% 증가한 13조 7,977억원을 기록

· 전월대비 온라인쇼핑 거래액은 10.6%, 모바일쇼핑 거래액은 9.3% 각각 증가
· 온라인쇼핑 거래액 중 모바일쇼핑 거래액 비중은 73.2%로 전년동월(74.6%)에 비해 1.4%p 감소

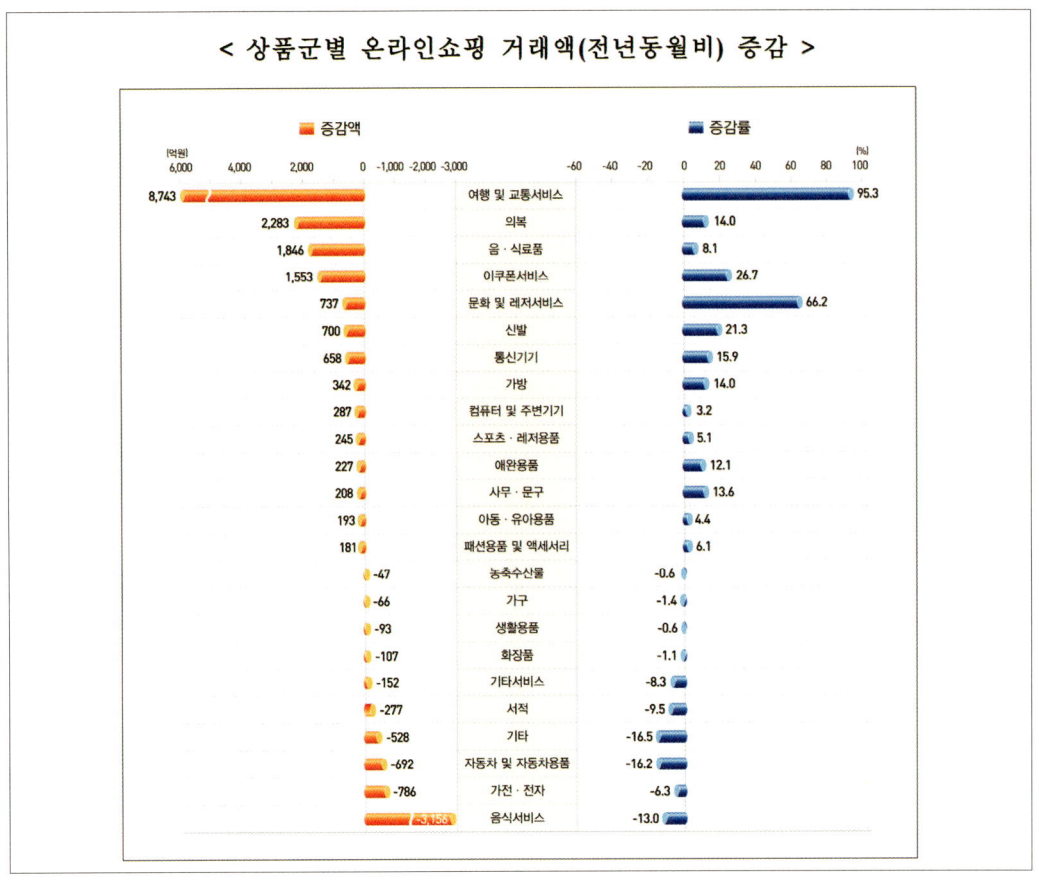

상품군별 온라인쇼핑 거래액

- 상품군별 온라인쇼핑 거래액은 전년동월대비 음식서비스(-13.0%) 등에서 감소했으나, 여행 및 교통서비스(95.3%), 의복(14.0%), 음 식료품(8.1%) 등에서 증가

· 전월대비로는 통신기기(-26.3%) 등에서 감소했으나, 의복(34.1%), 음 식료품 (15.2%) 등에서 증가

- 상품군별 거래액 구성비는 음 식료품(13.1%), 음식서비스(11.2%), 의복(9.9%) 순으로 높음

< 온라인 해외 직접 판매액 및 구매액 >

(억원, %)

구 분		2021년		2022년			2023년	증감률	
		연간	1/4분기	연간	1/4분기	4/4분기	1/4분기P	전분기비	전년동분기비
해외직접판매액[1]		43,915	12,069	18,417	5,676	3,530	2,871	-18.7	-49.4
	면세점	34,238	9,724	10,279	3,635	1,521	1,112	-26.9	-69.4
해외직접구매액[2]		51,152	13,873	53,240	13,714	13,440	15,984	18.9	16.6

1) 본선인도조건(FOB)으로 작성
2) 일반 및 간이 신고는 운임, 보험료 포함조건(CIF), 목록통관은 본선인도조건(FOB)으로 작성

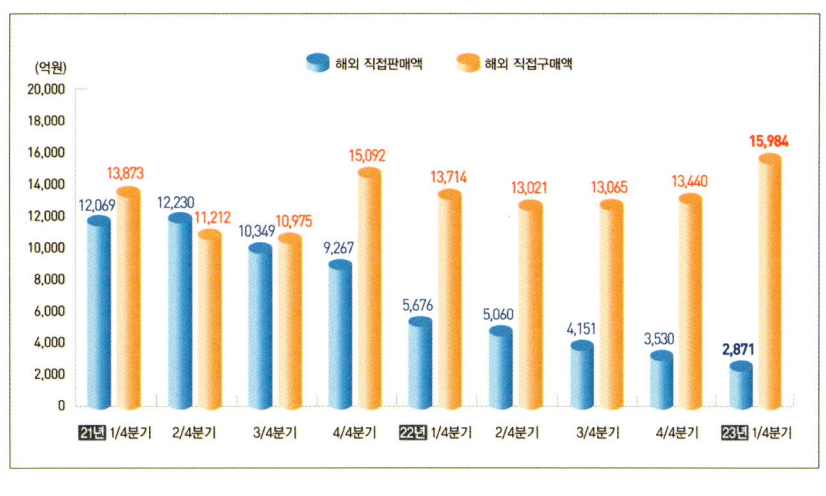

< 온라인 해외 직접 판매액 및 구매액 >

- 2023년 1/4분기 온라인 해외 직접 판매액은 2,871억원으로 전년동분기대비 49.4% 감소했고, 해외 직접 구매액은 1조 5,984억원으로 16.6% 증가
  · 온라인 해외 직접 판매액 중 면세점 판매액은 1,112억원으로 69.4% 감소
  · 전분기대비 해외 직접 판매액은 18.7% 감소(면세점 판매액은 26.9% 감소)했고, 해외 직접 구매액은 18.9% 증가

이 자료는 역직구의 감소와 구매대행의 증가를 나타내고 있으며, 구매대행 시장이 줄고 있다는 소문은 사실 상 근거가 없다는 것을 보여 주고 있다.

< 지역별 온라인 해외 직접 구매액 >

(억원, %)

	2022년		2023년	증감률	
	1/4분기	4/4분기	1/4분기ᵖ	전분기비	전년 동분기비
합 계	13,714	13,440	15,984	18.9	16.6
중국	3,285	4,080	6,550	60.5	99.4
일본	929	1,253	1,202	-4.1	29.4
아세안	201	203	219	8.1	9.1
중동	11	9	15	60.2	36.8
기타 아시아	-	-	14	-	-
미국	5,543	4,628	4,916	6.2	-11.3
캐나다	-	-	165	-	-
유럽연합+영국	3,254	2,782	2,603	-6.4	-20.0
유럽연합	-	-	1,964	-	-
영국	-	-	640	-	-
기타 유럽	-	-	9	-	-
대양주	303	327	286	-12.6	-5.8
중남미	1	1	3	215.5	159.8
아프리카	-	-	2	-	-
기타¹⁾	188	157	-	-	-

1) 해외 지역 재분류로 인해 2023년 1/4분기부터 기타 아시아, 캐나다, 기타 유럽, 아프리카로 세분화

< 지역별 온라인 해외 직접 구매액 구성비 >

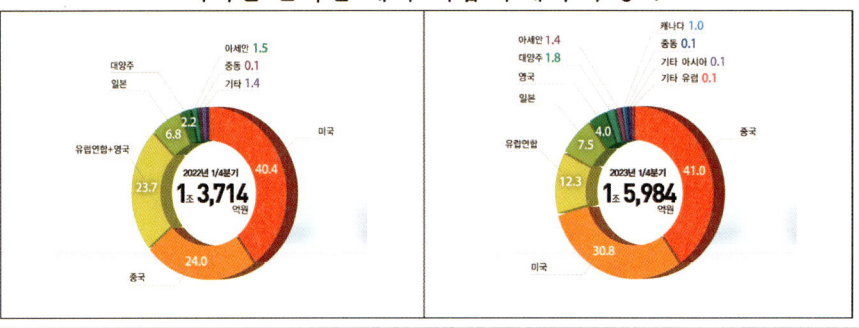

지역별 온라인 해외 직접 구매액

- 2023년 1/4분기 지역별 온라인 해외 직접 구매액은 중국 6,550억원, 미국 4,916억원, 유럽연합 1,964억원 순

- 전년동분기대비 미국(-11.3%) 등에서 감소했으나, 중국(99.4%), 일본 (29.4%), 아세안(9.1%) 등에서 증가

- 전분기대비 일본(-4.1%) 등에서 감소했으나, 중국(60.5%), 미국(6.2%), 아세안(8.1%) 등에서 증가

* 폭발적으로 성장하는 중국 상품 수입시장이 국가별 1위로 올라섰으며 당분간 추세가 계속 될 것으로 예상된다.

< 상품군별 온라인 해외 직접 구매액 >

(억원, %)

	2022년		2023년	증감률	
	1/4분기	4/4분기	1/4분기ᵖ	전분기비	전년동분기비
합 계	13,714	13,440	15,984	18.9	16.6
컴퓨터 및 주변기기	243	249	308	23.8	26.8
가전·전자 통신기기[1]	775	837	962	14.9	24.1
가전·전자	-	-	694	-	-
통신기기	-	-	268	-	-
소프트웨어	36	30	35	15.6	-3.5
서적	116	94	108	15.6	-6.4
사무·문구	69	86	104	21.7	51.9
음반·비디오·악기	30	34	46	37.4	52.9
의류 및 패션 관련 상품	5,727	5,491	7,120	29.7	24.3
스포츠·레저용품	365	377	572	51.8	56.7
화장품	657	612	743	21.4	13.1
아동·유아용품	229	238	232	-2.4	1.2
음·식료품	3,576	3,468	4,029	16.2	12.7
농축수산물	41	25	30	22.9	-25.1
생활·자동차용품	821	727	927	27.6	12.9
기타	1,030	1,173	767	-34.6	-25.6

1) 상품군 세분화로 인해 2023년 1/4분기부터 가전·전자, 통신기기로 세분화

< 상품군별 온라인 해외 직접 구매액 구성비 >

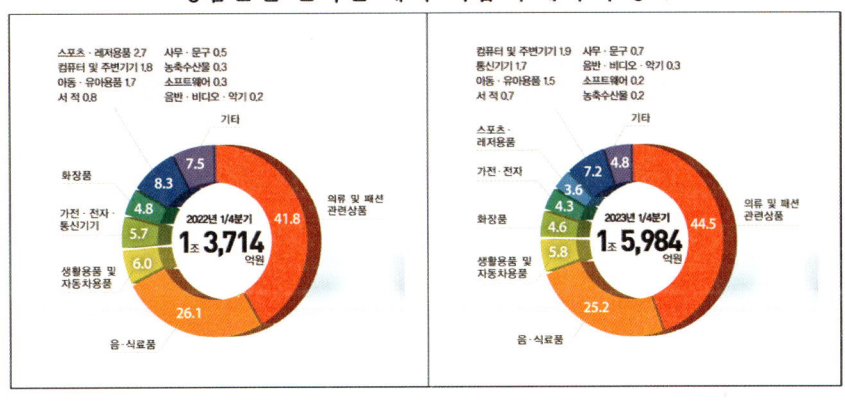

상품군별 온라인 해외 직접 구매액

- 2023년 1/4분기 상품군별 온라인 해외 직접 구매액은 의류 및 패션 관련 상품 7,120억원, 음·식료품 4,029억원, 생활·자동차용품 927억원 순

  · 년동분기대비 농축수산물(-25.1%) 등에서 감소했으나, 의류 및 패션 관련 상품(24.3%), 음·식료품(12.7%), 스포츠·레저용품(56.7) 등에서 증가

  · 전분기대비 아동·유아용품(-2.4%) 등에서 감소했으나, 의류 및 패션 관련 상품(29.7%), 음·식료품(16.2%), 생활·자동차용품(27.6%) 등에서 증가

개설(제 사업자 세팅)
제 사업자 등록, 영업 허가와 업무 세팅

1 사업자 등록

1) 기본 설정

주 업종)
- 업태: 소매
- 종목: 해외직구대행

부 업종)
- 업태: 소매
- 종목: 전자상거래

- 단, '사입'(상거래를 목적으로 물건 따위를 사들임)을 위해서 종목 수정을 원할 경우에는 원칙적으로 일반 과세자만 가능함.(간이과세자/일반과세자 구분 기준: 연매출 8,000만원 기준으로 구분합니다.)
- **구매 대행업을 시작하는 분들은 간이 과세자로 등록하길 추천드립니다.**
- 간이 과세자도 부가세 신고를 해야 합니다.
- 해외직구대행업은 업종코드를 525105로 사업자등록 하시면 됩니다.

2) 영업 허가

1. 통신 판매업 신고
2. 화장품 책임 판매업 영업 허가
3. 수입 식품 영업 허가/건강 기능 식품 영업 허가

2 사업자 등록 신고 방법

2.1 통신 판매업 신고

필요 서류 : ① 신분증 + ② 사업자 등록증 + ③ 구매 안전 서비스 이용 확인증

구매 안전 서비스 이용 확인증 발급은 어디서 해야 하나요?(예시: 스마트스토어)
은행에 직접 가지 않고 스마트스토어에서 간단하게 발급 가능해요!

① 스마트스토어에 '판매자정보' 서브 카테고리에 '사업자 전환' 클릭
② 통신 판매업 신고 번호를 제외하고 나머지 정보들을 기입해주고 신청 중 클릭
③ 심사 후 구매 안전 서비스 이용 확인증 발급 완료

직접 방문으로 하루 만에 발급받기!(예시: 스마트스토어)
신분증 + 사업자 등록증 + 구매 안전 서비스 이용 확인증 구비 후 각 시군구청에 방문 신청합니다.

온라인 신청으로 3일 만에 발급받기!
정부24(https://www.gov.kr/portal/main)에서 통신 판매업 신고 탭에서 구매 안전 서비스 이용 확인증 첨부하여 신청합니다. 발급 완료 문자가 오면 면허세(40,500원)와 함께 신분증 구비 후 각 사업자 관할 구청에서 직접 수령하면 됩니다.

2.2 화장품 책임 판매업 영업 허가

- 필요 서류 : ① 사업자 등록증 + ② 중소기업(소상공인)확인서
- 소상공인 확인서는 http://sminfo.mss.go.kr/에서 발급(당해 창업 기업은 별도의 증빙서류 필요 없고 신청서를 작성하여 확인서를 발급받기만 하면 됨)

  1. 의약품 안전나라(https://nedrug.mfds.go.kr/index)에 회원 가입합니다.
  2. 회원 가입 후엔 1544-9563로 전화해 가입된 상태를 활성화시켜 줍니다.
  3. 의약품 안전나라 사이트에서 전자 민원 신청 탭에서 '화장품 책임 판매업 등록'을 검색하여 준비된 서류들을 첨부합니다.
  4. 신청 후에 '마이 페이지'의 '나의 민원' 탭에서 처리 경과 확인이 가능합니다.
  5. 면허세 자진 신고하기를 통해 27,000원 납부 후에 최종적으로 화장품 책임 판매를 시작할 수 있습니다.

2.3 수입 식품/건강 기능 식품 영업 허가

1. 수입 식품 등 인터넷 구매 대행업 등록하기

① 한국식품산업협회 교육받기 – http://www.kfia21.or.kr/
  – 회원 가입을 하고 로그인을 한 후 신규 영업자 교육 신청에 들어갑니다.

② 교육 수료 후 수료증 캡처 해놓기!
  – 영업의 종류는 '수입 식품 등 인터넷 구매 대행업'을 선택하여 '교육 신청'을 클릭합니다.
    (이때에 교육 신청비 20,000원)
  – 수입 식품 등 인터넷 구매 대행 신규 학습방에서 교육 이수하기(총4시간)

③ 식품 안전나라 가입 – https://www.foodsafetykorea.go.kr
  – 사업자가 아닌 개인으로 가입! 신청비는 28,000원
  – 필요 구비 서류 ① 교육 수료증 + ② 개인 정보제공동의서(개인 정보 제공 동의서는 민원 신청 화면에서 양식 다운 가능)
    · 수료증을 가지고 영업 등록증을 신청합니다.
    · 영업 등록증 신청은 식품 안전나라에서 진행합니다.(인터넷 익스플로러 권장)
    · 회원 가입 및 로그인을 한 후에 민원 신청에서 영업 등록 신청을 합니다.
     (해당 민원 신청에 대해서 28,000원 신청비가 발생합니다)

    구비 서류에 시설 배치도 등의 서류가 필요하다고 적혀 있습니다.
    하지만, 해외 구매 대행을 하는 분들은 '판매'가 아니라 '서비스'를 제공하는 것이기 때문에 이러한 시설 배치도가 필요 없습니다.

④ 민원 처리 이후 영업 증 출력
  민원이 처리될 때까지 1~3일 정도 기다린 이후, 다시 식품 안전나라에 로그인하여 '나의 민원'에 들어갑니다. 이때, 영업증을 출력하려면, 25,500원의 면허세가 부과됩니다.

'면허세 자진 신고'를 클릭하여 납부 절차를 진행하면 됩니다. 동시에 등록세를 위한 각종 정보를 입력해 줍니다. 모든 정보 입력 이후 '인터넷 납부'를 클릭해서 면허세를 납부하면 됩니다.

2. 건강 기능 식품 영업 신고하기
- 필요 서류 : ① 사업자 등록증 + ② 교육 수료증
- 한국 건강 기능 식품 협회(https://edu.khsa.or.kr/user/Main.do?_menuNo=0#none)
  일반 판매업(신규) 건강 기능 식품을 판매할 경우 '완제품 납품 받아 판매'를 신청합니다. 온라인 교육 이수 후(2시간) 건강 기능 식품 교육 수료증을 발급받습니다.
- 정부24나 민원24에서 공인 인증서로 로그인하기
- 건강 기능 식품 영업 신고 검색하여 들어가서 관련 서류 첨부하여 신청하기
  마지막으로 건강 기능 식품 교육 수료증 + 신분증을 가지고 지역 관할 기관 방문하여 건강 기능 식품 영업 신고증 발급 신청서 작성하여 면허세 고지서 + 영업 신고증 발급 수수료(지역마다 차이가 있음)를 납부 하면 건강 기능 식품 영업 신고증을 발급받아 볼 수 있습니다.

❸ KC 인증

KC(국가 통합 인증 마크 : Korea Certification) 인증은 국가 공인 시험 기관에서 인체에 무해한 재질로 만들었는지, 내구성을 유지할 만큼 안전한지 등을 파악하는 심사 과정을 거쳐 KC 안전 인증 및 안전 확인 인증서를 발급하는 절차와 인증을 말합니다.

3.1 KC 인증은 왜 필요한 건가요?

항상 KC 인증 없이 구매 대행이 가능한 품목군인지 확인해야 합니다. 국내에 물건을 수입해서 보관하지 않고 해외에서 바로 소비자에게 자가 사용 목적으로 1개를 배송하면 문제가 되지 않습니다. 대부분의 품목군들이 KC 인증 마크가 없는 제품이라도 구매 대행이 가능해졌습니다.

그러나 다음 품목들에 한해서는 KC 인증 마크가 없이 구매 대행이 허용되지 않습니다. 예를 들어 LED 상품 중에서 스위치 ON/OFF가 있어도 안정기가 탑재되어 있거나 밝기 조절이 되는 상품은 구매 대행 상품이어도 KC 인증이 있어야 합니다.

국내 가정에서 쓰는 220V에 꽂아 쓰는 LED 제품도 KC 인증을 맡아야 하는 경우가 많습니다. 교류 30V, 직류 42V 아래 전원 제품은 판매가 가능하고 밝기 조절 회로가 USB 타입이면 판매가 가능합니다.

3.2 KC 인증 확인은 어디서 할 수 있나요?

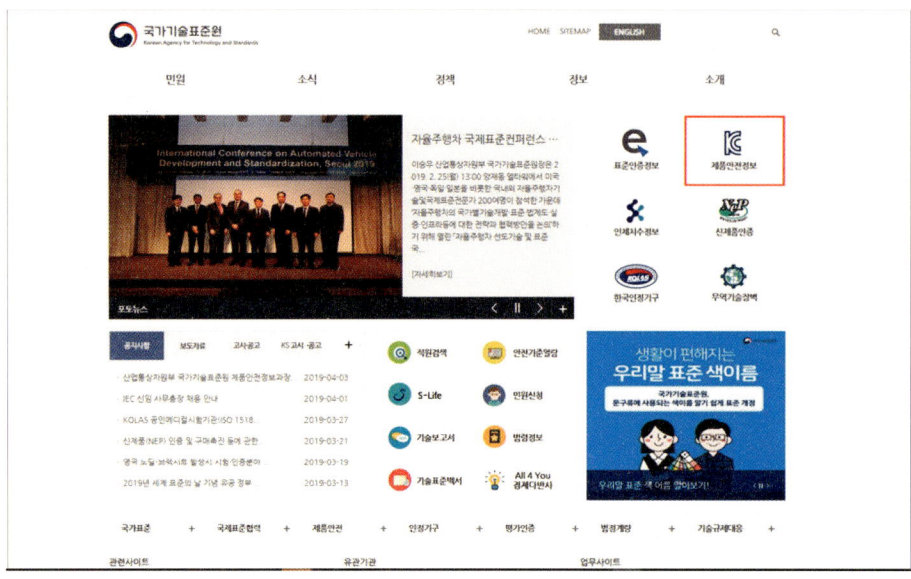

국가 기술 표준원(http://www.kats.go.kr/content.do?cmsid=38)

전안법 안전 관리 대상 및 구매 대행 특례_ 제품 세부 품목 국가 기술 표준원의 제품 안전 정보 센터 공고문을 확인하면 됩니다.

스마트스토어(http://www.safetykorea.kr/policy/targetsSafetyCert)

스마트스토어를 개설한 사업자는 상품 관리 → 상품 등록 → 상품 주요 정보 → KC 인증→개정 전안법 가이드북 보기에서 확인할 수 있습니다.

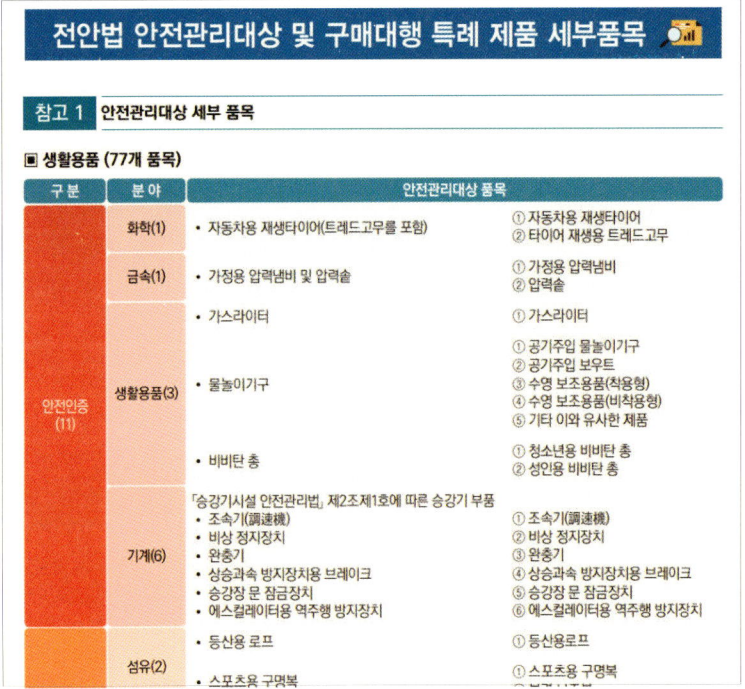

KC 인증 대행업체

KC 인증은 국가 기술 표준원의 지침 아래 인증 대행업체를 두고 있습니다.

- 한국건설생활환경 시험연구원(https://www.kcl.re.kr)
- 한국산업기술 시험원 (https://customer.ktl.re.kr)
- 전기 용품 안전 인증(KC Mark)ETL(www.etl.re.kr)
- 한국기계전기전자 시험연구원(www.ktc.re.kr)
- 한국 의류 시험 연구원(www.katri.re.kr)
- (주)이엔지(www.the-eng.co.kr)KC인증 지정시험 기관
- 케이씨알 KCR (www.kcrlab.co.kr/070-4024-9998)| KC 인증, 해외 인증 전문 컨설팅
- 케이씨원 KCONE www.kcone.co.kr
- INCERTI www.incerti.co.kr 경기 안양시 소재 일본 인증, 해외 인증, 국내 인증(KC)
- 국내 인증(KC) - 국립 전파 연구원(https://rra.go.kr)
- LooKC http://www.lookc.co.kr/ KC인증 정보 원하는 제품 상세검색 · 즉시 인증 진행 구글플레이스토어 app 활용

기적의 구매 대행 노하우

④ 어린이 안전 기준(http://www.law.go.kr)

안전 인증제도

어린이 제품 안전 특별법 제17조에 의거하여 안전 인증 대상 어린이 제품의 제조업자 또는 수입업자가 출고 전 또는 통관 전에 모델별로 안전 인증기관으로부터 안전 인증(제품 검사와 공장 심사를 하여 어린이 제품에 대한 안전성을 증명하는 것)을 받아야 하는 제도입니다.

13세 이하의 어린이가 먹고, 마시고, 바르고, 입고, 신고, 만지는 모든 상품은 해외 구매 대행 사업자이든, 병행 수입 업자든, 정식 수입 업자든 가리지 않고 무조건 KC 인증을 받아야 합니다.

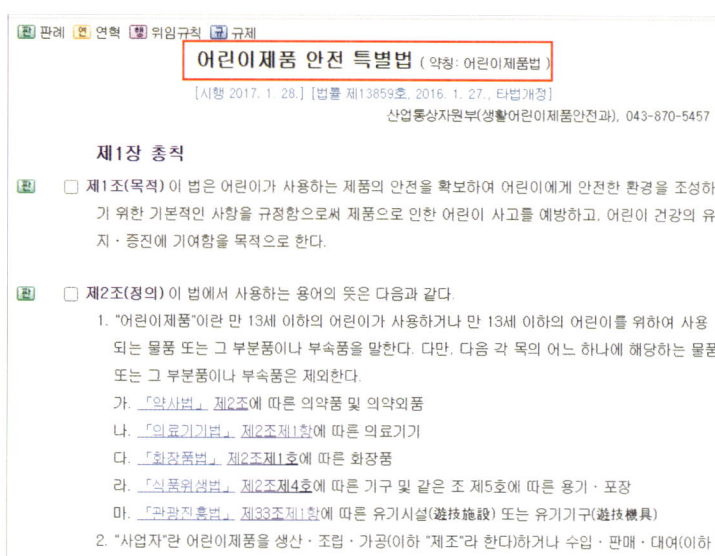

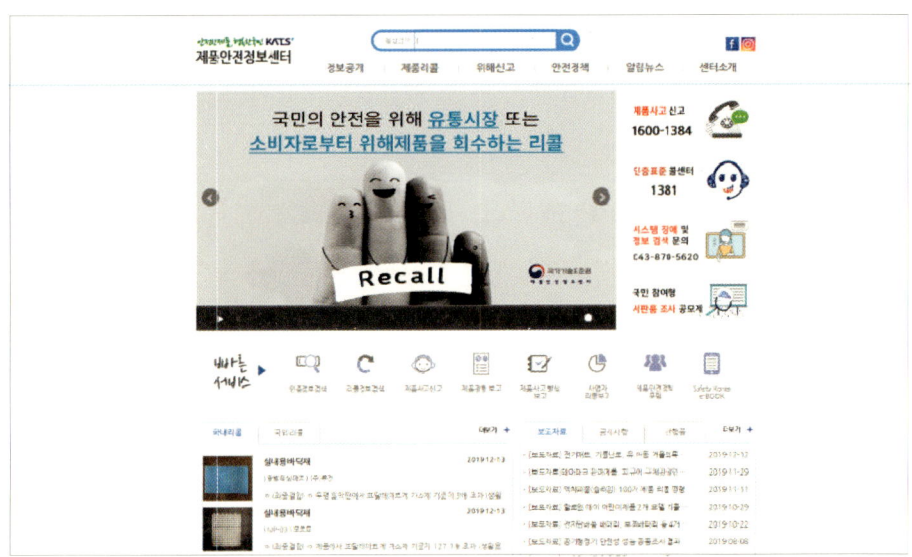

5 상표권 확인

상표권은 유니패스(https://unipass.customs.go.kr/csp/index.do)에서 1차로 확인하고, 키프리스(KIPRIS – http://www.kipris.or.kr/khome/main.jsp) 상표권 검색을 하여 안전한 상품 위주로 소싱하여야 합니다. 키프리스가 가장 중요한 기준입니다.

이외에 특허 원부를 확인하고 이상이 없을 때에만 판매를 해야 합니다.

6 구매 대행 추천 신용 카드

- 삼성 글로벌 쇼핑 카드(5V2), 삼성 아메리칸 익스프레스 카드
- 가온 글로벌 카드 KB 국민 카드 – 강력한 캐시백
- 비씨 글로벌 마일리지 – 쓸수록 불어나는 마일리지 혜택
- 신한카드 신한 딥 드림 플래티늄 플러스 카드
- 네이버 페이 TapTap 카드(삼성 카드/신한 카드) – 네이버 페이 적립
 (국내에서 물건을 소싱하거나 영업 목적의 비용을 지불해야 할 때 사용하면 좋아요)

현재 시점의 추천 카드이며 각 카드사마다 매년 좋은 새 카드를 발급하므로 해외 직구에 유리한 카드를 상담하여 선택해 주세요!

사업자 카드의 운용 원칙

사업자가 카드를 사용할 때에는 해외 구매처별 OR 국가별로 구분하여 운용하는 것을 추천 드립니다.

예) 알리바바는 비자 카드, 아마존은 아멕스카드, 마스터 카드 등등

7 업무 기본 세팅

7.1 SETTING 1

온라인 도장(www.modusign.co.kr/event-stamp/) - 모두싸인

온라인에서 회사 명판이나 직인이 필요할 경우 명판을 찍어 스캔하여 업로드 하지 말고 온라인상에서 도장을 만들어 활용하면 편합니다.
무료로 3개까지 만들 수 있으며 텍스트만 입력하면 손쉽게 도장을 만들 수 있어요.
오프라인 계약서와 동일한 효력을 갖는 온라인 계약 서비스를 효과적으로 쓸 수 있어요

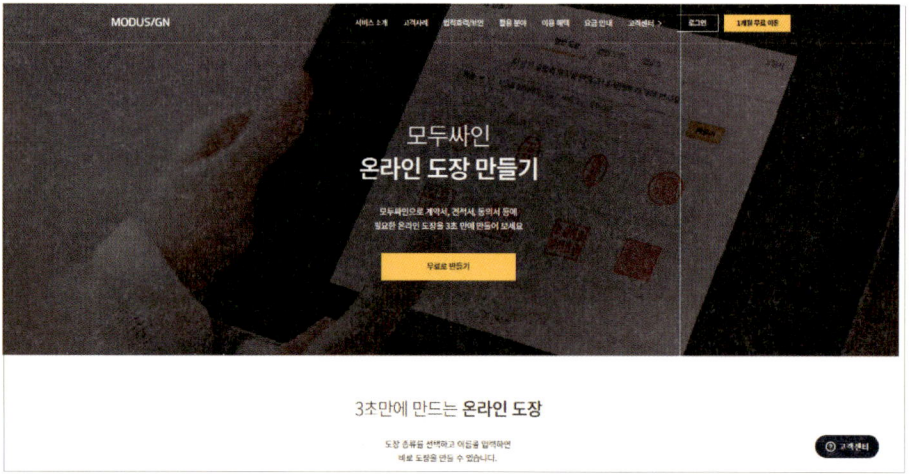

서식 양식 사이트 - 프리폼(www.freeforms.co.kr), 예스폼(www.yesform.com)

고객이 모두 개인 돈으로 구매하는 것이 아니라 회사에 증빙을 제출해야 할 경우가 많고 견적서를 요구할 때도 많은데 이럴 때 견적서 같은 양식을 찾아 헤매지 않고 양식들을 쉽게 얻을 수 있는 사이트를 평소에 알고 있으면 수월하겠죠.

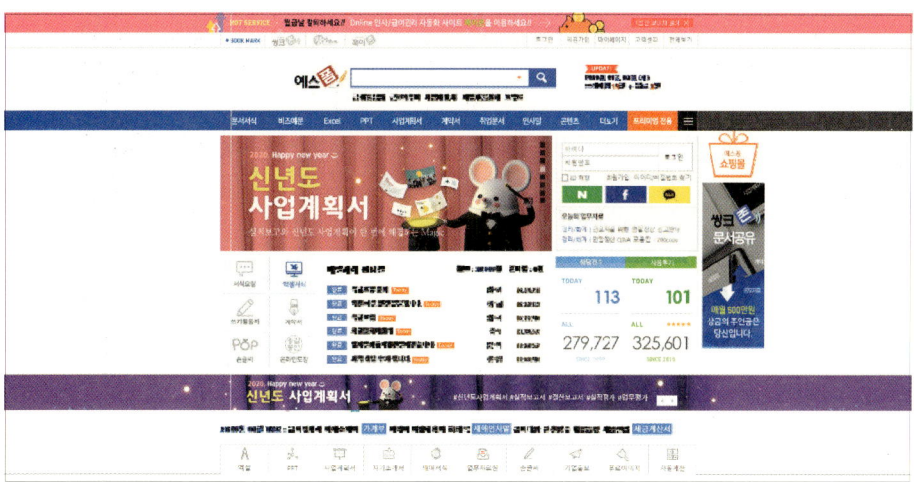

맞춤형 인쇄물

명함, 스티커, 현수막, 포스터, 전단지, 봉투, 실사출력, 입간판

- 비즈하우스(http://www.bizhows.com/cms/designcenter/logo_design/)
- 성원애드피아(http://www.swadpia.co.kr/)
- 테일러브랜즈(https://www.tailorbrands.com)

손쉽게 원하는 로고나 명함, 각종 인쇄물을 빨리 만들기가 어려운데 이때 매우 요긴한 사이트입니다. 나중에 각 브랜드의 PB 전략을 세우거나 PL(Personal Label)화 작업을 할 때도 많이 이용됩니다.

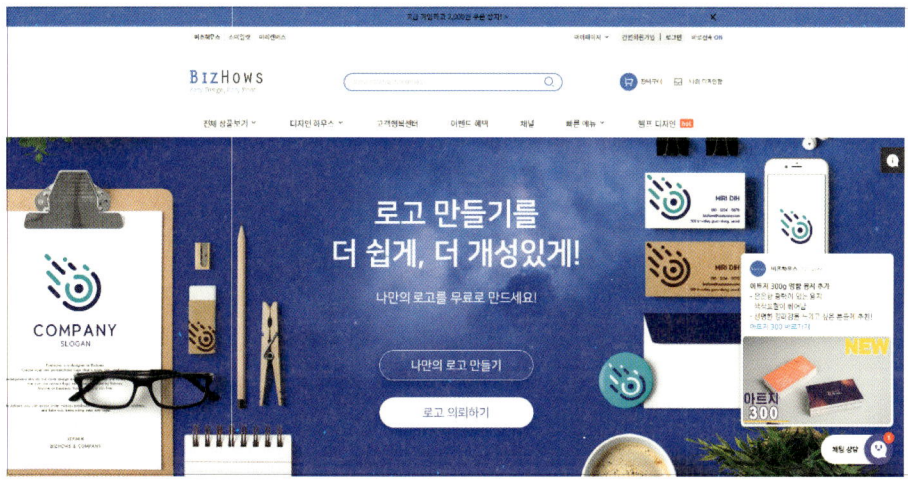

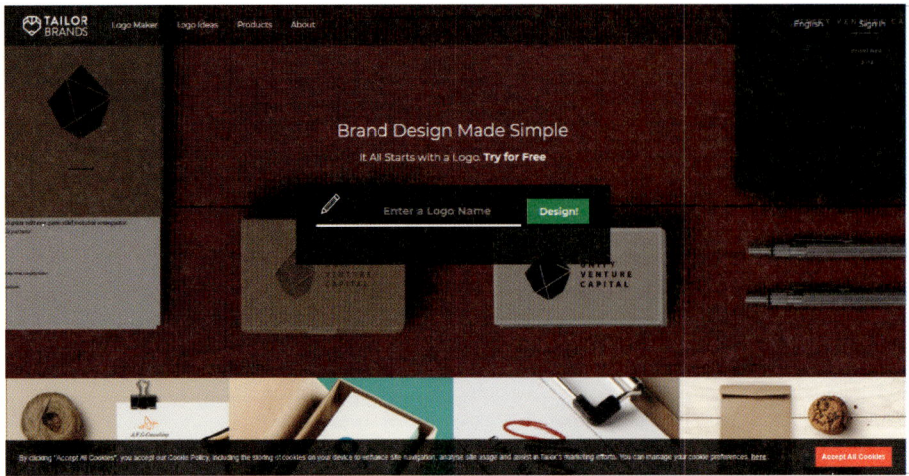

7.2 SETTING 2

- 이메일을 개인용, 사업용으로 각각 구분해서 사용하라.
- 국가, 마켓, 해외 구매처 별 사업자 카드를 별도로 운영해라.
- 해외 고객들에게 마켓 노출을 위해 글로벌 스킨을 이용해라.

> **KEY WORDS**
> ■ 글로벌 스킨
> 쇼핑몰 스킨에 국가별로 다른 언어를 지원하는 기능이 탑재된 몰을 의미합니다. 글로벌 스킨을 구매하여 설정하면 상단의 국기를 탭 할 때마다 그 나라 언어로 바뀌어 글이 표시됩니다.

글로벌 스킨의 활용

구매 대행을 하다 보면 같은 상품을 큐텐(Qoo10) 혹은 이베이(ebay)에 팔 수는 없을까? 생각하고 역직구의 영역에 관심을 갖고 국내 고객을 위한 자사몰에 해외 구매자에게도 노출이 되면 좋겠다고 생각하게 됩니다. 페이팔과 외국 카드를 수용하는 PG 기능을 추가하여 구글 최적화에도 관심을 갖게 되는데 **결론부터 말씀드리면 양수겸장(兩手兼將)은 안하는 것이 좋습니다.**

쇼핑몰 플랫폼이 쇼피파이나 우커머스 베이스로 만들어지면 한국카드가 안 되는 결제 문제가 장벽이 되고, 반대로 카페24나 고도몰로 구축하게 되면 구글에 노출이 쉽지 않는 문제가 발생됩니다. 한국만 벗어나면 네이버의 영향력은 구글과 견줄 수 없게 되며 국내 고객에게는 네이버가 영향력이 크지만 해외 고객을 위해서는 구글이 절대적이므로 두 마리 토끼를 다 잡기는 쉽지 않습니다.

최근 카페24나 고도몰도 글로벌 스킨을 출시하고 있어 구글 검색에 잘 노출되도록 개선되고 있고 점차 진화하면서 쇼핑몰 기능도 수준급에 이른 것으로 평가 받고 있습니다.

7.3 SETTING 3

PAPAL 가입은 필수

페이팔은 해외 거래의 필수 결제 수단입니다.

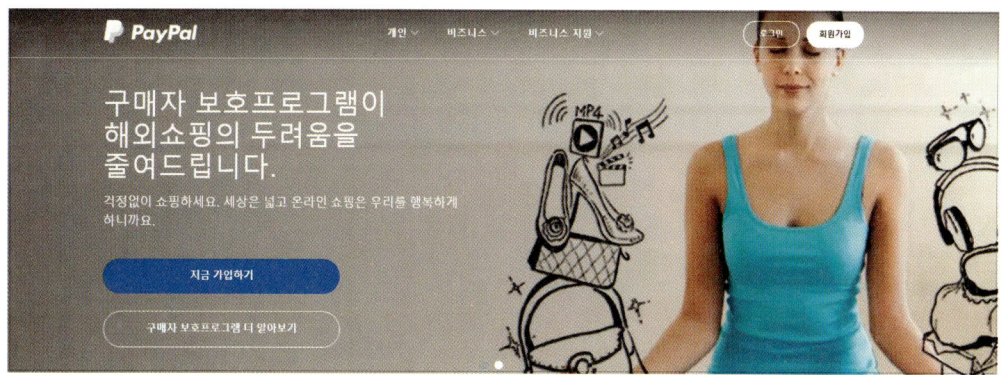

- 이메일 주소와 패스워드만으로 쉽게 결제 가능
- 해외 결제와 해외 송금뿐만 아니라 캐시백 사이트와 연동 가능
- 카드사 영문 주소 추가– 배대지 주소로 추가할 것
- 운전면허나 주소2는 필수 기재 사항이 아님
- 송금을 위한 계좌 등록도 가능. 은행 계좌나 카드 추가
- 은행명은 은행 코드 보기에서 영문 명 복사 저장, 2~4일 내 인증하기

자사몰인 경우 PG사 가입 필수

PG사(KCP, 이니시스 등) : 고객이 내 자사몰에 결제를 하게 하기 위해서는 필수적으로 연동해야 하는 결제 시스템입니다.

캐시백 사이트

해외의 쇼핑몰에 결제하기 전 캐시백 사이트에 경유하여 결제함으로서 캐시백 포인트를 모으는 것이 생각보다 금액이 크다는 것을 알게 됩니다. 1년에 수천만 원도 쌓입니다.
Papal과 연동하여 캐시백을 현금화 할 수 있습니다.

- Mrrebates.com
- befrugal.com
- Ebates.com
- topcashback.com

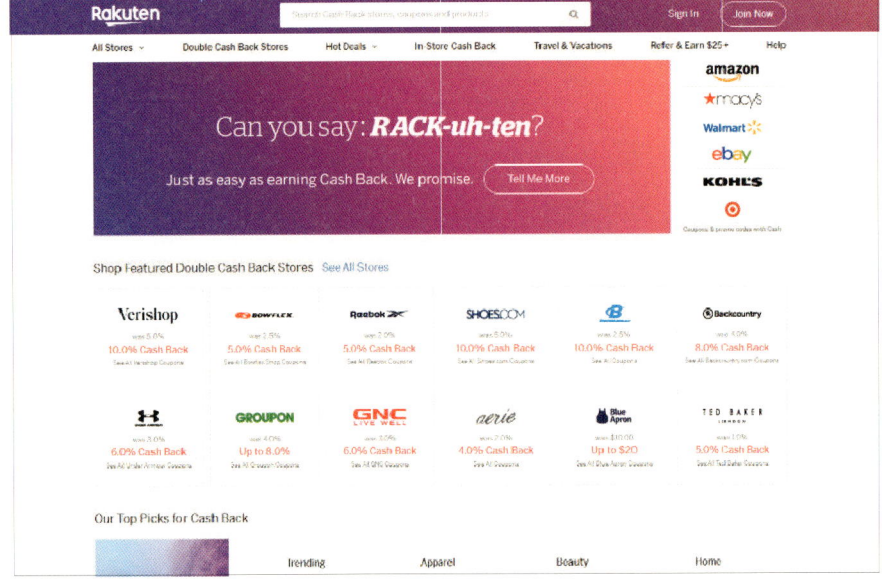

- 타오바오 캐시백(https://www.fanli.com)

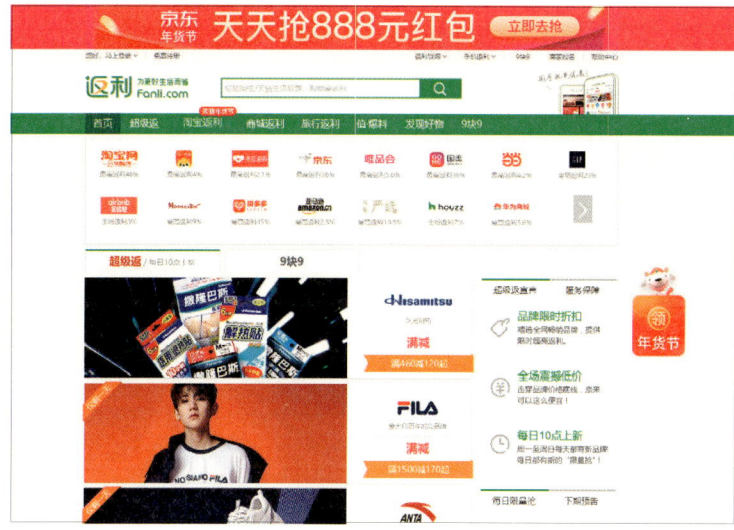

[판리]

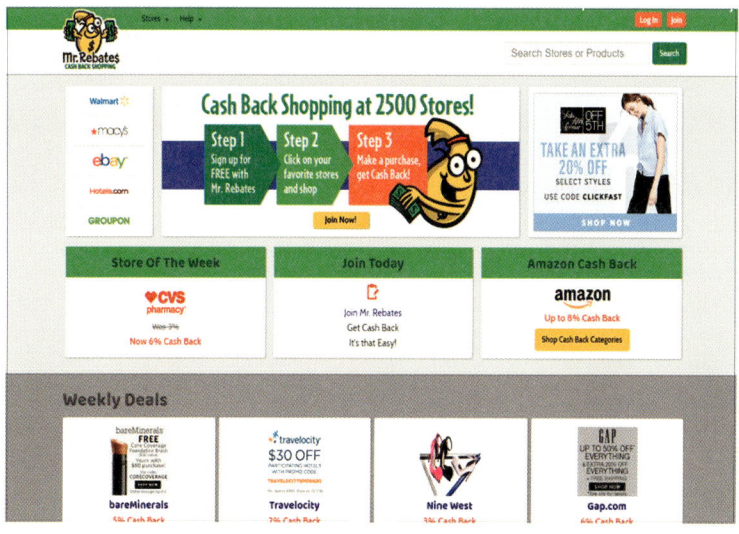

[미스터리베이츠]

Mr.rebates / ebates 등의 캐시백 사이트와 페이팔 연동을 시켜줍니다.
이때에 캐시백 사이트와 페이팔이 같은 아이디면 관리가 수월하겠죠?

캐시백 사이트에서 change account 하단에 페이팔 주소 입력하고 submit Pending(보류) 90일 후 ➜ available(사용 가능) ➜ 신청한 다음달 1~5일 사이에 페이팔 계좌로 입금됨.

아마존 프라임 가입

- 기프트 카드(10달러/100불 충전시)
- 미국 내 온라인 45% 점유한 가장 중요한 마켓
- 30일 트라이얼 버전 가입(https://goo.gl/fiKqND)
- 139달러/년, 미국 내 2일 배송 제도, 아마존 포토 무료
- 무료 반품이 가능
- 배대지 주소를 활용하자
- 아마존은 여러 곳의 IP 접속을 싫어한다.

8 기본적으로 알아야 하는 사이트

- 키파- 가격 트레커(https://keepa.com) - 아마존 상품의 가격 변동 추이를 확인

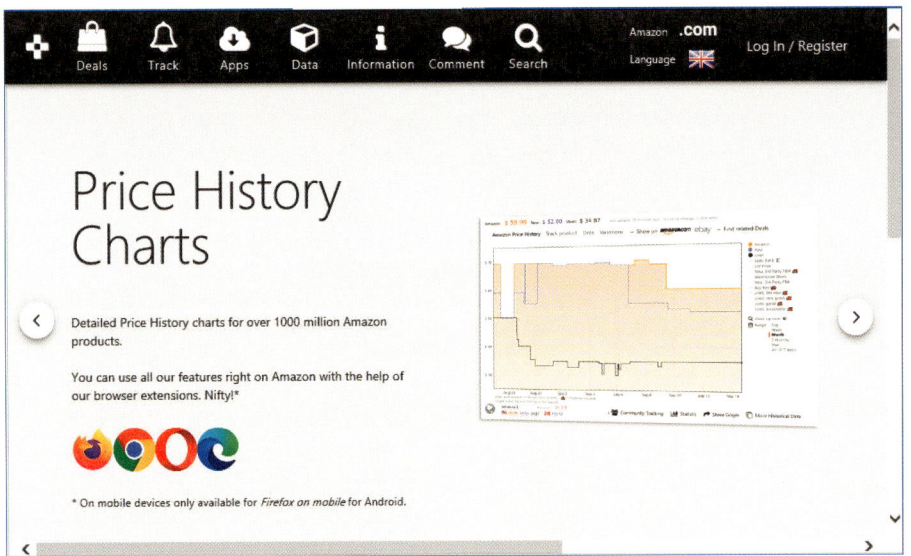

- 리테일미낫(https://www.retailmenot.com) - 쿠폰 사이트

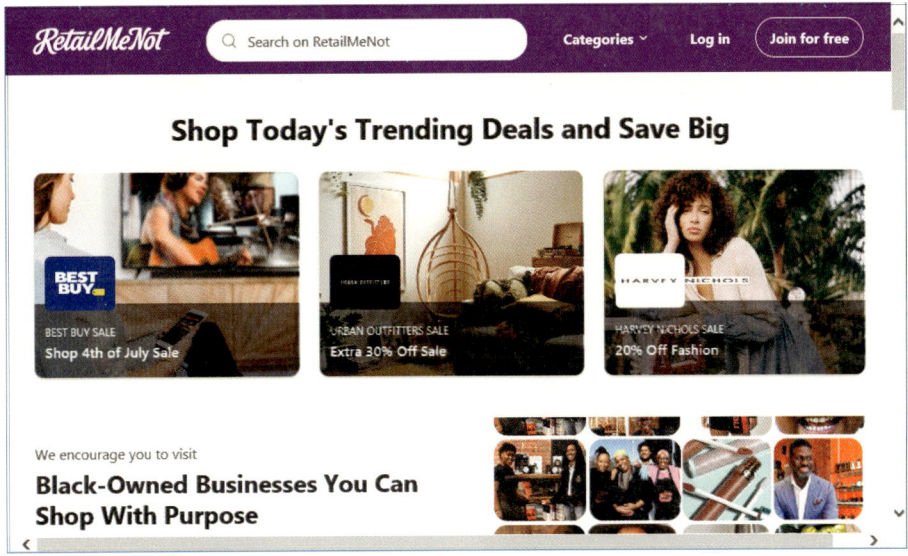

- 바게이니스트(https://bensbargains.com) - 세일 품목 확인 가능 사이트

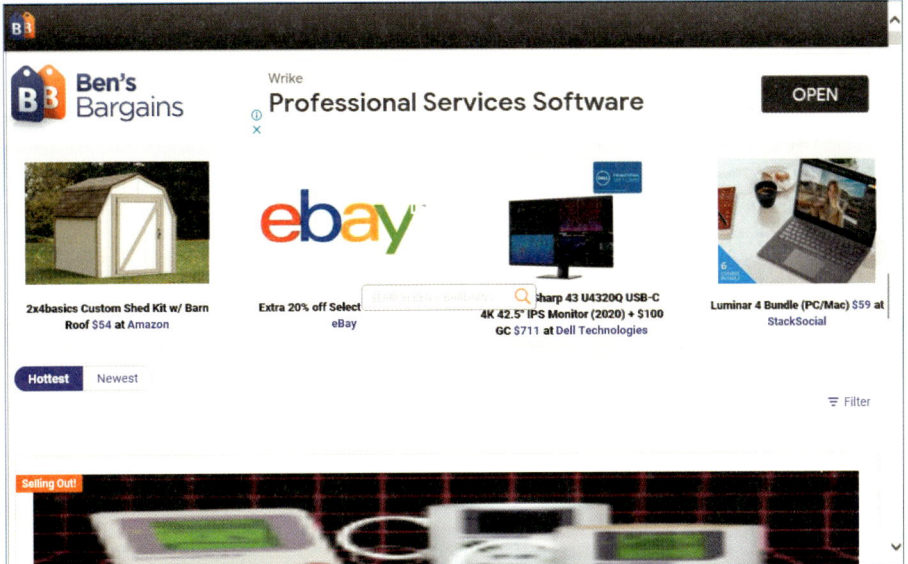

- 슬릭딜 https://slickdeals.net/
- 미씨쿠폰 https://www.missycoupons.com/
- 딜플러스 https://www.dealsplus.com/

- 플리토(https://www.flitto.com/) - 번역 사이트

사람이 번역해서 오타는 있어도 오역은 없다.

- 마인드맵(씽크와이즈, XMIND맵) - www.thinkwise.co.kr   https://www.xmind.net

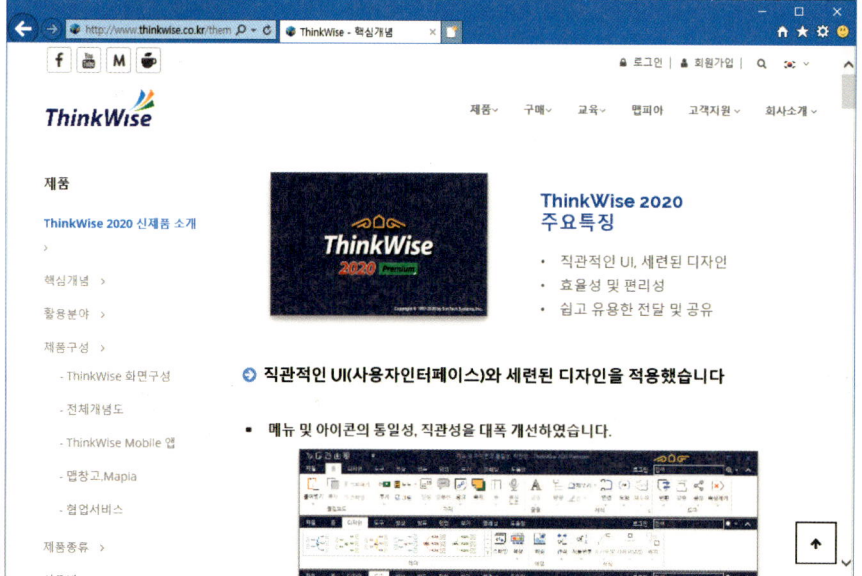

- 마이창고(https://mychango.com/) - 3PL 물류 창고

- 상품 재고를 확보하고 온라인 판매를 시도하는 판매자는 단순 반복적인 일에서 벗어나 더 부가가치가 높은 비즈니스에 집중하는 편이 나을 때가 많다.
- 이때 상품의 포장과 발송에 대한 업무를 3PL 업체에게 아웃 소싱을 하고 하루 업무 중 마케팅과 피드백 반영 작업에 몰두하면 더욱 효율을 높일 수 있다.

- **스마트 편집기** : - 스마트한 디자인 상세 페이지 자동 제작(www.smarteditor.co.kr) 상품 상세 페이지를 템플릿을 활용하여 손쉽게 만드는데 도움이 되는 사이트이다.

- **Notion (노션)** : 메모, 문서, 지식 정리, 프로젝트 관리, 데이터베이스, 공개 웹사이트 등의 기능을 하나의 서비스로 통합한 서비스 https://www.notion.so/

- 워크플로위(https://workflowy.com/) 최고의 생각정리도구이자 업무관리 도구

- 다이널리스트 (Dynalist) 생각정리도구 체크리스트 문서공유와 협업 노트

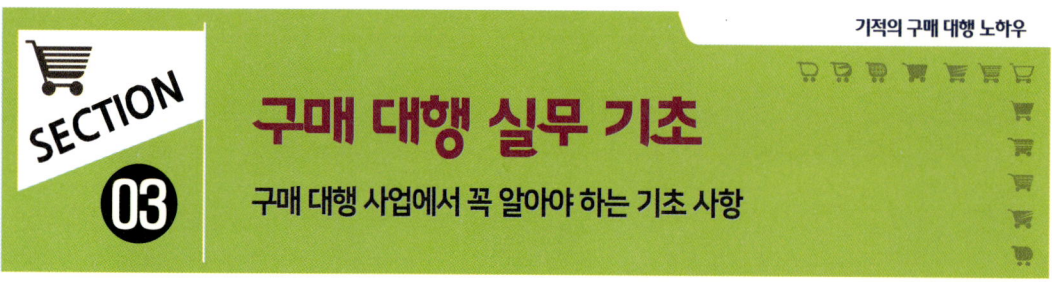

구매 대행 실무 기초
구매 대행 사업에서 꼭 알아야 하는 기초 사항

1 개인 통관 고유 부호 발급

개인 통관 고유 부호는 해외 직구, 더 나아가 구매 대행의 가장 기초이죠. 구매 대행 업자로서 판매자는 원활한 통관을 위해 구매자의 **개인 통관 고유 부호를 필수적으로 받아야 하므로** 이 개념에 대한 이해가 반드시 필요하다고 볼 수 있습니다.

개인 통관 고유 부호는 주민등록번호를 대신해 개인 확인을 위한 고유 부호이며, 관세청 개인 통관 고유 부호 발급 사이트(http://p.customs.go.kr)에서 성명, 휴대 번호 등의 정보를 입력 후 누구나 발급받을 수 있습니다. 단, 마켓에서 물건을 구매하는 사람이 입력하는 개인 통관 고유 번호는 **물품을 수령하는 사람의 개인 통관 고유 부호**이어야 합니다.

[출처 : 관세청 유니패스]

② 해외 구매 대행(직구) 통관 방법

먼저, 관세는 수입 시 납부해야만 하는 세액입니다. 해외에서 물품을 반입하면 관세를 꼭 납부해야 하죠. 다만, 자가 사용 목적으로 물품의 종류와 금액에 따라 관세가 면제되기도 하며 이때에는 통관의 방법도 달라집니다.

물품 통관의 방법은 목록 통관과 일반 통관(수입 신고) 두 가지로 나뉘어 있습니다.

한번 그 개념에 대해 알아볼까요?

2.1 목록 통관

개인이 자가 사용 목적으로 수입하는 경우 **물품 가격이 150불 이하(다만, 한미 FTA에 따라 미국은 200불 이하)**인 경우, 배송 업체에 통관 목록 제출하게 되면 수입 신고가 생략되어 관세 및 부가세를 면제받게 되는 것을 말합니다. 보통 우리가 흔히 구매하는 의류, 신발은 목록 통관이 가능합니다. 목록 통관은 통관절차가 약식으로 이루어져 상품을 빨리 받아 볼 수 있다는 장점이 있습니다.

잠깐만요! 사소하지만 잘 모르는 꿀 TIP - 1

> 목록 통관 기준 금액 계산하기!
>
> 기준 금액 = 물품 가격 + 발송 국가 내 세금 + 발송 국가 내 내륙 운임 및 보험료(국제 배송 운임과 보험료는 제외)

잠깐만요! 사소하지만 잘 모르는 꿀 TIP - 2

> 일반적으로 의약품, 의료기기, 건강 기능 식품, 식품류, 검역 대상 물품 등은 목록 통관이 배제되고 일반 수입 신고를 해야 합니다. 2022년 6월 7일부터 전자제품도 일반통관대상으로 바뀜.

2.2 일반 통관(수입 신고)

일반 통관(수입 신고)이란 목록 통관을 제외한 모든 제품들에 대해 세관에 신고된 물품을 직접 확인해 심사하는 일반적인 통관 절차를 말합니다.

목록 통관이 되지 않는 건을 대상으로 관세사를 통해 세관장에게 수입 신고하고 통관되는 제도로서 관세 및 부가세 등을 부과합니다.

다만, 개인 자가 사용 수입 물품으로 인정이 되고 물품 가격이 미화 150불 이하인 경우(미국발 물품 여부 불문) 감면 신청을 받아 관·부가세를 면세해 주는 소액 면세 제도를 운영합니다. 일반 통관 대상으로 분류되면 미국 사이트에서 구입한 것이라고 하더라도 150달러 초과시 관세 및 부가세를 납부하여야 합니다.

잠깐만요! 사소하지만 잘 모르는 꿀 TIP

> **만약 목록 통관과 일반 통관 물품이 섞여 있다면?**
>
> 구입한 제품 중 한 가지라도 일반 통관 제품이 있다면, 목록 통관이 불가능합니다. 따라서 목록 통관과 일반 통관 물품을 따로 주문하는 것이 편리합니다.

2.3 통관 진행 조회 방법

관세청 유니패스(https://unipass.customs.go.kr/)의 화물 진행 정보 → M B/L - H B/L 선택 → 운송장 번호란에 배송 대행지에서 준 국내 택배 송장 번호를 입력 후 조회 버튼을 누르면 조회가 가능합니다.

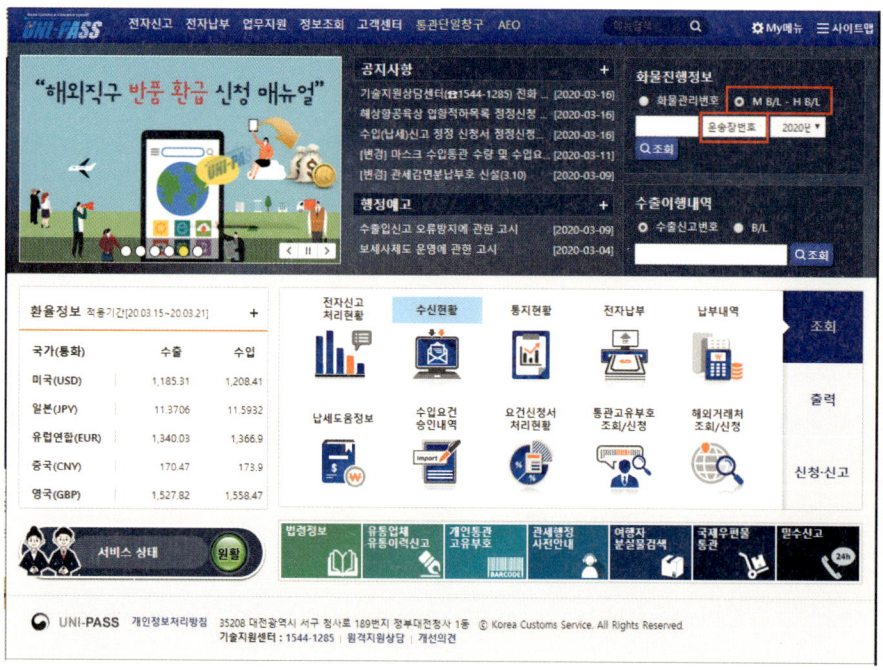

[출처: 관세청 유니패스]

2.4 해외 직구 및 구매 대행 관련 문의

- 관세청 : http://www.customs.go.kr
- 관세청 고객지원 센터 : 국번 없이 125
- 전자 통관 시스템 : 1544-1285

3 아마존 구매 계정 해킹? 이렇게 해결하세요!

평소에 해외 직구 시 편의를 위해 결제 정보를 등록해 두는 경우가 많지요. 결제를 위해 신용 카드 정보를 입력하면 자동으로 해당 정보가 저장되는 경우도 있어 단 한 번의 구매 후 신용 카드 정보가 저장이 된지 모르고 넘겨 버리는 경우가 많습니다. 이 방식은 카드 번호를 입력하는 수고를 덜 수 있기 때문에 별다른 생각 없이 결제 정보에 남겨 두는 사람들이 있는데 실제 금전적인 피해는 이 때문에 생깁니다. 피해를 확인했을 때에는 즉시 마켓에 신고해야 합니다.

만약 해커가 이메일을 변경했을 때에는, Help → Customer → Account & Login Issues → What can we help you with? → Select an issue → I cannot sign into my account로 아마존 고객 센터에 이메일이나 전화로 문의하면 됩니다.

문의 시 해커가 도용한 카드로 결제한 상품의 오더 번호를 제공하고 피해를 호소하면 구제받을 수 있습니다. 구글 번역을 통해 메일을 보낼 때에는 가급적 짧은 문장 위주로 보내는 것이 해석의 불편함을 덜 수 있습니다. 신용 카드 도용을 신고하고 구제를 받으려면 카드사나 은행을 방문해야 하며 구제 기간이 생각보다 길다는 것을 참고해야 합니다. 크롬의 자동 서식 보관보다 last-pass와 같은 크롬 확장 앱을 사용하는 것이 보안에 더 유리합니다.

잠깐만요! 사소하지만 잘 모르는 꿀 TIP

차지백 서비스를 아시나요?

해킹 피해를 조금이라도 줄이기 위해 최근 한국소비자원에서는 '신용 카드 차지백 서비스'를 개발 및 홍보하고 있습니다. 이 서비스는 해외 직구 과정에서 피해가 예상될 때 직구 거래 취소를 카드사에 요청하는 서비스입니다. 이를 받기 위해서는 카드 결제일에서 120일 이내에 신용 카드사에 서면으로 서비스 신청을 해야 합니다. 거래 영수증/주문 내역서/이메일 등 피해 주장을 입증하는 자료 또한 제출해야 하죠. 환불 및 교환 처리 지연, 가품이 의심되는 등 피해 사유가 있을 때 이 서비스에 도움을 받을 수 있을 것으로 보입니다.

기적의 구매 대행 노하우

4 그 외 알짜배기 정보

해외 사이즈 조견표

남성 의류 사이즈(티셔츠, 정장, 외투)

한국	90-50	95-100	100-105	105-110	110↑
미국	S	M	L	XL	XXL
일본	84-94	97-102	108	117-112	127↑
중국	165/88-90	170/96-98	175/108-110	180/118-122	185/126-130
가슴둘레	88-94	97-102	104-109	112-120	120↑
목둘레	35-37	38-39	40-42	43-44	45-47
팔길이	78-81	81-84	84-86	86-89	89-91
허리둘레	71-76	81-86	91-96	101-106	111

남성 신발 사이즈

한국(mm)	255	260	265	270	275	280	285
미국	7	7.5~8	8.5~9	9.5~10	10.5	11	11.5
일본(cm)	25	25.5	26	26.5	27	27.5	28
중국	40	40.5~41	41.5~42	43~43.5	44	45	45.5

※ 상기 조견표는 브랜드 및 상품에 따라 차이가 있을 수 있습니다.

여성 의류 사이즈

한국	85-90	90	95	100
중국	160-165/84-86	165-170/88-90	167-172/92-96	168-173/98-102
미국	XS	S	M	L
일본		7	9-13	15-19
가슴둘레(cm) T셔츠(inch)	81-84 32-33	86-89 34-35	91-97 36-37	99-104 38-39
허리둘레(cm) 치마/바지(inch)	61-64 24-25	66-69 26-27	71-76 28-30	79-84 31-33
팔 길이(cm) 블라우스(inch)	75-76	77-79	80-81	83-84
힙 둘레(cm) 치마/바지(inch)	88-90 34	93-95 35-36	98-102 37-38	105-109 39-41

여성 신발 사이즈

한국(mm)	230	235		240	245		250
미국	5	5.5	6	6.5	7	7.5	8
일본(cm)	22	23	23.5		24		24.5
중국	35.5	36	36.5	37	37.5	38	38.5

※ 사이즈 조건표는 브랜드/상품에 따라 차이가 있을 수 있으며 직구 사례나 마켓 공지 내용을 기준으로 함

잠깐만요! 사소하지만 잘 모르는 꿀 TIP

중국의 신발 아이템 사이즈 환산법을 소개합니다!

중국 신발 사이즈 = (한국 신발 사이즈 − 50) ÷ 5

예) 한국 250cm일 때, 중국 사이즈 = (250 − 50) ÷ 5 = 40

 ## 해외 사이트 결제가 안 될 때 해결 방법

1) 마스터 카드/비자 카드/비씨 카드/아멕스 카드로 결제

기본적으로 아마존처럼 카드 자체에 하자가 없고 쉬핑 어드레스(shipping address), 빌링 어드레스(billing address)가 문제가 없을 때는 정상적으로 승인이 되는 사이트가 많습니다. 아마존이나 랄프로렌, 갭, 타오바오 이러한 사이트들에서 한국 직구족들이 문제없이 결제할 수 있기 때문에 즐거운 쇼핑을 하는 것이죠.

중국은 대부분의 상품 가격이 경쟁력이 있다는 것을 다 알지만, 사실 미국 마켓도 세일이나 캐시백 적용을 하면 기대 이상의 이익을 남기는 경우가 많습니다. 또, 한국에서 이용하기 쉽지 않은 마켓들도 방법을 약간 달리 해보면 해결되는 경우가 많아요. 코스트코처럼 연회비 내고 결제 후 미국 배대지로 물건을 보내는 방법을 쓰면 꽤 쏠쏠한 경우도 있구요.

그런데 한국 카드가 막히는 경우에는 어쩌죠?

미국 사이트는 소위 '블락'(한국 카드, 한국 IP를 막거나 심한 경우에는 미국 배송 대행지 주소를 막는 것)이 심해서 카드 결제가 안 될 때가 많습니다.
한국의 비자 카드나 마스터 카드가 잘 되는 아마존 같은 사이트와 달리 **카드를 튕겨 내는 사이트들에 대해서는** 고민이 많은데요. 다음의 순서로 해결해 봅니다.

2) 페이팔

페이팔(paypal)은 미국에서 가장 널리 알려진 안전한 전자결제 시스템입니다. 해외 사이트에서 물건 구입시 페이팔에 미리 등록된 카드나 통장으로 간편 결제 하는 것이죠.

특히 미국의 경우 한국의 구매자가 미국의 일반 쇼핑몰에 결제를 할 때 미국 사이트에서 승인 거절을 하거나 튕겨 내는 경우가 많습니다. 그래서 우리는 페이팔로 대체 결제를 해서 해결하는 경우가 많습니다. 그런데, 페이팔 중에서 한국 페이팔은 안 되고 미국 페이팔만 가능한 경우도 많은데 이럴 때 우리는 미국 페이팔이 필요로 하게 됩니다.

3) 변팔

하지만, 우린 미국 페이팔이 없기 때문에 변팔(?)을 시도해보기도 합니다. 소위 변팔(변태 페이팔)은 미국 배대지 주소를 사용하여 미국 페이팔을 만드는 것을 말합니다. 한국 페이팔을 인정해주지 않는 사이트에서 주로 사용하게 되죠.

변팔은 정당한 방법은 아니나 차단된 사이트를 뚫기 위한 결제 수단으로 많이 쓰이는 것도 사실입니다. 그런데 변팔로도 결제가 안 될 때에는 어쩔 수 없이 또 다른 선택을 할 수밖에 없습니다. 변팔을 만드는 방법은 포탈이나 블로그 등에 쉽게 잘 나와 있습니다.

■ Icloud.com 이메일 주소를 쓰고 게스트로 주문 시도

사이트에 회원 가입을 하지 말고 비회원으로 평소 잘 안 쓰는 배대지를 선택해서 보내면 뚫릴 때가 많습니다.

이때 메일은 한국 계정의 이메일이 아닌 미국 계정 메일, 보통 GMAIL외에 ICLOUD 메일로 바꿔 가면서 결제하는 것을 시도해보면 될 때가 많아요.

■ 우회 접속 프로그램 VPN 사용

VPN(오페라 VPN, Zen Mate VPN, 네이버 웨일 VPN, 구글 VPN) 등으로 우회 접속을 시도하여 결제를 해결해 봅니다.

-68 페이지에 [우회 접속 프로그램 VPN] 설명 참조

4) 준 미국 카드

또 하나의 방법은 미국 카드를 쓰는 방법인데 사실 한국 사업자가 미국 카드가 없는 경우가 대부분이므로 미국 카드에 준 하는 카드가 필요하게 됩니다. 어떤 미국 사이트는 카드 발급 자체를 미국에서 발행한 카드만 인정한 경우가 있고, 어떤 사이트는 카드 청구지 주소가 미국 주소이면 미국 카드로 인정해주는 경우가 있습니다.

미국 사이트마다 기준이 모두 다르지만 미국 카드와 같다고 인정이 되는 결제 수단이 필요할 때 **삼성 카드는 도움이 됩니다.**

통상 배대지처럼 많은 리셀러 사업자의 주소지로 의심이 되는 경우가 아니거나 일반 가정집이면 보통 잘 승인이 됩니다. 특히, 빌링 어드레스(billing address)가 미국으로 되어 있으면 이를 미국 카드와 동일하게 인정해 주는 사이트 들이 많습니다. 그런 경우에 우리는 삼성 카드 홈페이지에 들어가서 삼성 카드 주소 추가 기능을 활용하면 좋습니다. 즉, 주소 추가 란에 미국의 배대지 ZIP코드를 넣고 빌링 어드레스(billing address)를 생성하면 됩니다. 그러면 많은 사이트에서 이렇게 추가된 빌링 어드레스를 미국 카드로 인정하여 결제가 잘 진행될 때가 많습니다. 그래서 **삼성 카드가 구매 대행 사업자에게는 유용한 것입니다.** 국내 카드사 중에서는 현재 주소 추가 기능이 있는 것은 삼성 카드 외에는 아직 발견된 것이 없습니다.

참고적으로 아멕스카드는 라이선스가 정식으로 계약된 카드를 사용하는 것이 중요한데 개인 용인 경우에는 삼성 카드, 법인 용인 경우 롯데 카드를 사용하기를 추천합니다.

5) 배대지 요청(미국 카드)

마지막은 미국 배대지에 구매 대행을 요청하는 방법이 있습니다. 배대지에게 일정한 수수료를 주고 물건을 구입해 달라고 요청하는 방법을 말합니다.

보통 배송 대행지는 구매 대행 서비스도 제공하고 있습니다. 위의 모든 방식을 다 해보았는데도 결제가 되지 않는 경우 구매 대행을 의뢰하면 배대지에서 일정 수수료를 받고 물건을 대신 구매해줍니다. 각 마켓의 카드 허용은 정책이 바뀔 때마다 허용 여부가 변하므로 그때그때 성실히 잘 기록해 두어야 합니다.

잘 구매해왔던 사이트도 한순간에 막힐 수 있다는 것, 명심하세요!

기적의 구매 대행 노하우

⑥ 우회 접속 프로그램 VPN

VPN(가상 사설망 : Virtual Private Network)은 미국에서 한국 카드나, 한국 IP를 차단했을 때 서버를 우회하여 미국 IP로 접속하기 위한 프로그램입니다.
그럼, 대표적으로 유용한 무료 VPN 몇 가지를 소개해 드릴게요!

ZEN MATE VPN

크롬 웹스토어 검색 및 설치 후 사용할 수 있습니다. 30일 무료 사용이 가능하며, 설치 및 회원 가입 후 사용할 수 있습니다.

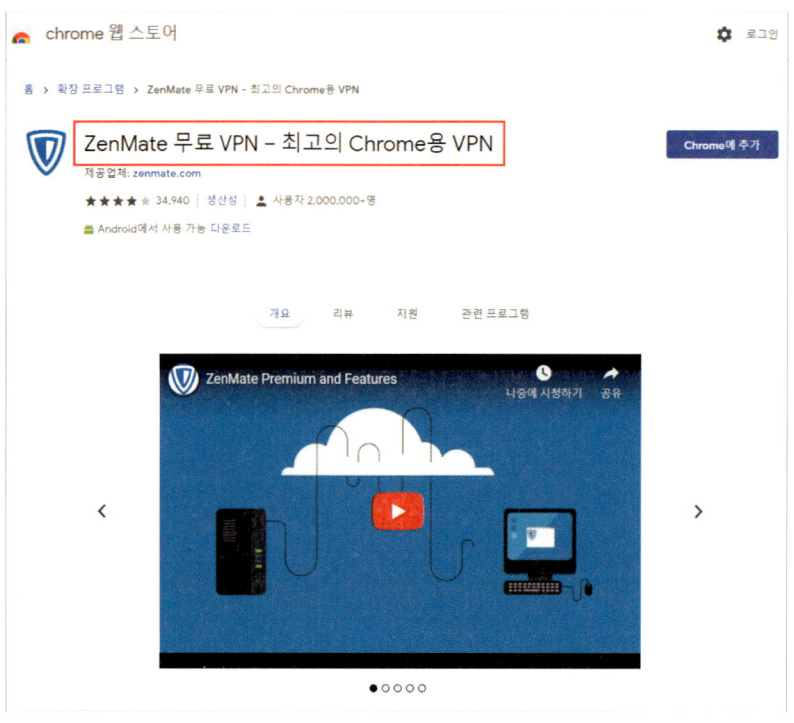

오페라 브라우저 Opera VPN

자체 브라우저에 VPN이 내장되어 있습니다. 다운받아 사용 가능하며 모바일용으로도 나와 있습니다. VPN 외에도 마우스 제스처, 편리한 캡처 기능, 광고 차단 기능 등을 지원합니다. 사이드바에는 chatGPT와 SNS가 임베드 되었고 마이FLOW로 자료공유도 할 수 있어요.

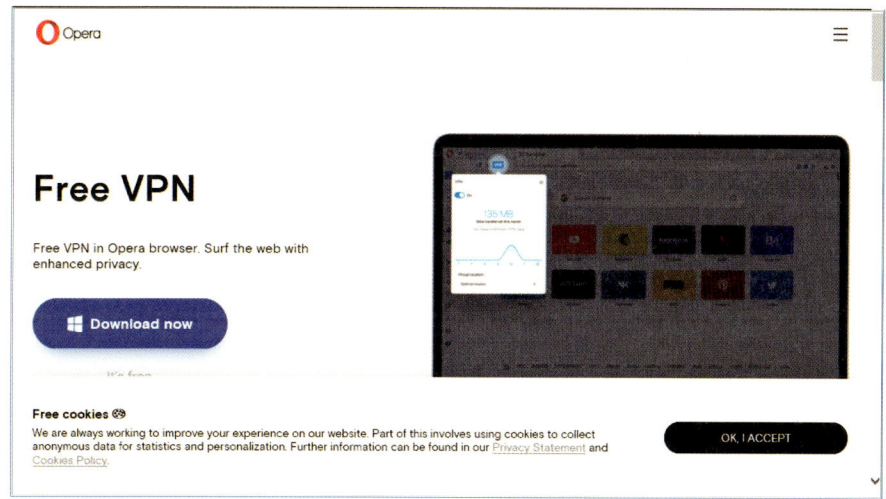

[https://www.opera.com/ko/features/free-vpn]

7 가품, 지재권 이슈와 마켓 환불

최근 타오바오에서 상품을 소싱해서 진열한 뒤 한국의 오픈 마켓 안전 거래 관리팀에서 정품임을 증명하라는 요청이 자주 오고 있는데 이를 증명하지 못하면 계정 정지등 많은 어려움이 따르게 됩니다.

주로 중국의 B2C 마켓에서 문제가 발생하는 사례가 많습니다. 그런데 Tmall 은 가품에 대해 조금 더 안심할 수 있다고 생각해서 많은 셀러들이 소싱을 하고 판매를 하는데요. Tmall이라도 가품에 대해 안심하면 안 됩니다.

한국의 오픈 마켓이 진품임을 소명하라고 할 때 소싱처에 디스플레이 되어 있는 이미지 캡처와 구입한 인보이스, 배대지 신청서와 통관 내역 등을 제출하면 보통 인정되는데요. 미국 소싱은 마켓에서 관대한 편이지만 중국 소싱은 가품에 대한 이슈에서 자유로울 수 없는 것이 사실입니다. 처음부터 지나치게 가격이 싸거나 이미지에 한국 모델로 의심이 되는 상세 페이지로 구성되어 있으면 취급하지 않는 것이 좋습니다. KIPRIS에서 지재권을 필터링 하거나 유니패스에서 병행 수입이 되는지 확인 후 소싱하는 습관을 기르시는 것을 추천합니다.

사실, 타오바오도 판매 시스템이 정착되어 좋은 판매자도 많고 교환, 반품 시스템도 예전과 달리 잘 정비되어 있습니다. 그러나 미국은 환불이든 부분 환불이든 안 될까 걱정이 안 되지만 중국의 경우는 아직까지 간혹 반품이나 교환, 환불에 고민해야 할 상황들이 많은 것도 사실입니다.

타오바오는 가격 네고 건을 타오바오 셀러한테 할인 페이지를 받으면 되지만 Tmall은 알리페이 실명 인증이 안 되면 할인이 되어도 그림의 떡이 되는 경우가 많습니다. 때때로 상품을 수령한 후 구매 확정하면 차액 할인을 받을 수도 있는데요. 구입한 결제 금액 중 카드사를 통해 부분 환불을 받을 수 있습니다. 잘 신경 쓰셔야 합니다. 그리고 한국 전화번호가 되는 QQ를 연동하세요. 중국서 활용도가 꽤 높은 편입니다.

요약!

■ **구매 대행의 기본 개념인 통관 절차에 대한 기본 지식을 쌓자!**
일반, 목록 통관의 차이점과 통관 진행법을 아는 것이 중요하다.
목록 통관은 자가 사용 목적으로 들여올 시 150달러(미국은 200달러)까지 무관세!

■ **통관, 관세 관련 애매한 부분이 있다면?**
다른 사람에게 묻기보다는 무조건 관세청에 전화 문의가 가장 정확하며 빠른 답을 얻을 수 있다! 망설이지 말고 전화해보자. 국번 없이 125

■ **해외 결제 관련 문제가 생긴다면?**
페이팔, 미국 카드나 미국에서 주로 사용하는 E-mail 주소를 이용, 우회 접속 가능한 VPN 등을 사용해본다.

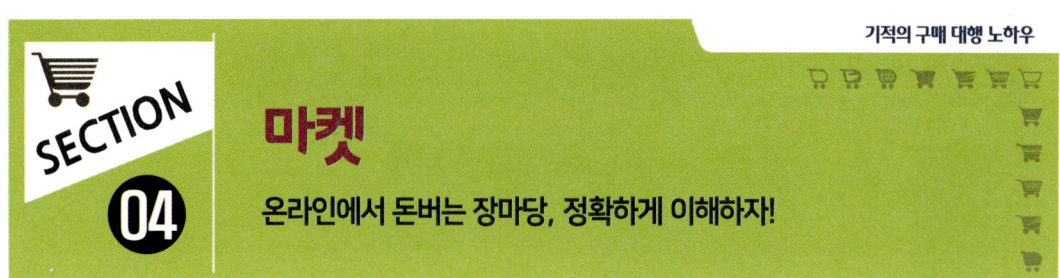

SECTION 04 마켓

온라인에서 돈버는 장마당, 정확하게 이해하자!

1 초보 셀러가 시작하기 좋은 마켓은?

온라인 마켓은 어디부터 공략해야 해야 할까요? 물론 여러 채널에 내 상품들을 전부 최적화하여 올릴 수만 있다면 금상첨화겠지만 각 오픈 마켓마다 상품 등록 하는 방법과 광고 시스템 차이를 모르는 초보 셀러에겐 무턱대고 상품만 등록한다 해서 판매가 되는 것은 아닙니다. 그렇다면 초보 셀러가 처음 진입할 때 어떤 공략집을 갖고 어떠한 마켓을 타깃으로 시작해야 유리할지 알아보도록 하겠습니다.

1.1 마켓 수수료의 비밀

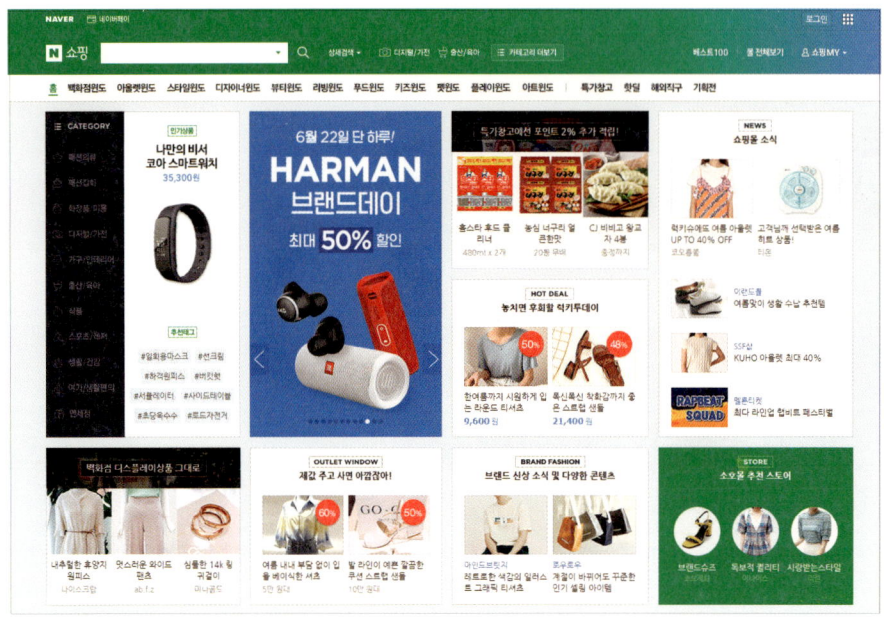

스마트스토어는 최대 5.85%인데 왜 다른 오픈 마켓은 10~16%까지 수수료가 비쌀까?

네이버 쇼핑은 '가격 비교 사이트'입니다.
그러나 많은 상품을 담고 있는 쇼핑몰은 예외 없이 네이버 쇼핑에 회원 가입을 해야 만이 노출을 해줍니다. 여기에서 마켓 별 수수료가 부과되는 것입니다.

네이버 쇼핑 수수료

자사몰이나 G마켓이나 11번가나 쿠팡이나 모든 마켓은 보유한 상품을 노출 시키기 위해서는 반드시 가격 비교 사이트인 네이버 쇼핑에 회원 가입을 해야 노출을 해줍니다. 그런데 네이버 쇼핑을 통해 유입되어 상품이 노출될 경우에는 쇼핑몰에 결제 수수료 외에 노출 경로 제공에 대한 별도의 수수료를 네이버 쇼핑(예: 2%)에 주어야 합니다.

그 원칙에 누구도 예외가 없으며 개인몰도 G마켓도, 11번가도 지불을 해야 하는 것이죠. 물론 네이버 쇼핑에 노출하는 방법 말고 키워드 광고로만 노출을 시도하는 자사몰도 많습니다.

오픈 마켓의 키워드 선점 비용

그런데 오픈 마켓은 유입을 위해 별도의 키워드 광고를 또 해야 하므로 막대한 돈을 들여 대부분의 키워드를 선점하고 있습니다. 유저가 '숄더백'을 포털 검색 창에 치면 쿠팡 숄더백, 지마켓 숄더백과 같이 오픈 마켓들이 이미 키워드를 어마어마하게 광고하고 있습니다.

오픈 마켓에 가입하는 셀러의 수수료 부담

이때의 이런 키워드 광고 비용을 보전할 누군가가 반드시 필요하게 됩니다. 또, 마켓마다 자기 수익을 위해 추가로 5~6% 마진을 취해야 하다 보니 오픈 마켓에 가입하는 셀러에게 이 모든 비용을 커버할 수수료를 요구하게 되는 것이고 상품에 따라 10~16%까지의 수수료를 부과시키게 되는 것입니다.

이래서 스마트스토어가 인기

그런데 딱 하나의 쇼핑몰만 예외적인 곳이 있죠? 결제 수수료와 네이버 쇼핑 경유에 따른 수수료 2%만 내면 되는 마켓요. 그렇습니다. 바로 '스마트스토어'입니다. 그래서 많은 개인 사업자가 오픈 마켓을 시작할 때 선호할 수밖에 없는 마켓인 것입니다.

1.2 구매 대행, 스마트스토어와 쿠팡 어디가 유리한가?

장사꾼이 바라본 '스스(스마트스토어)'와 '쿠팡 아이템 마켓'의 비교

구매 대행 사업자가 같은 시간과 노력을 할 때 어느 마켓을 공략하는 것이 유리할까요?

공통점

우선 공통점은 자영업 1인 창업자들에게 좋은 마켓이고 광고 없이 다른 마켓에 비해 주문량이 많다는 점입니다. 또한 11번가나 옥션 등과는 다르게 담당 MD가 없고 노출은 검색 로봇의 알고리즘에 의해 좌우되어 조금 더 공정한 경쟁이 가능하지요. 뿐만 아니라 검색 광고가 중요하여 열심히 시간을 투자하고 광고에 집중한 초보 셀러들에게도 충분히 상위 노출이 가능하게 하는 시스템을 갖고 있습니다.

스마트스토어와 쿠팡은 구글과 아마존을 끝없이 벤치마킹 해 왔고 국내 오픈 마켓의 검색 로봇도 고객 맞춤형 서비스를 경쟁적으로 도입하고 있다는 점 또한 공통점입니다. 다만 판매자에게 한 가지 불리한 공통점은 구매자와 판매자 분쟁 시 대부분 구매자 편을 든다는 점입니다. CS에 미숙한 초보 셀러들에게는 어려움을 겪는 요인으로 작용한다고 볼 수 있습니다.

특징

친절한 스마트스토어씨? 과연 최선의 선택?

스마트스토어는 모든 사람들이 인정하는 최고의 오픈 마켓으로 개인 자영업의 필수 마켓으로 인식되어져 있습니다. 이를 뒷받침 해주는 이유는 저렴한 마켓 수수료, 네이버 쇼핑 자동 노출, 네이버 페이, 톡톡, 블로그, 포스트, 네이버 TV, 네이버 광고 등 연계성 높은 플랫폼들을 활용하기가 용이하기 때문이지요. 또한 마켓 관리자 계정과 UI, 편리성은 스마트스토어가 국내 최고 수준이라 해도 과언이 아닙니다.

아마존의 검색 엔진이나, 구글 검색 엔진인 랭크 브레인부터 시작된 AI기능도 탑재하기 시작했으며 CONTEXT(문맥 인지 기능)와 체류 시간 개념을 도입하여 유입과 판매량 분석을 이전보다 더욱 정확히 알 수 있게 되었습니다. 고객이 마켓에 들어와서 움직이는 모든 활동을 지수화해서 체류 시간과 마켓 지수를 산출하는 구조입니다.

스마트스토어는 여기서 멈추지 않고 AI 스피커 기능, 스마트 렌즈, 챗봇, 막강한 통계 기능과 최강의 튜토리얼 등 첨단 기술로 마켓이 계속 진화하고 있는 중입니다.

셀러야! 쿠팡이 싫으냐? 그럼 떠나든가!

쿠팡은 네이버에 맞짱 뜰 수 있는 국내 유일한 마켓입니다. 막대한 적자임에도 공격적인 시장 장악과 쿠팡 온리 상품, 위너 시스템, 쿠런티(2020년 현재 서비스 중단) 등 소비자 중심주의의 강력한 서비스가 있었기에 가능한 일이지요.

쿠팡은 아마존의 FULLFILLMENT, 아마존 초이스, 셀유어스 시스템을 몽땅 카피한 시스템으로 아마존 판매자의 IP 이동에 따른 block 징계 정도를 빼고는 오히려 아마존 보다 판매자에게 잔인한 방식을 적용하고 있습니다. 그럼에도 다른 오픈 마켓보다 좋은 매출 성과 때문에 포기할 수 없는 마켓입니다. 하지만 수백 가지 아마존 Tool들이나 국내의 네이버 키워드와 관련한 여러 가지 키워드 도구들과 검색 툴들에 비해 아직 쿠팡 전용 도구들이 거의 없다는 점은 여전히 아쉬움으로 남아 있습니다.

> 🖥️ **영상으로 보기** - 쿠팡 vs 스마트스토어 비교 : https://bit.ly/쿠팡or스스
>
> ※ 본서에서 미처 설명하지 못하거나 추가로 설명할 부분을 동영상으로 작성한 것입니다. 웹에서 위의 주소를 그대로 조회하세요.

잠깐만요! 사소하지만 잘 모르는 꿀 TIP

경험해본 사람만 알 수 있는 **쿠팡 초보 셀러를 위한 팁**입니다.

❶ 쿠팡은 주문 발주서가 한 번에 받아지므로 이미 해외에 주문했던 상품이 중복처리 되지 않는지 주의해야 합니다.

❷ 쿠팡의 안심 번호는 통상 5일까지 유효하며 반품 및 교환시에는 새로운 안심 번호가 부여될 수 있다는 점 메모해두세요.

❸ 쿠팡의 자동 회수 방지에 유의해야 합니다. 자동 회수를 설정해 놓으면 고객이 반품 신청시 등록된 택배사로 접수가 되어 회수하러 옵니다. 계약된 택배사 요금으로 회수 처리가 자동으로 되고 계약이 없으면 일반 가격으로 처리됩니다. 자동 회수를 방지하려면 반품 주소에 상품마다 반품지가 다름을 적시하고 '사전 연락 요망'을 표시해 두면 좋습니다. 국내 상품의 택배 처리시에는 무인 택배 시스템을 활용하는 것도 방법입니다.

인지도

결론부터 말씀드리면 인지도는 쿠팡이 월등합니다. 일반 구매자는 네이버에서 물건 샀다고 하지 스마트스토어에서 구매했다고 하지 않거든요. 아래 데이터를 보면 확연한 차이를 볼 수 있습니다.

구 분	PC 조회 수	모바일 조회 수
쿠 팡	4,752,800	6,419,900
스마트스토어	360,100	539,200

[네이버 광고 관리 시스템 조회]

정산

정산은 압도적으로 스마트스토어가 유리합니다.
쿠팡은 월 정산과 주 정산을 선택할 수 있지만 주 정산도 한 번에 다 주지 않고 70% + 30%로 나누어 주는데 그냥 속 편하게 약 40일 이후 돈 받는 것으로 생각하면 됩니다. 엄청 늦죠!

페널티

네이버는 페널티에 대한 규정이 명확한 편이고 페널티가 FULL로 차도 1회에 한해 구제 제도가 있습니다. 반면에 쿠팡은 많은 경우의 페널티가 판매자 귀책으로 분류되어 셀러들의 원성을 사고 있으며 그것도 동시에 반영되지 않고 통상 1주일 후에 생각지도 못한 패널티가 적용되어 마켓 운영하면서 당황하게 됩니다.

다른 점

배송 지연 설정과 페널티

배송 지연의 설정은 스마트스토어와 쿠팡 모두 설정이 가능합니다. 여기서의 차이점은 스마트스토어는 기일 내 발송 처리하면 아무 문제없지만 쿠팡은 고객이 주문했다가 개인 사정으로 취소하더라도 일단 판매자에게 페널티가 부과될 뿐만 아니라 배송 지연 설정 자체로 페널티가 판매자에게 일단 부여됩니다.

고객의 요청으로 지정일 배송시에도 판매자가 먼저 페널티를 받게 되며, 나중에 배송 완료 후 페널티가 반영되는 시점을 기다렸다가 찾아서 구제 신청을 해야 합니다. 하지만 이것도 초보 셀러는 구제 신청하는 코너를 찾는 것도 쉽지 않습니다. 판매자 귀책이 아닌 사유로 판매자 점수에 페널티가 반영된 경우 이를 제외 처리 요청을 할 수 있으나 처음에 쿠팡에 문의하는 코너 자체를 찾기 쉽지 않게 되어 있다는 뜻입니다.

각종 조회와 결과 값

네이버는 각 단계별 주문과 집계, 실적 조회와 부가세 조회가 매우 쉽고 쉽게 다운로드가 가능하여 초보 셀러들도 편하게 접근할 수 있습니다. 반면 쿠팡은 이번 달 고객이 결제했던 금액들이 얼마나 되는지의 주문과 매출 조회가 명쾌하지 않습니다. 쿠팡은 주문 정보 관리에서 고객 정보로 검색 OR 주문 번호로 검색만 있기 때문이지요.

주로 정산 관리나 정산 캘린더 위주로 구성되어 있습니다. 특정 조건을 조회할 때는 괜찮지만 한 달 동안 주문이 들어온 것을 합계로 보려면 조회가 쉽지 않아 따로 엑셀로 정리하는 것을 추천합니다. 그리고 쿠팡은 엑셀을 원스톱으로 쉽게 다운로드 하지 못하고 자료를 생성하고 난 뒤 다운받아야 하는데 같은 종류의 자료 여러 건을 내려 받을 때는 헷갈리기 쉽습니다.

전망

스마트스토어가 개인 판매자에게 훠~얼씬 편리한 건 사실입니다. 그럼에도 불구하고 쿠팡을 통해 발생되는 매출을 봤을 때 스마트스토어에서 쿠팡으로 큰 흐름이 옮겨 갈 것으로 예측하는 사람들이 많습니다 반대로 네이버가 브랜드관과 핀테크를 강화하면서 경쟁사들을 제압할 것이라고 예측하는 사람도 많이 있습니다.

네이버는 점점 첨단 기술로 무장하고 있고 초보 창업자를 지원해주고 있어도, 아마존처럼 판매자에게 지나치게 엄격한 쿠팡이 안타깝게도 판매자에게 더 매력적인 마켓으로 자리 잡을 것 같다는 전망이 나오고 있습니다.

그 이유는 아무래도 구매자 천국을 만들수록 그 마켓의 장사가 잘되기 때문이겠지요. 아마존이 월마트를 잡을 때 도, 아마존 재팬이 하루 만에 배송하는 프라임 배송 정책을 쓰며 라쿠텐을 잡을 때도 판매자의 분노 게이지는 극에 달했었지만 통장에 찍히는 매출액을 보면 채찍 맞은 후 당근을 받는 당나귀의 웃는 모습이 빙의 되는 건 어쩔 수 없나 봅니다.

2 네이버 플랫폼과 마켓 환경 이해

검색 알고리즘만 알면 빠른 성장의 기회 캐치 가능!

네이버 플랫폼은 검색 엔진의 고도화를 위한 서버 효율화 작업을 대대적 실시하고 있습니다. 네이버 쇼핑의 노출을 좀 더 정밀하고 과학적으로 개선하여 이용하는 셀러들에게 편의를 제공하려고 하고 서버 부담의 모든 트러블을 제거하려 부단히 노력 중이지요. 또한 솔루션 등록 상품의 관리 부실을 막기 위해 상품 노출 수를 무제한에서 50만개로 이젠 다시 맥시멈 5만개로 축소하였습니다.

상품 등록 시 몇 가지 알아 두어야 할 사항은 우선 최근에 동영상을 우대하고 있다는 점입니다. 이는 유튜브에 대항마로 '네이버 TV'보다 '네이버 Blog'를 선택하여 더 푸시하는 느낌인데 Blog를 일종의 Vlog로 전환하여 네이버 플랫폼을 활성화하려고 미는 듯 보입니다. 요즘 상위에 노출되는 블로그에 동영상이 있는 블로그들이 특히 앞으로 쭉쭉 나오는 것을 확인할 수 있죠.

이는 상품 등록시에는 동영상을 첨부하는 것이 더 유리하다는 것을 의미합니다. 또한 이미지는 1000px을 권장하고, 중복 상품 등록에 대한 페널티를 강력하게 부여한다는 알고리즘을 이해하고 있다면 다른 판매자보다 상위 노출에 한 발짝 더 다가갈 수 있겠네요.

스마트스토어 뽀개기

3.1 수수료

스마트스토어의 결재 수수료는 고객이 결제한 방법(신용 카드와 무통장, 핸드폰, 포인트 등)에 따라 보통 1~3.74%의 수수료를 지급합니다.(일반 쇼핑몰의 PG사 수수료는 통상 3.4~3.5% 내외)

연동 수수료는 네이버 쇼핑에서 유입되어(CPC와 다름) 구매하는 경우에만 2%의 수수료가 발생합니다.(카페나 블로그, 북마크, URL입력, 인스타 등 다른 경로를 통해 유입되고 매출이 발생하면 연동 수수료 없이 결제 수수료만 지불)

결론은 스마트스토어의 카드 결제시 최대 수수료는 5.74% 입니다.(카드 결제 수수료 3.74% + 연동 수수료 2%)

3.2 모르면 나만 손해! 각종 혜택들

네이버 쇼핑 자동 노출

스마트스토어의 최고의 혜택은 뭐니뭐니 해도 다른 마켓에 비해 판매 수수료가 저렴하다는 것입니다. 뿐만 아니라 네이버 쇼핑에 노출을 체크해 놓기만 하면 스마트스토어에 담고 있는 모든 상품들이 네이버 쇼핑에 자동 노출됩니다.

그리고 결제 창에 구축되어 있는 네이버 페이 혜택을 누릴 수가 있습니다. 네이버 페이는 스마트스토어 결제할 때 버튼이 디폴트로 구성되어 있으며 네이버 페이로 결제를 많이 할수록 마켓지수가 올라가게 알고리즘이 짜여 있습니다.

또한 스마트스토어는 네이버 플랫폼으로 오프라인의 무료 강좌나 무료 촬영 공간을 제공하고 미팅 룸 공간 대여 서비스를 제공받을 수 있는 장점도 있습니다.

SNS와 쉬운 연동

스마트스토어는 즉시 쿠폰으로 단골 고객을 만들 수 있게 설계되어 있고요. 페이스북과 블로그와 연계해서 마케팅하기에 용이하게 마련되어 있습니다.

커머스솔루션마켓 활용

CLOVA고객맞춤 상품추천, 클로바메시지마케팅, 비슷한 상품추천, 함께 구매할 상품추천

누구나 활용할 수 있는 고 퀄리티 홈페이지 MODOO!!

네이버 모두는 스마트스토어와 연결하여 활용할 수가 있는데요. 네이버 검색 엔진의 노출에도 유리하며 앞으로 점점 플랫폼이 진화할 것으로 판단이 됩니다.

사실 모두 홈페이지를 누구나 분양 받을 수 있는데 이것을 어렵게 느끼는 사람이 많지만 사실은 1시간만 제대로 투자해도 웬만한 관리자 계정을 다 익힐 수 있습니다. 네이버 MODOO로 SNS 연결과 집중 페이지 탭을 만들면 또 하나의 간이 블로그처럼 훌륭한 마케팅 툴로도 활용할 수 있습니다.

완벽한 튜토리얼

그리고 스마트스토어는 스토어에 튜토리얼과 매뉴얼이 잘 완비되어 있습니다. 더군다나 대행사들의 솔루션을 API로 자동 연결할 수 있는 장점이 있고요. 마켓의 노출 및 기능이 점점 진화하고 있다는 점이 고무적이라고 봐야 할 것입니다.

스마트스토어 셀러는 파트너스퀘어 교육을 활용할 수가 있으며 스마트스토어에 같이 연결되어 있는 쇼핑 파트너존의 관리자 기능 또한 잘 갖춰져 있습니다.

소통 도구의 끝판왕

그리고 톡톡파트너 센터로 고객과 실시간 응대가 가능하며 검색 광고 센터로 최적의 노출을 구현할 수 있는 장점도 있습니다. 무엇보다 스마트스토어 내에 통계 기능이 잘 활성화돼 있으며 네이버 애널리틱스를 활용하여 마켓의 효율적인 운영에 도움을 받을 수도 있습니다. 이 외에도 많은 혜택이 있는데 체크리스트를 작성해서 빼놓지 않고 혜택을 누리세요.

요약!

- 스마트스토어는 네이버 쇼핑에 자동 노출된다.
- 네이버 페이가 임베드 되어 고객에게 손쉬운 결제 수단을 제공하고 있다.
- 네이버 플랫폼의 오프라인 무료 강좌, 촬영, 공간 대여 서비스도 이용하자.
- 코디 상품을 한 화면에서 판매할 수 있다.
- 즉시 쿠폰으로 단골 고객을 만들 수 있다.
- 페이스북과 블로그와 연계해서 마케팅이 용이하다.
- 럭키투데이처럼 무료 홍보 기회가 있다.
- 네이버 Moodo라는 무료 홈페이지를 개설할 수 있다.
- 네이버 Modoo와 내 스마트스토어 마켓을 연결하여 활용할 수 있다.
- Modoo는 네이버 노출에서도 유리하며 점점 진화하고 있다.

- Modoo 홈피 만드는데 1시간만 투자하자. 쉽게 뚝딱 만들 수 있다.
- Moodo를 SNS에도 연결할 수 있고 집중 페이지 탭도 따로 만들어 보자.
- 스토어의 튜토리얼과 매뉴얼이 국내 최고 수준으로 완비되어 있다.
- 대행사들의 솔루션을 API로 자동 연결하여 상품을 대량 등록 할 수 있다.
- 네이버 파트너스퀘어 교육을 활용할 수 있다.
- 스마트스토어와 연동된 쇼핑 파트너존이 잘 갖춰져 있다.
- 카톡하듯이 네이버 톡톡 파트너 센터로 고객과 실시간 응대가 가능하다.
- 네이버 검색 광고 센터로 국내 최고의 노출 도구를 운용할 수 있다.
- 네이버 애널리틱스로 로그 분석을 효율적으로 활용이 가능하다.
- 네이버 로봇이 AI 인공지능 기능으로 고객별 상품을 맞춤형으로 추천한다.
- 네이버 쇼핑 렌즈로 상품을 쉽게 찾을 수 있다.
- 빠르고 다양한 기능의 네이버 웨일 브라우저와 연계하여 쓸모 있는 APP들을 활용하기에 편하다.

3.3 구글과 아마존만 있는 것이 아니다. AI 기능

아마존은 두명의 회원이 로그인 상태에서 각각 아마존 검색 창에 상품을 조회하기 위해 커서를 올려 놓는 순간 모든 상품이 사용자에게 커스터마이징 되어서 아랫단에 이미 1초 만에 추천 상품과 관심 상품의 sorting이 끝나 버리죠. 즉시 사용자의 연령, 성별, 기호, 평소 구매 패턴 등의 데이터를 기반으로 순식간에 정렬이 되면서 두 명에게 각기 다른 상품들을 보여주게 되죠. 이와 같은 에이아이템즈(AITEMS) 기술은 인공지능을 기반으로 한 개인 맞춤형 서비스로 사용자의 상품 구매 패턴을 분석해 맞춤형 상품을 추천하는 기능을 말합니다.

네이버도 이미 도입된 AI 기반 상품 추천 시스템인 '에이아이템즈(AITEMS)' 기술이 더욱 고도화되었고 그 적용 범위가 확대 되었습니다. 최근 '콜로세오' 엔진의 11번가도 딥러닝 기반으로 이미지 분석 기술을 진화시켜 개인화 추천 플랫폼을 점차 완성하고 있습니다.

G마켓의 검색 로봇도 'Konan Search 4' 도입 이후 사용자 프로파일링 서치 방식으로 맞춤형 서비스를 제공하고 있습니다. 즉, 이제 아마존만 이런 사용자 중심의 기능을 제공하는 것이 아니라 우리나라 마켓도 진화하고 있다고 생각하면 되겠습니다.

3.4 스마트스토어의 판매 등급

스마트스토어의 판매 등급은 프리미엄, 빅파워, 파워, 새싹, 씨앗으로 나누어져 있습니다. 판매 등급에 대한 기준은 판매 건수, 판매 금액, 굿서비스에 따라 나눠지며 등급에 따라 상품 등록 개수의 차이가 있습니다.

산정 기준은 최근 3개월 누적 데이터를 기반으로 매월 1일에 등급 업데이트가 됩니다. 프리미엄은 거래 규모와 굿서비스 조건의 충족 시 부여되고 굿서비스 조건을 불충족하게 되면 2등급으로 부여됩니다.

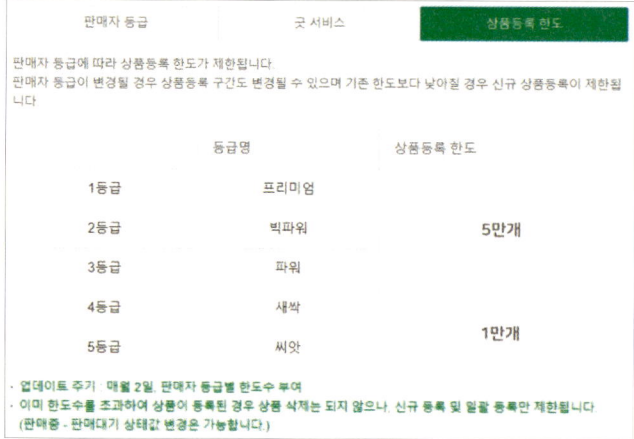

3.5 스마트스토어의 페널티

스마트스토어의 발송 처리 지연 페널티는 3영업일, 7영업일 경과 일수에 따라 점수가 중복 부과됩니다. 발송 기한 내에 발송 처리가 어려운 경우에는 '발송 지연 안내' 처리를 반드시 진행해야 하지요.

기한 내 반품/교환 처리가 불가한 경우, 보류 설정을 해주어야 합니다. 장기간 배송이 지연되거나 품절로 인해 취소가 발생하는 경우 고객 불만이 커지므로 재고관리도 철저히 해야 한다는 점 명심하세요.

항목	세부기준	상세기준	점수
배송	발송처리 지연	결제 완료일로부터 3영업일 이내 미발송(발송지연 안내 처리된 건 제외)	1점
		결제 완료일로부터 7영업일 이내 미발송(발송지연 안내 처리된 건 제외)	3점
		발송지연 안내 처리 후 입력된 발송예정일 이내 미발송	2점
품절/취소	품절 취소	취소 사유가 품절인 건	2점
반품/환불	반품처리 지연	수거 완료일로부터 3영업일 이상 경과되었으나 환불처리 또는 보류설정되지 않은 건	1점
교환	교환처리 지연	수거 완료일로부터 3영업일 경과되었으나 교환재배송 처리 또는 보류설정되지 않은 건	1점

무서운 '업무 외적인 페널티'

이 중에서도 대 고객 업무 외적인 사항에 대해 매우 유의해야 할 페널티 항목들이 몇 가지 있으니 **빨간펜을 준비하세요.**

성인 이미지

스마트스토어에 유의해야 할 페널티 항목 첫 번째는 성인 이미지입니다.

성인 이미지의 같은 경우에는 해외 성인 이미지를 그대로 갖고 와서 진열할 경우 많이 발생하게 됩니다. 따라서 해외에서 허용된 성인 이미지 노출 수준이 국내와 일치하지 않으므로 상품의 이미지를 갖고 올 때 매우 유의해야 합니다. 특히 솔루션으로 상품을 끌어와서 등록하는 경우에는 자기가 등록한 상품이 무엇인지 알 수 없으므로 자신도 모르게 성인 이미지가 마켓에 노출이 되면서 페널티를 받게 되는 경우가 자주 발생합니다.

사행성 상품

두 번째는 사행성 상품입니다. 사행성 상품이나 도박과 관련되어 있는 상품들은 올리면 페널티 요소가 됩니다.

중복 이미지

세 번째, 중복 이미지 등록입니다. 하나의 상품을 다른 카테고리에 또 올려서 이중 이득을 취하려고 같은 상품명 같은 이미지를 올리게 되면 패널티를 부과 받을 수 있습니다.

금지 원료 성분

네 번째, 상품 중 금지 원료 성분이 포함되어 있는 상품을 잘 인식하지 못하고 상품을 진열하거나 식약처에서 금지하고 있는 성분이 포함되어 있을 때는 그 책임은 오로지 판매자의 책임으로 남게 됩니다.

자신도 모르게 해외에서 상품을 가져와서 진열을 했는데 그 상품의 성분 중 식약처에서 금지 성분으로 공시한 상품 소재가 들어가 있을 경우에는 가차 없이 패널티를 가하고 있습니다.

수입 불가 품목

다섯 번째, 수입 불가 품목이거나 도박 상품, 술, 담배 등 위해 요소를 갖고 있는 상품들은 통관이 안 될 수 있으니 처음에 내가 진열할 때부터 상품이 가스식 스프레이 상품인지 총포류인지 수렵에 사용되는 도구인지 확인이 필수적이며 또 배터리만 수입하는 것은 아닌지 잘 파악을 해서 전시 단계부터 미리 필터링 하고 상품을 선별 등록해야 하겠습니다.

가품 취급

그리고 여섯 번째는 가품 취급입니다.

가품을 취급할 때는 경고 없이 즉시 퇴출될 수 있습니다.

최근에 가품인지 모르고 중국 온라인의 이미지를 등록을 해 철퇴를 맞고 마켓에서 쫓겨나는 일이 자주 반복되고 있는데요. 가급적이면 중국에서 확인되지 않은 유통 경로로 유명 브랜드가 현저하게 싼 가격에 진열이 되어 있을 경우에는 의심을 해 보는 것이 중요합니다.

페널티 삭제의 오해

이와 같은 페널티는 스마트스토어에서 매월 1일에 판매자 관리자 페이지에 제로로 다시 리셋 되지만 **사실은 페널티 자체가 없어지는 것은 아닙니다.**

상식적으로 패널티의 한도까지 가다가 다음 달에 리셋 되고, 또 다시 많은 반칙 행위를 해서 페널티를 많이 쌓다가 다시 다음 달에 제로로 리셋 되는 식으로 판매 계정을 운영하여 많은 패널티를 계속 쌓아서 운영하는 형태와 처음부터 규정을 지키고 패널티를 가급적 받지 않고 운영하는 것을 똑같이 취급하지는 않습니다.

페널티는 마켓 지수에 반영되며 결국 셀러 지수에 큰 영향을 끼칩니다. 네이버 검색 로봇은 기본적인 로직이 스마트스토어, 블로그, 카페 등에 적용하는 어뷰징과 노출 패널티 정책들에 대해서 비슷한 성질을 가지고 있습니다.

> **KEY WORDS**
> **어뷰징** : 원래 오용, 남용, 폐해를 뜻하는 용어이나 마켓에서 비정상적인 조작과 인위적인 노출 등 제 반칙 행위를 일컫는 용어입니다.

저품질 블로그 = 저품질 카페 = 저품질 스마트스토어는 같은 원리

그래서 블로그가 잘 노출되지 않거나 스마트스토어 상품을 올려도 잘 노출되지 않는 마켓이 존재하게 되는 거나 그런 요인에는 이와 같은 페이지의 패널티와 어뷰징 점수가 많은 영향을 끼치는 구조이기 때문입니다.

특히 상품 관리에 대해서 셀러는 마켓을 신중하게 관리해야 하는데요. 수십만 개의 상품을 한번에 등록을 했다가 아무렇지도 않게 수만 개의 상품을 지우고 또 다시 수만 개의 상품을 올렸다가 잘 팔리지 않을 것 같으면 또 아무렇지도 않게 지우는, 그래서 상품 하나하나에 공을 들이지 않고 솔루션으로 상품을 계속해서 뿌리는 방식은 아무래도 지수가 떨어질 수밖에 없습니다. 이는 스마트스토어 이전에 아마존을 비롯한 전 세계 유명 마켓들도 비슷합니다.

3.6 판매 관리 APP

좋은 성능의 유료의 판매 관리 어플리케이션 앱이 많지만 무료로 사용하기 편리한 판매 관리 중에서는 원손과 샵키퍼, 셀러체크, 샵모아를 들 수 있습니다. 네 개의 앱 모두 회원 가입이 용이하고 사용하기 편리합니다. 이 네 개의 앱은 구글 앱스토어에서 다운 받을 수 있습니다

[원손]

[샵키퍼]

[셀러체크]

[샵모아]

주문 알림과 문의 알림의 기능을 누릴 수 있습니다.
앱의 기능이나 광고 노출 여부, 비용 부담을 고려하여 나에게 맞는 어플은 무엇이 더 유리한지 선택하면 됩니다.

3.7 노출 관리

따로 비용을 들이지 않고 추가 노출을 할 수 있다면 마다할 셀러가 있을까요?

쇼핑 윈도 노출

네이버에서 제공하는 쇼핑 윈도 노출 제안을 잘 활용하면 별도로 광고에 드는 비용을 세이브하는 효과를 누릴 수 있습니다. 네이버 쇼핑에 백화점 윈도우, 아울렛 윈도우, 스타일 윈도우, 디자이너 윈도우, 뷰티 윈도우, 리빙 윈도우 등 많은 윈도우를 운영하고 있는데요. 스마트스토어 운영자라도 오프라인 매장을 갖고 있을 때는 두 번 노출할 기회를 갖게 되는 것이죠.

자신이 취급하는 품목이 오프라인 매장에서도 진열을 하고 있으면 쇼핑 윈도우의 입점을 제안해서 더블로 매출을 올릴 수 있도록 노력하는 것이 매우 중요합니다.

뿐만 아니라 취급하는 상품이 50개 이상 준비되면 기획전을 활용해 보는 것도 하나의 팁이겠네요.

> **KEY WORDS**
>
> ■ 쇼핑 윈도란?
> 네이버가 패션, 리빙, 푸드, 아트 등 전국 각지의 다양한 오프라인 상품을 판매하는 소상공인들에게 온라인에도 별도로 판매를 할 수 있게 윈도 시리즈라는 마켓을 열어 좋은 상품을 알릴 수 있는 기회를 제공하는 또 다른 마켓입니다.

기획전

기획전 관리는 노출 관리 탭에 '쇼핑 윈도우 노출 제안' 아래의 '기획전 관리' 탭을 클릭을 해서 기획전 관리 오른쪽 하단부 신규 기획 제안 등록을 클릭을 합니다.

그러면 기본 정보를 입력하는 난이 나오는데 기획전의 타입, 다시 말해 아래의 것들 중 선택합니다.

- 즉시 할인을 할 것인지?
- 소식 알림 도우미 쿠폰을 쓸 것인지?
- 스토어찜 쿠폰을 쓸 것인지?
- 포인트 적립을 할 것인지?

이후 카테고리를 선택해서 기획전 제목을 정하면 기획전 URL이 생기게 되죠.

그리고 태그를 정하고 내가 기획전을 할 기간을 선택하게 됩니다. 최대 14일 이내로 설정을 할 수가 있으며 이때 모바일과 PC에 각각 상단 배너에 들어갈 이미지를 마련한 다음에 이미지를 등록하면 됩니다. 또한 가이드 보기를 통해서 그림 파일을 올릴 때 규정을 준수하는 것이 매우 중요합니다. 모바일에서는 권장 사이즈는 가로는 750까지 세로는 420까지 등록할 수가 있습니다. PC는 사이즈가 324 × 180으로 사이즈가 정해져 있으며 최대 1000KB이며 확장자는 항상 jpg나 png만 가능합니다.

그리고 핫딜 특가 소식 배너를 모바일에 올릴 수가 있는데요. 이때 이미지는 사이즈 600 × 250으로 png와 jpg 파일만 40KB 바이트 이하에서 올릴 수가 있습니다. 그래서 결국 상단 배너 타이틀을 정하고 설정 및 노출 상품 등록을 하고 저장해서 기획전 노출 심사를 요청하면 나만의 훌륭한 기획전이 짜잔하고 탄생하게 됩니다.

기획전도 클릭을 했을 때 자신의 상품만 타이틀과 함께 노출됩니다. 같은 규격 사이즈에 같은 상품명 들어가는 자리 '톡톡'이라든가 포인트 제공하는 위치, 금액과 태그(tag)를 선택할 수 있는 위치까지 정형화된 플랫폼으로 나타나게 됩니다. 그래서 상단부에 이 기획전의 URL을 복사하여 이것을 마케팅에 활용 하게 되는 것입니다. 기획전에 들어갈 상품이 많이 팔리게 되면 같은 기획전이라도 더 상위에 노출되게 됩니다.

오픈마켓 판매자 코드 활용방법

스마트스토어에 마스터 상품을 올리고 여러 오픈마켓에 같은 상품을 동시에 올리는 경우 각 오픈마켓 마다 새롭게 상품이 등록되면 각 오픈마켓마다 고유의 상품번호가 부여 되는데 각 상품번호를 나의 상품리스트에 모두 옮겨 적지 않는다면 내가 필요로 할 때 쿠팡, 지마켓, 11번가 등 각 오픈마켓에서 내 상품을 찾기가 매우 어렵습니다. 모든 마켓에 동일한 상품명으로 쓸 수 없을 뿐만 아니라 상품명 최적화 작업을 하면서 상품명이 자주바뀌기 때문에 상품명으로도 조회가 쉽지 않다는 뜻입니다.

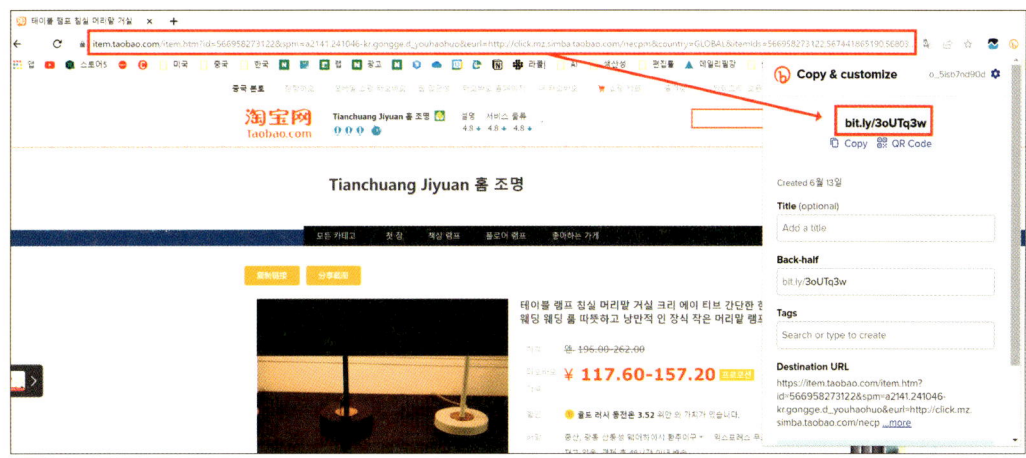

그러나 하나의 상품코드를 기준으로 여러 마켓에 동시에 상품 번호를 등록할 수 있다면 그 판매자 코드로 내가 올린 상품을 손쉽게 검색할 수 있을 것입니다. 그래서 스마트 스토어에 상품을 등록할 때 판매자만 아는 유니크한 판매자 코드를 만들면 좋습니다.

이왕이면 해외 사이트에서 소싱 하는 상품 페이지 URL을 바꿔서 상품 등록 페이지에 기재해 놓는다면 여러 마켓에서 동일한 상품 코드로 손쉽게 상품을 찾을 수 있을 뿐만 아니라 소싱한 해외 상품페이지도 쉽게 찾아 갈 수 있게 됩니다. 매우 효과적인 방법이죠.

가령 타오바오 특정 상품 페이지에서 URL을 BITLY같은 크롬 APP으로 단축시키면 예를 들어 BIT.LY/3oUTq3w처럼 짧게 단축시킬 수 있습니다. 이때 BIT.LY/이후의 주소 3oUTq3w 만 판매자 코드로 활용한다면 남들은 모르지만 셀러에게는 훌륭한 식별 번호가 됨과 동시에 해외 소싱 페이지도 한 번에 알 수 있는 좋은 힌트가 될 것입니다.

고객의 주문이 들어와도 판매자 코드 앞에 BIT.LY/만 붙이면 소싱 한 해외 상품페이지로 링크 타고 바로 넘어 갈 수 있을 것입니다. 소싱 가격도 기록 하면 편리합니다. 꼭 활용해보세요.

3.8 마켓 운영에 대한 몇 가지 팁

템플릿의 마술

문의 관리/고객 문의 관리는 철저하게 템플릿을 활용해야 불필요한 시간 소모를 막을 수 있고 스트레스를 받지 않습니다. 단, 문의 관리는 템플릿을 활용하되 미리 만들어 놓을 필요는 없어요. 그때그때 문의에 대한 답변을 저장해 놓기만 해도 얼마 지나지 않아 훌륭한 고객 응대 소스가 마련되기 때문입니다.

다소 미흡한 스마트스토어 메인 페이지

스마트스토어 관리에서 스마트스토어의 정형화된 메인 페이지 때문에 디자인에 대한 아쉬움과 갈증이 늘 있죠. 그래서 테마 관리에서 트랜디형을 선택해서 쓰면 그나마 시원한 비주얼로 구성하여 디스플레이 할 수 있는 장점이 있습니다. 참고로 MODOO를 활용해서 연결하면 훌륭한 홈페이지의 비주얼 구성을 만들 수 있어요.

3.9 공지 사항 관리

마켓에 고객에게 미리 알려드려야 할 내용들은 공지사항 관리에서 FAQ를 미리 만들어서 노출하는 것이 좋습니다.

FAQ

구매 대행의 경우, 통관 문제, 배송 기일 문제, 부피 무게 적용 문제, 세금 부담의 주체 문제, 트레킹 문제 등 고객과 분쟁이 일어날 수 있는 항목들은 구매자가 구매 전 미리 이해할 수 있게 적시해 놓는 편이 여러 가지로 좋습니다.

3.10 스마트스토어의 컨셉 설정 고민

개인 쇼핑몰은 분명한 컨셉이 필요하나 네이버 스마트스토어 같은 오픈 마켓은 검색 창을 찾아 들어오는 뜨내기 손님의 비중이 높으므로 소싱 국가나 특정 아이템 군에 너무 얽매이는 것은 별로 좋지 않습니다. 컨셉을 먼저 정한다는 뜻은 특정 상품 위주로 판매 한다는 뜻이며 네이버의 3000개 카테고리 중 대부분의 카테고리를 포기한다는 뜻이기도 합니다. 초기에는 슈퍼마켓 형태로 판매하면서 가방과 의류, 신발, 소형가전, 주방 등 여러 상품의 판매를 경험하고 추가 아이디를 마련하여 상점이 추가되면 그때에 당초 원했던 컨셉의 마켓으로 운영해 보는 것을 권합니다.

④ 쿠팡 뽀개기

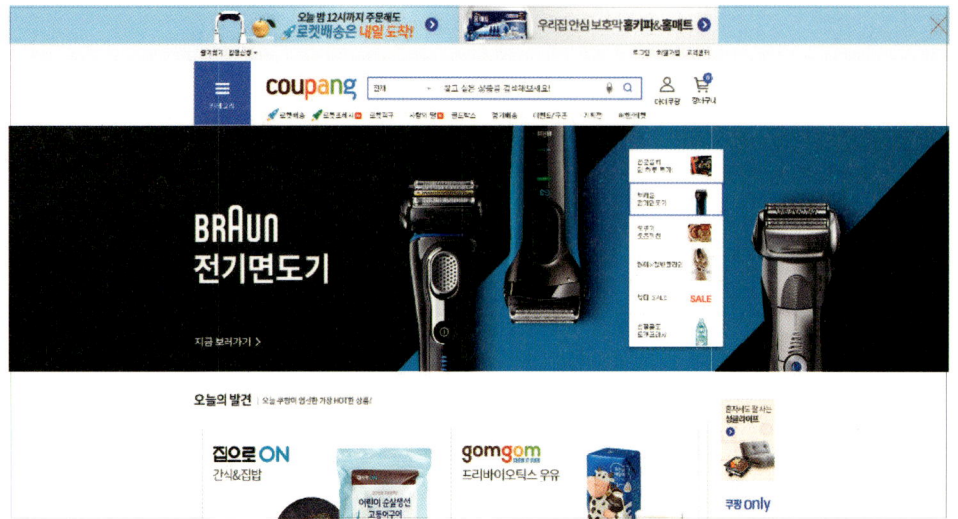

4.1 아마존의 현재는 쿠팡의 미래

쿠팡은 철저하게 아마존을 흉내내 왔습니다.
예를 들어 아마존의 프라임 배송을 쿠팡에서는 로켓 배송 형태로 응용하였고 FBA 창고처럼 직매입과 문류 센터를 대대적으로 확충하였습니다. 또한 아마존 프라임 프레시와 같은 방식의 쿠팡 로켓 프레시를 탄생시켜서 선진 물류를 빠르게 도입해 가고 있습니다.

쿠팡은 4조 4천억 매출에 1조 900억 적자(2018년)를 지속하면서 성장 우선주의를 지향하며 볼륨을 키워 왔습니다. 이는 고객들에게 인상적인 경험을 제공하여 늘 쿠팡 주위에 맴돌게 하려는 목적이 있습니다.

4.2 아마존과 쿠팡의 비슷한 시스템

- 아마존 레스토랑 vs 쿠팡 이츠 —음식 배달
- 아마존 플렉스 vs 쿠팡 플렉스 —일반인 배송에 투입
- 아마존 프라임 vs 로켓 와우(로켓와우 멤버쉽 혜택 : 월 4900원이면 로켓 배송, 로켓 프레시 당일 배송, 30일 이내 무료 반품)
- 아마존 원 클릭 vs 쿠팡 원터치 결제(로켓 페이)

- 아마존 어필리에이트 vs 쿠팡 파트너스
- 판매자 바이박스 vs 위너 시스템
- 아마존 FBA vs 쿠팡 로지스틱스

4.3 판매자에게 역대급으로 가혹한 쿠팡

전 세계에서 판매자에게 이보다 힘들게 하는 마켓이 있을까?

쿠팡은 IP 이동에 따른 접속 제한 부문만 제외하면 아마존 보다 훨씬 판매자를 힘들게 합니다. 대신 구매자에겐 쇼핑 천국인 이곳은 언제나 고객들이 문전성시를 이루고 있죠. 주문이 많다 보니 판매자가 억울해도 쿠팡을 포기 못하는 이유가 여기에 있습니다.

여러 가지 판매자를 힘들게 하는 상황 중에는 정산이 늦다는 점 이외에도 아래의 경우와 같이 열에 아홉은 판매자가 페널티를 받는다는 점입니다.

- 고객의 단순 변심에 의한 주문 취소도 판매자가 페널티를 받아요.
- 고객의 지정일 배송 요청에 따른 배송 지연도 일단 판매자가 페널티 받아요.
- 배송일 지연 물건이 고객에게 도착 시 판매자 상의 없이 고객에게 환불 처리 될 수도 있고요.
- 반품 시한이 넘으면 반송될 상품의 훼손 여부를 판매자가 확인 못해도 일방적인 환불 처리 될 수도 있습니다.

4.4 쿠팡 선 정산 서비스

기존에 쿠팡의 정산이 길어 판매자들은 자금이 경색될 것을 우려하여 입점을 꺼리는 사업자가 많습니다. 그래서 기존의 사설 금융 업체들의 선 정산 시스템을 쓰는 분들이 있었는데요. 이번에 제1금융권인 KB 국민은행에서 쿠팡과 협약하여 KB 셀러론이라는 선 정산 시스템을 개설하였습니다. 기존 쿠팡 정산일까지 기다리지 않고 판매 대금의 최대 90%까지 미리 정산 받을 수 있는 서비스인데다 이율도 연 4.8%로 좋은 편입니다. 정산 볼륨이 큰 사업자들에게는 도움이 될 것 같습니다.

이제 매출이 단시간에 큰 폭으로 성장해도 자금이 꼬일 염려는 덜 하겠네요.
사실 근본적인 문제는 남의 돈을 오래 갖고 있는 쿠팡이 개선해야 할 부분인데 정작 마켓은 결제 환경을 바꾸지 않고 선 정산 업체를 소개하는 공지를 띄우고 있다니 참으로 웃픈일이 아닐 수 없습니다.

4.5 쿠팡에 관한 주요 이슈

자동 회수 연동과 회수 불필요 환불 정책이 적용된다는 내용을 발표했습니다.

❶ **자동 회수** : 국내 반품지와 택배사 계약 코드를 입력했을 때, 쿠팡이 판매자를 대신하여 회수 지시를 내리는 시스템입니다.

❷ **회수 불필요 환불** : 국내 반품지와 택배사 계약 코드를 입력하지 않았을 경우 적용됩니다. 주문의 환불 금액이 10만 원 초과인 경우에는 쿠팡이 판매자에게 연락하여 회수 여부를 협의하고, 10만 원 이하인 경우에는 해당 상품을 회수하지 않고 환불을 진행하며 고객에게 상품 폐기 처리를 안내합니다.

상세 내용: 판매자가 사전에 설정한 반품 정보를 기반으로 취소를 진행하게 됩니다.
- 유효한 국내 반품지와 택배사 계약 코드가 있는 경우, 쿠팡이 판매자를 대신하여 자동 회수 지시를 내립니다.
- 자동 회수 연동이 되어 있지 않은 경우, 회수 불필요 환불이 적용되며, 주문의 환불 금액과 취소 귀책에 따라 정책이 반영됩니다.

  a. 주문 취소 환불 금액이 10만 원 이하, 판매자 귀책 취소인 경우, 회수 불필요 환불을 진행합니다. 고객에게 상품 폐기 처리 안내를 합니다.

  b. 주문 취소 환불 금액 10만 원 이하, 고객 귀책 취소인 경우, 회수 불필요 환불을 진행합니다. 고객에게 상품 폐기 처리 안내를 합니다. 판매자로서 이 상황에서는 취소 비용을 돌

려받을 권리가 있으며 URL을 통해 청구할 수 있습니다. 단, 반품 신청 날짜로부터 14일 내로 청구해야 합니다.

c. 주문 취소 환불 금액이 10만 원 초과인 경우, 귀책과 별개로 현재와 동일하게 쿠팡이 판매자에게 연락하여 회수 여부를 협의합니다.

d. 송장 넣고 24시간 이후 배송 상태 변경 안 되면 배송 예정일에 관계없이 고객의 요청으로 취소될 수 있습니다.

e. 쿠팡 광고 입찰 시작가가 250원에서 100원으로 조정되었습니다.

f. 내 스토어 홍보로 들어온 고객이 24시간 내에 상품을 구매할 경우에는 카테고리별 판매수수료가 0%, 스토어 운용료 3.5%가 적용되며 스토어 링크 복사한 후 SNS에 홍보하여 링크로 유입된 고객이 24시간 내 구매 시 수수료 혜택을 제공합니다.

g. 다운로드 쿠폰 활용하면 할인 적용가에 수수료를 부과합니다. 필수 프로모션이죠.

h. 패션 기획전을 꼭 활용하면 좋습니다. 투데이 pick에 노출도 가능합니다.

5 또, 어디다 팔죠?

잘 봐 두자! 미래의 우리회사 놀이터들!
오픈 마켓에서 일정 성과가 난 후 다른 판매처 찾기를 해라!

5.1 오픈 마켓

오픈 마켓은 판매자와 구매자 모두에게 열려 있는 인터넷 중개몰로 개인과 소상공인 판매 업체 등이 자유롭게 거래하는 온라인 장터를 말합니다.

- 스마트스토어
- 11번가
- 멸치
- 지마켓
- 쿠팡
- 옥션
- 오셀러
- 티몬
- 인터파크
- 필웨이
- 위메프
- 올레
- 머스트잇

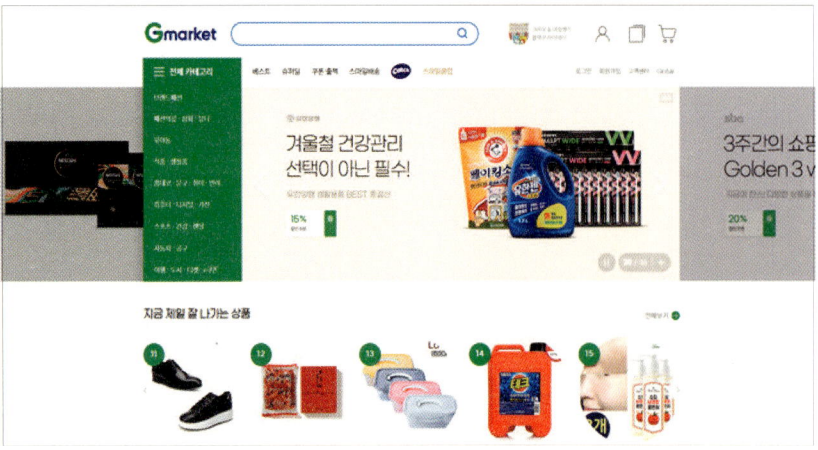

지마켓, G9에 동시 리스팅 하려면?

지마켓에 글로벌 셀러로 회원 가입하면 같은 이베이 플랫폼인 지마켓과 옥션, G9에 상품을 같이 올릴 수 있습니다. 단, 상품의 배송비를 무료로 설정한 후 관·부가세가 포함된 상품이어야 마켓에서 검토 후 승인을 해줍니다.

5.2 종합몰

종합몰은 여러 가지 상품을 다양하게 구성하여 판매하는 대형 기업 단위의 사이트 쇼핑몰입니다.

- 신세계
- 현대몰
- 롯데몰
- K쇼핑
- 홈플러스
- 이마트
- NH마켓
- 130K
- 바보사랑
- AK프라자
- 하프클럽
- 홀리스퀘어
- 스토리웨이

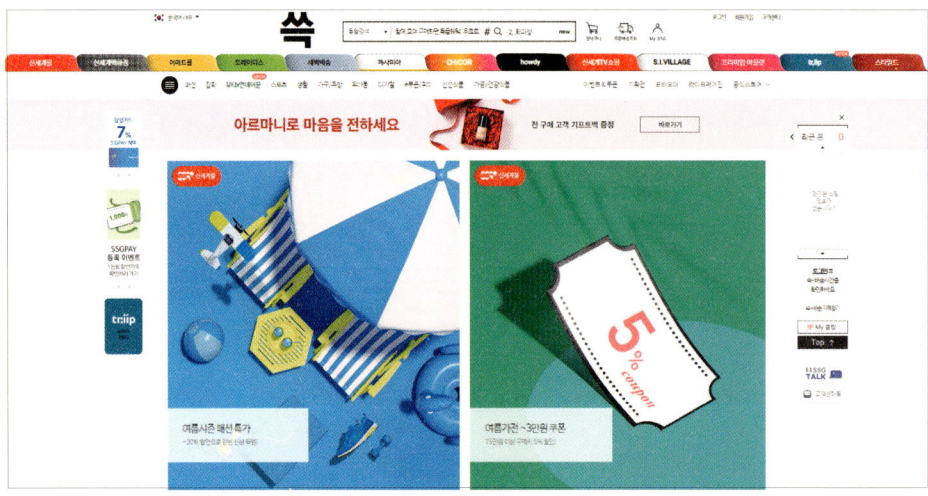

5.3 폐쇄몰

폐쇄몰은 임직원이나 특정 멤버쉽 전용몰로 오픈 마켓과 달리 제조사나 공급사와 제휴를 맺어 소속 회원들에게만 저렴한 가격으로 판매하는 배타적인 성격의 쇼핑몰입니다.

- 삼성 카드
- 오케이캐시백
- 화이트
- 이지웰
- 국민포인트리몰
- 메가마트
- LS샵, GS리테일
- 한화생명
- 파미웰
- 동부앤샵
- 웰스토리몰

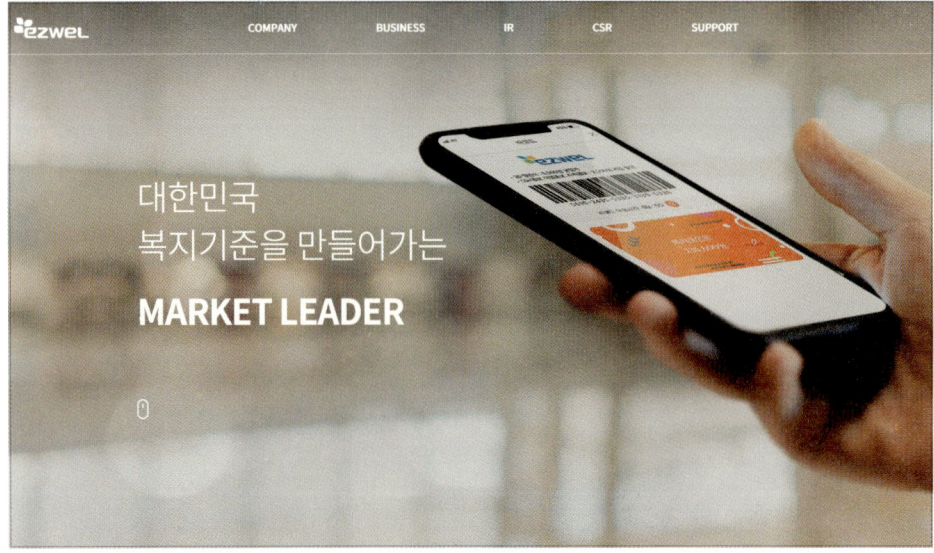

5.4 홈쇼핑

집에서 컴퓨터나 전화 등으로 물건을 구매할 수 있는 통신 판매몰로 주로 TV 채널과 종합몰 성격의 사이트를 구축한 플랫폼입니다.

- NS홈쇼핑
- 현대홈쇼핑
- 롯데몰
- GS샵
- SK스토아
- CJ몰

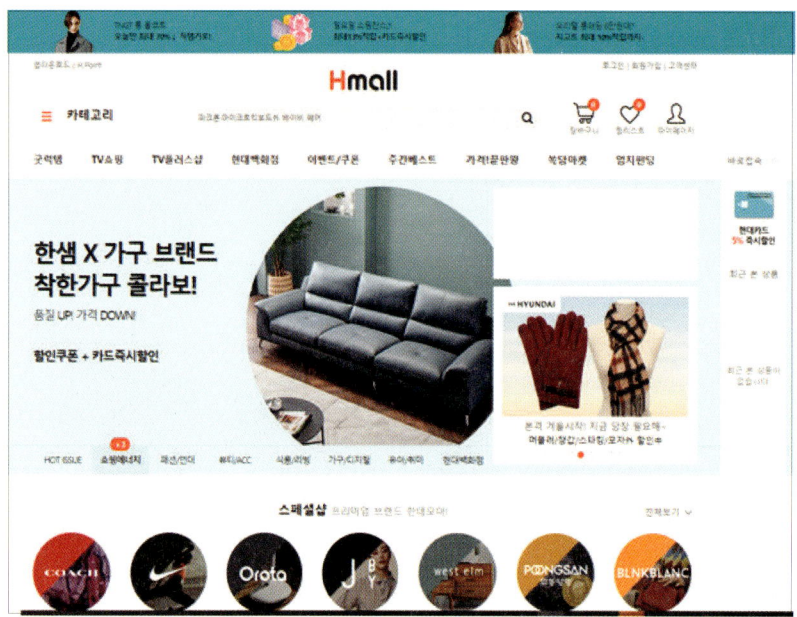

5.5 전문몰

특정 아이템을 전문으로 판매하는 인터넷 쇼핑몰입니다.

- 위즈위드
- 아이스타일24
- 한화갤러리아
- 예스24
- 여인닷컴
- 후추통
- 핫트랙스
- 재팬코리아
- 브라파라
- 우먼스톡
- J골프
- 골핑
- 스킨알엑스
- 패션스토리
- 웨딩라인

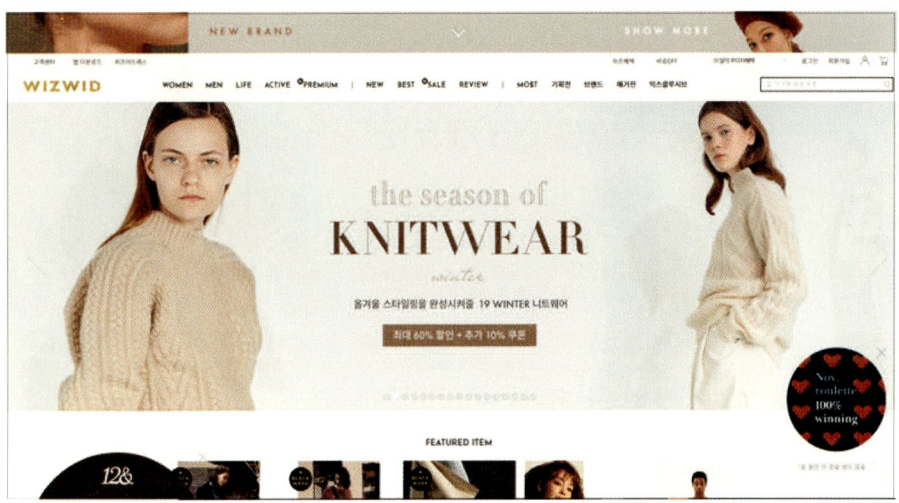

5.6 해외 마켓

개인이 입점하여 판매 가능한 해외 오픈 마켓입니다.

- QSM(Qoo10 Sales Manager)
- Qoo10재팬
- 라자다
- Qoo10-Global
- 아마존 미국 외 아마존 재팬
- 쇼피
- Qoo10싱가폴
- 이베이 미국 외

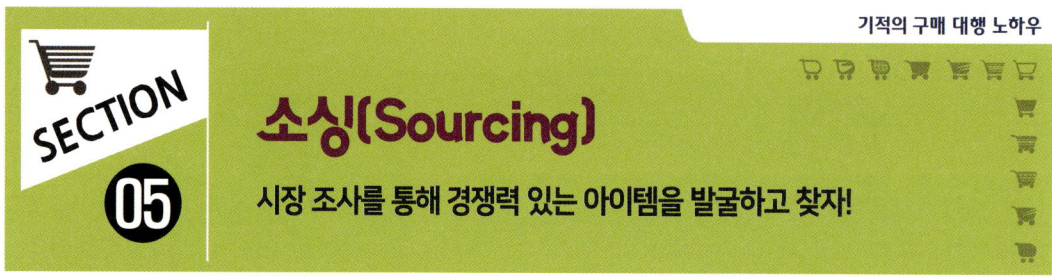

소싱(Sourcing)

시장 조사를 통해 경쟁력 있는 아이템을 발굴하고 찾자!

1 좋은 상품 확보하는 방법

1.1 아이템 찾는 꿀 팁들

1) 소싱 팁 1 - 키워드 도구를 이용한 아이템 찾기

공개된 키워드 도구를 활용하여 상품 찾기

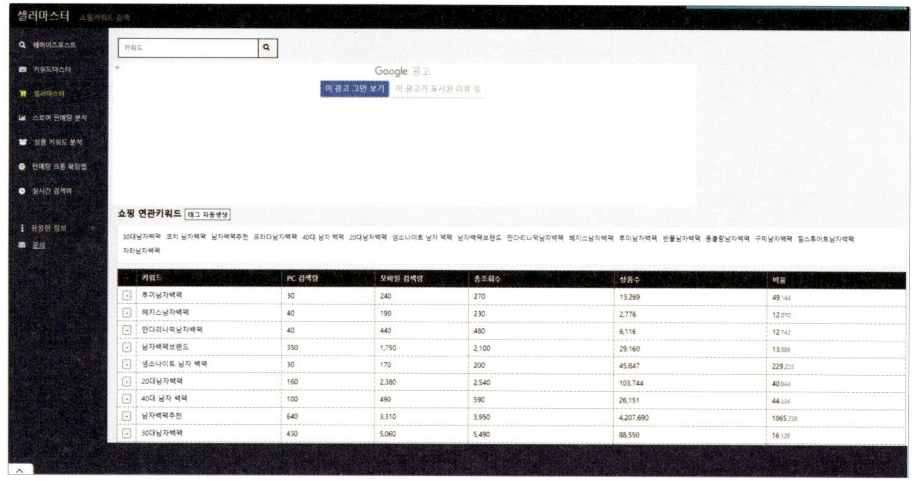

❶ 웹에 무료로 공개된 '셀러마스터' 같은 도구를 활용해서 효율이 좋은 키워드를 찾고 키워드에 맞는 상품을 역으로 찾는 방법입니다. 경쟁력이 높은 키워드 순으로 SORTING하고 추출되는 키워드로 구글이나 해외 마켓에서 이미지를 찾습니다. 원하는 상품 이미지 주소'로 구글 이미지 검색에서 또 다른 페이지를 찾을 수도 있습니다.

❷ '셀러마스터'에서 조회할 경우 키워드와 가장 부합하는 아이템을 찾았을 경우 가격을 비교하여 소싱 대상 리스트에 올려놓고 등록을 시작해 봅니다.

예를 들어 '남자백팩'을 조회했을 때 연관 키워드들이 나오는데 그 연관 키워드를 하나하나 클릭하면 조회 수와 제품수가 노출이 되고 키워드별 가치도 내림차순으로 정렬하여 경쟁력이 좋은 키워드를 추출할 수 있습니다.

❸ '키워드마스터', '아이템 스카우트' 등 다른 비슷한 툴들이 있습니다. 예로 아이템 스카우트에서 검색 수를 500~3000사이에 가성비 좋은 키워드를 추출하고 클릭해 봅니다. 조회할 때는 가령, 패션잡화 ➡ 남자가방 ➡ 백팩 카테고리에서 상품 수 대비 조회 수가 많은 키워드 순으로 정렬합니다. 경쟁력 있는 상위 키워드는 브랜드가 장악하고 있다고 하더라도 소싱이 가능한 브랜드 일 경우 빠르게 조회해서 큰 고민하지 말고 상품 리스트(상품 등록할 후보 리스트)에 올리는 것이 더 중요하다고 봅니다.

예를 들어 '칼하트 리플렉티브 백팩'을 조회하고 이미지를 확인한 다음 바로 해외에 마켓에 조회하여 같은 상품이나 품번이 다른 유사 상품을 소싱해서 상품 리스트에 올려놓는 방법을 말하는 것입니다.

국내 주요 키워드 툴

· 판다랭크(https://pandarank.net/)
– 스마트스토어 및 이커머스 셀러 무료 키워드 분석 툴

· 셀러라이프(https://sellerlife.co.kr/)
– 구매대행 키워드 플랫폼, 연관키워드, 번역기 제공

· 아이템스카우트(https://itemscout.io/)
– 다양한 기능, 출시자의 콘텐츠에서도 좋은 insight를 얻을 수 있음 크롬확장 app도 잘 구비되어 있음

· 셀링하니(https://sellha.kr/)
– 쉽고 편리한 키워드 도구, 키워드 세부순위 제공

· 헬프스토어(http://helpstore.shop/category)
– 직관적이고 사용하기 편리한 키워드 도구. 상위 노출 분석과 상세 페이지 추출 기능

· 셀러마스터(https://whereispost com/seller/)
– 스마트스토어 상품 키워드를 효과적으로 찾아주는 도구

· 블랙키위(https://blackkiwi.net/)
– 빅데이터 기반 키워드 분석 플랫폼

알쓸신잡 TMI

> 처음 시작할 때는 상품의 가격 경쟁력을 완벽하게 대조해서 경쟁력 있는 상품만 소싱한다는 생각보다는 기본적인 필터링만 거치면 바로바로 갖고 와서 등록한다는 생각으로 일해야 전진할 수 있습니다. 반복하다 보면 선별 능력과 노하우가 자연스럽게 쌓이게 됩니다.

2) 소싱 팁 2 - SNS를 활용한 아이템 찾기

지금 쉬고 있나요? 누군가는 이동 시간에도 소싱을 계속하고 있을 거예요!

대중교통을 이용하는 시간조차 소싱은 쉴 수 없습니다. 이동 중에 모바일로 인스타그램(Instagram)에서 자신이 좋아하는 카테고리 중 관심 있는 품목을 광고하는(sponsered) 상품을 쓰윽~ 이미지 캡처하여 저장 후 타오바오(Taobao)에서 검색하고 여러 개를 북마크 해놓고 사무실이나 집에 돌아와서 바로 전투적인 소싱을 합니다. SNS에 광고한 상품을 보고 내가 소싱한 상품이 광고하는 업체보다 경쟁력이 있을 경우, 가만히 있는 내 상품을 위해 그들은 계속해서 광고를 해주는 셈이 됩니다. 정말 효과적인 방법입니다.

3) 소싱 팁 3 - 네이버 쇼핑 탭에서 아이템 찾기

네이버 쇼핑의 검색 지수가 높은 상품은 무엇인가?

누가 어떻게 팔고 있을까?라는 의문에서 출발한 소싱 방법입니다.

네이버 쇼핑에서 원하는 카테고리에서 해외 직구 보기 클릭 → 리뷰 많은 순 → 빅 파워셀러의 스마트스토어 가게로 진입 → 전체 상품 보기 → 누적 판매순으로 보기 → 상위의 상품들을 타오바오나 아마존 또는 구글 이미지 검색을 통해 찾은 후 결정된 상품을 내 상품 리스트에 담습니다.

Section 05 소싱(Sourcing)

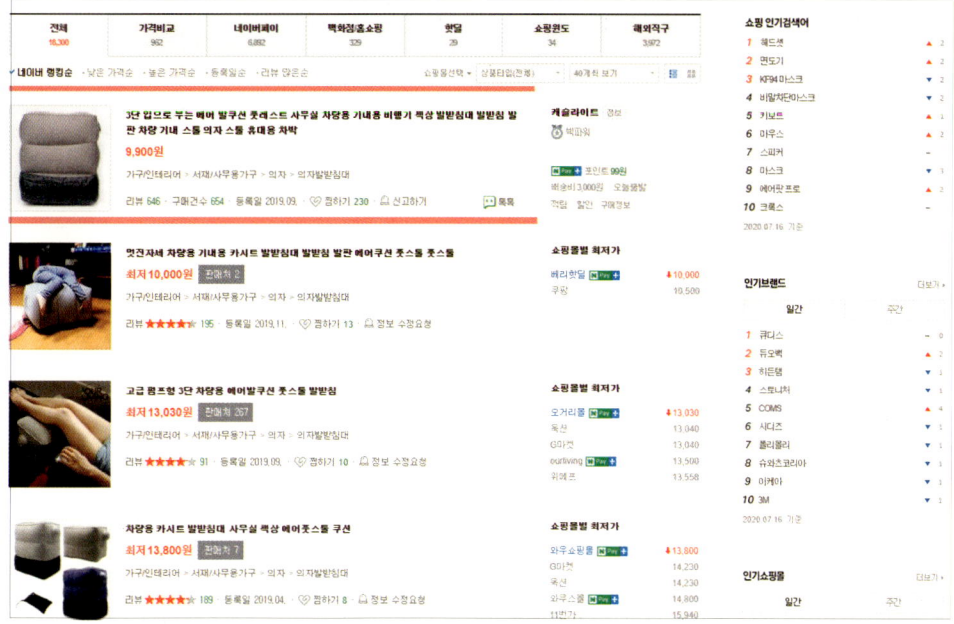

이어서 네이버 데이터랩에도 가서 가구 인테리어 카테고리에서 인기 아이템을 확인한 후 해외에서 소싱이 가능한 스툴 의자를 조회해 봅니다.

그리고 네이버쇼핑에서 스툴 의자로 조회했지만 상위에 랭크되어 있는 아이템이 발 쿠션이라면 그냥 발 쿠션을 타오바오와 알리바바에서 조회하면 됩니다.

알쓸신잡 TMI

판매가 검증된 후 해외 도매 사이트에서 구매하는 것이 리스크를 줄이는 방법이지만 가격이나 MOQ가 부담스럽지 않을 경우 한꺼번에 사서 배대지에 놓고 주문이 들어올 때마다 출고시키기도 합니다.
물론 배대지에 물건을 쌓아 놓는 방식은 합법적인 방식은 아니지만 중국의 경우 많은 사업자가 이런 방식을 쓰는 것도 사실입니다.

4) 소싱 팁 4 – 커뮤니티 사이트를 통한 아이템 찾기

직구하는 사람들의 모임에는 어떤 상품들을 이야기하고 있을까?

직구족들이 많이 사는 상품을 주목하라!
직구 커뮤니티인 딜공(https ://cafe.naver.com/nyblog)이나 몰테일(https ://cafe.naver.com/malltail), 뽐뿌 해외 직구 코너(www.ppomppu.co.kr) 등 카페에서 보이는 상품이 생각 외로 소싱할 아이템으로 힌트를 주는 경우가 많습니다. 직구 커뮤니티 사이트에서 사람들의 최대 관심사인 아이템의 링크를 타고 현지 사이트를 검색해 봅니다.

5) 소싱 팁 5 – 아마존에서 평소보다 싸게 파는 상품은 없을까?

미국의 마켓쉐어의 절반을 차지하는 아마존에서 평소보다 싸게 파는 상품은 없을까?

Keepa.com의 Deal 코너에서 평소보다 80% 할인하는 상품을 아마존에서 조회해봅니다.

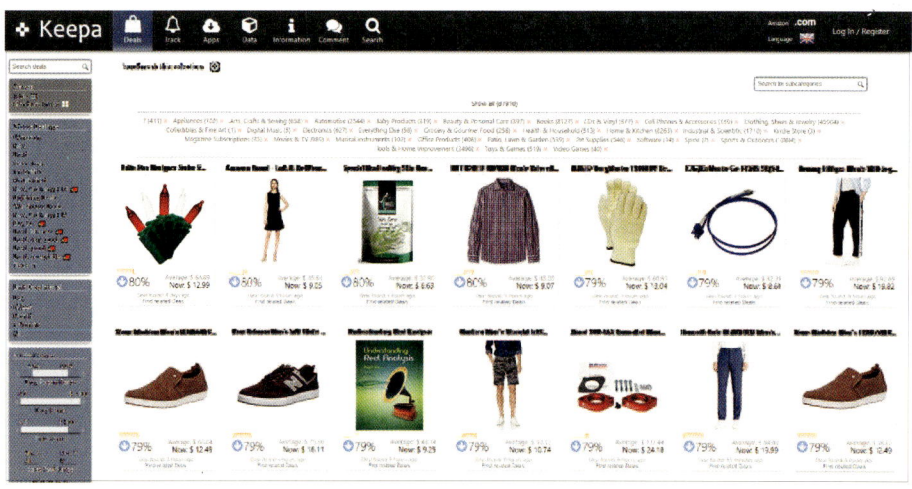

가격 트래킹용으로 keepa를 많이 쓰지만 홈페이지를 활용하는 사람은 의외로 적습니다.

홈페이지에서 Deal을 클릭하면 카테고리별 할인된 상품 수가 보입니다. 이 상품을 타고 아마존으로 들어가서 소싱할 상품을 살펴봅니다. Keepa에서 트래킹을 지속적으로 추적이 가능하다는 뜻은 어제, 오늘 상품을 올린 것이 아니라는 의미이며 꾸준히 상품이 판매되어 왔는데 지금 그 가격이 많이 내려와 있는 상태의 상품만 모아 놓았다는 뜻입니다.

6) 소싱 팁 6 – 빅 세일 아이템만 모았다

놀랄 만한 할인을 해주는 아이템만 모아 놓은 사이트는 없을까?

Bensbargains.com VS dealtime.com

https://bensbargains.com에 들어가서 말도 안 되는 할인 가격대의 상품 중 go to store를 클릭해서 상품을 네이버 쇼핑과 가격 비교를 통해 아이템을 소싱합니다.

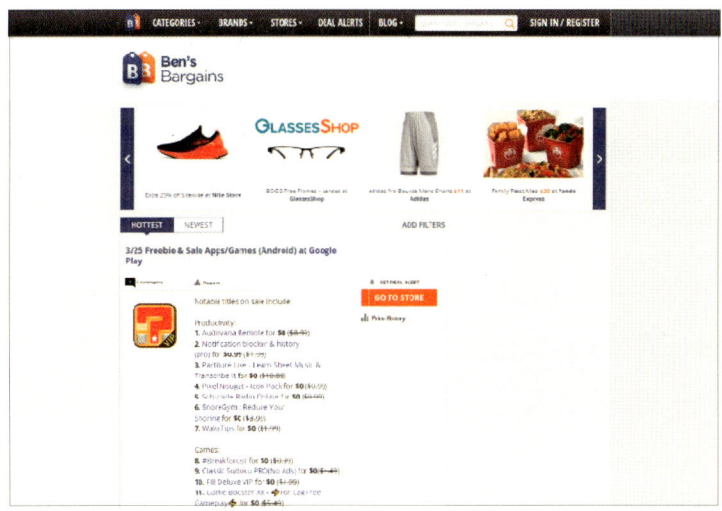

[벤스바겐]

한정 기간 할인되는 상품을 소싱할 때는 상품 관리 대장을 작성할 때 별도의 excel로 관리하는 편이 좋습니다.

7) 소싱 팁 7 – 네이버 쇼핑 1 페이지의 유사 아이템으로 승부하기

네이버 쇼핑 첫 페이지 잘 팔리는 상품은 그만한 이유가 있는 걸 거야!

네이버 쇼핑 모바일 첫 페이지에 전시되는 카테고리별 1등 상품부터 10위까지의 상품의 가격을 평균 내어 따져 보고 그 가격대에 맞출 수 있는 퀄리티 받쳐 주는 아이템이 있는지 거꾸로 찾아봅니다. 퀄리티도 되는데 가격까지 따라 준다면 경쟁력이 없을 수 없죠.

가격경쟁에서 이들을 이길 수 있는 유사 아이템을 전 지구상에서 찾아봅니다.

1.2 나만의 사이트 발굴하기

1) 네이버 데이터 랩(DataLab) 이용하여 소싱해 보기

먼저 네이버 웨일 브라우저를 켜서 데이터 랩으로 갑니다. 데이터 랩 홈에서 예를 들어 가구/인테리어 분야로 들어가서 오른쪽 끝에 조회 기간을 월간으로 보기 합니다.

그리고 왼쪽 화살표 끝까지 클릭하면 1년 전 현재 시점에서 한 달 후의 인기 있었던 상품들을 확인할 수 있습니다.

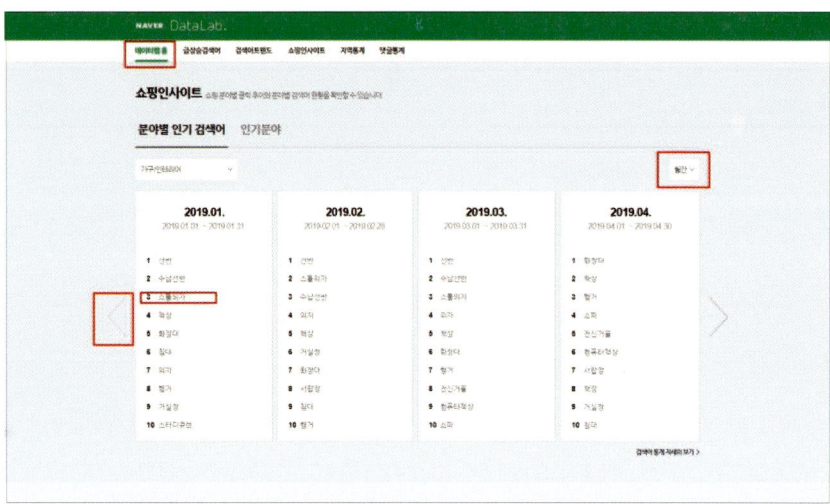

❶ 데이터 랩 홈에서 분야별 인기 검색어를 확인하여 소싱해 봅니다.
   예) 가구인테리어 ➔ 월간 ➔ 왼쪽 화살표 끝까지 클릭 합니다. 인기 검색어 중에서 구매 대행이 가능한 것을 확인(예: 스툴의자)하여 검색어 통계를 조회해 봅니다.

❷ 클릭량 추이를 보기 위해 조회 기간을 작년 이맘때로 설정 후 조회 → 분야 클릭량 추이 분석 → 급상승 확인할 수 있습니다. 이때의 타깃 연령(예:30~40대의 여성)과 디바이스별 트랜드(예: PC가 모바일보다 높음)까지 한눈에 분석이 가능하게 됩니다.

다시 말해서 위 예시 상품은 상품 진열 시 모바일 보다는 PC에서 잘 디스플레이 되는 것이 중요하다는 의미가 되는 것입니다. 똑같은 상품을 더 저렴하게 소싱하는 것이 최고의 방법이겠지만 유사한 상품이라도 망설이지 말고 일단 소싱해 오는 것이 중요합니다.

만약 스툴 의자를 소싱하기로 결정했으면 네이버 쇼핑으로 가서 스툴 의자를 조회한 뒤, 해외직구의 리뷰가 많은 순서대로 상품을 정렬합니다. 그리고 상위에 있는 판매자의 마켓으로 진입합니다.

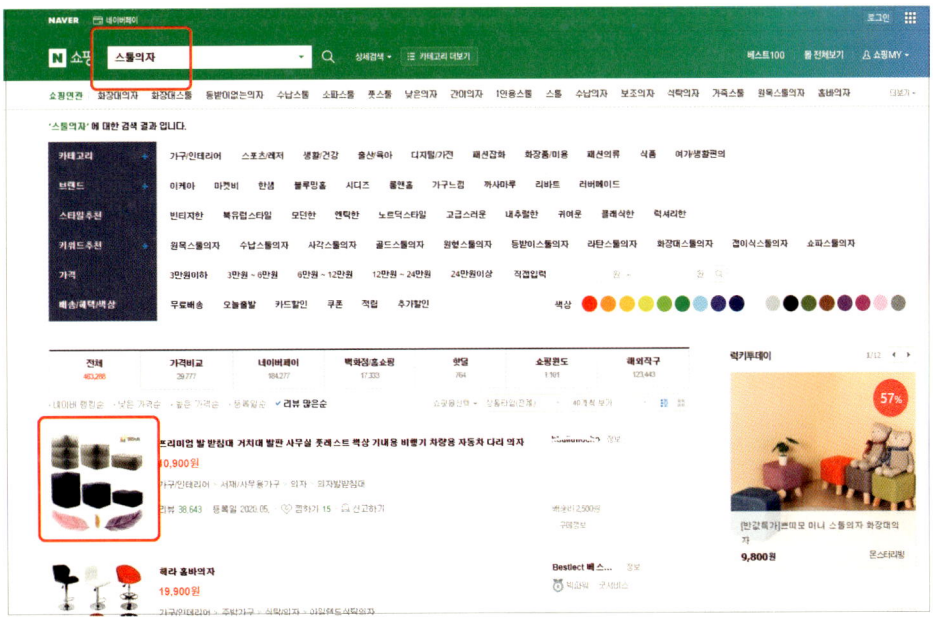

2) 알리익스프레스에서 이미지를 조회하여 네이버 웨일로 소싱하기

알리바바나 타오바오(Taobao)에서 위의 상품을 갖고 온다면 중국어 상품 페이지 대신에 영문 상세 페이지를 제공하는 알리익스프레스에서 같은 상품을 조회해봅니다.

aliexpress search by image 또는 alibaba search by image라는 확장 앱을 '크롬 웹스토어'에서 추가하여 이미지를 찾아봅니다.

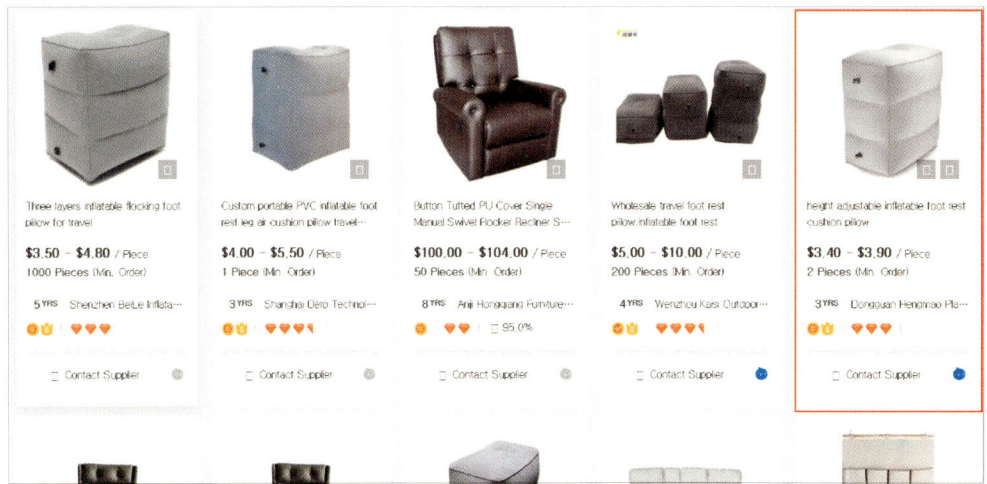

[알리바바에서 찾은 상품 이미지]

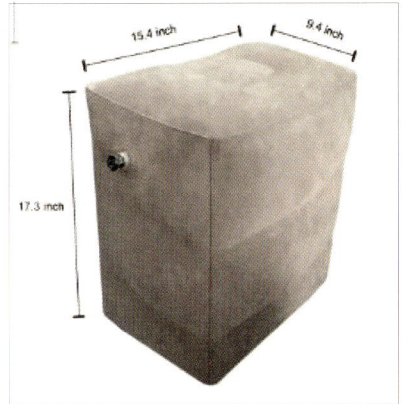

❶ 방법 1. 찾고자 하는 상품 이미지를 선택합니다.

네이버 쇼핑에서 1등하는 판매자의 온라인 가게에 들어가서 스툴 의자 이미지를 선택한 후, alibaba search by image라는 확장 APP를 크롬 웹스토어에서 추가하고 이미지에서 우측 클릭하여 바로 알리바바에서 찾아봅니다.(미래에 사입을 고려해서 재고를 확인하기 위함)

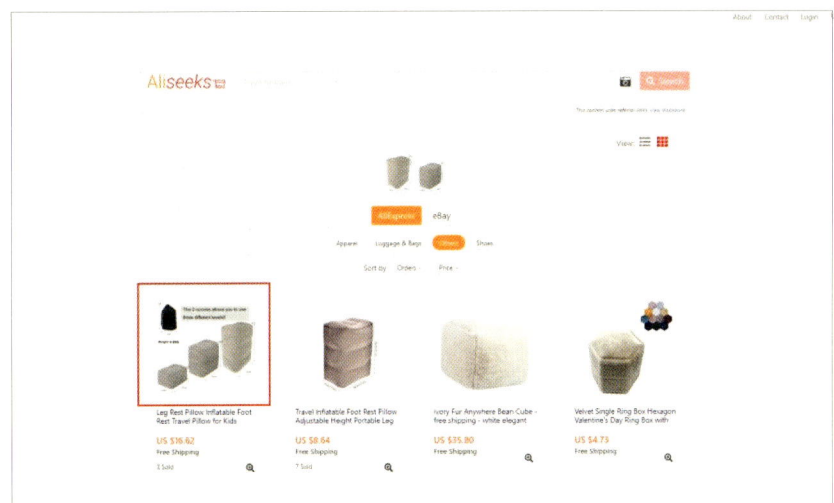

❷ 방법 2. 마우스 우측 버튼을 클릭하여 aliexpress search by image로 조회한다.

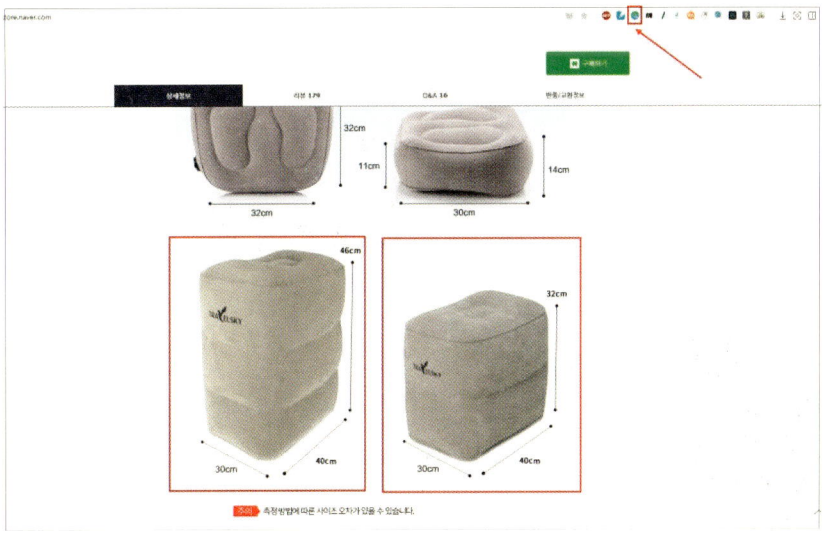

※ 상품 구입은 타오바오에서 하겠지만 상품 상세페이지는 알리익스프레스 것을 쓰기 위함입니다.

❸ 방법 3. 스마트스토어 상세 페이지 중 유니크한 이미지를 네이버 웨일 브라우저의 네이버 쇼핑 렌즈로 조회하여 국내 다른 사업자들의 상품 가격을 쉽게 확인해 봅니다.

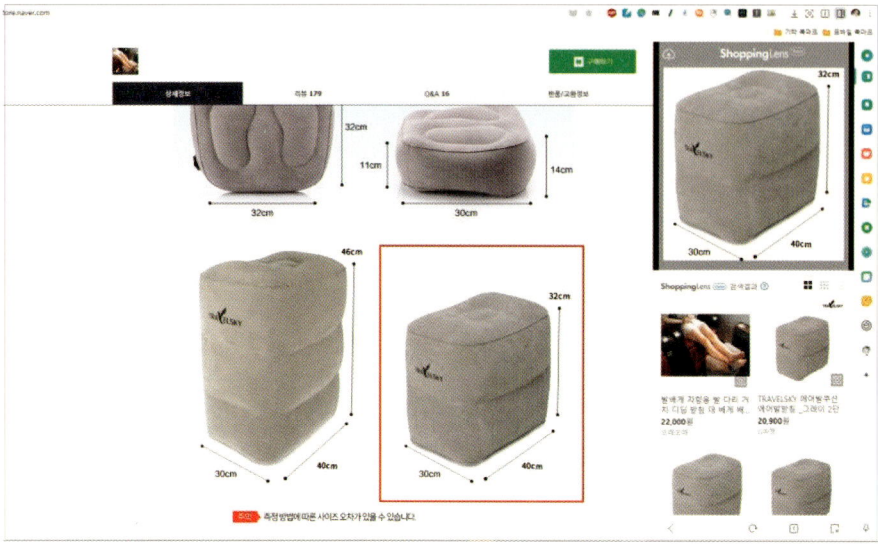

3) 중국어만 제공하는 사이트에서 소싱은 어떻게 해야 할까요?

번역은 어디에서?

네이버 웨일 브라우저에서 대상 글자들을 블록을 씌운 다음 우측 클릭하여 퀵서치 기능을 활용하면 간단한 문구들은 손쉽게 해석할 수 있습니다.

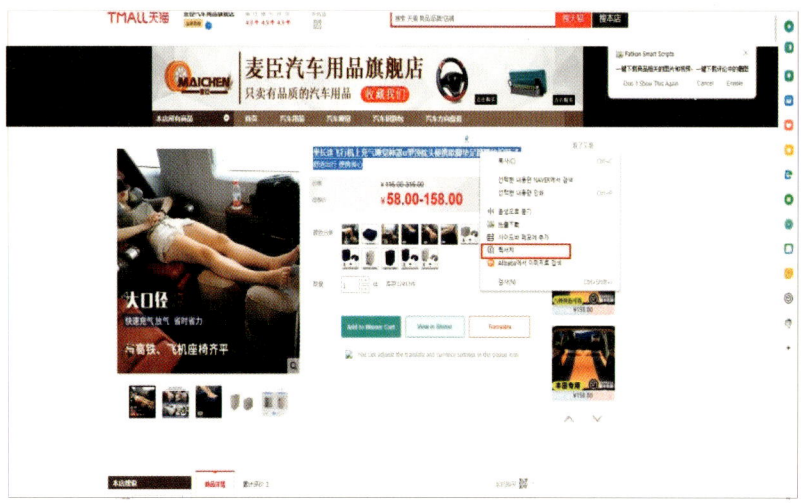

이미지 안에 있는 글자를 캡처하거나 번역하기 위해서는 아래와 같이 크롬 웹스토어에 "copyfish" 추가하여 번역하면 편하구요. 간단한 문구는 네이버 웨일에서 우측 클릭하여 '이미지 안의 글자 번역'을 활용하면 간단히 번역할 수 있고 텍스트도 긁어 올 수 있어서 소싱에 도움이 됩니다.

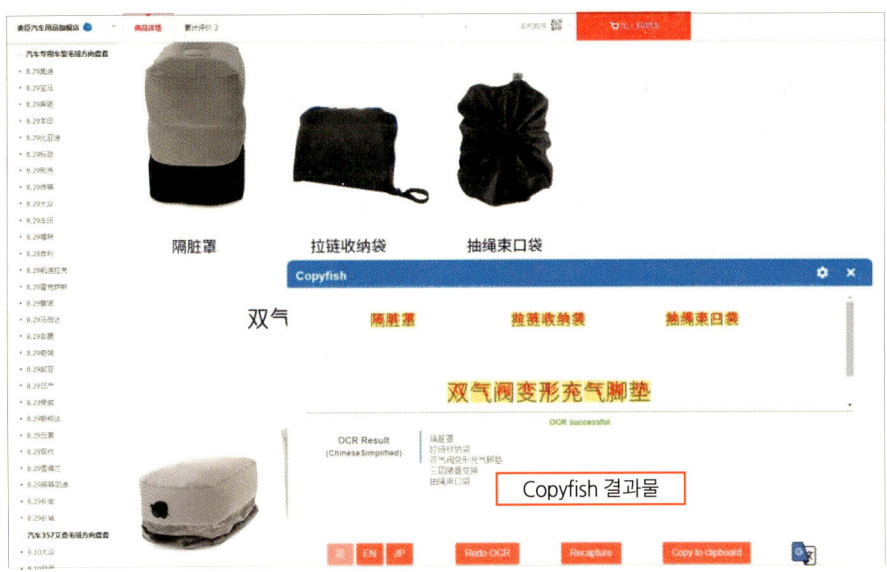

[COPYFISH로 이미지 안의 글자를 인식해 보자]

[네이버 웨일의 이미지 안의 글자 번역 기능]

기적의 구매 대행 노하우

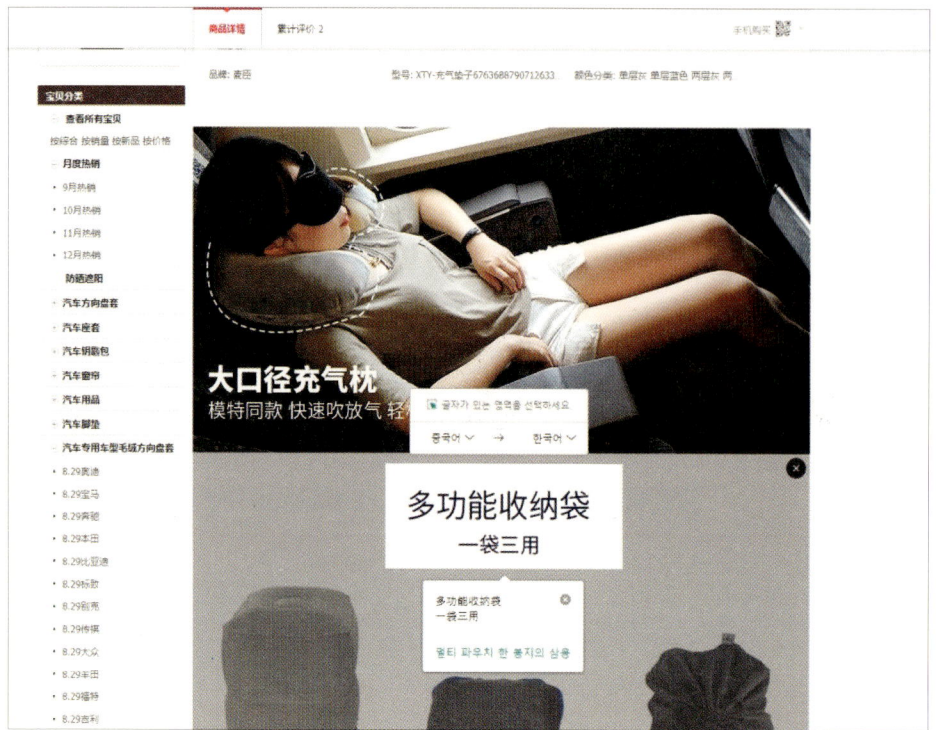

[네이버 웨일의 이미지 안의 글자 추출(OCR 기능)]

 영상으로 보기 - 아이템 소싱 너무 어려워! : https://bit.ly/아이템소싱

알쓸신잡 TMI

소싱하려는 아이템이 내 마켓의 전략 종목일 경우에는 단순 번역보다 '플리토'를 통해 이미지 안에 있는 중국어도 번역 의뢰해서 상세 페이지에 반영하면 기계의 번역보다 월등하게 뛰어난 퀄리티의 상세 페이지를 구성할 수 있습니다. 또, 소싱하려는 사이트나 제조사를 구글 맵(Google map)으로 검색해 보고 정규 매장이나 회사 간판이 신뢰성이 가면 메일을 송부해서 거래하고 싶다고 제안을 해봅니다.

요약!

위의 여러 소싱 팁 중 원하는 방법으로 해외에서 상품을 서치하고, 네이버 웨일을 통해 상세 페이지를 번역합니다. 이때 네이버 웨일 브라우저의 확장 앱인 쇼핑 렌즈를 통해 한국 사업자들이 판매하고 있는 상품과의 경쟁력을 즉시 확인할 수 있어야 합니다.

그리고, 타오바오 상품을 소싱하되 알리바바에서 대량 구매할 수 있는지를 먼저 체크하고 상세 페이지를 타오바오의 중국어 대신 알리익스프레스에서도 같은 상품을 찾은 뒤 영문 페이지로 가져오면 국내 고객들에게 거부감 없는 상품 페이지를 제공할 수 있게 됩니다.

또 이렇게 갖고 온 상품을 SEO에 맞게 최적화 작업을 해주고 롱 테일 키워드 광고와 약간의 마케팅 작업을 해주면 기대 이상의 결과를 낼 때가 많다는 것을 느끼게 됩니다.

상품을 고르는 시간만큼 중요한 것은 상품을 적당히 필터링하고 검증하여 빨리빨리 올리는 것이 매우 중요합니다.

상품을 못 올릴 수밖에 없는 온갖 이유를 대며 진척이 없다고 하는 사람들이 생각보다 많습니다.

4) 네이버 쇼핑의 쇼핑베스트를 활용한 상품 소싱

구매자의 관심 아이템이 모여 있는 네이버100에서는 각 카테고리별로 한국에서 가장 잘 팔리는 상품 100개를 보여주고 있습니다.
이때 우리는 인기 상품과 같거나 다른 품번의 상품, 또는 유사한 상품을 소싱하면 아무 상품이나 갖고 오는 것 보다 훨씬 좋은 상품을 찾을 수 있습니다.

실시간 많이 본상품과 카테고리별 많이 구매한 상품을 체크_ 단순 소싱하는 방법

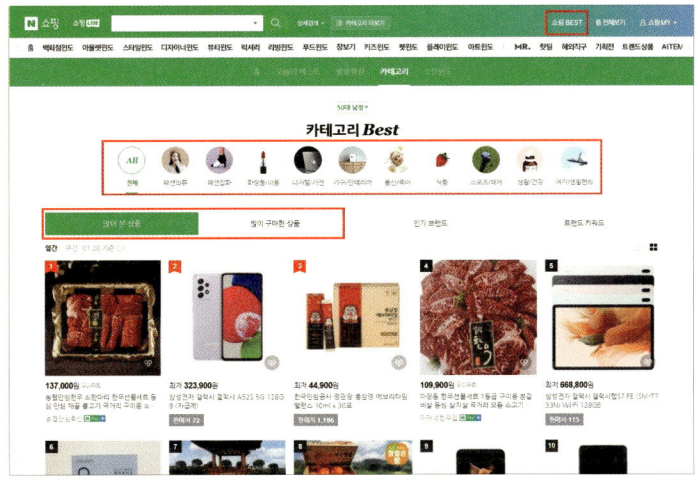

[예] 네이버의 각 카테고리별 소싱 대상 탐색]

패션 잡화 인기 상품 검색

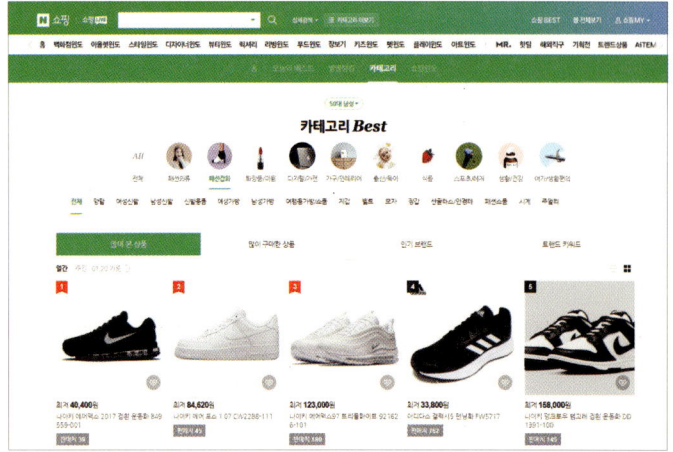

데이터랩으로 추이 체크

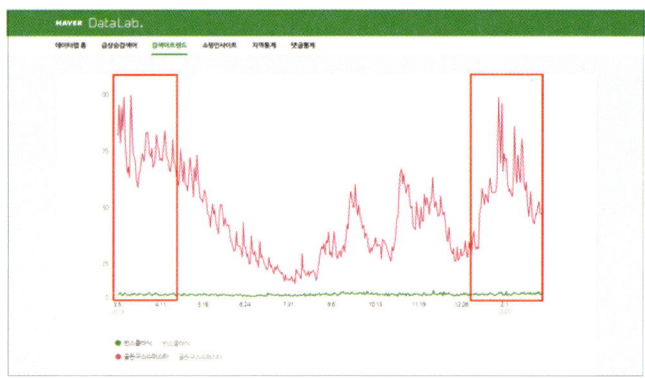

[시즌 별 검색량 추이로 본 조회 수 체크]

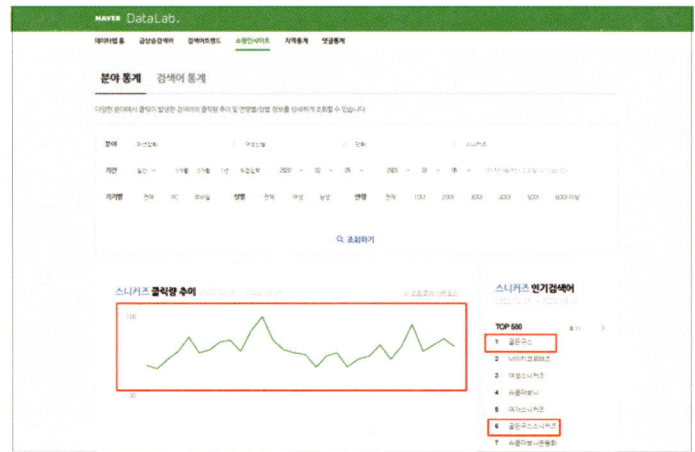

[골든구스 검색량 확인&소싱 후 우하향 곡선이 아닌지 체크]

아마존에서 골든구스 조회

해외 마켓 신상품 위주 조회(한국 구매 대행 사업자의 손길이 많이 미치는 사이트는 가급적 길게 보고 신상품 위주로 소싱한다. 국내 1위의 신발 모델 나이키에어맥스97도 처음엔 신상품 출시부터 시작되었다)

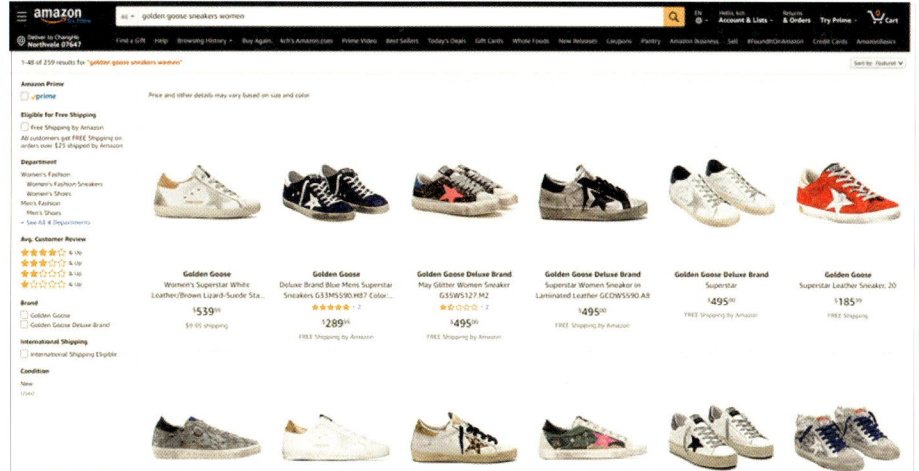

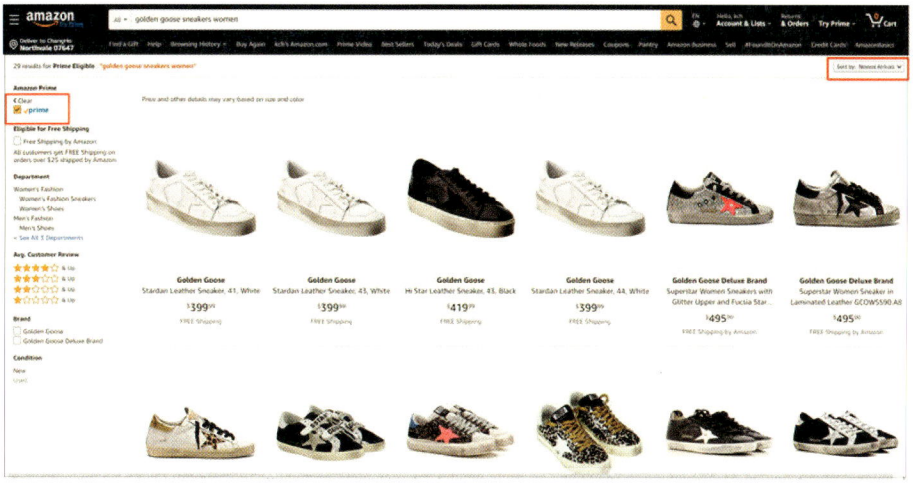

[아마존 최종 소싱 전 1차, 2차 필터링: 프라임 선택 ➔ 신상품 정렬]

아마존 아이템 최종 선택

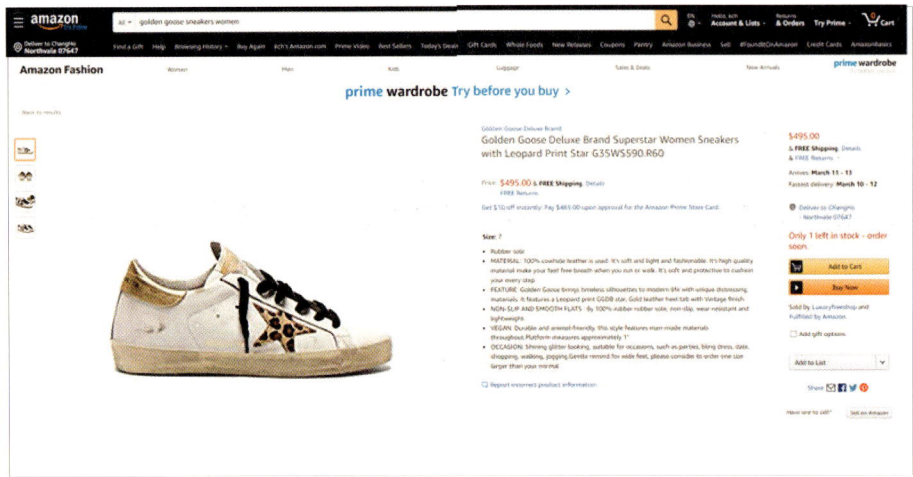

네이버 가격 경쟁력 체크

국내 유상 상품의 경쟁력 확인- 가격이 최저가이어야 하는 것은 아님

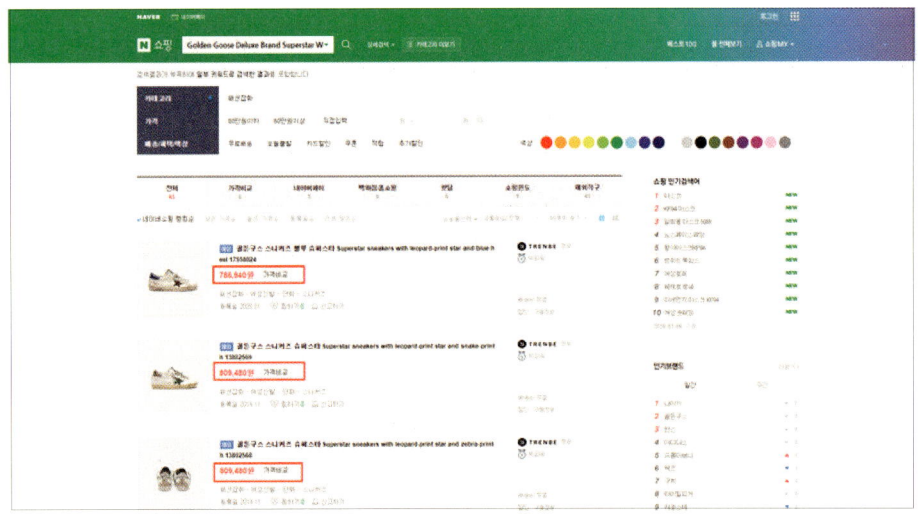

[내 마켓에 전시하고 SEO 작업 세팅을 한다.]

5) 유튜브 소싱

스타들의 공항 패션에 답이 있다!

[유튜브 채널 알렛츠(allets) https://bit.ly/3DXDC4z]

브랜드는 스타를 통해 홍보를, 스타는 협찬을 통해 필요한 상품과 주목을, 매체는 브랜드를 알리고 수익을 꾀하고 싶어 합니다. 공항에 언제나 수많은 대포부대(?) 카메라가 진을 치고 있습니다. 우리는 여기서 힌트를 얻어 재빨리 소싱 아이템을 확보하고 진열해 봅니다.

인터스텔라에서 제작하는 유튜브와 쇼핑몰은 셀럽 마케팅의 대표적인 방식이며 서로에게 윈윈하는 구조입니다. 구매 대행 사업자도 자연스럽게 상품 소싱의 힌트를 얻을 수 있습니다

유튜브에 나오는 셔츠

Marc Jacobs Mock Neck Cashmere Sweater를 조회해 봅니다.

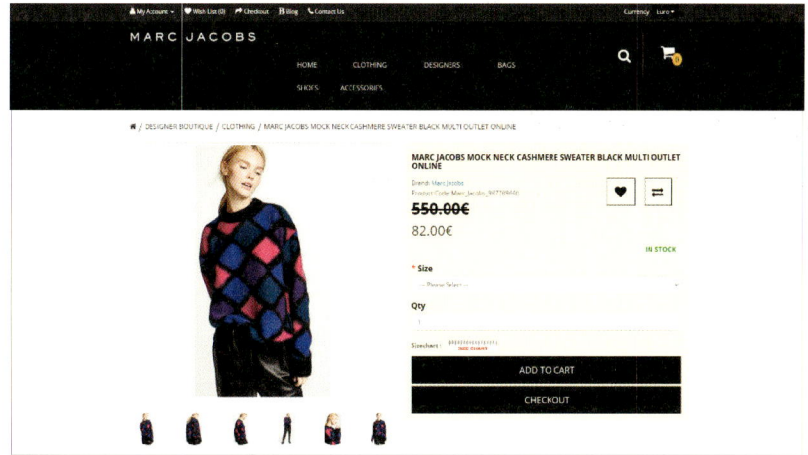

[마크제이콥스]

이렇게 아이템을 찾으면 전 세계에서 서치하여 또 하나의 소싱 마켓을 발견할 수 있습니다.
참고로 셀럽 마케팅 회사 알렛츠의 쇼핑몰도 참고해 보세요.

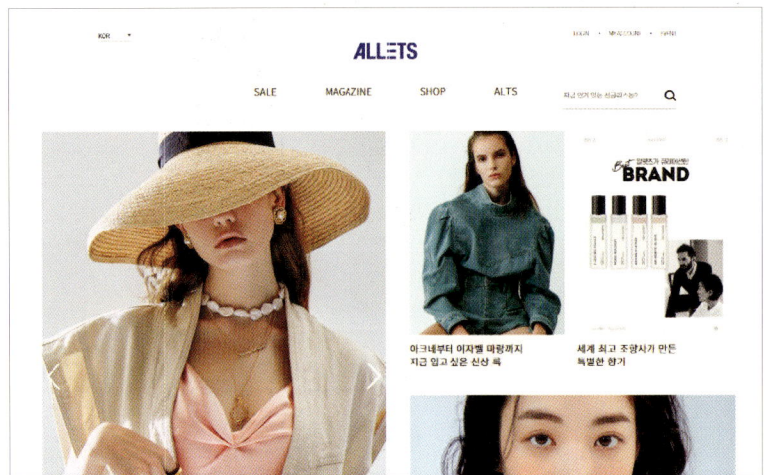

[알렛츠 https://allets.com]

6) 아마존 상품 빠르게 갖고 오는 방법
구매 대행 상품 빨리빨리 잘 노출되게 올리기

구매 대행의 현장에서 셀러들은 어떻게 상품을 등록하는지? 상품을 스피디하게 올리면서도 잘 노출되게 올리려면 어떻게 해야 하는지?
아마존에서 상품을 등록하는 방법을 공개합니다. 몇 년 전만 해도 유니크 한 방법이었는데 지금은 많은 사람들이 알고 있습니다.

하나의 아이템을 완벽한 SEO를 추구하는 방식으로 등록하려면 한 달에 하나의 상품을 올리기도 벅차겠지만 어차피 내 상품이 아니므로 대충 빨리 올리는 방법이 매우 중요합니다.
미국에서 아마존 상품을 좀 더 수월하게 대충대충 빨리빨리 올리되 그래도 노출 지수를 높여서 올릴 수 있는 방법을 말하는 것입니다.

상품을 소싱하려면 언제나 고민이죠. 그래서 우리는 대충 찾아보는 방법으로 소싱해 봅니다.

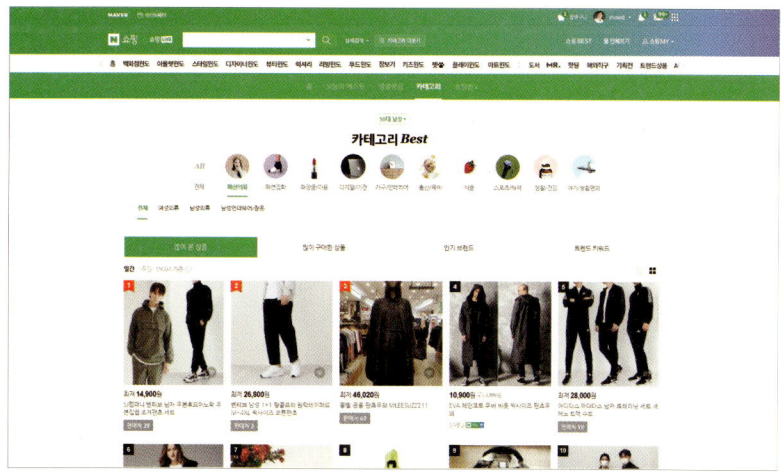

예를 들어서 네이버 쇼핑에 지금 현재 쇼핑베스트에서 인기리에 팔리고 있는 한국의 카테고리별 상품들을 랭킹 순서대로 패션 의류, 패션 잡화, 화장품, 디지털 가구, 인테리어 이런 식으로 네이버가 빅 데이터로 정리해 놓은 것을 그냥 무심코 가져오는 전략을 쓰겠습니다.

1. 패션 의류 카테고리 중 1등을 가져 올게요. 근데 1등은 무지티 반팔 티인데 이것은 해외 제품이 아닌 거 같습니다. 그래서 두 번째 것을 보면 이 상품은 아디다스 레깅스입니다.

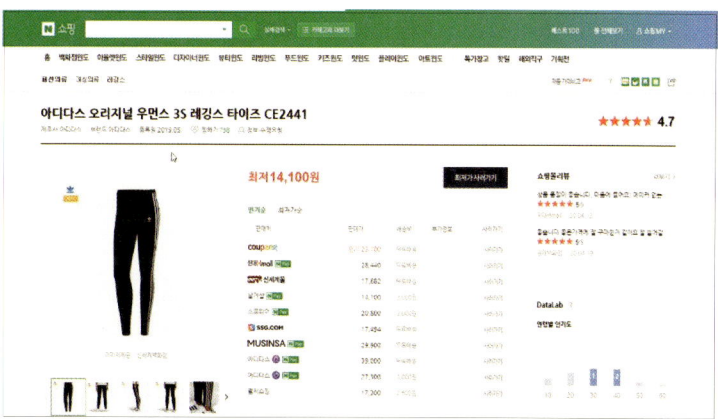

2. 그러면 우리는 이 똑같은 레깅스 타이즈 CE2441 찾아오는 것이 아니라 아디다스 레깅스라는 상품을 가져오면 그래도 사람들한테 좀 더 주목을 받을 수 있는 아이템이 아닐까 해서 가져오는 겁니다. 고민 없이 바로 갑니다.

3. 이 상품을 바로 상품명 복사 후 google 번역으로 갑니다. 이어서 번역 결과를 복사해서 아마존으로 갑니다.

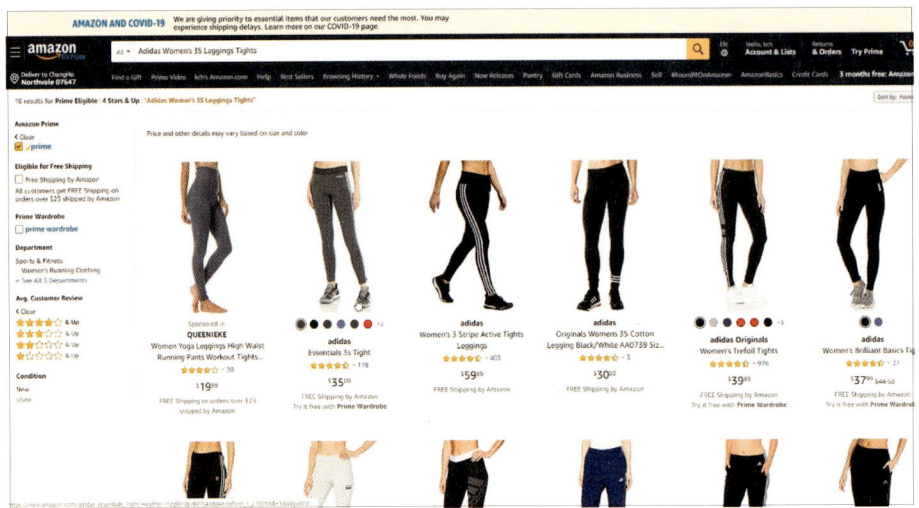

4. 불필요한 단어들을 먼저 제거하고 아마존 검색 창에서 조회합니다.

5. 그리고 프라임 상품만 Sorting 합니다.

6. 그 다음에 반품 확률을 줄이기 위해서 구매평 높은 상품만 Sorting 합니다. 이렇게 상품들이 정렬되면 좀 더 수월하게 엑셀 시트로 받아서 상품 리스트에 올리는 게 중요하겠죠.

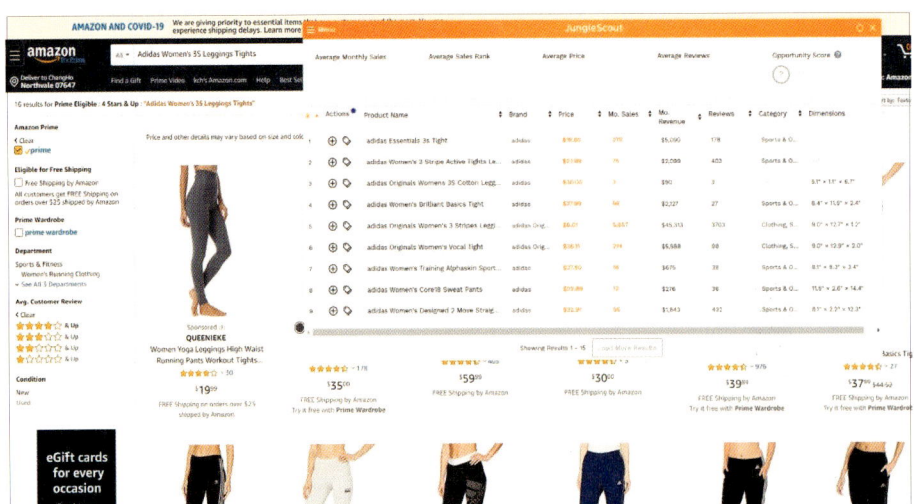

7. 상품 리스트를 만들기 위해서 정글 스카우트를 켭니다. Unicorn smasher, AMZSCOUT 같은 프로그램을 쓰셔도 비슷한 결과를 얻을 수 있습니다.

> **KEY WORDS**
>
> ■ 정글 스카우트
> 정글 스카우트는 AMZSCOUNT와 함께 아마존에서 판매하는 셀러를 위해 시장 분석, 키워드, 타이틀 분석 등의 데이터 분석을 할 수 있는 유료 Tool입니다.(UnicornSmasher는 무료)
> 전 세계 20만 명 이상이 사용하고 있고 2억 개에 가까운 상품을 추적하고 있습니다. 이와같은 아마존 판매자 툴의 기능 중 일부를 구매 대행 사업자가 응용하여 쓰는 것입니다.

8. 정글 스카우트를 활성화시킨 후 키워드 클라우드를 클릭합니다.

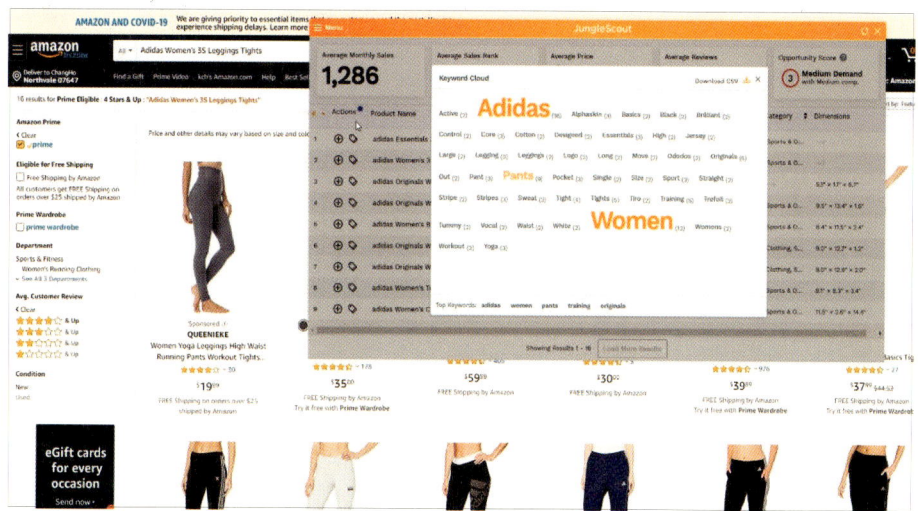

그러면 강조해야 될 부분들이 전면에 노출되고 나머지 키워드들도 많이 언급되는 키워드로 노출되는 것을 확인할 수 있습니다.

9. 그대로 csv로 다운 받습니다. 이 키워드들을 나중에 태그나 상품명 작성할 때 쓰면 되겠죠.

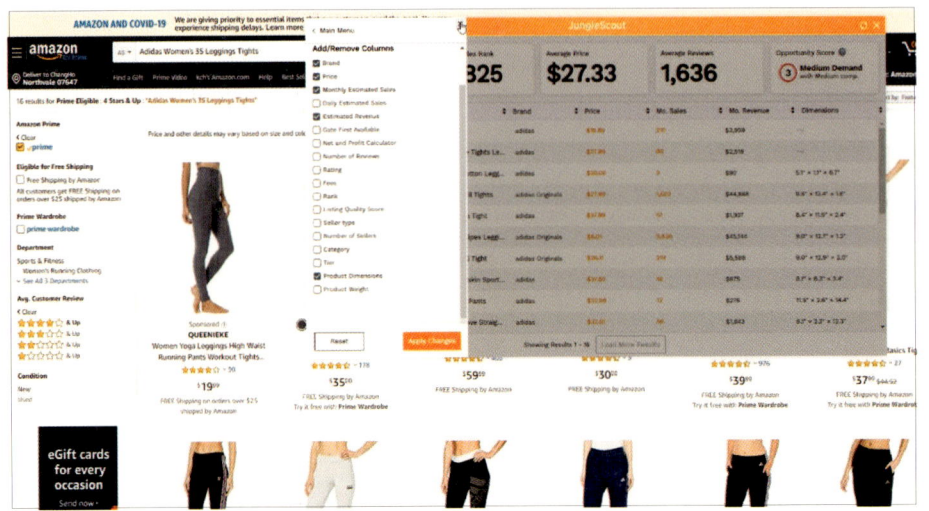

10. 그 다음에 두 번째 할 일은 커스터마이즈 뷰로 들어가서 여기에서 내가 필요한 정보만 가져오면 됩니다. 상품 명과 브랜드, 가격, 한달 예상 수익,URL 항목만 선택하면 됩니다.

11. 그 다음에는 정글스카우트 메뉴에서 서치 트렌드로 들어갑니다.

클릭을 해보면 바로 구글트렌드로 넘어가는 걸 확인할 수가 있죠? 아디다스 우먼 제품을 치면 트렌드가 유지되고 있는 걸 확인할 수 있고요. 또한, 아래에 아디다스 관련되어 있는 히트 키워드 중 급상승하는 키워드도 발견할 수가 있습니다.

이 상품을 다시 복사를 해서 다시 상품 조회를 해도 되지만 지금은 내가 갖고 올 상품이 정해져 있으니까 일단 무시합니다.

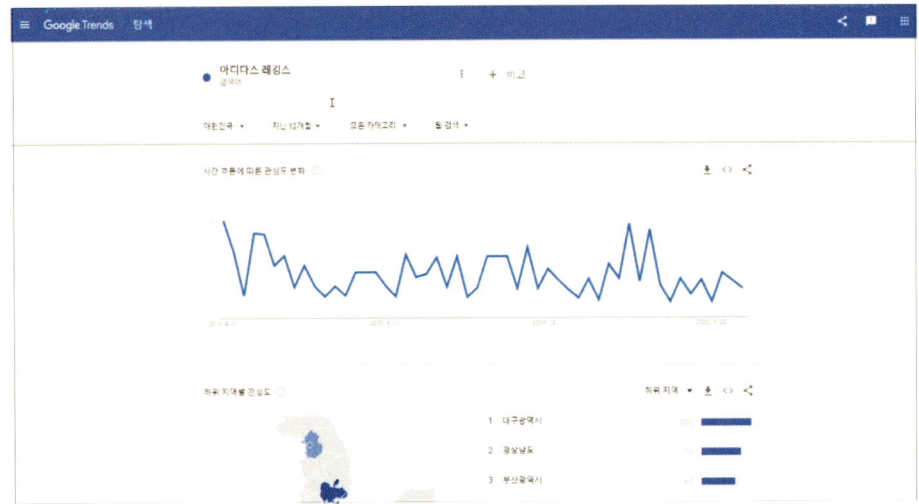

12. 그리고 서칭 범위를 전 세계에서 대한민국으로 갑니다.

여기서 '아디다스 레깅스'라고 치겠습니다. 그러면 아디다스 레깅스를 조회하는 지역이 우선순위별로 정리되기 때문에 네이버 광고에서 광고를 집행할 때 지역별로 광고를 ON 할 수도 있고 끌 수도 있죠. 불필요하게 구매 전환도 많이 안 되면서 클릭 비용만 나가는 지역이 보통 하위에 많이 몰려 있죠? 그래서 우리는 대구광역시 경상남도 부산 서울 경기도 위주로만 광고를 ON 해 놓으면 될 것 같습니다.

13. 트렌드를 조사했으니까 이제 이 자료를 다운을 바로 받으시면 될 것 같아요.

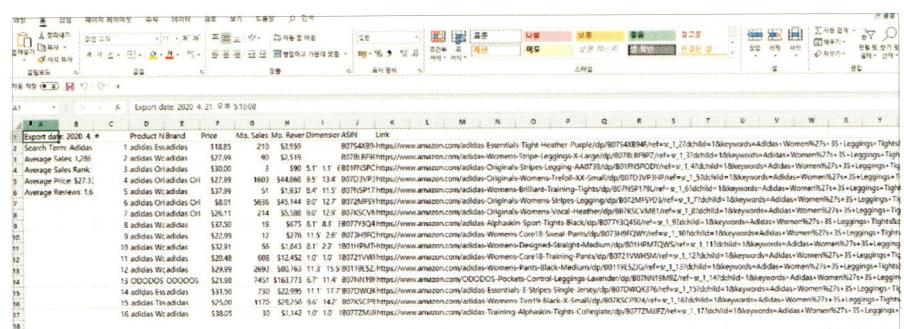

정글 스카우트를 통해서 조회된 상품 csv를 다운로드 하면 일차적인 작업은 끝났습니다. 그런 다음 다운로드 받은 자료로 들어가면 ASIN 번호가 붙어 있고요. 링크 값도 나와 있습니다.

14. 그대로 평상시에 우리가 많이 쓰는 상품 관리장(상품 리스트)에 붙여 넣으면 되겠죠?

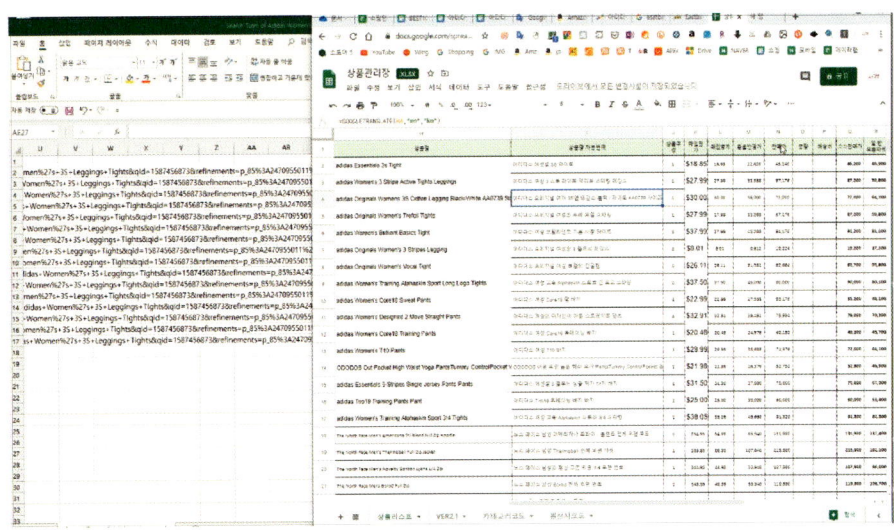

상품 관리 대장에 상품명을 그대로 순서 가리지 않고 쫙 복사를 해서 상품명 필드에 다 붙여 넣습니다. 그러면 이 상품명 옆 셀에 번역으로 자동으로 번역이 되겠죠.

15. 상품 리스트에 번역 기능까지 같이 함수로 정해 놓으면 그대로 복사해서 마켓에 등록할 때 쓸 수가 있습니다.

16. 이어서 브랜드나 다른 필드 값도 드래그 복사해서 상품 리스트에 각각 붙여 넣습니다.

이렇게 하는 이유는 우리가 일반적으로 상품을 올릴 때 웹에서 상품을 보고 찍어서 가져와서 올리면 시간이 많이 걸립니다. 그렇게 하는 게 아니죠.

상품을 올리는 날과 상품을 올릴 후보군을 마련하는 날은 다른 날이어야 합니다. 보통의 경우에는 상품을 올린 후보를 마련하는 날은 일주일 중 이틀 내지 3일 정도 소요되는 게 보통입니다. 이렇게 상품 리스트를 만들고 난 다음에 상품 올리는 날에는 다운로드한 이미지 폴더와 함께 리스트만 보고 기계적으로 상품 등록을 합니다.

참고로 구글스프레드 시트에 구글 번역 세팅의 그 함수는 다음과 같습니다.

```
=GoogleTranslate($A$1, "en", B1)
```

이때 주의할 것은 상품 가격을 상품 리스트에 붙여 넣을 때는 값만 붙여 넣어야 판매 가격 함수가 반영되는데 문제가 없습니다. URL도 복사해서 붙여 넣어야 하고 판매자 상품 코드도 만들어야 합니다. 그래야 여러 마켓에 판매자 코드로 일관성 있게 조회가 가능합니다.

17. 그런데 판매자 코드는 자동으로 생성하게 하는 것이 좋습니다. 불필요한 노력이 많이 들어가는 것은 지양해야 합니다. 업데이트 날짜와 뒤에 있는 해외 사이트의 상품 코드(아마존이면 ASIN번호)를 조합하여 중간에 하이픈이나 언더바 등을 추가해서 손쉽게 자동으로 코드가 생성되게 함수를 정해 놓으면 됩니다.

그래서 서식 복사로 쭉 당기면 상품마다 자기만의 새로운 판매 코드가 생기게 되는 것이죠.

지금까지 한 것을 다시 간단히 정리해 봅니다.

> 네이버 쇼핑에서 사람들에게 많이 팔리는 아이템 주목 → 외국 제품 찾아서 구글 번역 → 아마존에 가서 조회 → 프라임으로 Sorting → 구매평 좋은 것만 Sorting → 정글 스카우트에서 트렌드 분석하고 키워드 클라우드 다운 → 정글스카우트 조회 결과 csv 파일로 다운 → 상품 리스트에 붙여넣기 → 구글 번역 자동생성 → 판매자 코드 자동 생성

여기까지 손쉽게 할 수 있겠죠. 이렇게 하기까지 한 5분에서 10분 사이 정도면 충분히 맞출 수가 있습니다.

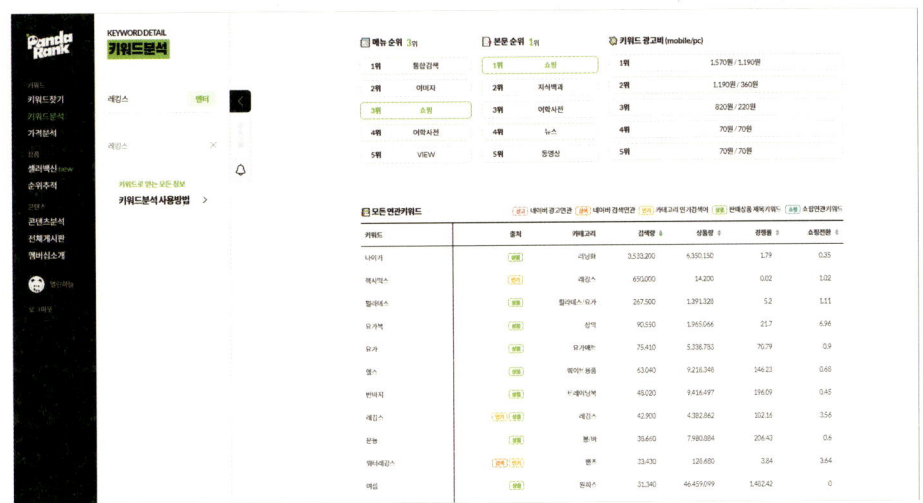

[판다랭크]

18. 그 다음은 판다랭크 https://pandarank.net/에 들어갑니다. 키워드 도구에 들어와서 여성 레깅스를 조회를 합니다.

그러면 위와 같이 연관 키워드들이 뜨죠. 각각의 키워드들을 클릭을 해 주고 가성비가 높은 키워드 위주로 내림차순으로 정렬하면 상품 수 대비 조회 수가 많은 상품들을 정렬할 수가 있고요 그런 후 엑셀로 다운받으면 됩니다.

19. 여기에서 쓰지 못하는 브랜드 상품명 같은 것들을 필터링하는 작업을 먼저 합니다.

디스커버리, 나이키, 휠라, 푸마, 남자 레깅스, 데상트 등의 키워드를 삭제합니다.

20. 다음 정글 스카우트에서 키워드 클라우드로 다운로드 한 것들을 불러옵니다.

21. 또, 상품 리스트에 상품명을 붙여 넣고 번역된 그 상품명들도 통째로 드래그 복사해서 갖고 옵니다. 여기에서 제일 먼저 해야 할 일은 상품명에서 말이 안 되거나 불필요한 단어부터 제거해 주시고요. 상품 이미지에 맞는 상품명으로 수정해주면 됩니다.

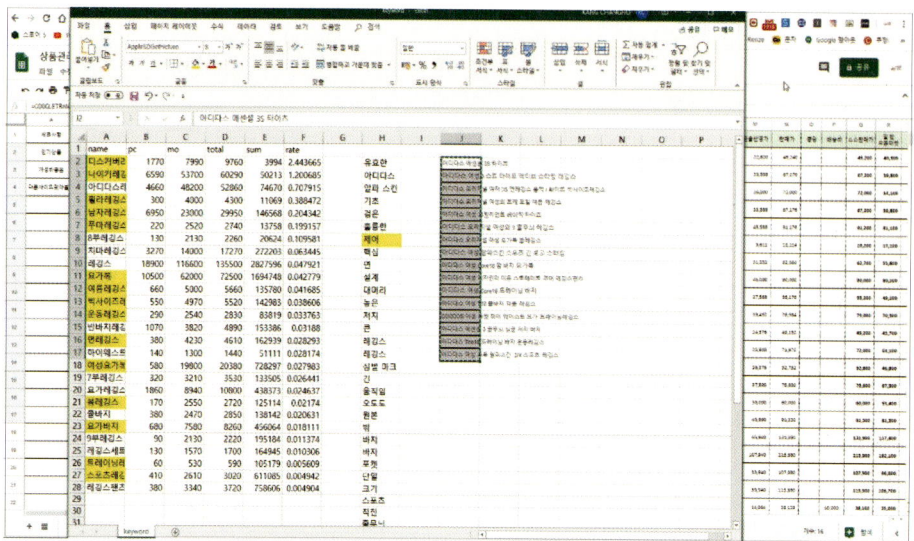

22. 그 다음에 붙여 넣은 상품명에 키워드가 잘 노출되도록 말이 되게 녹여 넣는 작업을 빠르게 합니다.

23. 작업이 끝나면 상품명을 전체 복사해서 원래의 상품 리스트 번역된 부분에 다시 붙여 넣게 됩니다.

24. 다음 편으로 넘어갑니다. 자 이번에는 SEO 키워드 파인더라는 도구를 써서 TAG를 추출합니다. (셀러라이프나 시중의 다른 키워드 툴을 쓰셔도 됩니다.)

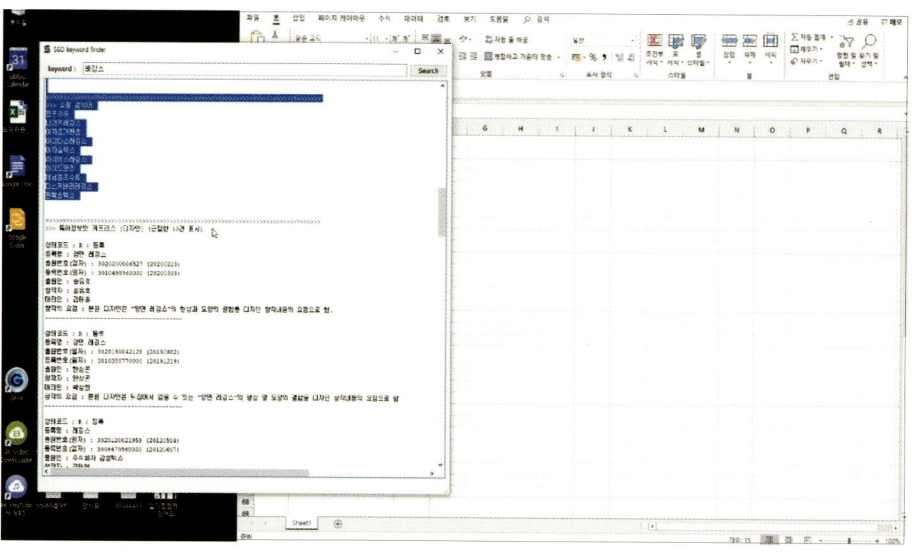

25. 추출된 키워드를 쭉 당겨서 복사한 후 스마트스토어 검색 설정에 가서 붙여 주면 들어갈 것은 들어가고 못 받으면 튕겨 내겠죠.

대충한 것 같아도 키워드가 중요한 순서부터 반영이 된 것입니다.
그러면 여기까지 얼마나 걸렸을까요? 한 20분에서 25분 정도면 하나의 상품을 빠른 속도로 등록을 할 수 있고 그 이후의 상품들은 더 빠른 속도로 올라가겠죠.

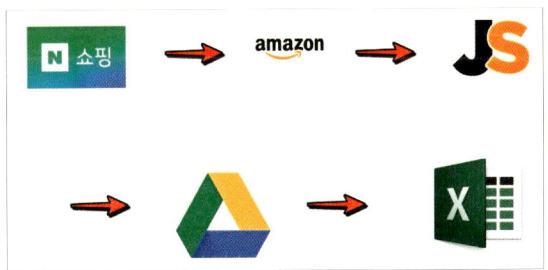

사람마다 상품 등록하는 방법들을 많겠지만 상품을 대충대충 빨리빨리 올리되 뭔가 검증된, 뭔가 필터링 된 상태로 상품으로 올리면 생각 보다 훨씬 더 상위에 상품들이 진열되는 걸 확인할 수가 있습니다.
전체 SEO 큰 그림 중에서 일부만 살짝 반영하는 수준이지만 효율이 좋은 방법이라고 생각하면 됩니다.

상품을 빨리 올리는 만큼 중요한 일이 없죠. 이런 의미에서 상품을 대충대충 빨리 올리되 그나마 효율적인, 그나마 잘 노출되는 그런 방식으로 상품을 올리는 것을 소개했습니다.
셀러들에게 실질적인 도움이 될 것입니다.

7) 조건 반사 경지의 습관 쌓기!

- 구글 알리미(https://www.google.co.kr/alerts) 설정으로 관심 상품의 정보를 받자.
  하나의 키워드만 설정해도 정보 과부하가 걸리니 주력 아이템에 대한 정보만 받자.
- 네이버 데이터랩과 네이버 광고 관리 시스템을 계속 만져라.
- 아마존 상품, 알리바바 상품을 네이버 쇼핑과 습관적으로 비교하라,.
- 유니패스에서 병행 수입 가능한지 조회하라.
- KIPRIS에서 특허 무료 검색 서비스로 소싱할 상품을 항상 미리 확인하자.

 영상으로 보기 - 아마존소싱 : https://bit.ly/대충잘노출등록

요약!

'너무 요모조모 재면서 고민하지 말고 대충대충 올리되 최소한의 필터링이 된 상태에서 속도를 내라. 하다보면 자신만의 방법을 깨우치게 된다.'
잊지 말아야 할 중요한 사실!!!!
상품이 올라가지 않으면 아무 일도 일어나지 않습니다.

❷ 국내에서 아이템을 소싱하는 방법도 알려줘요

셀러마스터, 셀링하니, ITEMSCOUT, 헬프스토어 등 공개된 키워드 도구를 활용하여 카테고리 내 경쟁력 있는 아이템을 찾아봅니다.

■ 국내 도매 사이트에서 찾기

제조업체 혹은 수입 업체와 직접적으로 접촉하는 방법을 강력하게 추천 드립니다.

이는 제조 리스크와 수입 통관, KC 인증의 비용과 런칭 실패 위험을 회피할 수 있습니다.

❶ 가성비 좋은 상품을 찾아보고 유사한 아이템을 해외에서 소싱해 봅니다.
❷ 새로 진입한 키워드를 활용하여 연관 검색어 중에서 가성비 좋은 키워드를 조합하여 상품명을 만들어 봅니다.
❸ 네이버 쇼핑에서 키워드별 1등 카테고리를 확인 후 그 카테고리에 상품을 올려 봅니다.

■ 상품 소싱은 그럼 어디서 할 수 있나요?

국내의 도매 사이트는 수백 개가 넘습니다. 종합 도매 사이트도 매우 많고 품목별 도매 사이트도 넘치죠. 판매자의 필요에 맞는 다양한 업체들을 소개해 봅니다.

1 종합 도매

도매꾹(domeggook.com) - 국내 최고의 도매 사이트로 공급자 정보가 나와 있어 접촉 가능함
오너클랜(https://ownerclan.com)
도매창고(http://www.wholesaledepot.co.kr)
온채널(https://www.onch3.co.kr)
더블유트레이딩(http://www.w-trading.co.kr)
젠트레이드(http://www.zentrade.co.kr/shop/main/index.php)

2 의류 도매

데일리도매(https://www.facebook.com/dailydome)
도매찜(http://www.domejjim.com)
도매야(http://www.domaeya.co.kr)
스마레(http://smare.co.kr)
지컬렉션(www.gcol.co.kr)
샵도매(http://www.shopdome.kr)

3 가방 도매

가방쟁이(http://www.bag.ac)
리얼백(http://realbag.kr)
시즌백(http://www.seasonbag.co.kr)
가방팝(www.gabangpop.co.kr)

4 문구

3MRO(www.3mro.co.kr)
퍼줌(http://www.perzoom.co.kr)

5 속옷

신우(http://www.sinwoo.com)
은하수(http://eunhasu.kr)

6 신발
도매신(http://www.domesin.co.kr)
로잭(http://rojack.co.kr)

7 양말
양말플러스(www.socksplus.net)
동대문양말(http://www.yang-mal.com)
가나양말(https://www.ganasocks.com)

8 휴대폰 엑세서리
아띠케이스(http://www.atticase.co.kr)

9 화장품
도매집(http://www.domezip.com)

10 패션잡화
마니판다(http://manipanda.com)
투스토리(http://twostory.co.kr)

11 애견용품
나이스펫(https://nice-dome.com)

12 음반/도서
위드드라마(withdrama.co.kr)
케이스타힛(http://kstarhit.com)

13 식품
케이셀러(http://www.kseller.co.kr)

알쓸신잡 TMI

구매 대행 사업에 국내 소싱 사이트가 필요 하냐 구요?
네! 불법이 아니면 수익이 되는 아이템이 어느 나라에 있든 무슨 상관일까요?
드랍 쉬핑 형태면 다 합시다. 진열할 내 마켓만 구분해 주면 됩니다.

도매 사이트를 통해 '내가 원하는 물건을 소싱하기 위해서 공급자를 직접 접촉할 수 있는가?'는 셀러가 지속적으로 히트 상품을 만들기 위한 필수적인 선결 조건입니다.

아니면 자기 상품화를 포기하고 수량으로 많은 상품을 오픈 마켓에 진열하여 얻어걸리는 방식으로 주문 수량을 늘리는 위탁 판매 방식도 가능합니다.

그러나 내 마켓은 한 상품당 찔끔찔끔 주문 들어오는 상품을 여러 개 만들어서 매출을 늘리려는 시도를 하면서 지속적으로 파이를 키워 나가기가 쉽지 않을 뿐만 아니라 큰 매출을 내기가 어렵습니다.

해본 사람은 알지만 **결국 마켓에는 스타 상품이 있어야 매출이 큰 폭으로 뛰는 법**이니까요. 그러기 위해서는 중점적으로 띄울 경쟁력 있는 아이템이 필요한 것이고 이를 위해 도매업체에 공급하는 회사를 찾아 갈 수 있어야 답이 나온다는 뜻입니다.

매출 대박의 핵심 원리

지구상의 어떤 상품도 아래 5가지 조건만 충족되면 매출이 크게 뛸 수 있습니다.

❶ 좋은 상품이고
❷ 가격 경쟁력이 있어야 하고
❸ 나만 팔수록 유리하고
❹ 잘 노출시킬 수 있어야 하고
❺ 안정적으로 물건 공급이 되느냐가 관건입니다.

요약!

도매 사이트를 선택할 때는 과연 '나를 위해 아이템을 소싱하는가? 아니면 도매 사이트 수익을 위해 내가 기여하는 꼴인가?'를 잘 생각하셔야 합니다.

 ## 해외 아이템 소싱

3.1 해외 상품 소싱할 때 알아 두어야 할 꿀 팁

☐ **해외 판매자의 건물을 지구 반대편에서 확인하고 스페셜 공급가를 협상하자**

지난 수년간 많은 사업자들이 업체를 컨택하기 전에 회사의 실재와 규모를 직관적으로 간단히 확인하는 방법으로 사용해온 방법입니다. 반복적인 주문이 들어오는 상품이 있다면 물건을 공급하는 회사를 구글 어스를 통해 사이트의 주소로 회사를 탐색해 보는 방법입니다.

https://www.google.com/earth

❏ **경쟁사의 인기 아이템을 참고하여 트렌드 분석을 해보자**

구매 대행을 조회하여 상위에 랭크되는 경쟁 사이트에 들어가서 그 사이트에 베스트 상품으로 진열된 상품을 같이 리스팅 해보는 방법입니다. 그 회사는 베스트 상품을 만들기까지 나를 위해 시장에서 검증해 주었다고 생각하고 그동안 베스트 상품을 만들기 위해 들였던 광고비나 유입 작업등의 노력을 쉽게 가로챈다는 기분으로 진행하되 경쟁 업체에서 100개 팔릴 때 내 상품은 10개만 팔자라는 마음으로 시도해보면 의외로 좋은 결과를 얻을 것입니다.

국가별 상품 소싱 사이트

필자의 카페에서 전 세계 1000개 이상의 소싱 대상 사이트를 퍼갈 수 있습니다.
☞ 내일 연구소 : cafe.naver.com/255

3.2 미국 사이트 모음

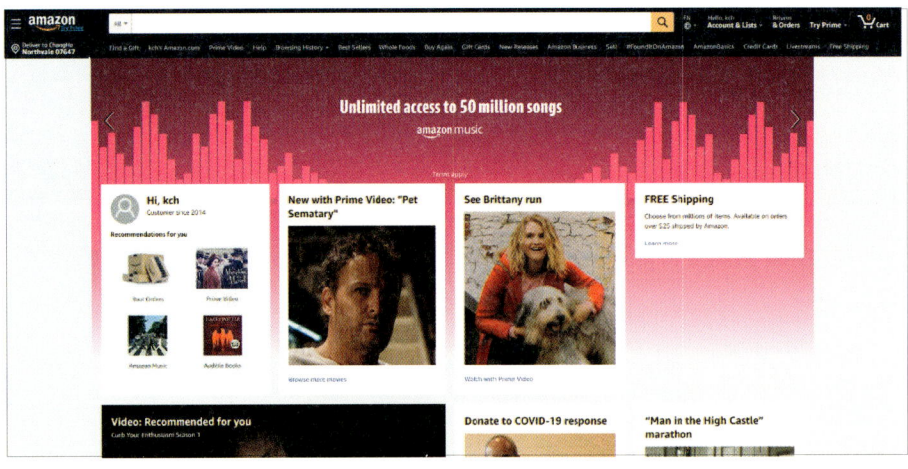

[아마존]

세계 최고의 시장이며 수많은 브랜드의 천국입니다.
미국은 구매 대행 사업자가 소싱할 사이트가 1000개가 넘고 고 퀄리티의 상품들로 인해 전 세계 어떤 나라와 비교해도 최소 3배 이상의 직구 물동량을 기록하고 있습니다. 오래전부터 구매 대행이 성행해왔으며 치열한 경쟁을 하고 있는 국가이기도 합니다. 구매 대행 사업자가 인기 있는 사이트 위주로 소싱하다 보니 마진폭이 적다고 하지만 다양한 사이트로 소싱처를 확대해 나간다면 얼마든지 더 많은 기회를 주는 시장이기도 합니다.

Section 05 소싱(Sourcing)

1 종합 쇼핑몰

아마존(http://www.amazon.com)
K마트(http://www.kmart.com)
까마룹(http://www.karmaloop.com)
꾸뚜루캔디(http://www.couturecandy.com)
블루플라이(http://www.bluefly.com)
DJ프리미엄(http://www.djpremium.com)
DWS(http://www.dsw.com)
샵밥(http://www.shopbop.com)
육스(http://www.yoox.com)
타깃(http://www.target.com)
토비(http://www.tobi.com)

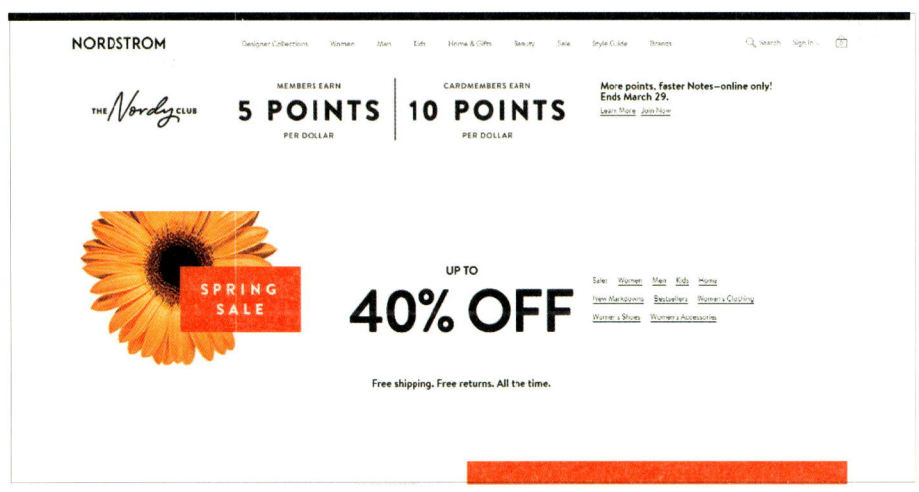

[노드스트롬 백화점]

2 백화점

삭스에비뉴(www.saksfifthavenue.com)
노드스트롬(https://shop.nordstrom.com/?origin=tab-logo)
메이시스 https://www.macys.com
니먼마커스 http://www.neimanmarcus.com

3 신발

6PM(http://www.6pm.com)
고담시티온라인(http://www.gothamcityonline.com)

조씨네뉴발란스아울렛(http://www.joesnewbalanceoutlet.com)
로드러너스포츠(http://www.roadrunnersports.com)
슈즈닷컴(http://www.shoes.com/us)
엔들리스(http://www.endless.com)
이스트베이(http://www.eastbay.com)
풋락커(http://www.footlocker.com)

[크리니크 공홈]

4 화장품
뷰티닷컴(www.beauty.com)
록시땅(http://usa.loccitane.com)
맥(http://www.maccosmetics.com)
베네피트(http://benefitcosmetics.com)
오리진스(http://www.origins.com)
크리니크(http://www.clinique.com)
드럭스토어(www.drugstore.com) - 의약품, 비타민, 화장품
비오템(http://www.biotherm-usa.com)

5 비타민
GNC : 빌링과 쉬핑주소는 배송 대행지로 입력
럭키비타민(https://www.luckyvitamin.com)

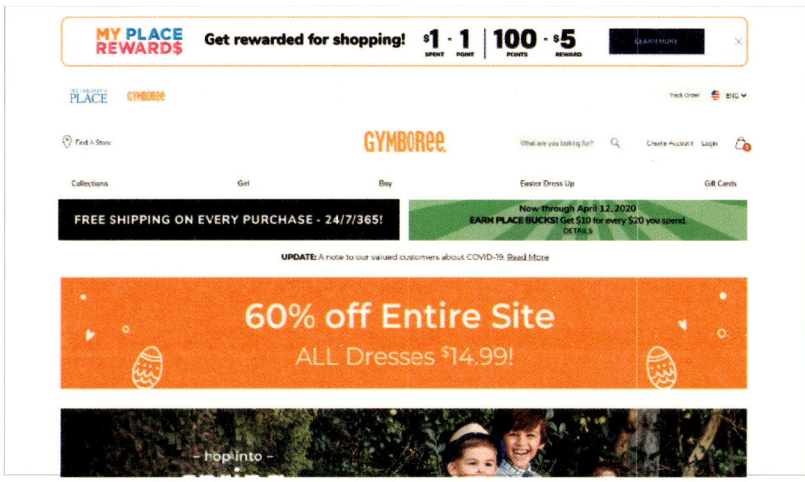

스완슨(www.swanson.com) - 의약품, 비타민 판매, 각종 할인적용 저렴한 편
소프닷컴(www.soap.com)
아이허브(http://www.iherb.com/kr) - 한국어 지원

6 유아복 브랜드: KC 인증 필요

자카디(http://www.jacadi.us)
짐보리(http://www.gymboree.com)
크레이지8(http://www.crazy8.com)
티콜렉션(http://www.teacollection.com)
펌킨페치(http://www.pumpkinpatch.com.au)
페디페트(http://www.pediped.com)
플로라헨리(http://www.florahenri.com)
스와들디자인(http://www.swaddledesigns.com)
칠드런플레이스(http://www.childrensplace.com)
카터스(http://carters.com)
77키즈(http://www.ae.com/77kids/index.jsp)
갭(http://www.gap.com)
보덴(http://www.bodenusa.com)
올리브주스(http://www.olivejuicekids.com)

7 스포츠&아웃도어

챔스스포츠(https://www.champssports.com)
홀라버드스포츠(https://www.holabirdsports.com)
모토스포츠(https://www.motosport.com)
백컨트리(https://www.backcountry.com)

8 전자 제품

베스트바이(https://www.bestbuy.com)
비에이치포토비디오(https://www.bhphotovideo.com)

9 시계

조마샵(https://www.jomashop.com)
월드돌프워치(https://www.worldofwatches.com)

10 미국 핫딜 싸이트

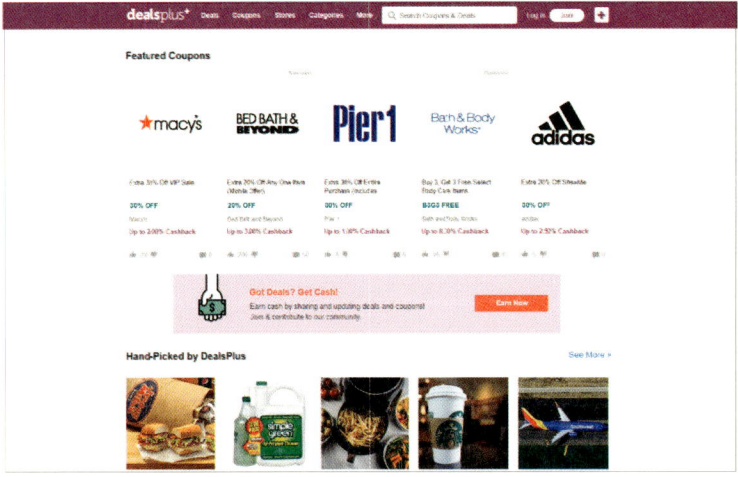

슬릭딜스(www.slickdeals.net)
딜시(www.dealsea.com)
딜뉴스(www.dealnews.com)
팻월넛(www.fatwallet.com)
딜플러스(https://www.dealsplus.com)
브래이즈딜(www.bradsdeals.com)
딜스투바이(http://www.deals2buy.com)
딜타임(http://www.dealtime.com)

슈퍼파퓰러딜스(http://www.superpopulardeals.com)
이딜인포(http://www.edealinfo.com)
딜스킨자(http://deals.kinja.com)
엑스피바긴(http://www.xpbargains.com)

11 소셜 커머스 베이스 사이트
루랄라(https://www.ruelala.com/boutique)
탕가(https://www.tanga.com)
데일리스틸스(https://www.dailysteals.com)
딜테이커(https://dealtaker.com)

3.3 일본 소싱 사이트

미국의 아마존이 전 온라인 마켓 점유율의 절반에 육박한다면, 일본은 라쿠텐 천국이죠. 우리가 잘 아는 ABC마트나 스포츠 마니아들의 쇼핑몰 비바스포츠도 모두 라쿠텐 계열입니다. 그러나 지금은 아마존 재팬의 성장으로 매출액과 트래픽 모두 아마존 재팬의 점유율이 더 커졌습니다. 하루 만에 배송하는 프라임 배송이 초 히트를 치고 있고 전반적으로 물류가 경쟁이 치열해지고 있습니다.

라쿠텐(https://global.rakuten.com) 라쿠텐 글로벌마켓은서비스 종료됨
라쿠텐이치바(Rakuten Ichiba)는 일본어로 정상 제공됨
아마존재팬(https://www.amazon.co.jp)

큐텐재팬(https://www.qoo10.jp)
Brandeli(http://www.brandeli.com/default.asp)
Fashionwalker(http://fashionwalker.com)
Winkdigital(http://www.winkdigital.com)
Zozo(https://zozo.jp)

3.4 영국 소싱 사이트

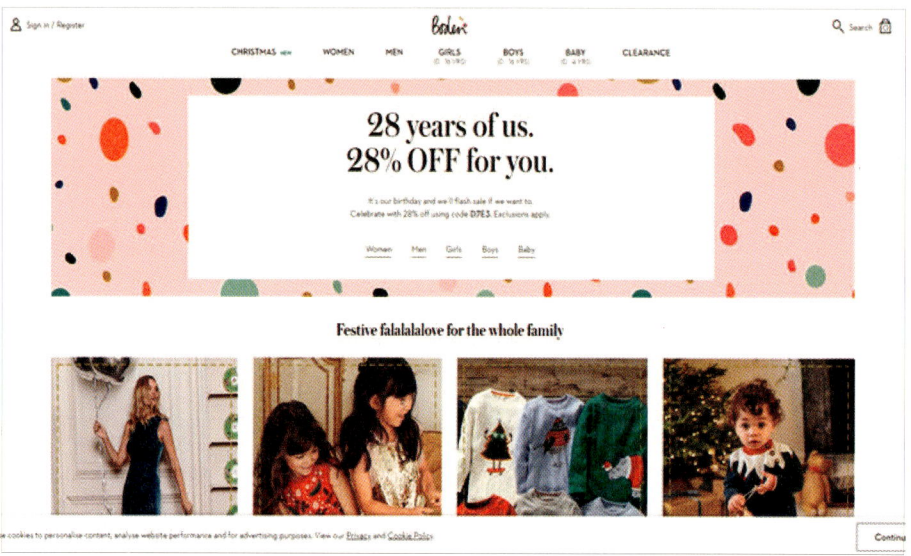

영국은 엣지 있는 아이템이 많아 보덴, 비비안웨스트우드 같이 특히 한국 여성들이 매우 좋아하는 패션 아이템이 즐비합니다. ASOS UK 같이 한국으로 직 배송하는 업체가 늘면서 예전보다 영국에 대한 관심이 많아졌습니다.

YOOX(https://www.yoox.com)
보덴(https://www.boden.co.uk)
비비안웨스트우드(http://viviennewestwood.com)
캐스키드슨(http://www.cathkidston.co.uk)
위타드오브첼시(http://www.whittard.co.uk)
덴비(http://www.denby.co.uk)
일리커피(http://www.espressocrazy.com)

영국발 한국까지 직배송 가능한 사이트

1. 아소스(http://www.asos.com)
2. 아이러브마이칸켄(http://www.ilovemykanken.com)
3. 보덴(http://www.boden.co.uk)
4. 컨츄리어타이어(http://www.countryattire.com)

3.5 중국 소싱 사이트

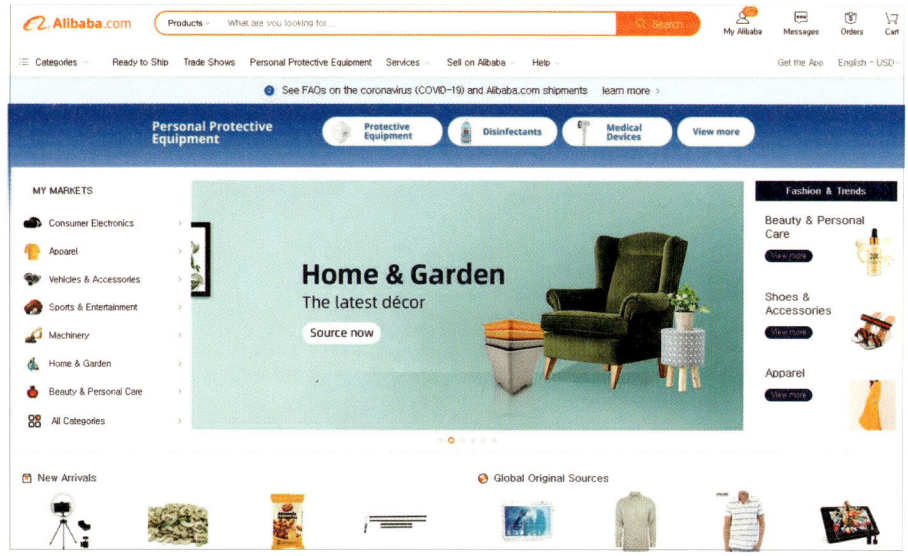

세계 최고의 가격 경쟁력과 다양한 물건들이 넘쳐 나는 곳입니다.

그러나 브랜드 제품이 적고 가품 판매가 끊이지 않아 구매 대행 사업자에게는 매력적이면서도 큰 어려움을 주고 있습니다. 또 소싱할 마켓이 너무 제한적이어서 상품의 수량은 많지만 소싱의 유연성은 떨어지는 편입니다. '지적 재산권 헌터'가 활개치고 있어서 각별한 주의를 요하지만 무궁무진한 상품 천국으로 여전히 기회의 땅임을 잊지 말아야 하겠습니다.

알리바바(https://www.alibaba.com)
1688닷컴(https://www.1688.com)
타오바오(world.taobao.com)
징동닷컴(https://global.jd.com)
알리익스프레스(https://aliexpress.com/)
차이나베이즌(https://www.chinavasion.com)
저800(https://www.zhe800.com)

핀둬둬(pinduoduo.com)
모구지에(https://www.mogu.com)
VVIC(https://www.vvic.com)

알쓸신잡 TMI

타오바오에서 상품을 소싱하고 구매할 때 반드시 접하게 되는 기본적인 용어는 알아 두시는 것이 좋습니다. 그리고 구매시 판매자의 등급(하트 – 다이아몬드 – 파란왕관 – 골드왕관) 중 다이아몬드 3개 이상만 관심을 갖는 편이 좋습니다.

아래는 자주 쓰는 기본 용어입니다.

快递 [kuàidì] 배송
月销 [yuèxiāo] 월 판매량
颜色 색상
优惠[yōuhuì] : 할인쿠폰
尺码表 [Chǐmǎ biǎo] 사이즈표
我的淘宝 마이페이지
加入购物车 장바구니
评价 [Píngjià] 후기
宝贝评价[bǎobèipíngjià] 상품평, 후기

免运费 무료 배송
产品信息 제품정보
尺码 사이즈
店铺[diànpù] : 상점
客服[kèfú] : 고객 센터
收藏夹' 위시 리스트
팔로워 수 粉丝数
立即购物[Lìjí gòuwù] 바로 구매
有图 [Yǒu tú] 사진

4 해외 아이템 소싱 사례

4.1 미국 상품 소싱은 이런 식

- 여성 시계 카테고리에서 베르사체 소싱
- 상품의 퀄리티가 좋고 가격 경쟁력 있게 갖고 올 수 있다.

❑ VersaceV-MotifQuartz DarkBlue Dial Ladies Watch 조마샵 진열 가격 349$

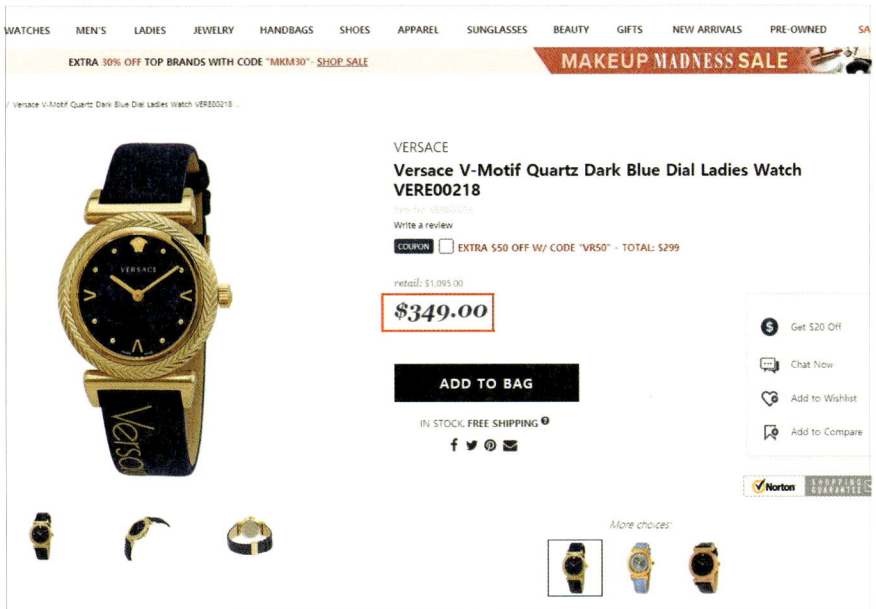

네이버 쇼핑에서 가격 비교해서 중간 정도 위치에 있으면 소싱하여 최적화하자.

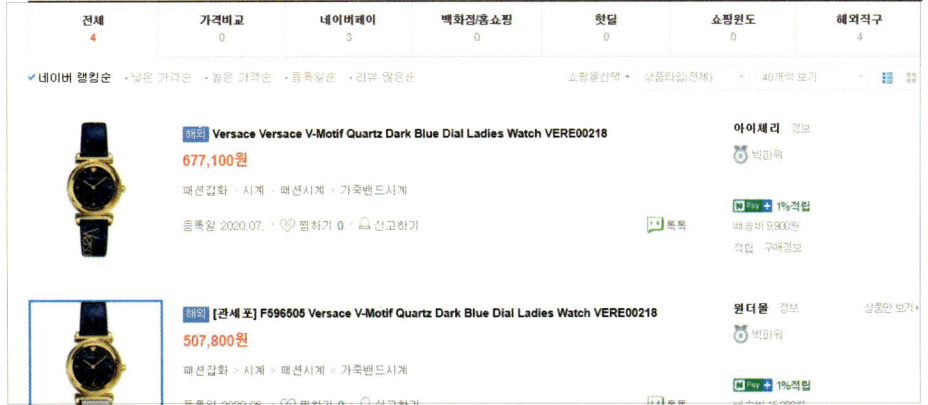

잠깐만요! 사소하지만 잘 모르는 꿀 TIP

> 미국 상품과 한국 상품의 가격 차이가 가장 많이 나는 아이템 중에 하나가 시계입니다.
> 특히 블랙프라이데이나 파더스데이 세일 때 엄청난 할인을 경험할 수 있어요.
> 이때 한국에서 선물 받는 분에게 할인된 상품 가격을 노출하고 싶지 않을 때는 기프트 옵션을 써서 기프트 카드를 적고 배대지로 보내세요. 배대지에서 특별히 인보이스 제거 작업을 하지 않아도 해외 사이트에서 당초에 포함하지 않고 보내 주는 쇼핑몰이 많습니다.

4.2 빅 데이터 활용 소싱

셀러의 감 VS 빅 데이터

1) 작년 이맘때의 히트한 아이템 vs 올해 현재 많이 조회되는 아이템

 네이버 데이터 랩(Data.Lab)으로 올해 히트하는 브랜드와 작년 이맘때의 히트한 아이템 교집합을 주목합니다.

→ 작년과 올해의 연속적인 히트한 아이템이 성공할 확률이 높으나 지난 시즌 히트 상품의 동일한 아이템을 다량 수입하여 재고를 확보하는 방법은 리스크가 높습니다.

2) 연예인 등 셀럽 아이템을 찾아보자

특정 브랜드를 선택했다면 셀럽 마케팅은 바람이 잘 불면 대박 칠 수도 있습니다.
TV 프로의 PPL도 좋은 아이템이 되기도 합니다. 팅글 www.tingle.kr과 같이 연예인이 드라마나 tv 프로에서 어떤 옷과 가방, 신발 등의 패션 아이템을 착장했는지 확인하는 사이트를 방문해서 어느 브랜드인지 확인하고 아이템을 소싱해봅니다.
연예인 상품은 기회가 잘 매칭되는 경우 큰 주문이 생길 수 있습니다.

3) 일단 가격 비교 사이트에서 검색해보자

모델번호, 사이즈, 색상이 같은 지를 확인한 후에 한 개의 아이템을 결정했다면 조회된 상품의 랜딩 페이지에서 한국 카드가 결제되는지 배송일을 미리 확인합니다.

한국 카드가 되는지 알아보는 가장 쉬운 방법은 검색 창에 OOO.COM 직구로 조회하여 후기를 찾아봅니다. 직구 후기가 달려 있는 경우 대부분 한국 카드가 됩니다. 한국 카드가 되는 사이트를 찾았다면 이제부터는 그 사이트의 상품들은 전부 나만의 비밀 병기로서 경쟁력 있는 소싱 대상 후보 사이트가 됩니다.

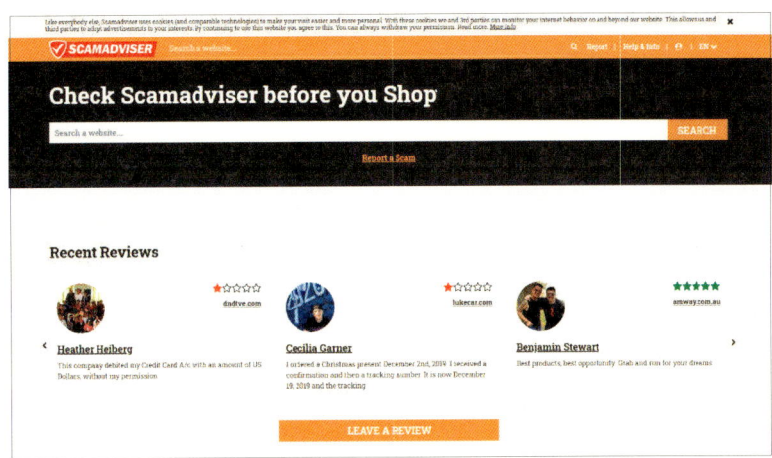

4) 사이트의 건전성 테스트 – 스캠어드바이저 – ScamAdvisor.com

소싱하려는 해외사이트가 믿을 수 있는지 조회해 봅니다. 스캠어드바이저에서 보통 70% 이상일 때 신뢰할 수 있는 사이트라고 볼 수 있습니다. 그린색 바가 걸쳐 있어야 그래도 믿을 수 있다고 보면 됩니다.

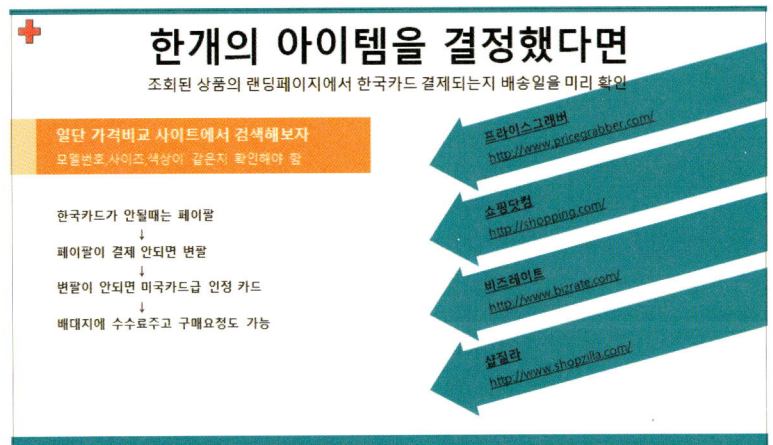

[사이트 건전성이 확인되면 가격 비교 사이트들에서 최저가를 조회 해보자]

5) 결제 승인 의미

해당 사이트에서 한국 카드, 페이팔, 변팔, 게스트 로그인 결제 등의 방법으로 결제에 성공하였다는 의미는 그 쇼핑몰의 상품을 모두 갖고 와서 내 오픈 마켓에 등록할 수 있으며 **나만의 소싱 사이트가 훌륭하게 개발되었다는 뜻입니다.**

4.3 중국 상품 소싱 예

- 타오바오 상품 검색
- 모바일 사진 앱: 이미지를 촬영 후 상품 검색
- 상품 사진을 길게 터치하여 같은 상품 찾기, 비슷한 상품 찾기 하여 아이콘 중에서 선택
- 상품 판매자의 등급 중 가급적 다이아몬드 이상의 판매자만 선택하고 구매평 참조 후 소싱하자.

예를 들어 행거에 대한 아이템을 조회해봅니다.

소싱할 아이템 빅 데이터 비교

큰 그림으로 되는 물건인지 파악부터 한다.

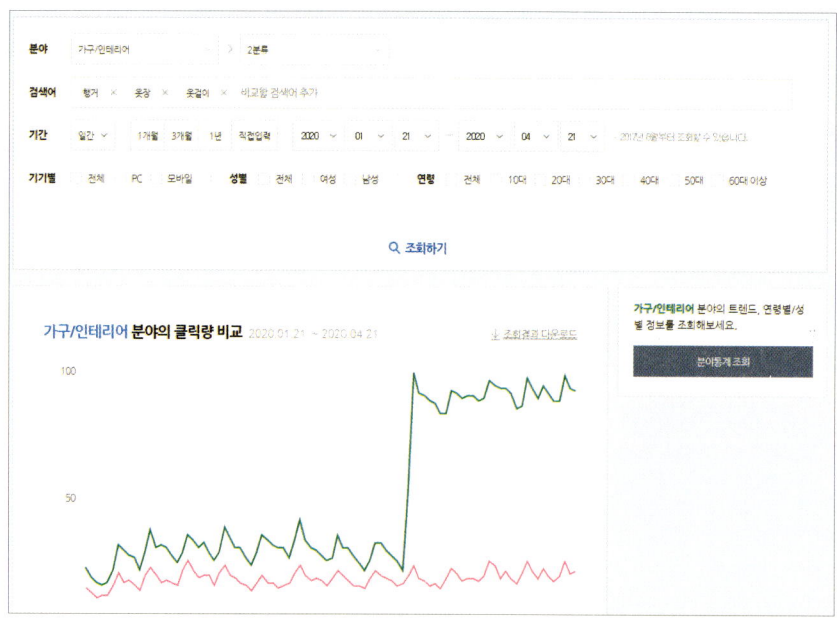

아이템 선정(네이버 데이터 랩 조회)

조회 결과 갖고 올 상품을 선정한다.

네이버 쇼핑 가격 비교

쇼핑몰별 가격 비교를 체크한다.

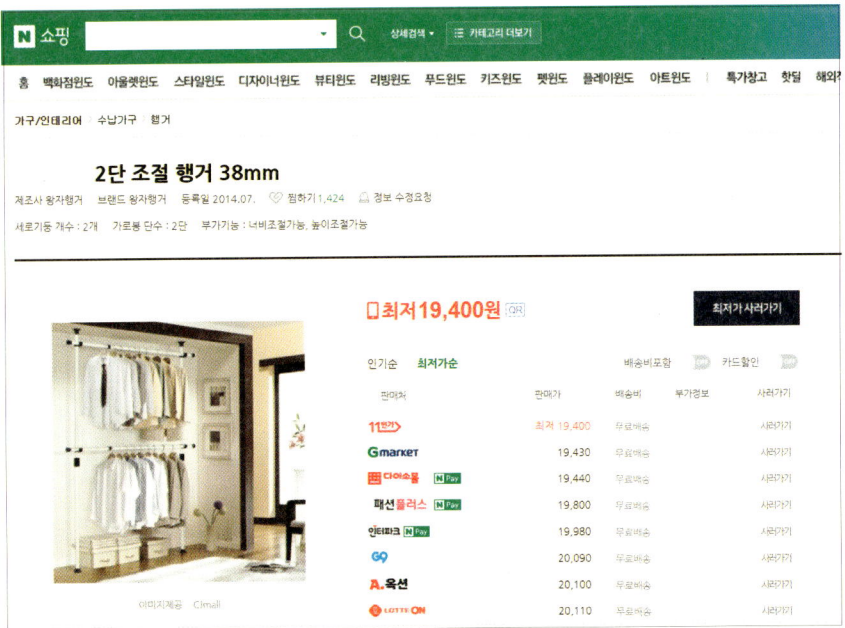

최저가 상품 상세 페이지

최저가 마켓으로 들어가서 상세 페이지를 확인한다.

타오바오 이미지 검색

타오바오에 이미지로 검색해본다.

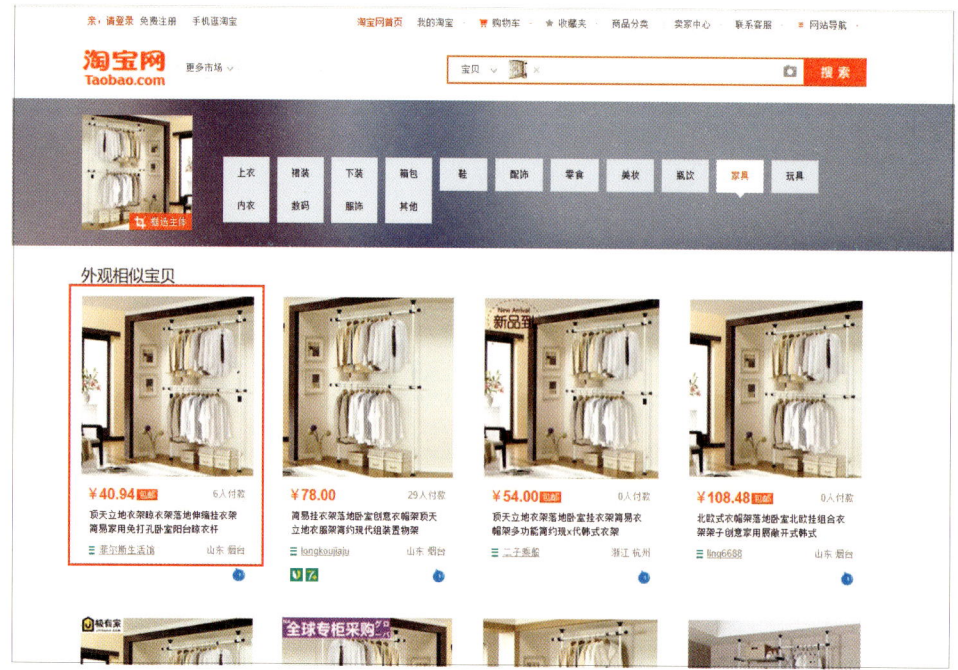

Tmall 소싱 가격 적정성 분석

이왕이면 조금 더 안전한 티몰에서 소싱할 가격이 적정한지 분석한다. 현지 가격과 네이버 가격을 비교했을 때 경쟁력이 있다면 바로 소싱한다.

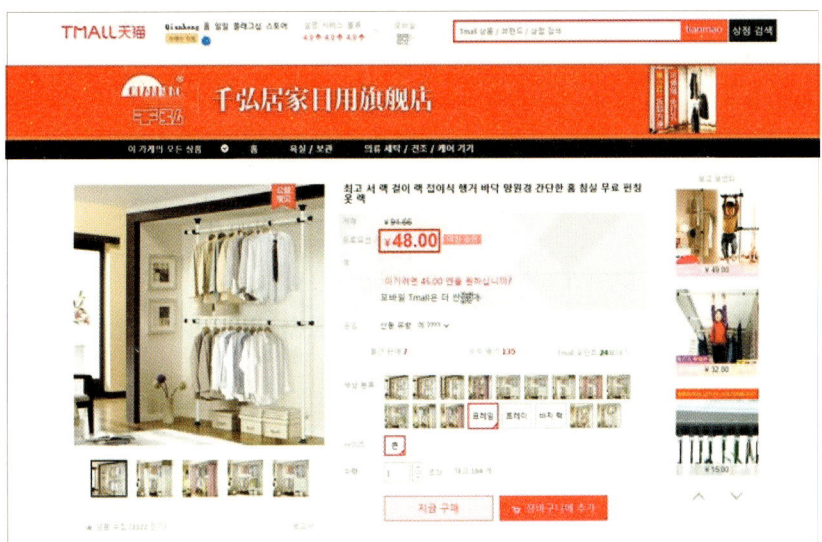

5 각국의 가격 비교 사이트

■ 미국 가격 비교 사이트
구글쇼핑(http://www.google.com/shopping)
프라이스그래버(www.pricegrabber.com)
야후쇼핑(http://shopping.yahoo.com)
카멜카멜카멜(www.camelcamelcamel.com)
팔로우세일즈(http://www.followsales.com)
마이시몬(http://www.mysimon.com)
쉬노우즈(http://www.sheknows.com/bestdeals/us)
프라이스워치(http://www.pricewatch.com)
쇼핑닷컴(http://www.shopping.com)

■ 일본 가격 비교 사이트
카카쿠(http://kakaku.com)

일본의 가격 비교 사이트의 금액이 최저 금액일까요? 일반적으로는 최저 금액이라고 생각하면 되지만, 꼭 그러한 것도 아닙니다.

전자 제품 판매로 유명한 빅카메라, 요도바시 카메라, 라비 등의 기업들은 주말, 일요일을 이용하여 한 번씩 특가 상품 할인을 하고 있습니다. 특가 할인 상품을 구매시에는 가격 비교 사이트의 금액 보다 저렴한 경우가 있습니다. 비바스포츠 사이트에서 세일 아이템을 구하든지, ZOZO에서 특가 할인일 경우 가격 비교 사이트 보다 유리한 경우가 많아요.

■ 홍콩 전자 제품 가격 비교 사이트
프라이스닷컴(https://www.price.com.hk)

■ 중국 가격 비교 사이트
맨맨바이(http://s.manmanbuy.com)
차이나프라이스(http://www.china-prices.com) - 폰, 태블릿 가격 비교 사이트

■ 유럽 국가 가격 비교 사이트
큐리우아(http://www.curiua.com)
가이츠할즈(https://geizhals.eu)

■ 독일 가격 비교 사이트
아이딜로(https://www.idealo.de)
프라이스버들라히(https://www.preisvergleich.de)
챠오(http://www.ciao.de)
프라이스(https://www.preis.de)
군스디가(https://suche.guenstiger.de/shopping)

■ 스페인 가격 비교 사이트
이디알로(https://www.idealo.es)

■ 이탈리아 가격 비교 사이트
이데알로(https://www.idealo.it)
쉐노우즈(http://www.sheknows.com/bestdeals/it)
챠오(http://www.ciao.it)

■ 영국 가격 비교 사이트
아이딜로(https://www.idealo.co.uk)
챠오(http://www.ciao.co.uk)

프라이스러너(https://www.pricerunner.com)
켈쿠(http://www.kelkoo.co.uk)
쉬노우즈(http://www.sheknows.com/bestdeals/uk)
프라이스파이(https://pricespy.co.uk)

■ 프랑스 가격 비교 사이트
르지드(http://www.leguide.com)
샤오(http://www.ciao.fr)
이데알로(https://www.idealo.fr)
쉬노즈(http://www.sheknows.com/bestdeals/fr)

6 해외 사이트에서 저렴하게 결제하는 방법?

- 항상 구글(Google)에서 지난1개월로 쿠폰 검색해보자!
- 쿠폰사이트에서 적용될 쿠폰을 찾아보자!
  - 리테일미낫(https://www.retailmenot.com)
  - 딜플러스(https://www.dealsplus.com)
- 캐시백이 적립되는 사이트를 경유하여 해당 사이트를 접속하자!
  - 미스터리베이츠(https://www.mrrebates.com)
  - 이베이트(https://www.ebates.com)
  - 캐시백(https://www.topcashback.com)

7 조금 더 손 쉬운 상품 소싱 팁

Aliscraper를 활용하라
대량 등록 솔루션이 없다면 알리익스프레스에서 많은 상품을 갖고 오고 싶을 때 활용하면 좋은 APP입니다. 크롬 웹스토어에서 앱을 추가하여 로그인 하면 관리자 계정이 생성되며 알리익스프레스에서 상품을 원클릭으로 손쉽게 갖고 올 수 있는 기능을 가진 App입니다.
물건은 타오바오에서 구매하더라도 상품 페이지는 알리익스프레스에서 같은 상품을 검색하여 찾은 후 영문 상세 페이지를 갖고 와서 내 마켓에 영문으로 리스팅 하는 방법을 쓰면 됩니다.

매력적인 상품을 발견했다면 크롬 웹스토어에서 pocket을 추가하여 아이템들을 임시 저장하거나 one note나 노트보드로 끌어와서 상품 리스트에 옮길 준비를 하면 요긴하게 사용할 수 있습니다. 마이크로소프트의 '원노트'를 쓰거나 크롬 유료 앱(2달러 안 됨)인 '노트보드'를 추가하여 활용하면 효과적으로 관심 페이지를 저장할 수 있습니다.

[정글스카우트] [오벌로] [AMZSCOUT] [unicorn smasher]

Unicorn Smasher

크롬 웹스토어에서 조회하고 추가하세요.

아마존 사이트에서 Unicorn Smasher를 이용하여 인기 상품들을 엑셀 파일로 한 번에 담아 올 수 있습니다. 정글 스카우트나 AMZ SCOUT와 같은 유료 프로그램이 아니지만 구매 대행 사업자가 응용하는 정도의 작업 수준이면 유용하게 쓸 수 있습니다.

8 소싱 형태별 소싱 방법

8.1 블로그 아이템 소싱

1) Microsoft Surface Go 블로그 리뷰

블로그 리뷰를 보고 사람들이 열광하는 아이템을 전 세계에 조회하고 소싱해 봅니다.

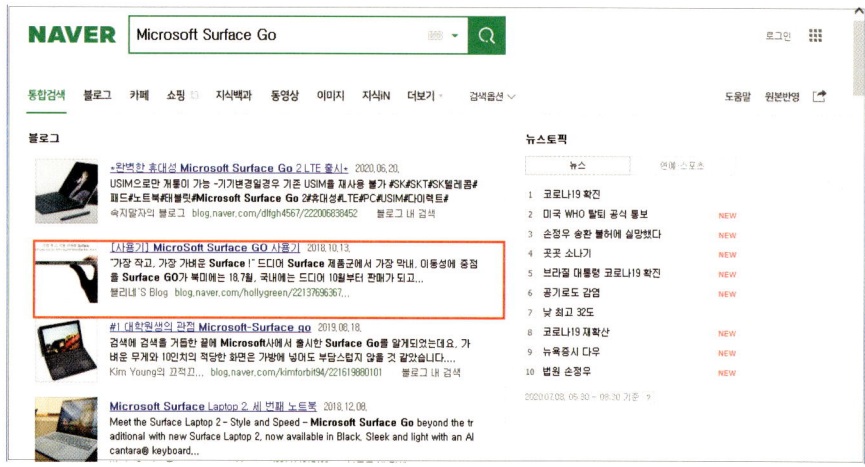

2) 네이버 쇼핑에서 비교

네이버 쇼핑에 조회되는군요.

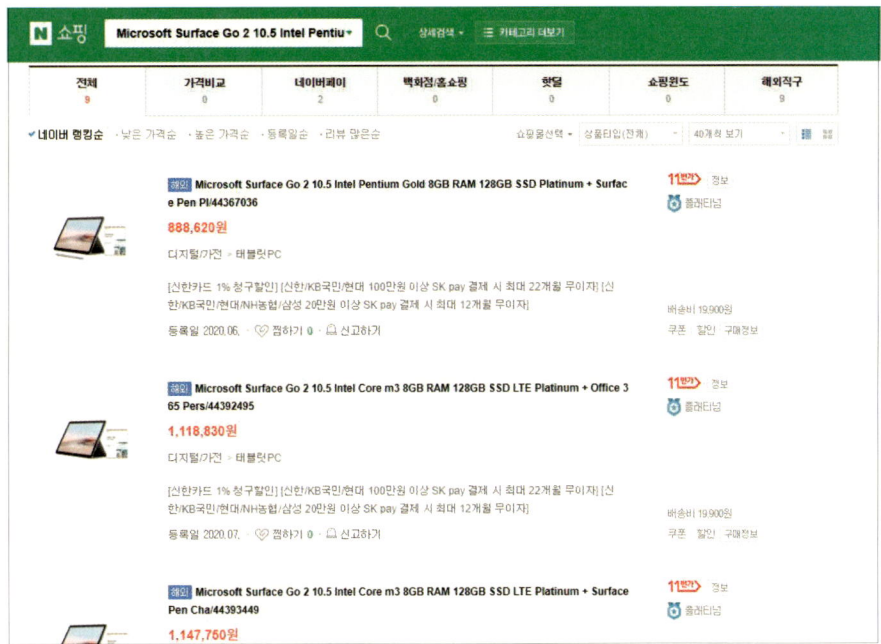

3) 이베이에서 찾기

해외 사이트에서 좋은 가격을 찾았습니다.

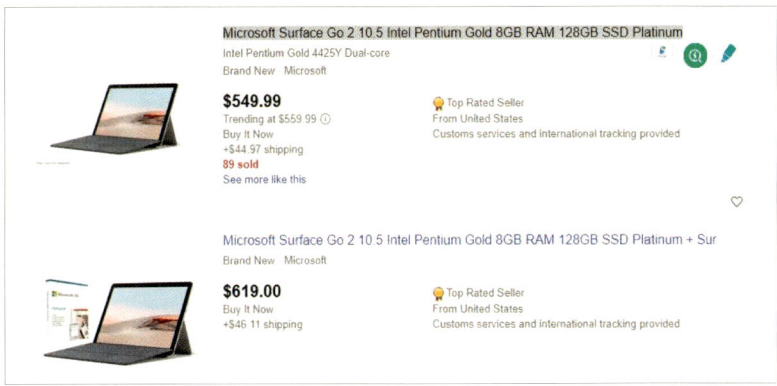

Microsoft Surface Go 2 10.5 Intel Pentium Gold 8GB RAM 128GB SSD Platinum
이베이에서 600 달러에 구매 가능

8.2 공홈 아이템 소싱

1) 공홈 사이트에서 확인

IdeaPad 720S(13", AMD) Laptop

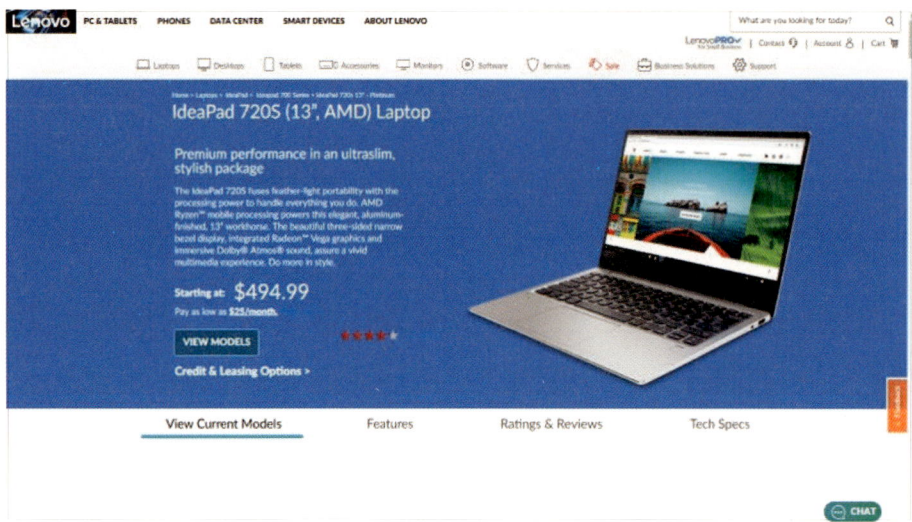

레노보 공식 홈페이지에서 판매되는 상품을 보고 제원과 가격을 체크한 다음, 네이버 쇼핑으로 갑니다. 경쟁력 있는 소싱이 가능한 것을 확인합니다.

2) 레노보 랩탑 네이버 쇼핑

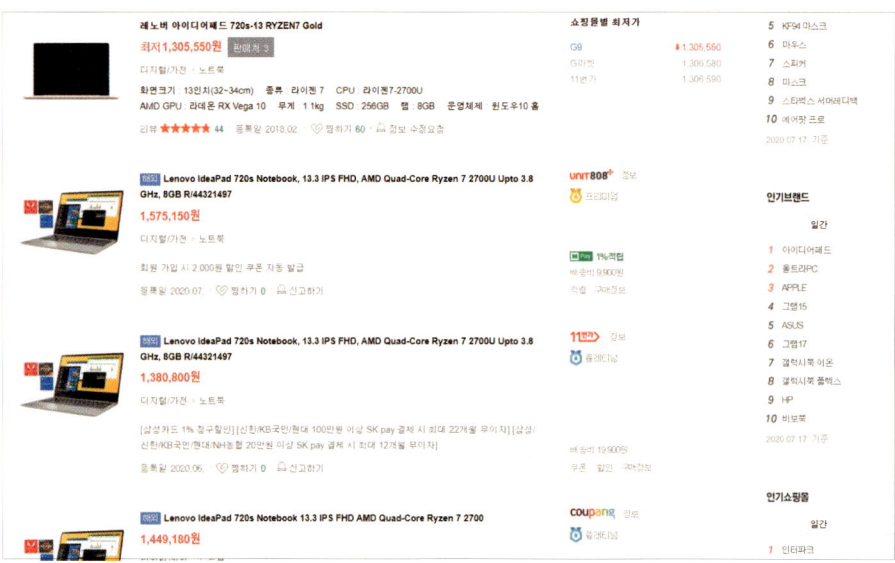

8.3 이베이 소싱

1) 이베이에서 가성비 좋은 상품을 발견

Samsung Galaxy Tab S3 Tablet Verizon 32GB LTE 9.7 SM-T820 269.99 달러

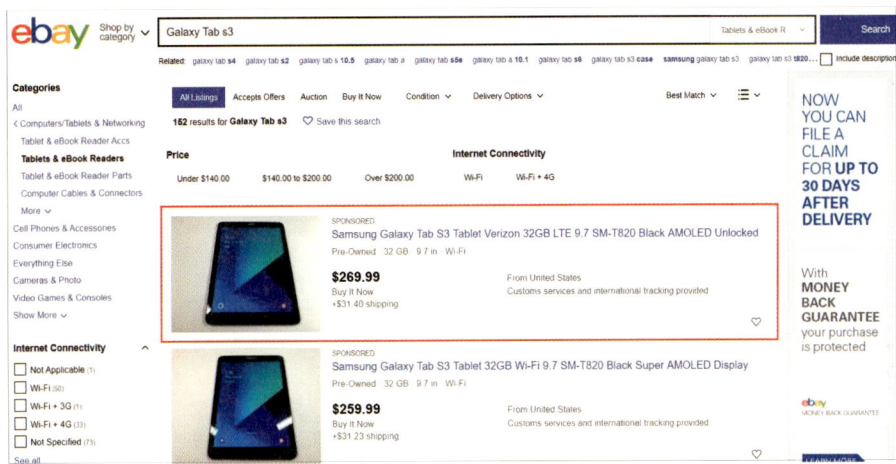

2) 갤럭시 탭 네이버 쇼핑 조회

놀랍게도 가격 경쟁력이 있습니다. 국내에서 훨씬 비싸게 팔리고 있네요.
네이버 쇼핑에서 판매되고 있는 상품보다 경쟁력 있는 상품을 이베이에서 찾자!

Part Ⅱ 10년을 좌우하는 순간의 선택

Section 06 상품 관리와 등록
Section 07 배송 대행지
Section 08 통관
Section 09 배송
Section 10 마케팅 도구
Section 11 마케팅

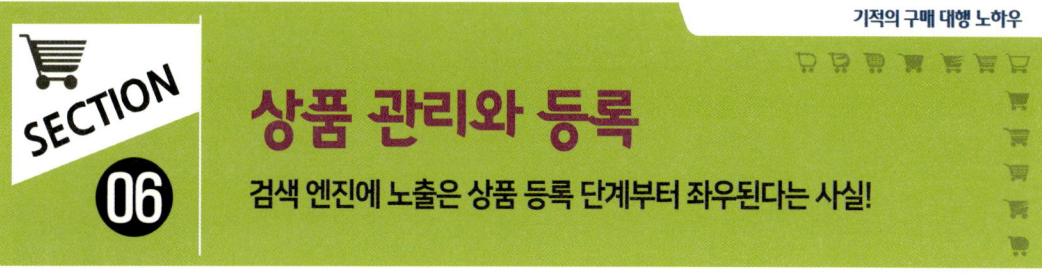

상품 관리와 등록

검색 엔진에 노출은 상품 등록 단계부터 좌우된다는 사실!

첫 단추를 잘 끼워야 하는 이유

상품 등록(리스팅) 방식에 대한 고민

상품 등록, 즉 **리스팅 방식에 따라 앞으로 수년간의 내 업무 프로세스가 달라집니다.**
투입되는 리소스 형태도 근무하는 패턴과 인력 운용도 하루의 일과 할당과 비용 지출도 상품 등록 방식에 따라 달라지며 하나의 형태로 정하면 다른 방식으로 변경이 곤란하게 되죠. 따라서 신중하게 상품 등록 방식을 정해야 합니다.

상품 등록 방식을 정하기 위한 고려요소

- 확보할 수 있는 시간
- 투자할 자본의 여력
- 도구와 웹 서칭 능력
- 효율적인 작업 공간
- 인맥, 인력 수급의 가용성
- 시장조사 노하우 등

사업자 자신의 마케팅 역량, 아이템 확보 여건과 상품을 보는 눈, 시장 환경 등을 면밀하고 냉정하게 분석하여 신중하게 정해야 합니다. 한 번 정하면 좀처럼 쉽게 다른 방식으로 바꾸기가 어렵고 그 과정이 시행착오로 남기 쉽죠.

구매 대행 상품 등록? 나는 어떤 게 좋을까?

구매 대행 사업자들이 어떤 방식으로 상품을 올리는 것이 좋을까요?
이는 이제 구매 대행 사업을 시작하신 분이나 준비하려는 분에게는 매우 중요하고 좋은 팁이 될 것으로 생각합니다. 구매 대행 사업자가 상품을 등록하는 방법은 여러 가지가 있죠. 그 중 나에게 가장 적합한 모델은 어떤 방식일지 알아보겠습니다.

❷ 노출! 온라인 판매의 핵심

모두들 자신의 매출을 올리고 싶어서 **상품의 노출 가능성을 높이는 작업**을 합니다.

이 작업은 상품 등록 방식을 결정하는 것부터 시작됩니다. 어떤 분들은 대량 등록 솔루션을 써서 상품 자체가 많은 유입 경로가 되도록 노력을 합니다. 또 다른 분들은 상품 하나를 띄우기 위해 한 달 동안 온갖 노력을 다해서 리스팅을 합니다.

리스팅 작업은 실제로 구매 대행 사업자의 판매 방식에 중요한 역할을 할 뿐만 아니라 평상시 업무의 루틴마저 다르게 구분 짓는 역할을 합니다. 그래서 리스팅 방식을 한 번 정하면 막 스타트업 하는 분이면 몰라도 깊숙이 진입한 사업자들은 업무 패턴을 변경하기가 어려워집니다.

구매 대행에 사업자분들이 겪는 가장 큰 고민들은 크게 3가지입니다.

> ❶ 경쟁력 있는 아이템을 어떻게 찾아야 해?
> ❷ 또, 상품을 좀 빨리 그리고 많이 올릴 수는 없을까?
> ❸ 도대체 네이버 쇼핑에 1페이지에 들어오려면 어떻게 하는 걸까?

어느 방식이든 아이템 고민은 상존하지만 그건 차치하고라도 그 중에서도 상품이 기본적으로 등록이 되어야 다른 문제들도 해결할 수 있기 때문에 상품 등록 방식을 결정하는 것은 보통 고민이 아니죠. 구매 대행 사업자가 상품을 리스팅 하기 위해서는 상품의 서칭 작업 단계부터 그 기준과 잣대가 다르고 상품 당 소요되는 시간도 완전히 다르게 됩니다.

그럼 다음에 이런 방식들을 각각 비교한 것을 보고 초보 사업자님들이 각자 선택할 업무 방식을 정하는 데 도움이 되면 좋겠습니다.

❸ 상품 등록 방식

이번에는 앞서 설명 드렸듯 상품 리스팅의 유형별로 비교해 보는 시간을 가져 보며 사업을 준비하는 분들은 각자 자신에게 어떤 방식이 맞는지 고민해 보시고, 현재 사업을 진행 중인 대표님들께서는 현재 방식으로 하되 좀 더 차별화된 방법은 없는지 힌트를 얻으면 좋겠습니다. 자, 살펴볼까요?

> ❶ 대량 등록 솔루션 - 체계적인 상품 관리 필요
> ❷ FTP 이미지 전송 방식 - 수정 작업이 중요
> ❸ Loose SEO 방식 - 상품 등록수가 중요
> ❹ 1 Item launching 방식 - 브랜딩, PL(Personal Label)화 작업, 최적화
>   네이버 모든 영역에서 상위 노출
>   4→3→2→1로 방식 이동은 가능하나 역으로는 어렵다.

3.1 대량 등록 솔루션(broad netting)

상품의 등록이 많이 되어야 고객이 찾을 가능성이 높아진다는 **기본 원리에 충실한 리스팅 방법**입니다.

이 방식은 힘든 리스팅을 좀 더 손쉬운 방법으로 해결하기 위해서 대량으로 상품을 등록하는 방법입니다. 물론 솔루션 판매회사에서는 단순 리스팅만 하라고 하지는 않습니다. 특정 상품은 최적화도 병행하고 빅 데이터의 활용을 겸해야 된다고 조언합니다.

그런데 솔루션에 매달리다 보면 사실 그게 그렇게 쉽지 않습니다. 해보신 분들은 무슨 말인지 아실 거예요. 제 개인적인 사견은 네이버 쇼핑 3 페이지 뒤에 있는 상품은 없는 것과 마찬가지라고 봅니다. 가격 비교 사이트 저 뒤쪽에 수만 개의 내 상품이 존재한다는 뜻은 어쩌면 오히려 더 많은 숙제를 준다고 느껴집니다. 각종 지적 재산권 침해로 인한 내용 증명을 받는 경우가 많아지게 되거든요.

마케팅 일을 15년 이상 했고 구매 대행 업무도 꽤나 오래 해와도 지금도 상품 등록은 힘듭니다. 초창기 구매 대행 상품 등록이 엄청 어려워서 저도 오래 동안 자사몰과 오픈 마켓에 수십만 개 상품들을 솔루션으로 리스팅을 하고 장사를 해 보았습니다. 약 3년은 솔루션으로 승부를 걸었는데 되돌아보면 오히려 정작 돈을 벌어 주는 것은 수동 등록 상품들이었습니다. 물론 제 경험이 일반화될 수 없으니 감안해서 이해하면 됩니다.

1) 네이버 쇼핑 100 페이지 뒤에도 왜 가끔 주문이 들어올까?

네이버 쇼핑 같은 가격 비교 사이트에는 스마트스토어, 지마켓, 쿠팡, 11번가 등등 각 오픈 마켓에 등록되어 있는 모든 상품들을 네이버 검색 지수가 높은 순으로 순차적으로 정렬하고 있는데 100 페이지 뒤에 있더라도 얻어걸리는 주문이 발생하는 이유는 고객이 각 오픈 마켓에서 검색 창으로 조회하여 직접 구매하기 때문입니다.

2) 솔루션 장점

1인 사업체가 솔루션으로 등록하면 리스팅에 관한한 매우 편리한 방식임에는 분명합니다. 솔루션 등록은 상품당 리스팅 소요 시간은 몇 초 이내고 월 100,000개 등록도 쉽게 가능합니다. 상품 등록 솔루션에 대해 아래에 소개해 봅니다.

3) 해외 구매 대행 솔루션들 특징

설치형은 즉시 올라가는 것이 보이므로 등록 완료 후 새 상품들을 올릴 때마다 클릭해줘야 합니다. 빠른 속도로 올라가며 다른 작업을 하고 있더라도 계속 들여다보게 됩니다.
웹 구동 방식은 걸어 놓으면 순차적으로 올라가는 방식이라 편하지만 100% 완전한 리스팅을 장담 못합니다. 또 같은 사이트에서 소싱하는 다른 사업자들과 트래픽이 증가할 때는 순차적으로 느리게 올라갑니다.

구매 대행 솔루션 사업자 중 설치형을 쓰는 사람들이 상위 랭커가 많아 매출도 상대적으로 높은 것으로 알려져 있습니다. 소위 '오류나 뻑'이 덜 나서 시스템이 안정적이고 다양한 기능도 충분한 편입니다. 그러나 처음부터 솔루션에만 의존하면 마케팅이나 최적화 작업의 능력을 진전시키기 어렵습니다. 또, 어느 경우든 예기치 못한 성인 이미지, 상품 중복 등록, 건기식이나 화장품의 금지 성분, 지적재산권 문제로 불필요한 에너지를 낭비하기 쉽습니다.

그런데 잘 보시면 우리 주위에 아마존에 대량 등록하는 판매자는 잘 없죠? 삐끗하면 페널티에 계정이 날아갑니다. 쿠팡은 아마존을 벤치마킹 해왔습니다. 지금은 아이템 마켓의 역량을 키우고 있어서 상품 등록 한도도 없고, 하루 5000개 미만으로만 등록하면 얼마든지 가능하지만 곧 아마존처럼 판매자를 호구?로 보는 현상이 점점 더 심화될 것이고 일시에 많은 양을 등록하기 어려워질 것으로 봅니다. 그래서 솔루션에 전적으로 의지하지 말고 목숨 걸고 수정 작업과 상품 관리를 해야 합니다

4) 솔루션의 단점

솔루션은 기본적으로 많은 상품을 올릴 수 있지만 상품 관리가 어렵다는 단점이 있죠. 고객이 내 마켓에 주문했는데 해외에 상품을 찾으면 이미 품절되거나 가격이 변동되어 구매를 못하는 경험을 겪을 수밖에 없습니다. 그래서 품절, 재고 업데이트가 되는지가 매우 중요합니다.

최적화 작업을 잘 해서 네이버 쇼핑 첫 페이지에 진입해도 사이즈, 색상, 가격 정보를 반영하려 솔루션이 다시 읽어 갈 때 처음 끌고 오는 상태로 리셋 되는 솔루션들이 있어서 금세 네이버 쇼핑 상단에서 사라지게 됩니다. 사실상 SEO 작업을 유지하기 어렵죠.

최근 아마존이나 알리익스프레스 상품을 TOOL을 써서 이베이로 전송하고 이베이 상품에 주문이 들어오면 아마존에 자동 주문 넣는 방식으로 운영하는 글로벌 셀러들도 많은데요, 마켓 계정 정지나 일방적인 주문 취소 등 솔루션에 의지한 대가들을 톡톡히 치르고 있는 게 현실입니다.

5) 솔루션 문제를 보완하는 SOLUTION!

그래서 대량 등록 솔루션을 쓰시려는 분들은 다음과 같이 대량 등록의 이점도 살리고 단점들도 커버해보세요. 힘들지만 꼭 해야 합니다!

한 개의 URL로 수집해오는 수동에 가까운 반자동 솔루션을 말하는 것이 아니고, 최소한 내가 선택한 카테고리 전체를 순식간에 한 번에 끌고 오거나 카테고리만 매칭해 놓으면 자동으로 신상품이 내 마켓에 전송되고 매일 자동으로 품절 업데이트가 되는 자동 솔루션들을 말하는 것입니다.

상품 관리 리스트 만들기

먼저 대량 등록하는 상품 중 마켓의 통계 기능으로 조회하여 유입이 많은 전략 상품들은 엑셀로 다운로드해서 상품 관리 리스트를 꼭 만드세요.

최적화 작업하기

전략 종목을 하루에 3~5개씩이라도 정해서 최적화 작업을 한 뒤 솔루션이 재고, 품절, 옵션 정보를 다시 읽어 갈 때 가격과 옵션 정보만 읽어 갈 수 있도록 나머지 요소는 최적화가 훼손되지 않게 체크 해제해 놓으세요. 물론 모든 솔루션 프로그램이 이것이 가능하지는 않겠지만 이 기능을 탑재한 솔루션이 분명히 있습니다. 이것만 명심한다면 여러분은 몇 개월 후 엄청난 발전을 한 자신의 모습을 발견하게 될 것입니다.

나머지 이미지 정보 변동은 수동으로 관리하기

대표 이미지나 상세 이미지가 변동될 때 대부분의 일반 상품은 솔루션에 의해 업데이트 되게 하되 전략 상품은 네이버 쇼핑 노출을 위해 수동으로 관리하는 편이 효과가 더 훨씬 좋습니다. 즉, 솔루션에 의해 긁어 오는 HTML 소스가 똑같은 웹페이지로 복사되듯이 여러 개 진열되어 있으면 검색 엔진은 가점을 주지 않습니다.

요약 !

> ■ **대량 등록 솔루션**
>
> ❶ 대량 등록의 장점을 현명하게 이용하자!
>   대량 등록의 장점을 살려 상품을 손쉽게 올리되 상품 선정에 좀 더 공을 들여 보자.
>
> ❷ 상품 관리 리스트를 만들자!
>   상품들을 오토로 올려도 전략 상품만은 수동 등록의 장점인 상품 관리 대장을 만들어 보자.
>
> ❸ 최적화를 유지하자!
>   전략 종목들을 최적화하고 나면 솔루션이 품절 관리를 위해 다시 읽어 갈 때 리셋되어 최적화가 훼손되지 않도록 가격과 옵션 정보만 선택적으로 크롤링하게 하자.

3.2 FTP를 활용한 단순 리스팅 방식(Coupled Model)

One source multi-use 방식으로, **개인 서버에 이미지를 업로드하고** 소스를 불러와 이미지를 **여러 마켓에 한 번에 등록하는 방식**입니다. 내가 원하는 상품을 특정해서 상품 관리장을 토대로 올린다는 점에서 대량 등록 방식과 조금 다르죠.

그리고 이 타입은 한 개의 상품으로 여러 마켓에 동시 등록할 수 있고 자신의 상품을 관리하면서 늘려 갈 수 있습니다. 즉, 일정 시간이 지나면 주문이 걸리는 구조입니다. 시장의 반응을 반영해서 수정하고 주문이 일어나도록 약간의 포커싱도 가능합니다.

1) 부지불식간의 최적화

이 방식은 SEO가 어렵지만 최초의 등록 이후 내 상품 에이지에 피드백 반영이 늘어나면서 결국 조금씩 자연스러운 SEO 작업이 되어 버리는 구조입니다. 한 개당 들어오는 소량의 주문을 여러 개 만들면 된다는 인컴 구조를 믿는 것이죠.

이 방식은 하루 20~50개 사이로 등록하여 전체 마켓에 디스플레이 되는 상품 총합이 월 5000개도 가능합니다. 상품 당 소요 시간은 10분 내외 정도 되고 하루 4~5시간이 현실적으로 필요합니다. 비교적 단순 반복적이어서 부지런함이 돈을 벌게 해주는 형태입니다. 이 방식으로 오랫동안 운영하면 매출이 늘 수 있습니다.

대신 이 방식으로 몇 천 개 등록 수준의 상품으로는 생계를 의지할 만큼 수익 구조를 구축하기는 좀 힘듭니다. 그러나 반복적인 피드백 반영과 상품 수가 많아지면 안정적인 매출이 가능할 것으로 보입니다.

즉, 변함없는 수정 작업을 해서 시장의 반응을 반영해줘야 하죠. 결국 이 방식의 핵심은 수정이나 피드백 반영이 핵심이라 생각보다 시간을 많이 필요로 하게 됩니다. 단순히 상품 몇 만개 등록하면 먹고 살 만큼 주문이 받쳐 줄 거라 생각하는 분들이 의외로 많습니다.

검색 로봇에 노출되는 원리는 사실 대량 등록과 크게 다르지 않는 구조입니다.
그러나 상품이 관리되고 잘 팔릴 수 있도록 끊임없이 만져 주기 때문에 단순한 대량 등록과는 차별화가 되는 것입니다. 그래서 아웃풋이 나오려면 고객의 구매평을 상품 페이지에 반영한다든지, 해외 최저가를 내 마켓에 반영하는 개수들이 늘어야 비로소 간이 SEO를 작업한 수량과 비슷한 효과를 내게 됩니다. 꽤 많은 시간이 필요하다는 뜻입니다.

2) FTP 방식으로 상품 등록하는 방법

❶ 소싱처 상품을 브랜드별로 정한 후 FATKUN이나 이미지 다운로더로 일괄다운 합니다.
❷ 아마존의 경우 AMZSCOUT, 정글스카우트, UNICORN SMASHER(크롬 확장 앱, 무료) 등으로 일괄 선택해서 리스트를 엑셀로 다운받습니다.
❸ 리스팅 후보들을 상품 리스트 엑셀 시트에 붙여 넣으면 미리 설정한 함수에 의해 가격 산출이 됩니다. 국가별로 환율적용이 다르므로 따로 관리해야 합니다.
❹ 포토스케이프, 포토샵, 벌크리사이즈 등으로 일괄로 이미지 사이즈를 호환이 좋은 1000×1000 사이즈로 수정합니다.
❺ FTP에 이미지 올리기(FTP는 EBAY의 마켓들에서 무료로 쓰거나 고도몰, 카페24, 가비아등의 이미지 호스팅을 유료로 씁니다)
❻ 워드패드나 메모장에 이미지의 HTML 주소를 붙여 넣고
❼ 오픈 마켓들에 등록합니다.
❽ 등록 후 생성되는 상품 번호를 상품 리스트 엑셀에 반영합니다.

3) FTP 상품 등록 실무

일반적으로 옥션의 HTML을 복사해서 다른 마켓에 붙여넣기가 좋습니다.

iframe으로 상품 등록시

❶ esm2.0 버전으로 상품 등록
❷ iframe 태그 복사
❸ 작업 표시줄에 설정한 워드패드를 불러와 붙여넣기
❹ https://www.w3schools.com/에서 Try it youself로 잘 구현되는지 테스트
❺ 오픈 마켓에 HTML 입력으로 등록 → 쿠팡의 구현은 복잡해서 효율이 떨어집니다.

4) FTP 등록 방식의 보완 솔루션

그렇지만 이와 같은 방식으로 이미지 호스팅을 활용하여 여러 마켓에 등록하는 방식에 나만의 차별점을 두려면 아래와 같이 하면 도움이 될 것입니다.

검색 로봇에게 내 이미지를 설명하라!

여러 가지 테크니컬 최적화 중에서 내가 할 수 있는 부분 중 검색 로봇이 읽어 가는 요소를 잘 노출시키라는 의미입니다. FTP 방식을 쓰는 사람들이 당장 적용할 수 있는 요소는 크게 두 가지인데요.

첫째는 '요소의 Alternate 속성을 노출시켜라!'입니다.

이미지 호스팅을 상품 등록으로 쓰시는 분들에게는 아래 부분을 잘 설정하면 분명 도움이 될 것입니다.

> 〈img src="이미지 파일명. 확장자" alt="이미지정보"〉

스마트스토어 상세 페이지 작성시 스마트에디터 ONE으로 들어가서 이미지를 앉히면 이미지 원 클릭시 이미지바로 하단에 '사진 설명을 입력하세요.'라고 나오는 부분이 ALT 값을 넣는 부분이고 여기를 검색 로봇이 읽어 갑니다. 여기에다 내 상품과 관련된 키워드를 넣어 주세요.

둘째는 이미지를 확보할 때 이미지 파일명을 키워드로 쓰라는 뜻입니다.

최초에 이미지를 캡처하건, 이미지 다운로더로 다운을 받든 간에 저장할 이미지명을 상품 키워드로 저장만 해도 검색 로봇에 더 유리할 수 있습니다.

사진 찍고 난 뒤 디바이스에서 주어지는 영문과 숫자로 그냥 저장하지 마세요. 해외 사이트에서 캡처나 다른 이름으로 저장할 때도 1,2,3 이런 식으로 파일명을 저장하지 마시고 숄더백, 여성 가방, 나인웨스트 가방 이렇게 저장하라는 뜻입니다. 그러면 이미지 SEO의 여러 요소 중 기본은 하고 가기 때문에 똑같은 방식의 다른 셀러보다는 조금 더 유리하다는 뜻입니다.

결론 : 보통 FTP 방식으로 상품을 몇 만개 등록한 후 상품 수정(최저가 업데이트, 고객 리뷰 반영 등 ....)의 개수가 10,000개 이상에 이르면 안정적인 수익을 기대할 수 있습니다.

잠깐만요! 사소하지만 잘 모르는 꿀 TIP

사이트별 제품, 이미지를 올릴 때의 주의 사항을 알려드릴게요!

❶ FTP에 올리는 파일명은 영어로 작성
  인터넷 브라우저에 따라 한글명의 이미지가 정상 표시되지 않을 수 있다. 한글 파일명으로 올리고 싶다면, FTP 사이트를 우측 클릭하여 관리 → 고급에서 UTF8 허용을 끄도록 하자!

❷ 사이트별 이미지 규격 확인하여 올리기
  (예: 스마트스토어는 1000px × 1000px 권장)

❸ 서버에 올린 이미지가 깨져서 등록되는 경우가 있는지 체크해주기

틈새 요약(FTP 이미지 전송 방식)

■ 수정 작업이 FTP 전송 방식의 핵심!
  시장의 반응과 변화를 그때그때 잘 살피고 반복적인 피드백을 상품 정보에 반영하는 것이 좋다.

■ 이미지 속성 노출하기
  이미지 저장 시 파일명을 아무렇게나 저장하기보다는 올리는 상품의 키워드에 맞게 바꿔서 저장해주자.

3.3 SEO 수동 등록 방식(loose optimization)

이 방식은 자본금이 많지 않거나 직원을 고용할 여건이 아직 안 되는 구매 대행 1인 창업자들에게 필자가 주로 추천하는 방식입니다.

주로 **네이버 쇼핑에 최적화**하는 것을 염두 한 느슨한 형태의 SEO 등록 방법입니다. 이 방식은 생각보다 전문가를 찾기가 쉽지 않습니다. 보통은 상품 수 대비 조회 수가 많은 키워드를 찾아 상품명에 쓰는 것을 SEO 작업을 다했다고 믿는 분도 계십니다.

상품마다 리스팅 할 때 검색 로봇에 맞춰 비교적 느슨한 최적화 방식으로 리스팅하는 방식이죠. 당연히 상품 관리는 정확히 되고 잘 팔릴 것 같은 상품을 빅 데이터와 도구들을 써서 수동으로 리스팅 하는 방식입니다. '노출이 되어야 주문이 들어오든지 말든지 하지'라는 마케팅 원칙에 부합하는 방식입니다.

1) 모든 검색 영역에서 완전한 SEO를 하지 않는다.

느슨한 방식의 SEO라 함은 특정 키워드를 검색 로봇에 조회하면 나오는 모든 영역 중에서 '네이버 쇼핑 SEO'와 '이미지 SEO' 위주로만 최적화하고 때에 따라 블로그나 지식인 정도의 SEO 작업을 추가하는 정도로만 하자는 뜻입니다.

다른 영역까지 손대는 것은 나의 전략 상품일 경우에만 좀 더 충실한 최적화를 하자는 의미이고 블로그 체험단, 카페 마케팅, 지식인과 파워 콘텐츠, 롱테일 키워드 밑밥 작업과 백 링크, 트래픽과 다소 어뷰징 요소가 있는 추가 마케팅 작업들은 하지 않고 필수적인 부문의 SEO만 하고 빨리 다른 상품 등록하러 이동하는 방식을 말하는 것입니다.

이 방식은 중박 이상의 상품 수가 많아지는 장점이 있지만 하루에 올릴 상품 수가 제한적인 데다가 모든 마켓에 하나하나 올려야 하기 때문에 한 번에 여러 마켓에 등록하기가 어렵습니다.

5대 마켓에 올린 후에는 defect rate에서 다른 방식보다 경쟁력이 있습니다. 일반적인 쇼핑몰이 파레토 법칙을 따른다는 단순한 가정 하에 각 80%로 보면 다른 방식보다 사장될 상품이 적은 것이 장점입니다.(defect rate : 판매되지 않는 상품 수/리스팅 상품 수)

2) 보완책? 이렇게 하면 일거양득

이렇게 일부 검색 영역만 SEO를 진행하는 방식의 보완책은 의외로 쉽습니다.
위의 다른 방식(대량 등록 or FTP 등록)으로 올려도 SEO 작업을 마켓마다 수정해주면 효과가 월등히 높아집니다.

SEO 방식의 최대 장점은 비교적 많이 올리면서도 노출이 잘된다는 점인데요. 철저한 상품 관리를 하면서도 다른 방식으로 빠르게 올린 상품에 SEO 작업을 추가하면 되고, 전략 상품처럼 중요한 아이템은 선택적으로 인플루언서 마케팅이나 지식인, 트래픽 등 다른 유입 작업과 쉽게 융합하여 스타상품을 만들기가 상대적으로 좋은 편입니다. 그리고 제대로 한 번 배우면 오랫동안 스스로 노하우를 활용하기 좋다는 장점이 있습니다.

요약!

구매 대행에 뛰어든 1인 창업자에게 가장 추천하는 방식입니다. SEO를 알면 온라인의 여러 분야에 활용할 기회도 매우 많습니다.
하루 3~5개 수준의 등록이며 숙련자는 20개까지도 가능 합니다. 1건당 평균 30분~1시간 정도 걸리고 작업 시간은 하루 4~5시간 이상 걸립니다.

보통 약 1,000개~2,000개만 최적화해서 올리면 웬만한 월급쟁이보단 나을 수 있다는 장점이 있죠. 하지만 다른 방식보다 체력적으로나 정신적으로 힘이 들기는 합니다. 하지만 종업원을 쓸 형편이 못되거나 매달 솔루션 비용을 지불할 능력이 안 되는 사업자님께 적합한 방식입니다. 방법만 알면 추가적인 비용이 없는 장점이 있습니다. 자세한 설명은 SEO 챕터에서 설명하도록 하겠습니다.

3.4 One-item 런칭 방식(Intensive Works)

한 개의 상품을 리스팅 하기까지 모든 노력을 다하는 방식입니다.

완전한 SEO를 추구하는 형태이죠. 마치 삼성전자가 전사적으로 역량을 다해 폴더블 폰을 론칭할 때처럼 개인이 할 수 있는 것은 모든 총력을 기울여 리스팅 하는 방식입니다.
검색 엔진에서 상품 키워드를 검색하면 최상단에 광고부터 네이버 쇼핑, 블로그, 웹 문서, 지식인, 지도…… 등 다양한 영역에서 문서들이 노출됩니다.
이때 상품을 검색하면 노출되는 모든 영역에서 1페이지에 진입하는 것을 목표로 론칭하며 온라인 마켓의 속성상 마켓의 큰 매출을 내는 요인은 결국 몇 개의 상품이 전체를 먹여 살린다는 현장 원리를 충실히 반영하는 등록 방식입니다.
보통 1개의 유효한 상품을 올리기까지 짧으면 2주에서 보통 1달~2달 정도 걸립니다.
노력했는데도 반응이 없을 경우 다른 방식보다 낙심이 큽니다. 여기도 빛을 보지 못하는 상품은 생길 수밖에 없습니다.

1) One-item 방식 장점

대박 상품이 안 되더라도 스테디 상품으로 장기적으로 안정적인 판매 구조를 만들어 줄 수도 있고 하나가 파워 상품에 등극하면 순위가 좀처럼 바뀌지 않고 반복 구매가 일어나 보험을 들어 놓는 효과를 누리게 됩니다.
CS가 용이하다는 장점도 있고 재 구매율이 매우 높습니다.
내 상품이 확보된 상태에서 진행하므로 마이 창고 같은 3PL 업체를 활용해서 일을 수월하게 하고 또 다른 아이템 찾는데 몰두할 수 있는 장점도 있습니다.

2) One-item 방식 단점

상품 리스팅까지 엄청난 시장조사와 아이템 발굴 노력이 필요합니다.
상품 등록 수량이 너무 적어서 한두 주력 제품이 문제가 생길 경우 마켓 전체가 흔들리게 되는 단점이 있습니다.

우리가 평소 어떤 상품은 럭키투데이의 상위에 있고 어떤 상품은 왜 하위에 있는지? 또, 쇼핑몰별 가격 비교 상품군에 여러 개 업체가 그룹으로 묶여 있는데 어떤 그룹은 상위에 있고 어떤 그룹은 아래에 있을까 궁금한 적이 없었나요? 원 아이템 론칭 방식은 이 모든 것을 작업하게 됩니다.

네이버 SEO, 구글 SEO, 스마트스토어 운영 시 럭투 그루핑 작업, 쇼핑몰별 최저가 그룹 상위 노출 작업, 체험단 마케팅, 백 링크와 트래픽, 가 구매, 구매평 등 많은 량의 작업을 하게 됩니다. 특히 네이버 검색 시 나오는 각 영역, 파워 링크, 네이버 쇼핑, 블로그, 동영상, 포스트, 스마트플레이스, 지식인, 웹 문서 등 모든 영역에서 1등을 목표로 합니다. 뜻대로 잘 안되면 가능한 모든 광고를 하고 롱테일 키워드로 바닥 작업까지 마치는 완전한 SEO를 추구합니다. 그렇지만 품이 많이 들어가고 혼자 하기는 쉽지 않습니다. 또 많은 어뷰징 요소를 갖고 있습니다.
잘 되면 마켓 지수가 높아 금방 빅 파워로 올라서는 경우가 많죠. 혼신의 힘을 다하여 상품이 뜨게 확률을 높이는 게임임에는 분명하지만 히트 상품이 될지 안 될지는 신도 모르기 때문에 철저한 시장조사가 필요한 방식입니다.

3) One-item 런칭 방식의 보완 솔루션

그래서 이와 같은 타입의 리스팅 사업자는 항상 다량의 안정적인 공급처를 확인한 뒤 상품을 마켓에서 테스트 후 사입하게 되는데요. 이때 우리는 최소 10개 이상 반복 주문이 들어오는 것만 사입을 결정해야 합니다. 많은 사람들이 타이밍을 놓치지 않기 위해 수요와 마켓에 유입을 대충 확인하고 소싱하게 되는데요. 실패를 줄이려면 테스트 상품의 모수를 늘리는 것이 훨씬 안전하고 리스크를 줄이게 됩니다.
따라서 시장에서 수요 테스트를 할 때 '느슨한 SEO 작업 방식'을 취하면서 히트 조짐이 보이는 상품 위주로 사입하는 것이 좋다고 봅니다.

잠깐만요! 사소하지만 잘 모르는 꿀 TIP

1-ITEM LAUNCHING 방식의 SEO의 핵심

❶ 결국 브랜드를 띄우는 작업이다.
네이버 쇼핑에 브랜드관이 생기듯이 브랜드가 더욱 중요해지고 있습니다. 소비자가 브랜드를 조회해서 유입하게 하는 것이 목표

❷ 키워드를 공략한다.
알바들을 고용하여 가성비 키워드를 작업한다.
선택 키워드 반복 작업 연관 키워드 만들기

❸ 바이럴 마케팅을 철저하게 한다.
체험단 마케팅, 블로그 체험단, 파워 블로거나 파워 유투버를 활용한 인플루언서 마케팅을 반드시 진행한다.

❹ 카페 작업을 위해 여러 개의 아이디를 활용한다
보통 개인이 작업하기 어려우므로 그룹으로 진행하든가 업체에 맡긴다. 카페에 글 쓰고 댓글 단 후 백 링크로 퍼트리기(이미지나 동영상도 중요). 카페 거래 글 탭에도 노출시킨다.

❺ 상세 페이지에서 마케팅 포인트를 끊임없이 찾고 수정하여 최적화한다.
❻ 배송시 구매평을 늘리기 위한 프로들의 작업을 한다.
❼ 경쟁 업체를 분석해서 이겨 버리는 전략을 쓴다.

틈새 요약(SEO 방식 및 One-Item Launching 방식)

❶ SEO
주로 네이버 스마트스토어 최적화에 중점을 둔 방식으로 네이버 검색 로봇에 잘 검색이 되게끔 최적화시키는 방법.
다른 방식과 비교해 구매 전환율이 가장 높지만 수동 방식으로 작업하기 때문에 상품 등록 수를 늘리기 위해 많은 노력을 기울여야 한다.

❷ 1-item Launching 방식
하나의 상품을 모든 분야에 최적화시키는 방법.
융통성 있게 확률이 높은 분야(구글 SEO보다는 네이버 SEO)를 먼저 공략하자.

자 이렇게 상품을 리스팅 하는 방법들을 비교해봤는데요. 여러분은 어느 쪽에 현실적인 접근이 용이합니까?

어느 것이 낫다고 순위를 매길 수는 없습니다. 자신이 소화할 수 있는 방식을 선택하면 됩니다. 오직 기준은 한 달 후, 6개월 후, 2년 후, 5년 후에도 이 방식을 지속시킬 수 있는지가 관건입니다.

각 방식에서 잘 하는 분은 탁월한 성과를 낼 것이고 알기만 하고 실전에 적용하지 않는 분은 당연히 아무런 변화가 없겠죠. 아는 것과 적용하는 것은 전혀 다른 영역입니다.

그리고 4→3→2→1로 방식의 이동은 가능하나 역으로 변경은 쉽지 않습니다.
정확한 통계는 없지만 필자의 경험상 1)~4)까지의 방식대로 상품 수가 아래와 같이 등록되면 한달 주문 수량이 서로 비슷한 것으로 느껴집니다.

1)300,000 : 2)30,000 : 3)3,000 : 4)30

대표님들이 처한 사무 환경, 자금, 투입 시간, 인력, 경험, 소싱 능력 등을 고려해서 결정하면 됩니다. 혹시 원치 않는 방식으로 일하고 계시면 말씀드린 단점을 보완할 수 있는 방법부터 먼저 적용해 보세요.

 영상으로 보기 - 상품 등록 방식 고민 : https://bit.ly/상품등록고민

④ 타오바오 상품 5분 만에 리스팅하기

타오바오에서 소싱하여 스마트스토어에 손쉽게 리스팅 하는 노하우

상품을 솔루션을 쓰지 않고 빠르게 업로드 하는 방법. 즉, 시간은 반으로 줄이고 상품의 매력을 좀 더 어필할 수 있는 방법을 알려드리겠습니다.

너무도 중요한 마켓

타오바오는 B2B 마켓 보다 가격 경쟁력이 떨어지는 건 사실이지만 그래도 많은 구매 대행 사업자들에게는 필요한 마켓이고 실제 타오바오에서 물건을 소싱 해오는 분이 매우 많죠. 그래서 구매 대행 하는 분들께 중요한 사이트이기도 합니다.

알리바바 그룹의 글로벌 B2C 마켓인 알리익스프레스는 영문으로 상품 페이지가 구성이 되어 있고 상품도 다양해서 매력적인 마켓입니다. 배송이 좀 느리고 가격이 약간 비싼 게 흠이지만 이럴 경우에 우리는 타오바오와 알리익스프레스의 양쪽 장점, 즉, 타오바오에서 싼 가격과 빠른 배송을 활용하여 고객 주문건을 타오바오에서 결제하는 대신, 그 상품 페이지는 알리익스프레스에 있는 같은 상품의 영문 페이지를 갖고 와서 내 마켓에 리스팅 하면 중국어 삭제를 위한 편집 작업의 수고로움을 덜 수 있다는 뜻입니다.
그래서 타오바오와 알리익스프레스에 같은 상품이 올라가 있는지 확인 후 소싱하고 리스팅 한다면 여러 가지로 편하겠지요.

최소한의 노력으로 소싱해야

그런데 노력에 힘이 많이 들면 안 되겠죠. 그래서 많은 노력을 줄여 줄 수 있는 방법을 같이 공유해 보고자 합니다. 소개하는 방법은 단순 리스팅이라는 전제하에 소개하는 것입니다.

- KC 인증이나 네이버 쇼핑 최적화 등의 기타 문제를 고려하지 않고 단순 등록
- 상품 후보 리스트 엑셀 시트에 어떠한 함수 설정도 하지 않고 필터링 작업도 없는 채로 그대로 단순하게 리스팅하는 예를 전제로 합니다.

구매 대행 사업자들 중 경험이 많으신 분들은 제한된 시간 안에 효율적으로 작업하는 것이 습성화 되어 있습니다. 선수들의 상품 리스팅 노하우 중에 타오바오 및 알리익스프레스를 활용하는 방법 하나를 공개하니 많이 활용하고 좋은 수익 내기 바랍니다.
쉽게 적용하면 작업 속도를 내는데 큰 도움이 되는 방식입니다.

기본적으로 중국 타오바오에 특정 브랜드 위주로 계속 등록해서 주문하게 되면 나중에 그 판매자랑 협의할 수 있게 됩니다. 그래서 속된 말로 '한 놈만 팬다' 주의로 가는 것도 좋습니다.

4.1 소싱전 준비할 도구

크롬 웹스토어에서 아래의 앱을 추가

[그림1 Enable Right Click]

[그림2 aliprice]

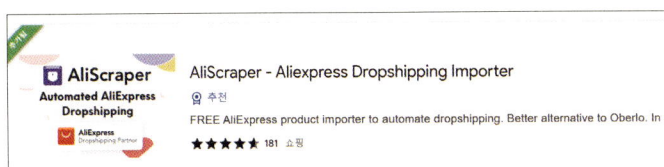

[그림3 aliscraper]

[그림 4 Fatkun]

4.2 등록 과정

타오바오에 들어와서 임의의 브랜드를 하나 들어가서 이 브랜드의 상품(예: QCY T13)을 가져오려고 합니다.

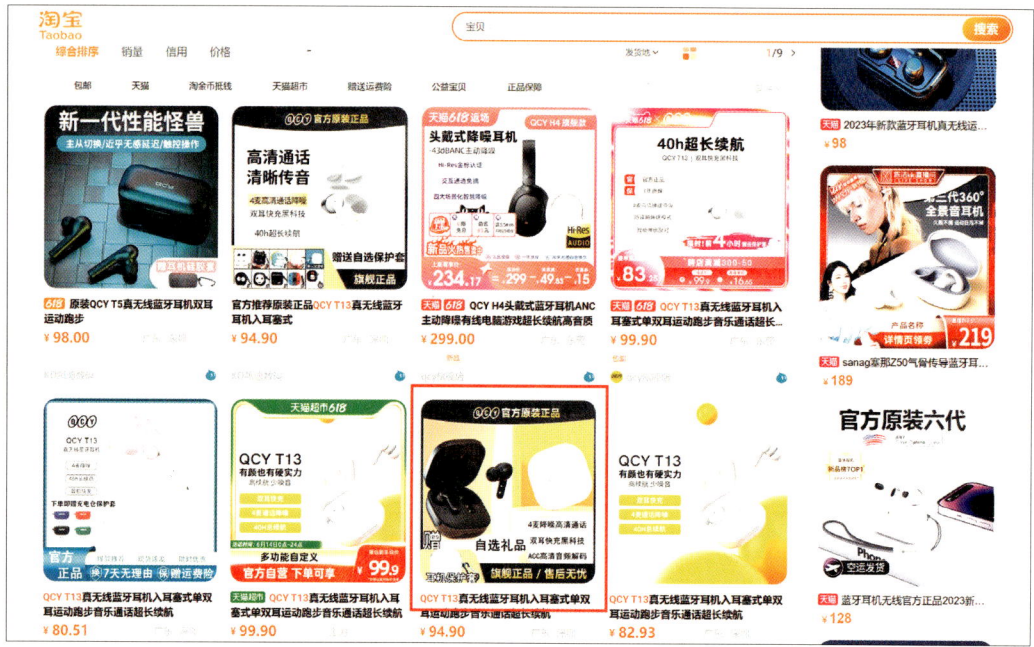

그런데 제일 먼저 대표 이미지가 동영상으로 되어 있으면 동영상을 먼저 다운을 받아야 하겠죠. 다운로드를 위해 우측 클릭해서 다운 받으려 하는데 우측 클릭이 막혀 있습니다.

이럴 때 여기에 크롬 웹스토어에서 추가한 Enable Right Click을 클릭(우측 클릭 막힘 풀기)하고 동영상을 다른 이름으로 저장을 해주세요.

키워드로 저장해야

이때 동영상도 최적화의 일환으로 **동영상을 설명하는 문구의 노출을 위해 동영상 파일명을 키워드로 저장**해야 합니다. 그 다음 이미지들이 있으면 이 이미지들도 다운로드 받아야죠. 이때도 **이미지 파일명을 연관 키워드로 변경**한 후 다른 이름으로 저장해야 합니다.

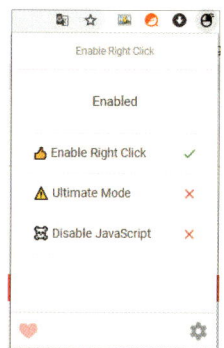

그런데 상세 페이지는 중국어로 되어 있는 것을 쓰고 싶지 않기 때문에 이 상품을 알리익스프레스에 있는지를 조회해서 알리익스프레스에 있다면 그 상품 상세 페이지의 영문 이미지를 쓰면 좋습니다. 타오바오 상품명에 모델 번호가 있는 것을 확인하면 이 모델 번호를 알리익스프레스에서 조회하면 됩니다.

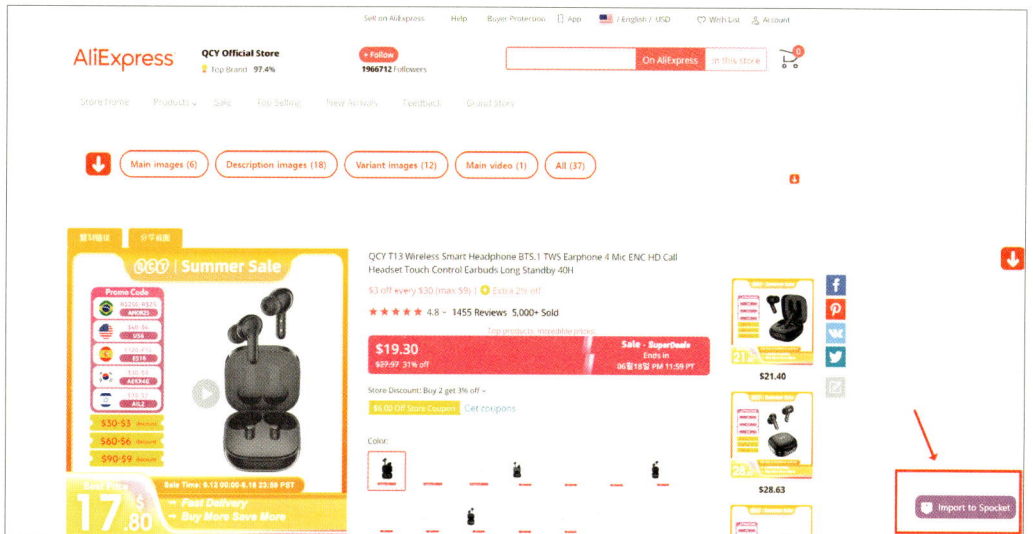

알리바바에 있는지 미리 봐 두어야지

단지 이 상품의 재고가 충분한지 확인을 위해 aliprice를 통해서 먼저 알리바바에도 이 상품이 있는 지를 찾아보고 지속적으로 공급 가능한 상품인지, 사입 경우 가격은 어떨지 미리 확인해 둡니다. 나중에 이 물건이 잘 팔린다고 할 경우에는 이 상품을 여기에서 소싱하거나 중국 도매 업체인 1688에서 소싱할 수도 있다고 염두해 두면 됩니다.

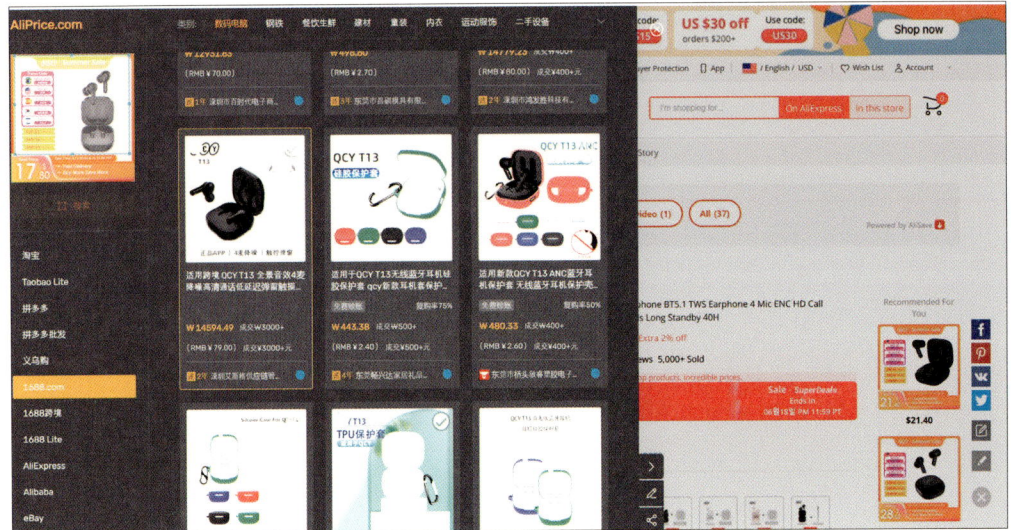

Aliscraper 대시보드에 성공적으로 수집

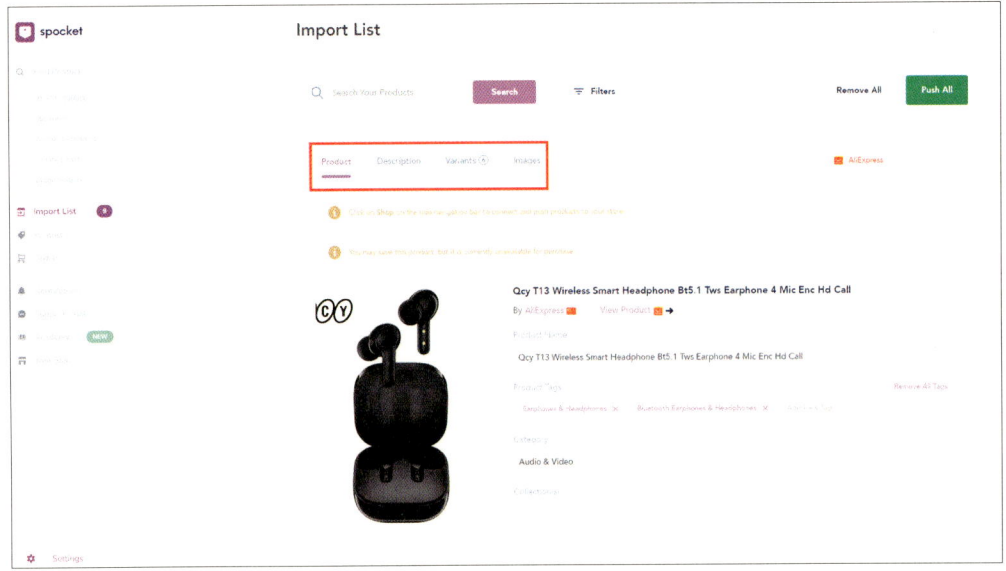

알리익스프레스 홈에서 국가와 화폐를 미국으로 변경해야 알리스크래퍼가 잘 작동됩니다

신기한 Aliscraper

그 다음에 알리익스프레스로 가서 나타나는 상품 썸네일에 커서를 올려 놓으면 썸네일의 우측 하단부에 보이는 보라색 바탕의 하얀색 펜 모양의 아이콘이 Aliscraper라는 크롬 확장 앱인데 이것이 로그인 되어 있는 상태에서 클릭하면 보고 있는 화면의 상품을 관리자 페이지로 가지고 옵니다.

Aliscraper를 클릭하면 상품이 관리자에 성공적으로 저장되는 것을 확인할 수 있습니다. Aliscraper 관리자 페이지에 들어오면 상품 디스크립션, 이미지까지 잘 들어온 것을 확인할 수가 있습니다.

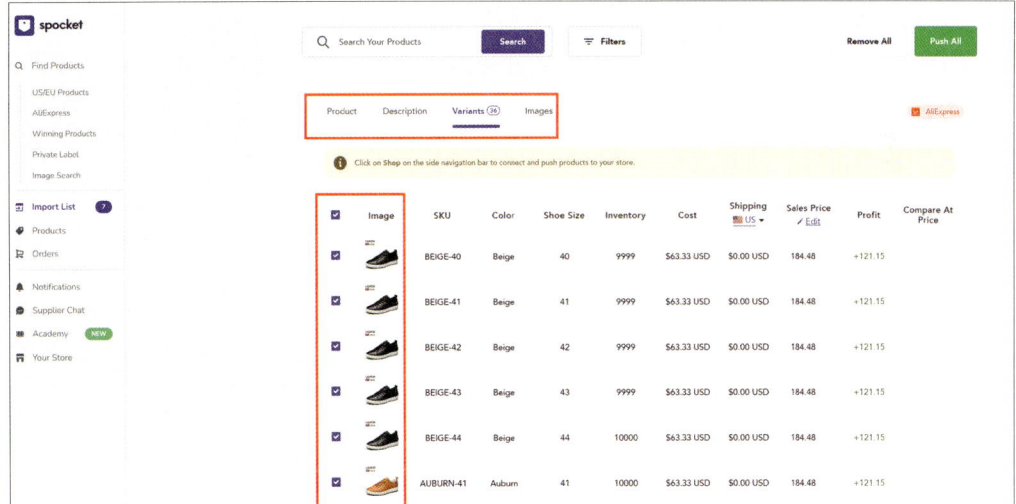

아니면 다른 방법으로는 여러 이미지를 팻쿤을 통해 한 번에 빠르게 다운받을 수 있습니다. 우측 클릭을 해서 팻쿤을 클릭하고 그 다음에 팻쿤 대시보드에서 toggle를 클릭하여 일단 비활성화를 시킨 다음에 내가 가져올 상품들만 클릭하거나 드래그하여 활성화시키면 됩니다. 그리고 난 다음에 일괄 다운로드 하면 됩니다. 다운로드 폴더에 들어가면 이미지와 동영상들이 모두 정확하게 들어가 있는 걸 확인할 수가 있습니다.

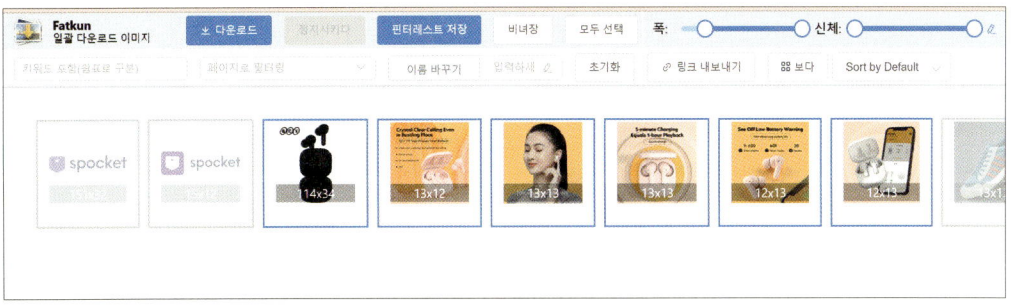

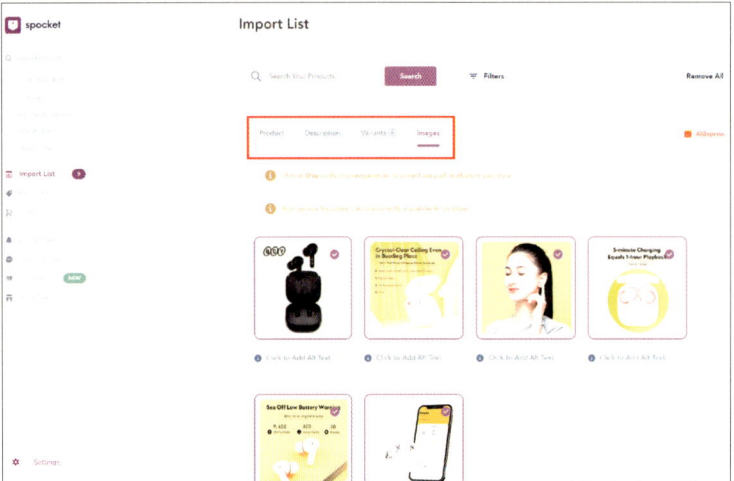

그 다음에는 이 상품의 상품명과 상세 페이지를 Aliscraper import list로 들어가서 영문으로 그대로 가져오면 됩니다. 또한 이 상품명을 그대로 복사를 해서 나의 스마트스토어로 가서 상품명과 상세 페이지를 구성하면 됩니다. 또 이렇게 갖고 온 상품을 상품 관리장에 붙여 넣으면 자동으로 상품 가격이 계산되므로 쉽게 가격 설정이 가능하지만 단 건으로 갖고 오더라도 네이버 계산기로 가격을 손쉽게 산정해서 반영하면 됩니다.

국내 구매자들을 위해서 중국어 대신 알리익스프레스에서 힘을 덜 들이고 그리고 손쉽게 다운을 받는 방법을 시도해 보세요. 좋은 팁이 될 것이라고 생각합니다.

틈새 요약(타오바오 소싱 툴 Tip)

❶ Enable Right Click
  사진 및 동영상을 다운받을 때 우측 클릭 금지가 되어 있는 경우 사용

❷ 알리바바 검색 app인 Sourcenow(또는 alibaba search by image)
  재고 공급이 충분한지, 더 싸게 소싱할 여지가 있는지 확인을 할 때 사용

❸ Aliscraper
  알리익스프레스에서 있는 영문 상품 정보 및 이미지를 가져올 때 사용

❹ Fatkun
  손쉽게 이미지들을 한꺼번에 다운받기

❺ 상품 등록을 위한 효율적인 도구들을 사용하면 일의 속도도 줄이고 고객에게도 더 만족할 수 있는 결과물을 만들어 낼 수 있음

영상으로 보기 - 중국 상품 소싱 방법 : https://bit.ly/손쉽게등록하기 oberlo는 중단됨

5 상품 등록 기초

5.1 상품 등록 전개도 & 루틴 만들기

1) 템플릿 준비
- 상품 등록을 위한 배송비 템플릿 여러 종류 준비
- 문의 템플릿, 상품 정보 고시 템플릿 준비
- 상품 기본 정보 템플릿은 복사 등록에 효율적임
- 브랜드 위주로 등록
- 아마존 상품은 AMZSCOUT, 정글 스카우트, Unicorn Smasher, 팻쿤 활용
- 스마트스토어에는 아웃 링크를 원칙적으로 금지하고 있어 스마트스토어 내의 다른 상품으로 바로가기를 적극 활용할 것

2) 배송비 가격에 포함 여부 기준
- 가격비교에 묶일 경우를 대비해서 나의 전략상품은 배송비 제외로 리스팅 한다.
- 네이버쇼핑 첫 화면에는 단순히 상품의 표시 된 가격 위주로 최저가로 묶이기 때문에 상위에 노출 하기 위해서는 배송비를 빼낸다.
- 가격비교에 묶인 상품의 상품명을 클릭하면 추가적으로 배송비를 포함할 때와 카드 할인이 반영 되었을 때의 가격 비교를 그로스 가격으로 확인 할 수 있으나 고객들은 추가적인 비교페이지에 잘 들어오지 않는다.
- 일반 상품들은 전세계의 추세에 맞게 상품 가격에 배송비를 포함하여 무료배송으로 상품을 등록한다

3) 관·부가세 별도 리스팅? vs 관, 부가세 포함한 리스팅?

150달러 이상(미국 목록 통관의 경우 200달러 이상) 상품을 판매 시 관/부가세를 내야 합니다. 관세 포함으로 판매하여 합산 과세 초과액이 발생하면 셀러가 부담해 줄 수밖에 없게 됩니다. 따라서 관·부가세는 별도로 리스팅 하는 편이 좋으나 판매자가 관·부가세를 부담하고자 한다면 상품 가격에 관·부가세를 정확하게 녹여 반영해야 합니다.

잠깐만요! 사소하지만 잘 모르는 꿀 TIP ①

상품을 등록하기 전에 반드시 특허청(kipris)에 조회해 보아야 한다.
본인이 소싱하고자 하는 상품의 상표권, 저작권을 미리 확인하자.

잠깐만요! 사소하지만 잘 모르는 꿀 TIP ②

❶ 후보군 상품 리스트를 반드시 사전에 만들자!
  (상품 엑셀 리스트, 사진 이미지 및 동영상 준비 등)

❷ 상품 올릴 후보 리스트를 만드는 날과 실제 올리는 날은 다른 날이 되어야 효율이 좋아진다!
  올릴 때는 이미 준비된 자료로 기계같이 올리자!

5.2 스마트스토어 카테고리 설정 방법

❶ 먼저, 등록하려는 상품의 키워드를 네이버 쇼핑에서 검색합니다.
❷ 네이버 쇼핑 연관 검색어에서 내 상품과 관련된 키워드들을 클릭하여 리스팅된 1,2등 상품의 최하단 카테고리의 가성비(상품수-판매수)를 확인해주세요. 내 카테고리 설정을 위해 기존 상위 노출 된 상품의 상세카테고리를 보고 덜 치열한 곳에서 싸우자는 뜻 입니다

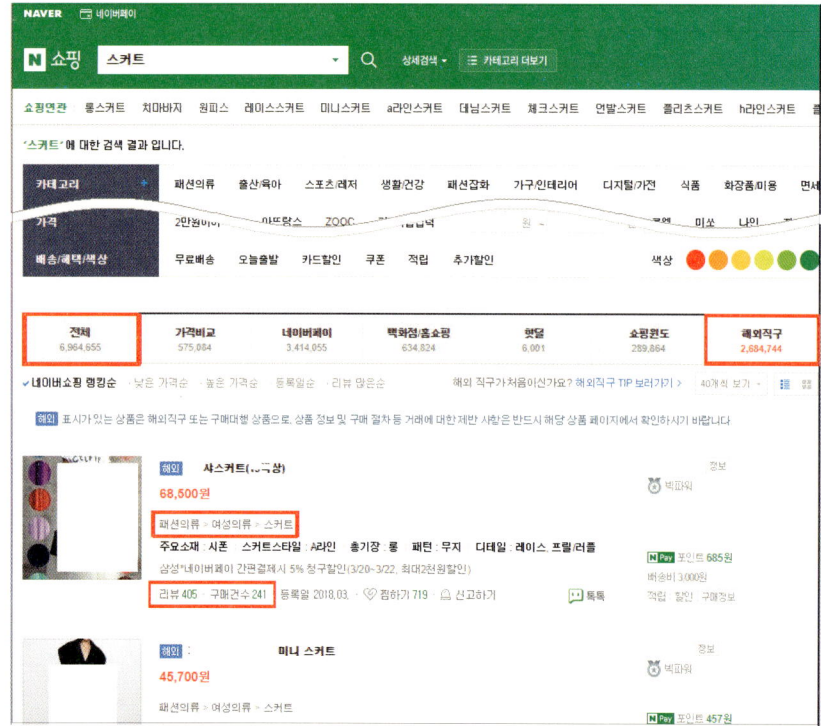

Section 06 상품 관리와 등록　175

❸ 상품명 옆 물음표로 도움말로 가면 네이버 쇼핑 검색 SEO 가이드 바로가기 클릭 ➜ 링크 클릭 ➜ 적합도 탭(적합도는 필드 연관도와 카테고리 선호도에 따라 점수가 달라집니다.) ➜ 아래 스크롤 '상품명' 클릭 ➜ SEO 방법을 확인해주세요!

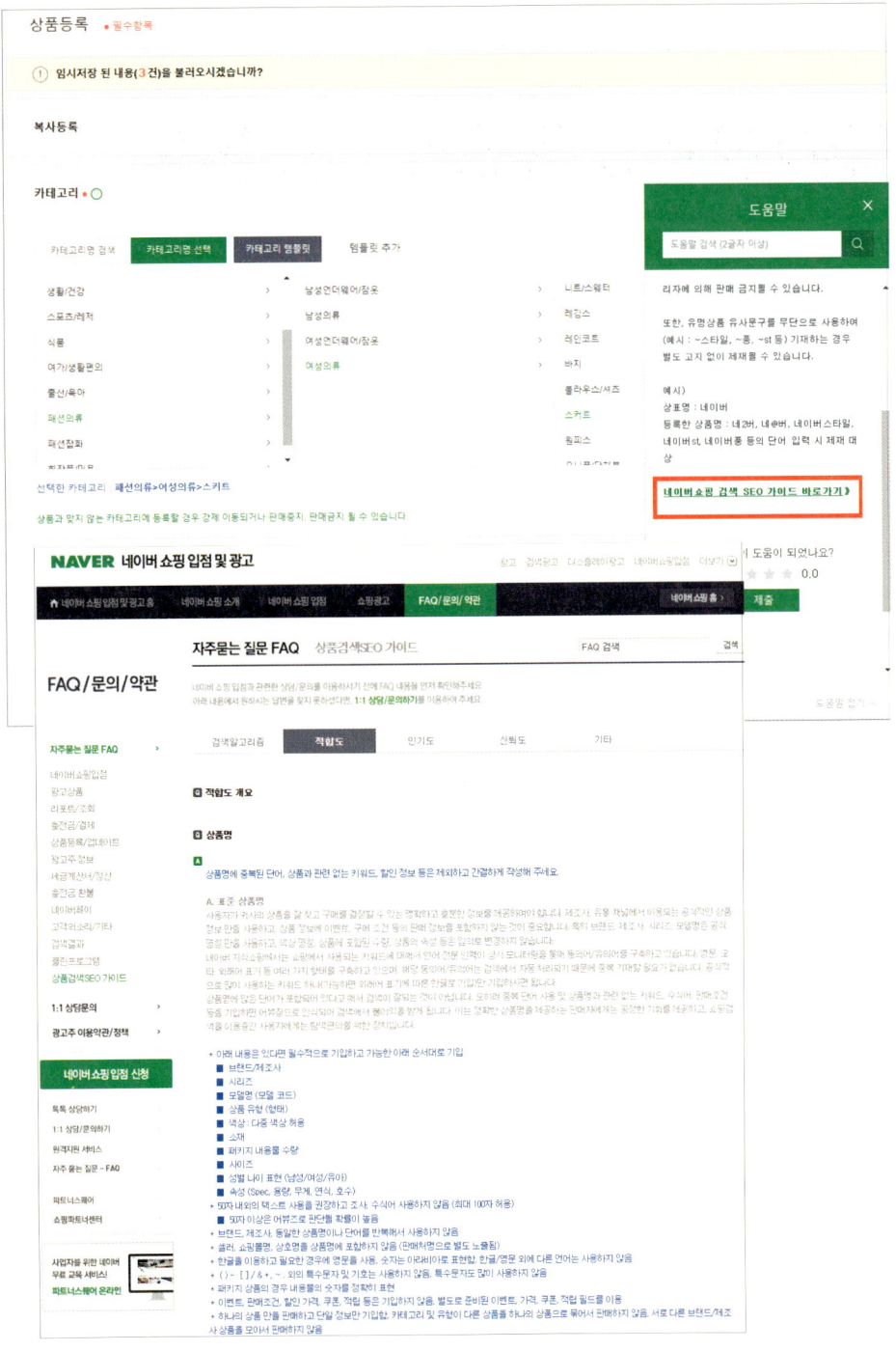

❹ 스마트스토어 관리자 페이지에 연동되어 있는 쇼핑 파트너존에서 카테고리 매칭이 안 된 상품은 잘 팔릴 수 없다는 점을 명심하세요.

❺ 마켓에 판매 건수를 노출시키지 않아야 할 때의 설정 방법은 쇼핑 파트너 센터에서 정보관리 클릭 → 관리 정보에 상품 구매 건수 N으로 설정해주면 됩니다. 경쟁자에게 노출이 안 되게끔 할 때 설정하면 내 스마트스토어 상품 구매 건수가 확인이 안 되게 설정됩니다.

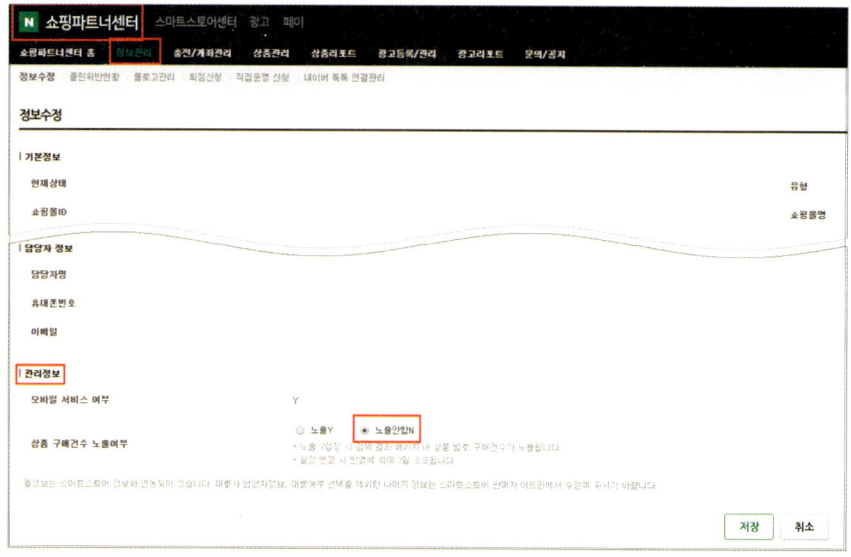

❻ 네이버 데이터 랩 분야 통계 탭 및 검색어 통계 탭에서 인기 검색어를 봅니다.
- 인기 검색어 중에서 내가 사용해도 될 만한 키워드를 네이버 쇼핑에서 조회하여 다른 사람들은 카테고리들을 어떻게 설정했는지를 체크합니다.
- 상품 등록일도 경쟁력을 고려하는 요소. 검색 로봇은 최신성을 반영합니다.
- 먼저 리스팅한 사람들의 복수의 카테고리 중 네비게이션 최하단 카테고리를 클릭해서 전체 상품 수와 판매 개수를 체크
- 선택한 세부 카테고리명의 데이터 랩 카테고리에서 인기 검색어를 검색
- 가성비 높은 키워드와, 세부 카테고리를 잘 파악하여 리스팅합니다.

틈새 요약(스마트스토어 카테고리)

❶ 등록하려는 상품의 키워드를 네이버 쇼핑에서 검색해서 상위에 있는 경쟁자들의 카테고리를 확인한다.

❷ 리스팅 할 상품의 키워드에 맞을 만한 복수의 카테고리를 찾고, 판매량과 리스팅 수를 비교한 뒤 가성비 좋은 세부 카테고리를 정한다. 즉, 어느 카테고리에서 판매하는 것이 유리할지 판단한다.

❸ 세부 카테고리를 데이터랩에서 조회해서 나온 키워드 중 연관성 있는 키워드를 중요 키워드 순으로 상품명에 반영하라.

5.3 스마트스토어 동영상 등록

1) 스마트스토어 동영상의 중요성

스마트스토어에 **동영상을 등록**해야, **상품 상위 노출의 확률이 더 높아집니다.** 따라서 이미지와 더불어 동영상 업로드에도 신경을 써야 합니다.

스마트스토어에 동영상 등록 시 특정 윈도우는 최대 10초까지 GIF 움직이는 이미지를 자동 생성하여 리스팅 대표 이미지로 활용합니다.

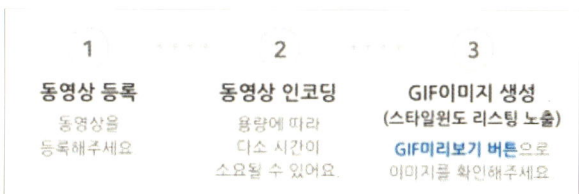

2) 동영상 등록 시 유의할 점

- 전체 코디 + 일상 느낌을 담은 영상이 좋습니다.
- 소재 또는 기능의 특장점을 살려주세요.
- 0~10초 구간을 자동 추출하여 리스팅에서 대표 이미지 대신 GIF 움직이는 이미지로 자동 재생됩니다.

3) 영상 촬영 시 유의 사항

- 배경은 복잡하지 않게 상품에 집중할 수 있도록 해주세요.
- 모델은 과한 포즈 대신 자연스러운 움직임이 좋아요.
- 가로로 긴 촬영보다는 세로로 긴 촬영이 적합합니다.

- 카메라 앵글은 과하게 움직이지 않도록 해주세요.
- 저품질 영상의 경우 사후 모니터링을 통해 GIF 움직이는 이미지가 미노출 처리될 수 있습니다.(기존 대표 이미지로 리스팅 노출됨)
- 저품질 영상 : 노출이 과한 영상/저화질/심하게 흔들리는 촬영 상태/상품의 상태를 확인할 수 없는 영상

잠깐만요! 사소하지만 잘 모르는 꿀 TIP

내가 상품 찍으면 왜 안 이쁘지?
핵심은 빛(조명)입니다. 상품의 그림자 부분을 집안의 LED 스텐드라도 비춰서 중화시켜 주세요.

상품 등록을 위한 촬영 시 설정
- 조명 플래시를 5.0으로 보통 두고 셔터 스피드 1/125
- ISO 200 조리개 8을 기본으로 설정하여 촬영하면 무난합니다.
- 조명이 핵심 – 동조기 활용 필요

4) 동영상 노출 트렌드 변화

Gif 파일이 대세
성질 급한 현대인은 동영상도 클릭 하기 싫어합니다.

리스팅(스타일 윈도 대상)
등록한 동영상에서 추출된 **GIF 움직이는 이미지가 대표 이미지 영역에 노출**됩니다.

5.4 스마트스토어 이미지 노출 기준

- 대표 이미지를 아래 조건으로 등록하는 경우 쇼핑 검색 연동이 되지 않습니다.

  - 사이즈 300×300 미만인 경우
  - 사이즈 3000×3000(용량 4MB)초과하는 경우
  - 비율: 가로 1 대 세로 2를 초과하는 경우

- 구매자의 쇼핑에 영향을 미치는 이미지
  깨알 같은 자세한 설명보다 임팩트 있는 이미지가 쇼핑 의사 결정에 더 큰 영향을 끼칩니다.

잠깐만요! 사소하지만 잘 모르는 꿀 TIP

> 웹페이지의 모바일 적합 여부(친화성) 테스트 사이트 추천
> Google Search Console(https://search.google.com/test/mobile-friendly)
>
> 모바일에서 주문의 80%가 발생하는데 고객이 내 상품을 모바일에서 볼 때 가로로 스크롤을 하게 된다면 5초 이내 떠날 확률 90%! **따라서 모바일 디스플레이가 매우 중요합니다.**

6 상품 등록 솔루션

대량 등록 솔루션

어떠한 솔루션도 완벽한 것은 없으며 오류와 수정 작업을 계속하게 되어 있습니다. 쓰는 유저마다 호불호가 다르며 자신에게 맞는 솔루션을 사용하면 됩니다. 필자가 써 본 솔루션 코멘트는 사용해본 경험에 의한 주관적인 의견입니다.

해외 TO 쇼핑몰 TO 오픈 마켓

❶ 설치형: 시스템이 안정적, 한국내 상위 랭커가 많은 장점
❷ 웹 구동형: 공간적인 장소에 구애받지 않음. 어디서든 작업이 가능함

도매 TO 오픈 마켓 TO 쇼핑몰

카페24, 셀도움, 도매매허브, EC모니터, 사방넷, 플레이오토, 이셀러스, 샵플링, 샵링커 등

참고 1 : 정글스카우트, AMZSCOUNT

아마존 시장 세일즈 데이터를 활용해 정확한 판매 수량으로 시장 사이즈를 분석할 수 있는 툴이죠. 카테고리별로 시장 조사 분석을 편하게 할 수 있으며, 제품의 연관 키워드 동향 및 제품 리스팅에도 최적화 되어 있어 구매 대행 사업자도 활용하기 좋은 툴입니다.(둘 다 유료)

- 크롬 확장 무료 APP인 Unicorn smasher로 상품 리스팅에 활용 가능
- 베스트 상품, 신상품 Sourcing – CSV 파일로 asin(아마존 고유 상품 번호) 추출

참고 2 : 셀도움 솔루션, 도매꾹의 스피드고, 오너클랜의 다팔자

- 수백만 개의 도매상품을 보유한 도매 업체 목록에서 셀러가 선택하여 원하는 마켓으로 일괄 전송하고 일괄 주문 발주하는 향상된 솔루션. 셀러가 하는 일을 최소화한 것이 특징
- 상품의 등록이 매우 빠르고 솔루션 사용이 쉬운 장점

구매 대행 솔루션 선별 기준

나를 위한 솔루션인가? 솔루션 회사를 위한 물주인가?

❶ 내가 판매할 상품을 어떤 카테고리라도 능동적으로 선택하여 갖고 올 수 있나?
❷ 상품 등록 시간이 짧은가? 셀러 스스로 하되 상품당 3초 이내 등록되는 솔루션 추천
❸ 셀러가 구매 대행 솔루션을 사용하며 실제로 의미 있는 수입이 생기는 구조인가?
❹ 솔루션 가격이 합리적인가?
❺ 셀러가 스스로 등록할 상품을 선택할 수 있는가?
❻ 셀러가 마켓에서 SEO 작업을 별도로 하는데 문제없는 구조인가?
❼ 계약 기간이 끝났다고 마켓에 이미 전송한 내 상품을 못 쓰게 하지는 않는가?
❽ 텔레그램, 카톡, 위챗 등의 메신저로 소통이 원활한가?
❾ 셀러 맘대로 수익률을 설정하지 못하고 솔루션 회사에서 수익률에 관여하지는 않는가?
❿ 해외 상품을 내 마음대로 갖고 오지 못하고 키워드 조회 결과로만 뿌려주지는 않는가?
⓫ 솔루션 사용에 따른 깊이 있는 구매 대행 교육의 기회가 제공되는가?
⓬ 소싱이 가능한 사이트가 충분히 제공되는가? 예) 전 세계 1000개 사이트 or 1000만개 이상
⓭ 솔루션 사용에 A/S가 좋은가?

위의 조건이 셀러에게 많이 유리하게 충족될수록 추천 지수가 높습니다.

유용한 솔루션, 웹사이트 및 툴 소개

1) 해외 상품 대량 등록 솔루션

- 정민소프트(http://jungminsoft.com) 코스모스
  - 다양한 기능, 설치형 솔루션 오랜 역사와 전통으로 계속 진화해 옴. 상위 랭커가 많음

- 미서씨(https://company.mr-seo.co.kr/)
  - 구매대행 경험으로 만든 글로벌 상품수집과 오픈마켓 연동 솔루션
  - 중국,일본,미국 일부사이트 소싱 가능

- 윈들리(https://windly.cc/)
  - 이미지번역까지 가능한 올인원 구매대행 솔루션
  - 웹 이미지번역과 편집가능,스마트에디터원으로 상품페이지를 작성한 것과 같은 수동 등록 노출 효과

- 넥스트엔진(https://next-engine.co.kr/)
  - 상품 등록 후 다른 마켓에 전송용이

- 반자동 솔루션 에이헬퍼(https://ahelper.kr/category/price)
  - 맞춤별 요금제, 중국 상품 등록 솔루션

- 도서 구입을 SNS에 업로드 후 내일연구소 카페에 인증시 등업해드립니다.
- QR코드 찍고 할인 받으세요.

윈들리

2) 국내 상품 등록 및 관리 시스템

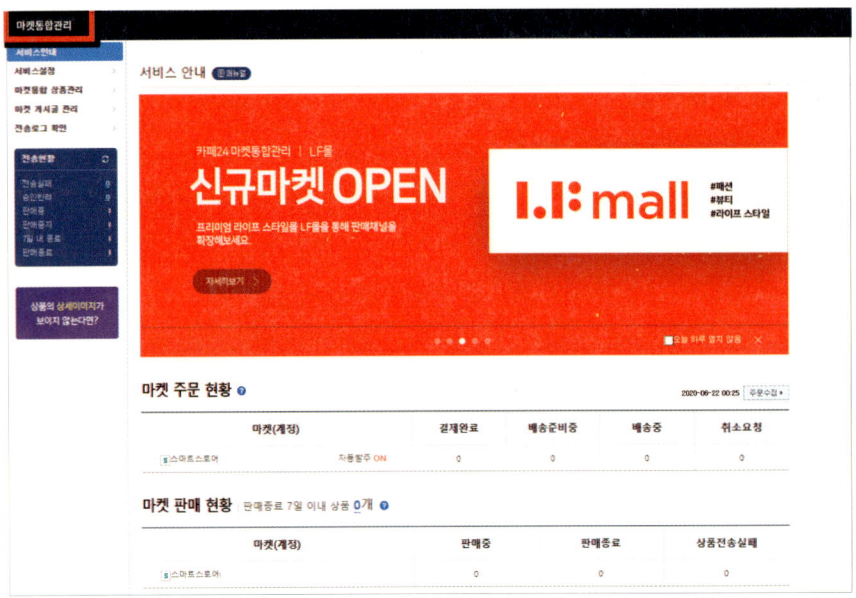

- 카페24 마켓통합관리(https://echosting.cafe24.com/Skill/?URL=Market)
- 도매매허브(http://domemehub.com)
- 셀도움(http://www.selldoum.com)
- EC-모니터(http://www.ec-monitor.com)
- 플레이오토(https://www.playauto.io/#!/home/)
- 사방넷(www.sabangnet.co.kr)
- 샵링커(https://www.shoplinker.co.kr)
- 셀로(https://www.sello.co.kr/About)
- 닥터셀러(http://www.drseller.net/index.asp)
- 셀링크(sellink.kr)
- 샵플링(www.shopling.co.kr)
- 샵링커(www.shoplinker.co.kr)
- Esellers(www.esellers.co.kr)
- 이지어드민(www.ezadmin.co.kr)
- 피디온(http://www.pdion.com)
- 샵마인(www.shopmine.co.kr)
- 셀메이트(www.sellmate.co.kr)
- 마켓매니저(www.marketmanager.co.kr)
- 비젬(www.bizesm.com)

3) 상품 페이지 편집 도구

상세 페이지는 하나의 카테고리별 기본 포맷을 만들어 놓고 사진과 TXT를 갈아끼우기 하는 형태가 가독성도 높이고 작업의 효율도 높이게 됩니다.

- 미리캔버스 –웹 디자인 플랫폼(https://www.miricanvas.com)
- 망고보드 - 미리캔버스와 같은 웹 디자인 제작 도구(https://www.mangoboard.net)
- 스마트편집기 - 상세 페이지 및 대표 이미지 제작 툴(http://www.smarteditor.co.kr)
- 올리브트리 스마트 편집기 - 상세 페이지, 썸네일 만들기(http://www.olivet.co.kr)
- 이미지플레이 - 상세 페이지 자동 디자인 제작(https://www.imageplay.co.kr)
- 포토샵 - 이미지 안에 글씨 지우는 작업: 지울 부분 영역 선택하고 Shift-f5
- 이미지호스팅 - 서버에 이미지 업로드하여 마켓에 한꺼번에 업로드하는 것
  ESM 이미지 호스팅, 고도 호스팅, 카페24, 가비아

4) 영상 편집

다음은 유용한 영상 편집 프로그램들입니다.

- 파워디렉터 - 동영상 편집 프로그램. 파워디렉터 최신 버전 이하는 무료로 이용 가능
- 프리미어프로 - 어도비사의 영상 편집 프로그램 최고 인기 있는 편집 툴
- 베가스 – 독일의 매직스 소프트웨어 사가 출시하고 있는 전문 비선형 편집 시스템을 위한 영상 편집 소프트웨어 패키지
- 파이널컷
- 뱁믹스
- 곰믹스
- 윈도우 무비메이커
- 비디오메이커(https://biteable.com)
- AutoDraw(https://www.autodraw.com)
- 4K – YouTube 비디오 컨버터 – MP3, MP4, AVI로 다운로드
- tyle.io – 쉽고 빠른 카드 뉴스/동영상 제작 툴(https://tyle.io)
- 오캠 - 화면 녹화 프로그램
- 반디캠 – 고성능 인터넷 동영상 녹화 프로그램
- Shakr – 온라인 비디오 제작(https://www.shakr.com)

5) 상업용 무료 폰트

- 네이버 한글한글 아름답게(http://hangeul.naver.com/2014/document)

- 고양체
- 롯데마트체
- 배달의민족 도현체
- 빙그레체
- 스웨거체
- 포천 오성과 한음체
- 나눔고딕체
- 막걸리체
- 배달의족 한나는 열한살체
- 서울남산체
- 이순신돋움체
- KBLZ한마음고딕체
- 나눔바른고딕체
- 배달의민족 연성체
- 배달의민족 주아체
- 서울한강체
- 이순신체
- KBIZ한마음명조체

6) 상품 리스팅 활용 도구

- KEEPA.COM

  딜 페이지 활용, 80% 인하 가격으로 던지듯이 카테고리별 소싱

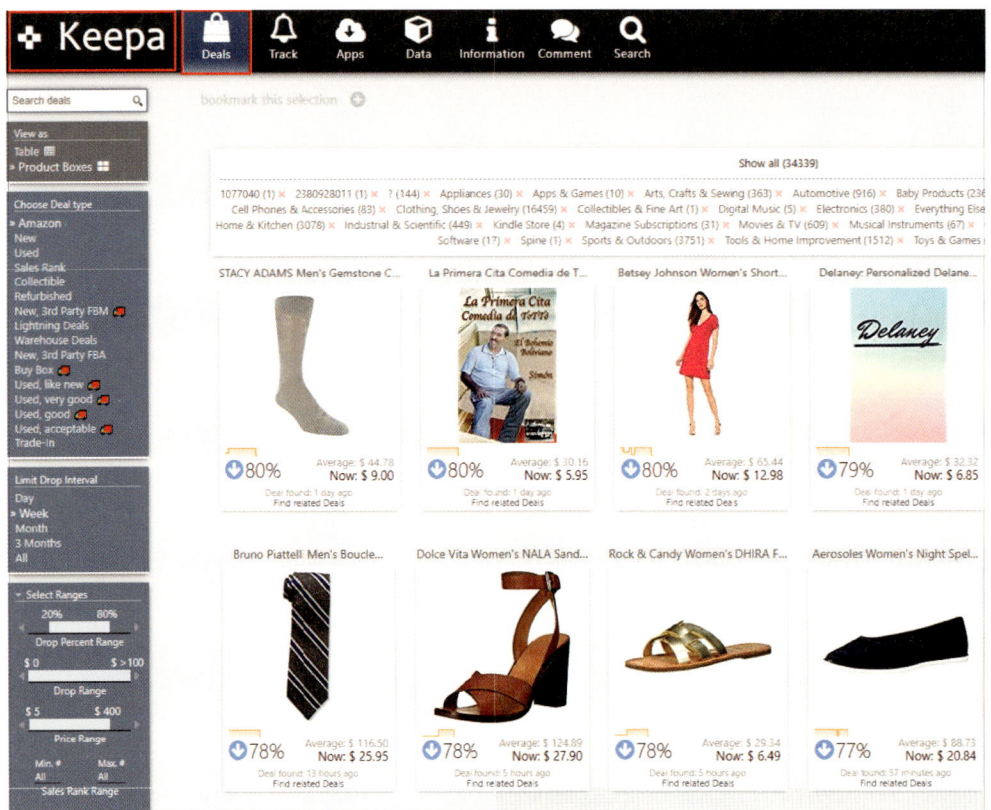

[출처: Keepa]

- 스마트스토어의 스마트 에디터 원 자체가 편집 툴이다.
- 알캡처 웹 이미지 바로 수정 저장 기능이 있다
- 포토스케이프 - 사진 편집 프로그램
- 원노트 - 전자 필기 프로그램
- PICPICK – 인기 상승 중인 웹 캡처 프로그램
- 우측 클릭 허용 프로그램(Enable Right Click) - 크롬 웹스토어에서 다운 가능
- 이미지 스크랩
- URL스크랩
- 썸네일 스크랩
- 크롬 브라우져로 웹페이지 전체를 캡처하기
  ① 크롬 ➜ 도구 ➜ 개발자 도구(혹은 Ctrl + Shift + I를 누르거나 F12)
  ② 그 상태에서 Ctrl + Shift + P를 누르면 커멘트 창이 나오게 됨
  ③ Capture full size screenshot이라고 커멘트 입력.
  ④ 다운로드 폴더에서 캡처 확인

⑨ 저절로 손이 기억하는 등록 프로세스

한눈에 본다! 습관이 되면 날개를 다는 상품 등록 프로세스! 안 보고도 그림이 그려질 때까지 연습하세요.

상품 올릴 후보 리스트를 만드는 날과 vs 실제 올리는 날은 다른 날이 되어야 합니다.
그래야 효율이 좋아집니다.
일주일에 3일은 상품 리스트와 키워드 추출된 폴더, 키워드가 반영된 이미지 폴더를 만들고 나머지 4일은 미리 준비한 자료로 SEO에 맞추어 기계처럼 올리기를 권합니다.

반드시 머리에 외울 순서

1. 데이터 랩 카테고리별 인기아이템 조회
2. 아이템스카우트(셀러마스터,셀링하니)로 상품 수 대비 조회 수 많은 키워드 찾기
3. 찾은 키워드를 만족하는 상품을 네이버 쇼핑에서 찾아보기
4. 파워셀러의 판매 상품과 같은 아이템이나 유사 아이템을 구글과 해외에서 검색
5. 검색된 구글 이미지 클릭 후 방문을 클릭하여 판매 사이트로 들어가기

6. 방문한 사이트의 상품 리스팅 가격과 네이버 쇼핑과 비교하기
7. 잘 모르는 사이트이면 사이트가 믿을만 한지 스캠어드바이저에서 검색해보기
8. 건전한 사이트로 파악이 되었으면 쇼핑몰 이름 뒤에 ~직구라고 넣고 포털에서 검색하기 ~ 사이트 직구 후기가 있으면 한국 카드가 거의 된다는 뜻
9. Kipris에 상표권 조회 해보기
10. 이제부터 이 사이트는 내가 접수하고 사이트 내의 모든 상품은 나의 소싱 대상
11. 상품을 등록하기 전에 반드시 상품 리스트를 반드시 사전에 만들고
12. 상품에 관련한 키워드 50개씩을 뽑고
13. 이미지 갖고 와서 네이버 쇼핑 SEO, 이미지 SEO 세팅하기
14. 판매가 잘되는 아이템과 통계 → 쇼핑 행동 분석 → 페이지별 → 유입 상품 번호 확인
15. 유입이 잘되는 아이템은 전략 종목으로 선정 후 럭키투데이 7일 걸기
16. 잘 팔리는 아이템 군을 40개 이상 전체 모아서 기획전 생성하기
17. 전략 상품 쇼핑몰별 가격 비교 작업하기
18. 전략 상품에 롱테일 키워드로 상품 당 50개씩 광고 깔기
19. 전략 상품 띄우기 위해 바이럴 마케팅 돌입하기
20. 블로그 체험단, 카페 게시 알바 쓰기
21. 동영상 구매평 달린 상품 캡처해서 내 상품의 상세 페이지 최상단에 올려놓기
22. 썸네일은 네이버 규정 준수한 이미지만 고집하지 말고 눈에 잘 띄게 만들기
23. 상세 페이지는 직접 찍는 게 최선. 반복 주문되는 상품은 반드시 1개를 내 사무실로 받아서 촬영을 한다.
24. 구매 대행 상품으로 반복 판매가 되는 것이 검증되어야 '사입'을 한다.
25. 사입으로 전개한 전략 상품이 뜨면 재판매 소매 사업자(리셀러)를 활용해서 나를 위해 돈 벌어 주는 구조 만들기
26. 5개의 아이템이 전체 매출의 80%가 넘을 때까지 계속 개발하고 반복 작업하기

Section 06 상품 관리와 등록

10 상품을 많이 등록해야 하는 진짜 이유

왜 많은 구매 대행 선배 사업자들은 상품을 많이 올리라고 하는 걸까요?

Q : 많이 올리면 상품 한 개 당 소량이라도 주문 들어오는 것이 생기게 되고 이런 소량 주문들이 모이고 모여서 매출이 커지게 되는 것을 노리는 것이죠?

A : NOPE!

온라인에서 장사를 제대로 해본 분들은 잘 알지만 상품 당 소량 주문이 모여서 매출이 오르는 게 절대 아닙니다. 마켓의 매출이 큰 폭으로 뛰려면 반드시 반복 주문되는 스타 상품이 나와야 합니다. 그래서 전략 상품을 만들기 위해 럭키투데이도 하고 광고도 하고 SEO 수정 작업, 바이럴과 유입 마케팅, 백 링크, 트래픽 증폭 작업들도 하는 것이지요.

그런데 어떤 상품이 뜰지 모르기 때문에 그 가능성을 키우기 위해 상품을 다양하고 많이 올려 보라는 뜻입니다. 온라인 비즈니스는 결국 스타 상품을 찾고 그 수를 늘리기 위해 확률을 높여 가는 게임입니다.

11 아마존 아이템소싱시 이미지를 갖고 오는 꿀 팁

아마존에서 이미지를 다운로드 하고 싶은데 다른 이름으로 저장이 안돼요.

아마존에서 이미지 갖고 오기가 잘 안되시나요?

솔루션을 활용하지 않고 수동으로 이미지를 퍼오고 싶은데 패션 상품 같은 경우 우측 클릭으로 이미지를 다운로드 받을 수 없어서 어쩔 수 없이 캡처 도구를 쓰시지 않았나요?

뭐 캡처도 괜찮지만 아무래도 캡처를 하면 해상도가 낮아 질 수밖에 없으니 원본 이미지를 고스란히 퍼오면 더 좋을텐데 하는 마음이 생기게 되는데 애석하게도 확대 이미지의 그물망 때문에 우측 클릭으로 이미지를 저장할 수 없게 되어 있죠.

이럴 때는 이렇게 해보세요.

먼저 미리 List-Up한 자신의 상품 리스트(소싱 후보 리스트)에 가서 URL을 타고 아마존 원본 페이지로 갑니다.

참고적으로 전자 제품처럼 더블 클릭하면 큰 이미지를 보여주는 아이템들은 우측 클릭해서 다른 이름으로 저장하거나 fatkun(크롬 웹스토어에서 조회하여 확장 app 추가)으로 일괄 다운로드 받을 수 있지요.

[전자 제품]

[더블 클릭으로 큰 이미지 활성화]

하지만 패션, 신발 등 재고 변수가 많은 카테고리는 이를 지원하지 않아서 다운로드가 어려운 이미지가 많습니다. 이런 상품의 경우엔, 먼저 원하는 아이템의 상세 페이지로 들어가서 F12를 클릭합니다.

Section 06 상품 관리와 등록

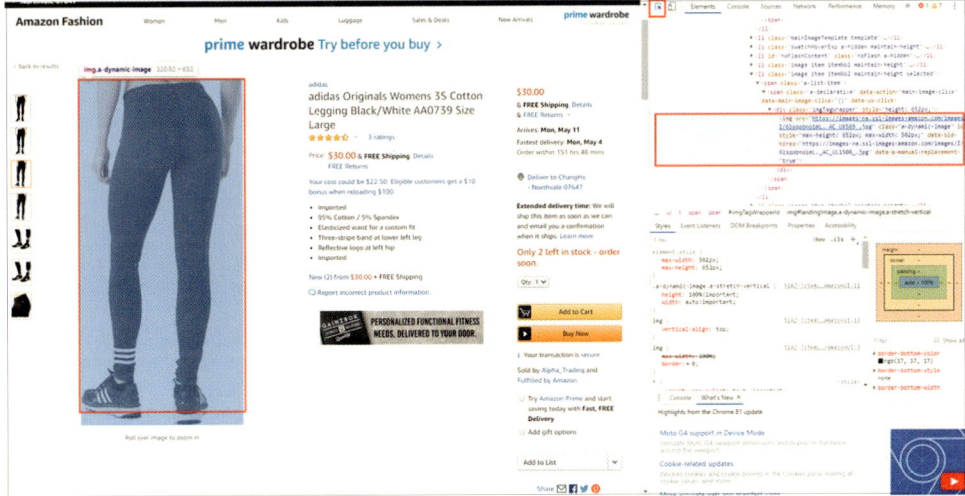

❶ HTML 왼쪽 상단에 화살표 모양의 토글 엘리먼트 선택 커서를 클릭합니다. 그러면 파란색으로 바뀌죠?
❷ 그리고 퍼올 메인 이미지를 선택하여 마우스 왼쪽을 원 클릭합니다.
❸ 그러면 우측 HTML에서 해당 이미지에 대한 블록이 씌워지게 됩니다.
❹ 블록 위에서 우측 클릭 ➜ copy ➜ copy element 선택합니다. 그러면 이미지가 복사되었습니다.

스마트스토어 상세 페이지 편집기에 들어가서 HTML을 클릭하고 바로 붙여 넣어도 상세 이미지는 바로 붙지만 대표 이미지나 보조 이미지도 등록을 해야 하기 때문에 어차피 이미지를 별도로 저장하는 것이 좋습니다.

w3schools.com

그 다음 HTML 연습 툴인 https://www.w3schools.com/에 접속하여 try it yourself에 아마존에서 복사한 '카피 엘리먼트'한 여러 이미지를 한 페이지에 모두 차례로 덮어 붙여넣기를 하고 'run'을 클릭합니다.

[w3에 여러 이미지를 한 페이지에 소스 붙여넣기]

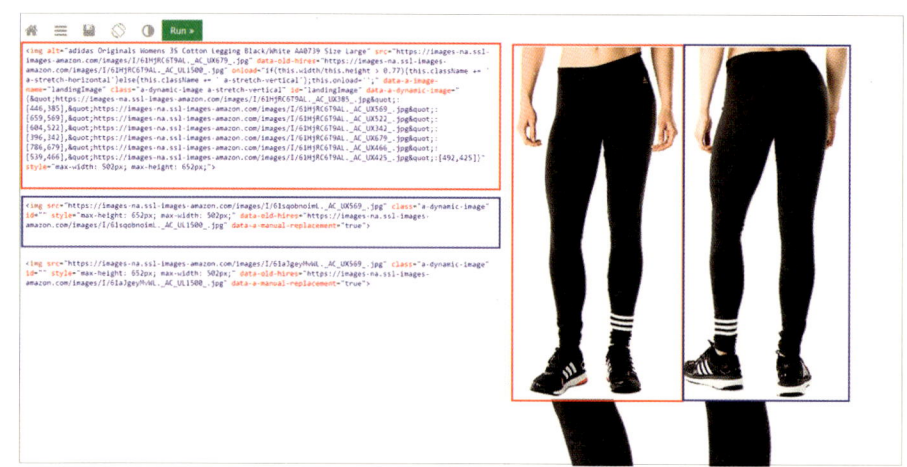

[RUN 실행으로 이미지로 변환하기]

그럼 위와 같이 이미지가 잘 구현되는지 확인이 됩니다.

이미지 일괄 다운로드

이 상태에서 변환된 이미지에 마우스 우측 클릭하여 fatkun을 선택하고 일괄 다운로드 합니다.

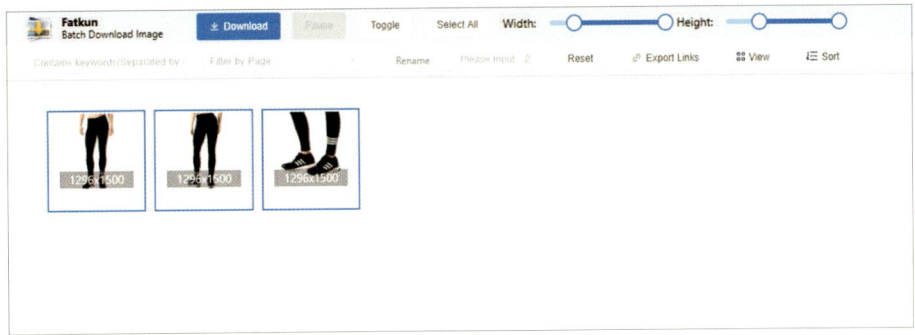

[펫쿤 대시보드]

파일 이름 일괄 변경

이미지 파일 이름들을 SEO에 맞추어 키워드로 일괄 변경하기

이미지 파일 이름을 치환할 키워드를 네이버 쇼핑에서 연관 검색어에서 추출해 놓습니다.

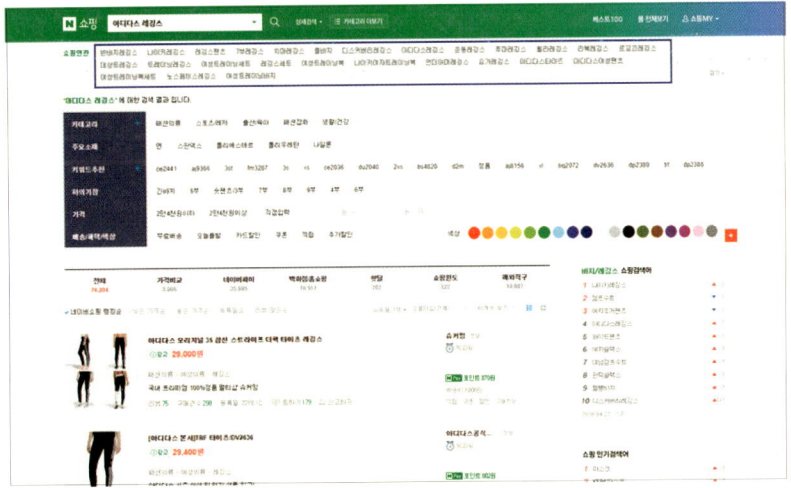

그러면 우리는 소싱하는 상품별로 폴더를 만들고 일괄 다운된 이미지를 한 폴더 안에 넣습니다. 그리고 엑셀 파일 이름 일괄 변경 매크로 프로그램을 같이 폴더 안에 넣습니다.

파일 이름 일괄 변경 매크로는 웹에서 검색이 가능한데 같은 파일 이름이나 단순히 아라비아 숫자를 순서대로 바꾸는 기능이 필요한 것이 아니라 이미지 마다 다른 이름(키워드)으로 파일 명을 치환하여 저장할 수 있어야 합니다. 엑셀 매크로는 필자의 카페에서 퍼 갈 수 있습니다.

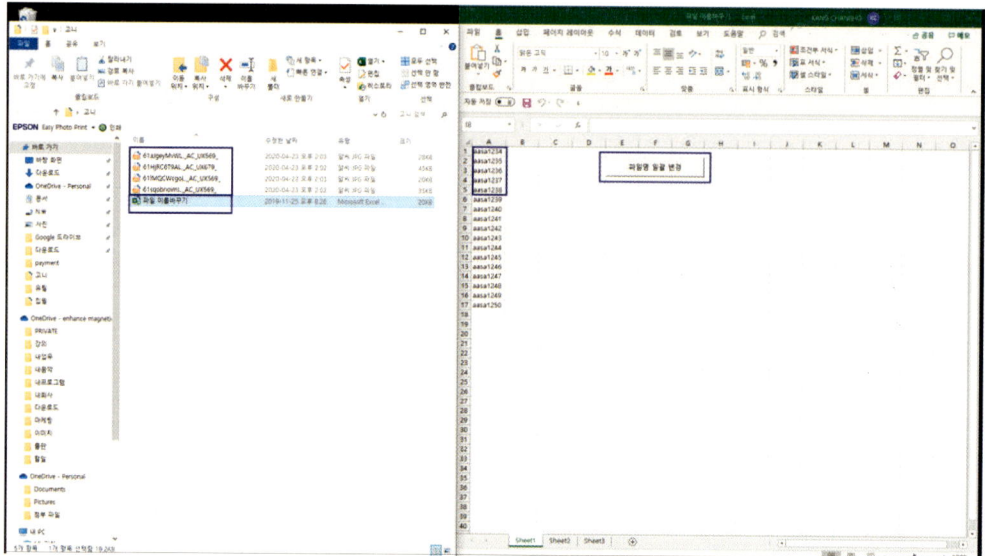

[하나의 폴더에 엑셀과 이미지를 넣기]

이미지 개수에 맞게 키워드를 엑셀 매크로에 붙여 넣습니다.

예) 아디다스레깅스, 여성트레이닝바지, 요가레깅스, 쫄바지

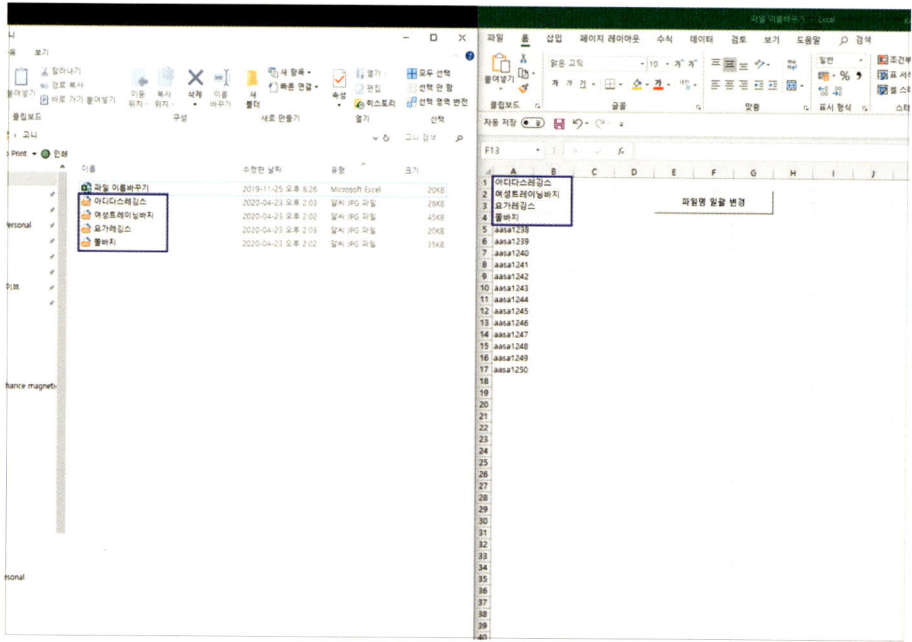

[파일명이 일괄적으로 변경되었습니다.]

검색 로봇의 서칭 대상이 되는 이미지 파일 이름이 키워드로 일괄 변경되었습니다.

이미지 사이즈 일괄 조정

그런데 문제는 이미지가 정사각형이면 문제 없지만 직사각형일 경우 스마트스토어에 올리면 리사이징 되어도 짤려서 보이겠죠? 강제로 사이즈를 조절하면 이미지가 찌그러지게 되어서 낭패입니다. 그래서 우리는 정사각형으로 만들어야 하는데 노력이 많이 들어가지 않는 것이 중요하므로 직사각형 이미지에 옆 프레임을 주어서 이미지 훼손 없이 정사각형으로 한 번에 변환시킬 필요가 있습니다.

이때 쓰는 도구가 벌크리사이즈입니다.

Bulk Resize Photos(https://bulkresizephotos.com/ko)

여기에 이미지를 드래그 앤 드롭 하거나 이미지를 선택하여 이미지 크기를 조정합니다.
드래그 앤 드롭해서 쉽게 선택한 이미지의 크기를 일괄로 조정하세요.
또한 JPEG, PNG 또는 WebP 형식으로 포맷을 변환할 수 있습니다. 사진 크기를 조정하여 컴퓨터에 압축되어 다운되게 때문에 매우 빠릅니다.

즉, 미리 팻쿤으로 다운 받았던 이미지들을 한 번에 불러 올려서 사이즈를 일괄 조정하고 다운 받으면 끝!

[벌크리사이즈로 정사각형으로 만들기]

자 확인해 볼까요?

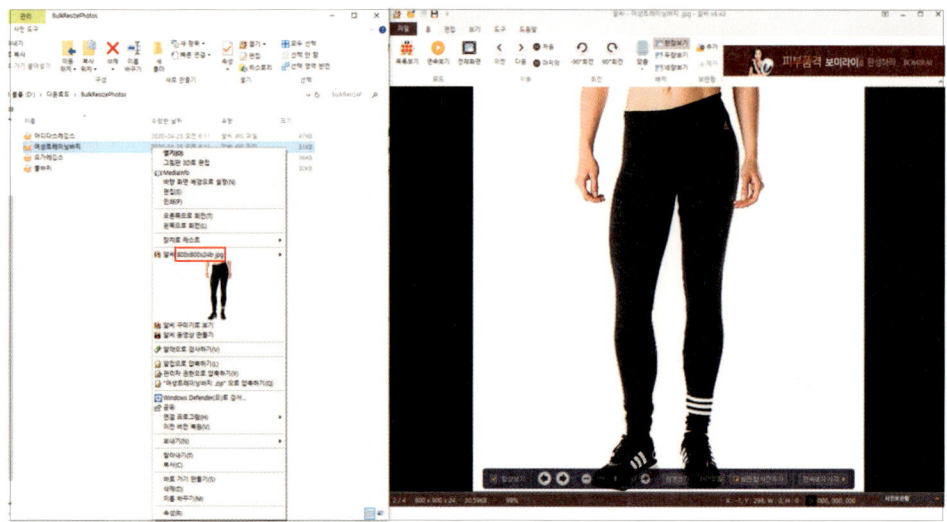

[정사각형으로 바뀐 이미지 픽셀]

깔끔하게 이미지 왜곡 없이 정사각형으로 바뀌었습니다.

그럼 오늘 이미지 퍼 오기부터 이미지 파일명 전환 후 빠르게 이미지를 정사이즈로 수정하는 것까지 간단히 살펴보았습니다. 즉, 상품을 마켓에 바로 등록할 수 있도록 상품 등록 직전의 준비 단계까지 마친 셈입니다. 실전에서 많이 활용해보세요.

중요한 것은 일을 대충대충 빨리하는 것 같아도 검색에 유리하게, 또 빠르고 효율적으로 해야 한다는 점입니다.

영상으로 보기 – 아마존 이미지 소싱 : https://bit.ly/이미지소싱방법

요약!

❶ 미리 어떤 상품을 올릴지 상품 리스트를 엑셀로 만들고 원 사이트 URL도 넣어 둔다.
❷ 아마존의 이미지 확보를 위해 URL을 클릭하여 아마존의 상세 페이지로 간다.
❸ f12를 눌러 이미지 소스를 카피한다.
❹ 3w에 붙여넣기 한다.
❺ 구현된 이미지를 팻쿤으로 다운로드 한다.
❻ 파일 이름을 엑셀 매크로를 활용해 키워드로 일괄 변경한다.
❼ 벌크리사이즈로 사진을 정사각형으로 일괄 변경한다. 상품 등록 준비 끝!!

여기까지의 시간은 10분 게임입니다.
또 한 번 강조합니다. 상품을 올릴 후보를 리스트업 하는 날과 상품을 기계적으로 올리는 날은 반드시 다른 날이어야 합니다. 그래야 효율이 오릅니다.
상품 등록을 위해 이미지 퍼오는 과정이 5분 이내에 소화되도록 연습하셔야 합니다. 그래야 많은 상품을 유의미한 방법으로 빠르게 등록할 수 있습니다.

SECTION 07 배송 대행지

해외 구매 대행 셀러가 알아야 할 배대지 필수 체크 사항

1 배대지 활용시 필히 고려해야 할 사항

1) 배대지를 선택할 때 셀러에게 좀 더 친화적인 시스템인지 체크해야 합니다.

배대지가 기본적으로 업무 자체에 효율을 높이도록 설계되어 있어야 쓰기가 좋습니다.

국내 송장이 바로 나오나?

무엇보다 배대지 신청서를 쓰면 바로 운송장 번호가 자동으로 부여되는 지를 반드시 체크해 봐야 됩니다. 장기적으로 작업 능률을 올리는데 너무나 큰 영향을 끼치는 것이거든요.

신생 업체는 그게 어려울 수도 있겠지만 배대지 캐리어가 좀 있고 시스템이 갖춰진 곳들은 신청서를 쓰면 즉각 우체국 택배 송장이나 CJ 택배 송장 번호가 바로 보여 지게 됩니다. 내 마켓의 발송 처리를 하기 위해서 이런 기능들이 필요합니다.

그런데 그게 안 되면 굉장히 불편합니다. 예를 들어서 아마존에서 물건을 구입한 후 트레킹 번호가 생기기까지 하루나 이틀 정도 기다린 후 트레킹 번호가 부여가 되면 일차로 오픈 마켓에 트레킹 번호를 넣어서 발송 처리를 하고, 나중에 다시 국내에 내 물건이 세관에 통과된 후 국내 택배사에 인계될 때 부여되는 국내 택배 송장 번호를 다시 바꿔서 넣어야 하는 그런 불편함이 있거든요. 그것이 한 두 건이면 모를까 누적적으로 수천 건씩 되는 것을 1인 사업자가 이런 일을 매일 한다면 굉장히 힘든 일이 될 것입니다. 그렇기 때문에 우선적으로 배대지 신청서를 쓸 때 쓰자마자 바로 국내 송장이 바로 부여가 되는지가 매우 중요합니다. 국내 택배사와 포워딩 업체가 운송 계약이 될 때 송장 번호의 일정 구간을 할당 받기 때문이죠.

다시 말하면 늘 반복되는 우리 업무에 기본적으로 수월하게 일을 할 수 있도록 시스템이 구축되어 있느냐가 배대지를 고르는 첫 번째 기준이라고 봅니다.

2) 두 번째 고려 사항은 구매 대행 배대지를 고를 때 카드로 적립금을 결제할 수 있는 곳이거나 후불제면 더 좋습니다.

대부분의 배대지들이 현금 적립금 형태로 운영하고 있죠. 그런데 적립금 예치식으로 쓰다 보면 물량이 많아지면서 매번 현금으로 적립하는데 개인 사업자 입장에서 잔고를 넉넉하게 유지하는 게 쉽지 않을 때가 있습니다.

물론 물량이 작으면 30만 원, 50만 원 이렇게 넣어서 운영을 하고 잔고가 소진될 때 또 적립하면 되지만 물량이 많아질 때는 한 번에 빠져나가는 속도가 빠르기 때문에 적립금제 보다는 카드로 결제할 수 있는 곳이 훨씬 더 유리한 편입니다.

왜냐하면 마켓의 정산 주기와 카드 결제 대금의 청구 주기가 비슷하게 맞아 나갈 수 있기 때문에 나의 마켓을 운영하기가 훨씬 유리하거든요.

3) 세 번째는 관세청의 통관 정책 변경에 대해서 빨리 캐치하고 현장에서 바로 반영하여 도와주는가?

예를 들어서 개인 통관 고유 부호 의무화나 상품 가격을 현지 구입가가 아닌 쇼핑몰 진열가로 기재하라는 건처럼 구매 대행 사업자에게 다소 부담을 주는 정책에 대해 조금이라도 loose 하게 대응하려고 하지 말고 바로바로 수용하여 마켓에 반영하는 게 낫습니다. 이때 배대지도 적극 협조해주는 업체가 좋습니다.

결국 모든 구매 대행 사업자에게 똑같은 조건입니다. 개인 통관 고유 부호를 점점 엄격하게 관리하기 때문에 앞으로는 개인의 주민등록번호로 통관되는 것도 점차 인정되지 않을 것으로 봅니다. 또 고객의 개인 정보 보호를 위해 마켓에서 부여되는 안심번호도 앞으로는 통관에 불인정 될 수도 있습니다.

즉, 배대지와 소통하면서 통관에 저해가 되는 요인들을 사전에 미리 준비하되 관세청의 변경된 정책들을 거슬러서 대항하지 말고 업무 최적화에 빠른 대응을 하여야 합니다. 물론 행정부의 잘못된 정책에 맞서서 어필하는 문제는 업계 사람들과 공동으로 적극 대응해야 하지만 지금 당장 내 비즈니스를 끌고 가는 일은 피해가 없도록 바로바로 대처해야 한다는 뜻입니다.

그리고 마켓에서 나의 상세 페이지를 작성할 때 상세 페이지 상단에 개인 통관 고유 부호를 발급받는 방법을 간단하게 배치를 하고 배너를 만들어 URL을 넣어 주면 약간이라도 고객의 이탈을 방지하는데 도움이 될 것입니다

4) 네 번째는 배송에 대해 고객을 위해 템플릿과 소통 도구를 잘 써야 합니다.

이는 업무 효율을 엄청나게 끌어올릴 수 있습니다.
배송 지연을 설정했던지, 아니면 상품의 관부가세가 붙는 내용이라든지, 아니면 검역비가 새로 부과될 것 같은 내용들을 고객에게 바로 알려주면 사전에 불필요한 트러블들을 현저하게 줄일 수가 있습니다.

그런데 그 때마다 일일이 수기로 작성을 해서 보내야 할까요?
그렇지 않습니다. 우리의 업무 패턴들이 대부분 반복적이기 때문에 템플릿을 미리 마련해 놓고 고객들 이름만 바꾸어서 바로바로 보내는 방법이야 말로 효율을 높이는데 크게 기여하게 됩니다. 단계 별로 템플릿을 만들어 txt 형태로 저장하세요.

예) 1. 주문 단계 2. 해외 구매 단계 3. 해외 로컬 배송 단계 4. 배대지 입고 단계 5. 배대지 검수 단계 6. 배대지 출고 단계 7.항공 선적 및 운송 단계 8. 세관 통관 단계 9. 국내 배송 단계 10. 반품 및 교환 단계로 나누어 각각의 단계별 고객 응대 문구를 템플릿으로 저장해 놓고 선제적으로 메일이나 문자를 활용하여 보내는 방법을 말합니다.

문자 도구에 가입하자
문자 전송 도구는 모바일로 하지 마시고 '문자보내고'나 '문자나라' 같은 TOOL을 쓰시면 됩니다. 비용도 저렴하고 주소록 관리 등 여러 기능들이 있어서 고객 관리를 용이하게 할 수 있는 장점이 많습니다.
즉, 고객과 배송 문제로 트러블이 생기기 전에 템플릿과 소통 도구들을 활용하여 선제적으로 대응해서 매끄럽게 일 처리를 하라는 뜻입니다.

아래는 고객과 평소 TXT로 템플릿을 준비했다가 약간 수정하여 CS처리 하는 예입니다.

"안녕하세요? OOO 고객님! 저희 OOO 마켓을 찾아 주셔서 감사드립니다.
국내 해외 직구 몰의 미국 주문품들은 90% 이상이 7~20영업일이 소요됩니다.
출고와 선적, 통관은 선입 선출로 처리되며 현지 마켓, 배대지, 세관 통관, 택배사에서 지연의 이슈가 생길 경우 뜻하지 않게 순연될 가능성이 있습니다.
좁은 한국과 달리 미국은 판매회사에서 현지 물류센터까지의 육로 배송은 보통 3일~7일 사이로 시간이 많이 걸리기 때문에 국내 로켓 배송에 익숙한 고객님들은 조바심을 내시지만, 사실 배송 기간은 한국 판매자 보다 미국 판매사의 배송 정책과 물류센터의 작업 속도에 따라 전체 배송 기일이 좌우됩니다.
해외 트레킹 번호가 나오기 전까지, 고객님이 주문하신 상품의 배송 정보가 저희 마켓의 상태 창에서 별 변동이 없어서 '내 물건이 제대로 잘 진행이 되기는 하는 건지?' 불안해하는 분들이 많으므로, 저희 마켓은 해외에 주문 후 즉시 국내 송장 번호를 먼저 알려드려서 물건이 정상적으로 움직이고 있음을 알려 드리고 있습니다.
즉, 나중에 한국 세관 통관 후 조회하게 될 유효한 우체국 송장 번호를 미리 알려 드리는 것입니다 (FAQ 참조).
따라서 미국에서 배송 중인 상품을 한국 우체국 택배 송장 번호로 조회하시면 당연히 조회가 안 됩니다. 만약, 미국내 배송 상황까지 궁금하시면 문의 시 미국 트래킹 번호를 즉시 알려드립니다. 미국내 도시들을 이동하면서 배대지에 입고가 되면 상품을 검수하고 바로 한국으로 출고합니다. 통상 물류센터에서 한국으로 출고 후 3일이면 받으실 수 있습니다. 송장 조회는 한국 세관 통관 후 가능합니다. 조금만 더 기다려 주시면 감사하겠습니다. 배송에 만전을 기하겠습니다.
감사합니다."

5) 다섯 번째. 배대지 신청서에 트래킹 넘버를 바로바로 입력해 줘야 합니다.

항상 트래킹 번호를 바로 바로 기입하지 않기 때문에 배대지 입고되는 것들이 전부 No data로 분류가 되거나 상품을 찾을 수가 없게 되어서 결국 굉장히 늦게 출고가 되는 상황이 발생하게 됩니다.
이것은 우리가 쓸데없는 일을 만드는 일이거든요.
그래서 구입한 해외 마켓 계정에서 트래킹 번호가 생성되는 즉시 최대한 빨리 번호를 배대지 주문 신청서에 기입하는 것이 좋습니다.

6) 여섯 번째 한국과 해외 배대지의 시차가 다르다는 점을 유념해야 됩니다.
　새벽에 전화 받게 하지마!

물론 요즘 배대지들은 카톡도 개설돼 있는 곳도 많고 또 게시판도 활성화되어 있어서 빨리 빨리 답변을 해 주기는 하지만 사실 고객의 반품이나 어떤 컴플레인 문제에 대해서 데드라인이 정해져 있을 경우에는 한국과 미국의 시간이 차이 나기 때문에 깊이 있는 통화를 하고자 시간을 재다가 깜빡 잊어 먹기 일쑤입니다. 거기다가 주말에 배대지 업무를 안 하고 있으면 원하지 않게 보통 3~4일이 그냥 휙 지나가 버립니다.
그러면 또 많은 애로점이 생기기 마련이죠. 괜히 스트레스를 받기 때문에 한국과 영국이나 미국의 시차가 얼마나 되는지를 정확히 계산하고 있다가 그 시간에 맞춰서 알람을 맞추어 놓았다가 통화를 하는게 굉장히 효율적입니다.
실제로 이렇게 해보세요. 그 알람 별거 아닌데 엄청 도움 됩니다.

7) 일곱 번째는 배송 대행지 유관 업무는 기본에 충실해야 합니다.

신청서를 쓸 때 쉬핑 어드레스를(shipping address) 잘못 표기하는 사소한 실수가 큰 화를 불러 온다는 사실에 유의해야 한다는 점입니다.

신청서 좀 잘 써요.

가끔 도착하는 물류지를 잘 못 체크해서 물건을 분실했다고 생각하는 경우가 왕왕 발생하는데 요. 배송 신청서를 쓸 때는 반드시 도착하는 배대지 지역을 정확하게 체크하는게 중요합니다. 세금 면세 때문에 델라웨어로 보내야 하는데 디폴트 설정되어 있는 기본 배대지인 뉴저지 마킹 임을 깜빡 잊고 그냥 배송 신청서를 제출하는 경우가 간혹 있습니다.

누구나 한 번씩은 경험을 하게 됩니다. 즉, 마켓에서 물건을 주문 후 배대지 신청서를 쓸 때 배송지가 어디로 되어 있는지를 제일 먼저 체크하는 습관이 되어 있어야 합니다. 나중에는 물량이 많아져 엑셀 업로드로 처리하거나, 자사몰인 경우 api로 연동하여 손쉽게 대량으로 전송하다 보니 기본에 충실해야 할 필요성을 좀 잊게 되거든요.

또, 신청서 작성시 구입하는 상품의 옵션 이미지 URL을 붙여 넣어 줘야 배대지에서 정확한 식별이 가능한데, 통상 상품 페이지 URL만 넣다 보면 배대지 담당자가 눈에 보이는 대표 이미지만 보고 판단하면서 오류 입고로 잡는 실수가 생기지 않도록 배려해야 합니다.

8) 인보이스를 '제거'로 디폴트 설정해 놓아야 합니다.

대부분의 배대지가 인보이스 제거로 설정이 되어 있지만 배대지에 따라 인보이스를 제거할 것인지 상품에 포함하여 한국으로 출고할 것인지를 선택하게 만들어진 배대지 양식도 있습니다. 인보이스가 고객한테 도달한다는 뜻은 우리가 마진을 얼마나 보는지, 현지 마켓에서 얼마에 팔리는지를 알려주는 것과 같습니다.
고객(구매자)은 국제 배송료나 현지 tax, 로컬배송료, 검역비와 같이 통관에 따른 별도 비용, 특수 포장비등을 잘 모른 채 판매자가 '많이도 남겨 먹는다'라고 만 생각할 위험이 있는 것이죠.

인보이스가 고객에게 반드시 안가게 하려면 마켓에 주문할 때 '기프트 옵션'을 선택하면 돼요.

결국 배대지의 신속성과 정확성을 요구하기 전에 셀러 스스로 기본에 충실해서 내용을 정확하게 요청하고 신속하게 트래킹 번호를 넣어 줘야 일이 잘 풀립니다.
즉, 일을 잘 한다는 뜻은 기본에 충실해야 한다는 이야기와 크게 다르지 않습니다.

9) 파손의 위험성이 있는 것은 안전 포장을 하는 것이 좋습니다.

그릇, TV 등이 파손되면 판매자는 늘 책임에서 자유로울 수 없습니다.
파손의 위험을 방지하고자 해외 운송 보험을 들기도 하는데 보험의 효력이 미치는 구간은 국내 세관까지 만입니다. 통관 후 개별 특송으로 배송되는 상품들은 이미 보험의 커버리지를 벗어나게 되므로 설치형 상품일 경우 공항에서 고객에게 배송되는 구간에 신경을 많이 써야 합니다.

10) 배대지는 가급적 한군데에 몰아서 운영하는 것이 유리합니다.

한국에 있는 판매자가 해외 마켓에 거래를 할 때 IP에 따른 웹사이트 블록 문제 같은 애로점의 해결이 필요한 경우 해외 마켓에 전화를 해야 하는 일이 발생하게 되는데요. 이와 같이 곤란한 일이 생겨서 도움을 요청해야 하는 상황이 생기거나, 전체 배송비 단가 리스트에 대한 네고를 할 때도 결국 협조 여부는 배대지의 기여 정도와 향후 전망에 따라 협조 여부가 달라지기 때문입니다. 현지 마켓마다 1인이 1일 구입 수량에 제한이 걸려 있어 다른 배대지와 다른 아이디로 주문할 필요가 있을 때에는 어쩔 수 없이 복수의 배대지를 활용해야겠지만 가급적 한곳으로 모으는 것이 여러모로 유리합니다.

배대지는 '움직이는 사람'이라는 사실을 꼭 염두해야 합니다.
시스템이 아무리 완벽해도 사람이 일하는 곳이라서 자주 재촉하고 체크하고 요구해야 움직입니다. 또, 우리가 싫은 일은 배대지도 똑같이 싫어하는 법입니다. 너무 무리한 요구를 하면 안 됩니다. 밀도 있는 파트너쉽이 형성되어야 서로 도움을 주게 되는 것이고 구매 대행 사업도 발전하게 되죠. 결국 인지상정이거든요

11) 배대지가 규모가 있고 체계적인 물류센터인지 확인해 보는 것이 좋습니다.

배대지의 규모가 클수록 배송하는데 체계가 있고 리턴 또는 환불에 대한 규정이 명확해서 문제가 생겼을 때 대응하기가 수월합니다. 대신 융통성이 없어서 인간적으로 해결할 수 있는 일처리도 원칙대로 처리해 버리는 단점이 있습니다. 너무나 협소하거나 잘 알 수 없는 배대지에 덜컥 적립금 입금부터 하지 말고 계약하기 전에 현장을 한번 살펴봅니다.

배대지의 규모는 구글 어스(https://www.google.com/earth)에서 위성을 통해 한눈에 알아볼 수 있습니다.

🖥 **영상으로 보기** - 배대지 필수 체크사항 10가지 : https://bit.ly/배대지필수체크사항

2 구매 대행에 대한 반품 팁

2.1 현지에서 리턴하는 경우

배대지로 이동 중이거나, 배대지에 도착했으나 출고 전의 상품은 해외 판매회사에 리턴 레이블을 요청하고 배대지 사이트에 리턴 레이블을 올려서 출고 전에 반품하면 됩니다.

미국의 경우 통상 물건을 구입한 해외 온라인 사이트로 되돌아가는 데는 당초의 아마존 프라임 배송은 이틀 내 배송이고 반품 또한 무료 배송이지만 반품 배송 기일은 최초의 배송보다 느리게 돌아가며 물건이 리턴 되어 반품 승인이 되고 통상 1일에서 14일 사이에 리펀드(내 결제 계좌로 환불)됩니다.

한국의 고객에게는 반드시 내 계좌로 리펀드 된 후에 환불해 드려야 합니다.

2.2 한국으로 들어온 물건을 리턴하는 경우 3가지 리턴 방법

각 경우에 따라 3가지 방식으로 리턴을 하게 됩니다.

1) **첫째, 내(판매자)가 안내하는 해외 배대지 주소로 고객이 직접 우체국에서 EMS로 반송하는 방법입니다.**

보통의 스니커즈 정도면 약 35,000원 내외의 국제 ems 비용이 나옵니다. 이는 고객의 오 주문이나 고객 변심일 경우 많이 활용됩니다.

고객님이 직접 좀 보내 주세요^^ 송장도 찍어서 보내주시구요.
여기서 주의할 점은 고객이 해외의 우리 배대지로 반송할 때 생성된 국제 송장 번호를 사진으로 찍어서 보내라 하고, 우리는 그 상품에 대한 리턴 레이블을 미국 판매회사에서 받아서 배대지에 미리 등록해 놓아야 합니다.

일반적으로 고객이 배대지로 보내게 하는 편이 신경을 덜 쓰게 됩니다. 만약 고객이 해외 마켓에 직접 반송하기를 원한다면 리턴 레이블을 고객에게 전달해야 할 뿐만 아니라 국제 우편물 발신인과 당초 구매자(국내 판매자)가 이름이 일치하지 않는 등 신경 쓸 거리가 많게 됩니다. 이런 방식은 국내 오픈 마켓이 권하는 방식은 아니겠죠. 마켓은 고객에게 좀 더 반품을 수월하게 해 주는 게 목표일테니까요.

한국으로 해외 배송 되는 인터내셔널 배송 상품(International shipping)인 경우 마켓에 따라 리턴비 10~20 달러를 지원해 주기도 합니다. 리턴이 끝나면 구매한 사이트에 로그인 해보면 오더 디테일에서 환불된 금액이 마이너스 처리되어 보이는 것이 보통입니다.

2) 두 번째 방법은 배대지의 한국 사무소로 보내는 방법입니다.

배대지의 한국 담당이 여러 셀러들의 반품 건들을 모아 모아서 주기적으로 한 번에 리턴하는 방식을 말합니다. 통상 배대지의 한국 물류 담당은 반품뿐 아니라 세관 통관 같은 일을 관세 사무소나 포워딩 업체와 핫라인을 유지하면서 배대지 대신 일을 합니다.

이 경우 물건은 한국 담당이 해외로 보내주지만 리턴 레이블은 국내 판매자가 제공해 주어야 합니다. 보통 배대지 홈페이지에 오더 번호와 배송 신청 번호를 기준으로 별도로 올려놓아야 합니다.

아무래도 EMS 개별 발송보다는 비용이 저렴합니다. 신생 배대지 업체는 한국 지사가 없는 경우도 많고 한국 판매자가 자신의 사무실에서 리턴할 물건을 직접 보내도록 요구받기도 합니다.

3) 세 번째 방법은 내 사무실로 받아서 해외 마켓에 직접 보내는 방식입니다.

이때 주의할 점은 반송되어 사무실에 도착한 상품이 훼손되거나 TAG와 포장이 멸실 되어 반품이 불가능한 상태가 아닌지 반드시 체크해야 합니다.
다음은 체크해야 할 목록입니다.

❶ 리턴 제한일에 걸려 리턴이 불가능 한 것은 아닌지
❷ 상품 태그가 그대로 훼손되지 않고 붙어 있는지
❸ 또 내용물의 구성품이 온전하게 유지되고 있는지
❹ 재판매가 불가능하게 상품이 훼손되지는 않았는지
❺ 또 사용을 했던 것은 아닌지
❻ 먼지나 오염이 묻어 있는 건 아닌지

그런 다음 물건을 구입한 해외 사이트에서 리턴 레이블을 받은 후 반품 박스에 붙이거나 넣어서 반송 처리하게 됩니다. 또한 구매자가 반품을 바로 처리하지 않다가 며칠 후 리턴 할 물건을 사무실로 보내오면 반품 데드라인에 걸려 당황할 때가 있으니, 당초에 내 마켓에 반품 지 상세 주소 말미에 '협의 없는 일방적 반송은 금 한다 거나 사전에 미리 연락을 달라는 문구를 써 놓는 것도 좋은 팁이 될 수 있습니다.

2.3 반품 시 리턴 레이블 pick-up과 drop-off 선택은?

이 질문에 명쾌하게 대답을 할 줄 아는 판매자라면 이미 초짜는 아니라는 뜻!

pick-up 방식은 미국의 택배사가 리턴 할 물건을 가지러 배대지로 차가 와서 회수해가는 방식이며 보통 1~3일 내에 빨리 도착합니다. drop-off 방식은 반품할 물건을 UPS 같은 택배 사 지점으로 찾아가서 반품 접수하는 방식입니다. 보통 리턴이 한국 판매자의 생각보다 늦게 지연되는 경우가 많습니다.

그럼 우리가 배대지로부터 반품할 물건을 해외 판매 회사로 리턴할 때 리턴 레이블을 신청하는 단계에서 선택할 pick-up과 drop-off 중 배대지는 어떤 방식을 더 좋아할까요?

배대지 입장에서는 물건을 찾으러 오는 택배사의 리턴 회수 방식을 선호할 것 같지만 실제로는 **drop-off 방식을 완전 선호**합니다. 특정 건 때문에 일정이 묶이지 않으려 하고, 여러 반품 건 들을 모아서 한 번에 퍼 나르는 것이 수월하기 때문입니다. 그래서 국내 판매자가 구매했던 미국 사이트에 리턴 레이블을 신청할 때 drop-off 방식을 초이스 하는 것을 배대지는 더 좋아합니다.

2.4 배대지에 도움을 요청할 때 주의할 점

현지 사이트와 트러블이 생기거나 통화를 해야 할 때 배대지에 도움을 요청하게 되는데요. 이 때 주의할 점은 배대지가 내 마음 같지 않아서 특정 건에 대해 전력을 다해 성심성의껏 돕는다는 것으로 생각하고 완전히 의지하면 안 됩니다. 물론 어떤 업체는 셀러 회원들에게 서비스하는 개념이 아니라 돈을 받고 통화해 주는 업체도 있습니다. 그럴 때는 정당하게 권리를 요구 해야지요. 미국의 사이트에서 리턴 레이블을 못 받아서 문제 해결이 필요하거나 특정한 건으로 현지 사이트와 소통이 필요 할 때 초보자들은 메일 계정을 전해 주며 도움을 요청하기도 하는데 배대지가 내 계정 정보를 갖고 악용할 소지는 없지만 메일을 다른 곳에서 열거나 아마존과 같은 계정 정보를 미국에서 로그인 할 때 계정이 블럭 되는 사태가 발생될 수 있으니 각별히 주의해야 합니다.

이상으로 리턴에 대한 간단한 팁들을 알아보았습니다.
평상시 배대지측 하고 교류를 많이 해서 인간적인 신뢰를 쌓으면 누구나 잘 도와주게 되어 있습니다. 물론 물량보다 더한 설득 수단은 없습니다.

> 영상으로 보기 - 구매 대행 반품 방법 3가지 : https://tv.naver.com/v/8985361

3 부피 무게 적용 이유

배대지 요금표							
미국 NJ(뉴저지)			중국 위해				
무게(kg)	범위(kg)	배송비(달러)	무게	스탠다드	디럭스	VIP	프리미엄
1	0.00 ~ 1.00	7	0.5 kg	₩6,400	₩5,900	₩5,400	₩4,900
2	1.01 ~ 2.00	9	1 kg	7,200	6,700	6,200	5,700
3	2.01 ~ 3.00	10	1.5 kg	8,000	7,500	7,000	6,500
4	3.01 ~ 4.00	12	2 kg	8,800	8,300	7,800	7,300
5	4.01 ~ 5.00	13	2.5 kg	9,600	9,100	8,600	8,100
6	5.01 ~ 6.00	15	3 kg	10,400	9,900	9,400	8,900
7	6.01 ~ 7.00	16	3.5 kg	11,200	10,700	10,200	9,700
8	7.01 ~ 8.00	18	4 kg	12,000	11,500	11,000	10,500
9	8.01 ~ 9.00	19	4.5 kg	12,800	12,300	11,800	11,300
10	9.01 ~ 10.00	21	5 kg	13,600	13,100	12,600	12,100
11	10.01 ~ 11.00	22	5.5 kg	14,400	13,900	13,400	12,900
12	11.01 ~ 12.00	24	6 kg	15,200	14,700	14,200	13,700
13	12.01 ~ 13.00	25	6.5 kg	16,000	15,500	15,000	14,500
14	13.01 ~ 14.00	27	7 kg	16,800	16,300	15,800	15,300
15	14.01 ~ 15.00	28	7.5 kg	17,600	17,100	16,600	16,100
16	15.01 ~ 16.00	30	8 kg	18,400	17,900	17,400	16,900
17	16.01 ~ 17.00	31	8.5 kg	19,200	18,700	18,200	17,700
18	17.01 ~ 18.00	33	9 kg	20,000	19,500	19,000	18,500
19	18.01 ~ 19.00	34	9.5 kg	20,800	20,300	19,800	19,300
20	19.01 ~ 20.00	36	10 kg	21,600	21,100	20,600	20,100

[사업자별 배대지 배송 요율표 예시]

부피 무게로 측정된 결과 값이 위 요율표에서처럼 각 셀러의 배대지 조건표 요금으로 적용된다고 보면 됩니다.

항공사 선적 공간은 제한되어 있는데 반해, 실 무게 보다 부피만 큰 물건은 수송 효율측면에서 이득이 안 되므로 부피 무게를 적용하게 됩니다. 샘소나이트, 아메리칸 투어리스트, 골프백 등 실 무게는 가벼워도 덩치가 큰 물건은 부피 무게를 적용 받습니다. 따라서 배대지의 부피 무게에 대한 공지를 잘 확인해야 합니다.

대개 실 중량과 부피 무게 중 큰 무게를 적용합니다. 캘리포니아쪽 배대지를 활용하면 도움이 되나 주정부 tax와 견주어서 잘 감안해서 판단하면 됩니다.

구매 대행 기초 부피 무게 계산하는 방법
미국(lb)=(가로 x 세로 x 높이 cm)/166
중국, 일본(kg)=(가로 x 세로 x 높이 cm)/5000
유럽(kg)=(가로 x 세로 x 높이 cm)/6000

배대지 요율이 kg으로 세팅되어 있으면 네이버 창이나 구글 창에서 바로 수식 변환해서 확인하면 됩니다. 부피 무게가 산출되면 계약된 배대지의 사업자별 요율표 or 조건표 상에 금액을 확인하면 됩니다. 구매하려는 사이트의 상품 페이지에 제품의 크기 정보가 명시되어 있지만 실제 내용물보다 보수적으로 더 크게 계산해야 합니다. 통상 포장박스 **여유분을 감안하여 1인치 정도 더 플러스 하는 것이 현실적**입니다. 바로 조회하여 계산이 가능합니다.

캘리포니아는 부피 무게에 유리하나 주세가 높은 편이다.

미국의 경우 캘리포니아 쪽 배대지를 사용하면 부피 무게 비용을 현저하게 줄일 수 있으나 주정부의 세금이 있으므로 득실을 따져 보고 배송지를 이용하면 됩니다.

```
예) 뉴저지 배대지 부피 무게 48,000원에 주정부 세금 $5
                            vs
    캘리포니아 배대지 부피 무게 15000원+주정부 세금 $9
```

따라서 캘리포니아 배대지를 쓰고 주세를 납부하는 것이 유리합니다. 미리 부피 무게 값을 안다면 고객에게 명쾌하게 안내할 수 있고 상품 가격에 반영하여 고객이 부수적인 추가 비용 고민이 없게끔 안심시킬 수도 있습니다.

영상으로 보기 – 구매 대행 부피 무게 제대로 알기 : https://tv.naver.com/v/8773936

4 사업자 통관

사업자 통관이란?
주로 한국에 한꺼번에 사입해서 판매하기 위해 수입하는 통관방식입니다.
개인통관이 아니라 관부가세를 납부하고 사업자 명의로 수입 하는 통관 방식입니다.
재 판매를 목적으로 수입하는 경우 대개 사업자 통관으로 수입하며 재 판매시에 KC인증의 의무도 갖게 됩니다.

사업자 통관을 하는 이유
해외에서 물건을 수입 해 올 때 kg으로 중량 측정 해서 들어 오는 것 보다 CBM 단위로 들여 오는편이 유리 하면, 전자상거래로 수입하지 않고 사업자 통관으로 들어 오는 편이 유리 하기 때문입니다.
*CBM (Cubic meter) : 가로1m x 세로1m x 높이1 m

LCL과 FCL
- 다수 사업자 공동 선적 통관 형태 LCL (Less than Container Load)
- 하나의 컨테이너에 여러 사업자의 물건을 같이 선적하는 형태
- 하나의 사업자 전용 선적 형태 FCL (Full Container Load)
- 하나의 컨테이너에 하나의 사업자 물건만 채워서 들어 오는 방식

사입 할 상품의 선택 하는 꿀팁
- 네이버에 잘 팔리는 상품을 1688이나 중국 도매 업체에서 찾아서 사업자통관을 한다.
- 구매대행은 니치 키워드로, 사입상품은 중대형 키워드로 검색해서 시장성이 있는 아이템을 갖고와서 정면 승부를 걸어야 한다.
- 사입시 KC 인증 비용이 발생하므로 처음에는 쿠팡의 로켓배송 상품을 보고 이미 KC인증 정보가 있는 아이템을 같은 곳에서 소싱하는 전략을 쓴다. 인증비용을 크게 줄일 수 있다.
- 알리바바나 1688의 상품은 제조원이나 공장설비가 있는 판매자인지 도매상인지 잘 보고 접촉한다. 대량으로 수입하지 않는 이상 공장에서 처음 거래하는 한국 셀러에게 무조건 할인해주지는 않는다.
- 상품의 제원,조건들을 알리왕왕으로 여러 판매자에게 견적을 물어 보고 피드백이 빠르고 좋은조건을 제시하는 업체와 친해지도록 한다.
- 번역 대화시 네이버 스마트 보드를 활용하면 크게 시간을 단축 할 수 있다.

사업자 통관의 절차

1.사전절차

샘플 테스트를 위해 개인통관으로 상품을 사전에 필히 받아보자.

(1) 소매사이트에서 구매할 샘플이 1688,알리바바,핀둬둬,징동닷컴에 있는지 검색부터 해본다.

(2) 타오바오와 같은 소매몰에서 샘플 소량을 직구로 산다.

(3) 샘플 구매사이트와 본품 사입 사이트의 품질이 다를 수 있음을 주의

(4) 상품의 디자인,상품의 기능,상품의 내구성,상품의 포장상태를 점검하고 이상이 없을 경우에만 본격적인 사업자 통관을 시작한다.

(5) 샘플 상품이 한국에 들어 왔을 때 보관할 창고나 풀필먼트(예,물류창고,쿠팡창고,3PL 등)에 입고하기 좋은 크기와 중량인지 미리 체크한다.

2.본 절차

(1) 해외상품을 결제 대행이나 구매대행 업체를 통해 1688등에 결제하고 구매 하거나

(2) 알리바바는 배대지나 거래하는 포워딩 업체 주소를 중국 판매자에게 전달하고 배송을 요청한다.

(3) 제출서류:수입신고서,인보이스,B/L,P/L,원산지증명서

*인보이스는 거래 당사자 간에 주고 받는 일종의 거래 청구서 및 증빙서 같은 개념으로 물건의 품명과 수량,개수와 단가,금액 등이 표시된 거래명세서이며 우리나라 국세청에 신고할 때 증빙자료로 쓰일 수 있다 통관 시 수입금액이 표시된 인보이스를 근거로 수입신고필증이 발급된다.

*패킹리스트는 P/L이라고 표기되며 상품의 구성과 포장 내역이 표시된다.

*원산지증명서는 물건의 원산지를 표기한 서류이며 한국과 FTA교역이체결되어 있으면 수입통관할 때 관세환급을 받거나 협정세율로 낮은 비용만 지불하는데 쓰일 수 있다

1) 배송 대행/구매 대행 배대지들

- 익스프레스365(http://www.express365.co.kr)
- 제이엘 익스프레스(http://JLexpress.co.kr)
- 투패스트(https://www.2fasts.com)
- 오마이집(www.ohmyzip.com)
- 쉬퍼맨(http://www.shipperman.co.kr)
- 직구닷컴(http://zicgoo.com)
- 고넬로(https://global.gonelo.com)
- 타배(https://tabae.co.kr)
- 콰이패스(http://kuaipass.com)
- 토스토스(http://tosstoss.co.kr)

> ■ 독자 혜택 안내
>
> 중국 상품 등록 솔루션인 글로벌셀도움 사용자가 익스프레스365 배대지에 회원 가입하면 1단계 등업 혜택을 드립니다.(1일 10건 기준 할인 요금 적용으로 연간 130만 원 배송비 SAVE 효과)
>
> 추가 문의: globalseller1@daum.net

2) 직구인포 배대지 가격 비교, 평가, 위치 정보 사이트

- 직구인포(http://www.zikgu.info/fee_cond.php)

3) 배대지 주소 기록시 주의 사항

주소지를 잘 못 기재해서 분실 사고가 잦습니다.
배대지에서 원하는 방식대로 쉬핑 어드레스를 표기해 주는 것이 좋습니다.

예) 어드레스 1 : 55 Triangle Blvd Unit B(상세 주소)
    어드레스 2 : jlexpress (받는 회사명)

4) 미국 배송 대행지 별 특성

미국은 지역에 따라 세금과 제품 배송 규정이 다릅니다. 내가 어떤 제품을 셀링하느냐에 따라 현명하게 배대지를 선정하는 것이 비용도 줄여 줄 뿐더러 배송 시간도 절약할 수 있습니다.

오레곤, 델라웨어	면세 지역 주3~4회 출고
뉴저지	의류 신발 면세, 주5회 매일 출고 빠른 배송
캘리포니아	항공편 풍부 주5일 출고, 부피 무게 면제, 식료품 면세

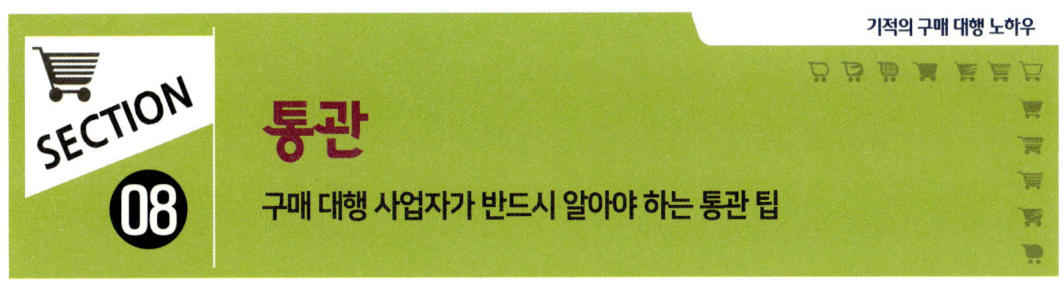

통관

구매 대행 사업자가 반드시 알아야 하는 통관 팁

1 통관

구매 대행 비즈니스를 진행할 때 통관 절차가 관세법과 무역 법령에 따라서 세관을 거치지 않으면 '불법'이 됩니다. 따라서 모든 수출입 절차에 대하여 세관의 관세 법규와 절차에 따라서 허가를 받아야 합니다.

특히, 물품 가격 및 과세 가격에 대해서는 아래와 같이 기본적으로 알고 수입을 해야 합니다.

- **목록 통관 기준 금액과 소액 물품 면세 기준 금액은** 물품 가격 기준이며, 물품 가격은 물품대금에 발송국가 내에서 발생하는 세금, 운송료, 보험료가 포함되지만 우리나라로 배송되는 운임과 보험료는 제외됩니다.
- **하지만 물품 가격이 미화 150불을 초과하여 과세되는 경우** 관세의 과세 가격은 우리나라로 배송되는 운임과 보험료까지 포함됩니다.

국가별 통관 수입 제품 규정은 모두 다르며 지속적으로 확인을 통하여 금지 품목에 대한 이해가 필요합니다. 외국 판매 사이트에서 구매를 하여 한국 인천공항 세관 팀에서 한국 수입 금지 품목이라고 판명하면 그 물건은 바로 폐기 처분됩니다. 미리 확실하게 확인하여 상품의 판매 유무를 결정하는 것이 중요 합니다.

1) 통관 조회는 어디서 하나요?

초간단 통관 조회

http://jkh.kr/tgate/customs.php에서 해외 배송 대행지에서 제공해준 국내 송장 번호로 조회를 합니다.

2) 국제 우편물 예상 세액 조회 서비스

관부가세 조회

http://www.customs.go.kr/kcs/ad/tax/BuyTaxCalculation.do 에서 조회 가능합니다.

3) 관·부가세를 카드로 납부하기

카드로 택스

https://www.cardrotax.kr/index.giro

2 수입 금지 품목 안내

1) 항공 운송이 불가능한 제품

폭발 가능성이 있는 제품들로 캐나다 공항에서 항공기 선적이 금지된 대표적인 제품

- 인화성 액체(휘발유, 석유, 라이터 연료, 페인트 등)
- 가연성 물질 등(성냥, 숯 등)
- 독극물류(살충제, 농약류 등)
- 방사성물질
- 생화학물질
- 폭발물류
- 화약, 폭약류(불꽃놀이)
- 고압가스 포함 제품류(스프레이, 부탄가스, 소화기 등)

2) 수입 금지 품목

- 유가증권의 위조품, 변조품, 모조품
- 동물, 식물, 인체의 일부
- 마취제, 불법적 의약품
- 성인 용품, 포르노그래피, 풍속 저해품
- 마약, 향정신성 의약품
- 금은괴, 통화 수표, 채권, 현금과 같은 화폐
- 화기, 병기의 부품들 – 준 무기류(도검, 서바이벌 게임 총기 완구, 총포탄류
- 세관이 수량, 중량 등 제한한 물품의 초과분 화물

3) 검역 불합격품

■ 식품
- 가공 육류(육포/유제품)
- 허용량 이상의 가공 농산물은 검역 필요
- 성분 중에 닭, 소고기, 돼지 등의 동물의 몸체 중 일부분이 들어간 성분

■ 애완동물 사료 및 보조 식품
- 반추동물의 뼈, 뿔 등(원피 및 우유 제외)
- 동물성 가공 단백질 제품: 육골분, 육분, 골분, 발굽분, 건조혈장, 각분, 기타 혈액제품, 가수분해 단백질
- 가금 설육분(poultry offal meal) 우모분(feather meal), 건조 굳기름, 어분, 제2인산 칼슘
- 젤라틴 및 혼합물(상기 물품이 혼합된 사료, 사료 첨가제, premixture 등)

3 수입 금지 성분이 포함된 제품

- 식약처에서 관세청에 금지 성분 함유 등을 이유로 수입 금지를 요청하면 그에 따라 관세청은 해당 물품의 통관을 보류하고 있습니다.
- 식약처에서 지정한 금지 성분은 식약처 식품안전나라 사이트의 "위해·예방 ⇨ 해외 직구 정보 ⇨ 위해 식품 차단 목록"에서 확인이 가능합니다.

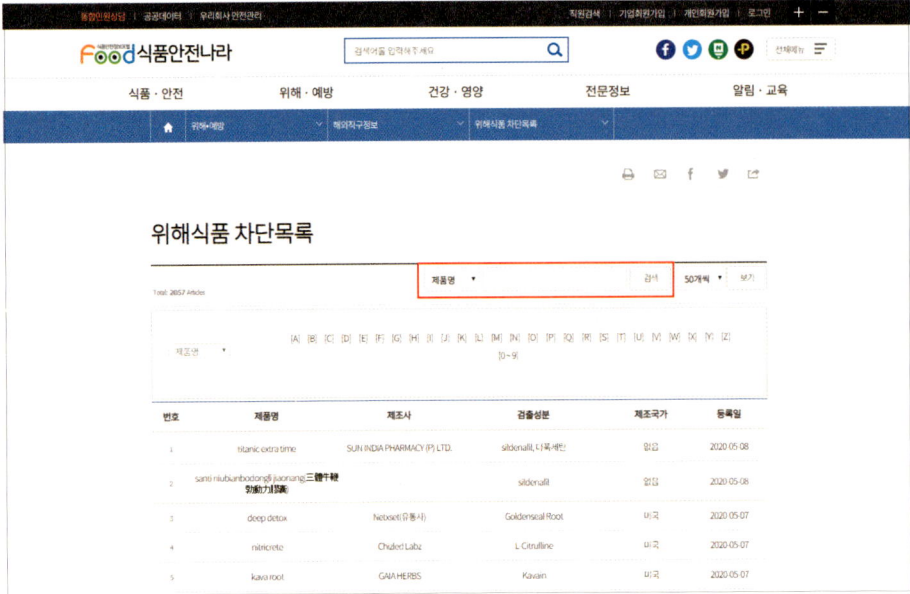

1) 수입이 안 되는 식품과 건기식은 무엇이 있나?

■ 해외 직구 - 위해 식품 차단 목록

번호	제품명	제조사	검출 성분	제조 국가	등록일
1	titanic extra time	SUN INDIA PHARMACY(P) LTD.	sildenafil, 다폭세틴	없음	2020-05-08
⋮	⋮	⋮	⋮	⋮	⋮
403	super slimming herb	JP Natural Cosmetic	sibutramine	없음	2019-01-07
404	lishou slimming coffee	-	sibutramine	없음	2019-01-07
405	detoxi slim	JP Natural Cosmetic	sibutramine	없음	2019-01-07

해외 직구 위해 식품 차단 목록 전체 리스트는 네이버 구매대행카페 → 내일연구소 → 구매 대행 정보를 참조하세요!

➜ https://cafe.naver.com/255

2) 통관 불가 주요 건강 보조 식품 제품명

제품명은 정말 좋은 필터링 소스입니다.

- Airborne Effeverscent Health Formula, Zesty Orange
- Allvita Caffeine Free Tea Bags, Senna Leaft
- Animal Cuts42Pckt
- Aninterol Lpueraria Mirifica Breast Atomizer X-Treme20
- Cascara Sagrada
- Emer Gen-C Immune Defense Formula Flavored Fizzy Drink Mix, Ruby Lemon Honey
- Gnc Horny Goat Weed
- Gnc Men'S Staminol
- Gnc Men'S Maca Man
- Gnc Men'S Maega Men Sport Multivitamin Timed-Release
- Gnc Men'S Mega Men Performance Vitality Vitapak, Packs
- Gnc Women'S Ultra Mega Multivitamin, Timed Release
- Hydroxycut Advanced Rapid-Release
- Laci Le Beau Super Dieter'S Tea Cleanse Bags, All Natural Botanicals
- Natures'S Animal Parade, Kid Zinc, Tangerine Flavor
- Natures'S Secret Super Cleanse
- Natures'S Secret-Super Cleanse
- Natures'S Way Sambucus For Kids Berry Flavored
- Power Pops Weight Loss Lollipops With Hoodia By Fun Unlimited Inc
- Sambucol Black Elderberry Immune System Support, Immune Formula
- Source Naturals Life Force Multiple
- Super African Mango 1200 The Original Fat Loss Diet, Alletite Supperssant
- Swanson Premium 100 Pure Defatted Desccated Beef Liver
- Swanson Premium Digestive Enzymes
- Swanson Premium Slippery Elm Bark
- Vicks Dayquil Nyquil Cold&Flu Combo Pack 1Ea

3) 통관 불가 반려 용품 외 기타

- Ark Naturals Ark Naturals Sea Mobility Beef Jerky
- Ark Naturals Gentle Digest
- Breath-Less Chewable Toothpaste Sm M Dog
- Bright Bites Daily Dental Dog Treats
- Busy Bone Mini Dog Treats(4-Count), 6.5 - Ounce Bags
- Chicken Soup For The Cat Lover'S Soul Canned Food For Adult Cats
- Chondroitin Sulfate
- Cosequin Cat Joint Health Supplement, Pack Of 50
- Cosequin Ds Plus Msm

- Daily Multi Vitamin & Mineral For Dogs
- Dingo Goof Balls Value Bag, Small 15Pk, 1.5 Inches, 4.8 Ounces
- Dingo Mini Bones 21-Pack Value Bag, 9-Ounce
- Dingo Ringo 3-Pack, 4.2-Ounce
- Esbilac Puppy Milk Replacer
- Evolution Cat Food 20Lb Bag
- Greenien Feline Greenies Ocean Fish
- Greenies Dental Chews For Dogs
- Greenies Feline Greenies Chicken
- Greenies Mini Treat-Pak 6 Oz Teenie 22Ct
- Greenies Treats For Dogs Mini Treat-Pak
- Greeniess Pill Pockets For Cats Salmon / Chicken
- Grizzly Nu Treats For Cats
- Halo Dinner Party Chicken & Herbs
- Halo Liv-A-Littles Healthsome Cat Treats - Checken
- Halo Liv-A-Littles Whole Beef Treats
- Halo Purely For Pet Vita-Glo Daily Greens
- Halo Purely For Pets Lia A Littles Protein Treats White Meat Chicken
- Halo Purely For Pets Liv-A-Littles Protein Treats White Chicken Breast
- Halo Purely For Pets Liv-A-Littles Chicken Treat
- Halo Purely For Pets Spot'S Chew Dental Treat Yummy Pumpkin Flavor
- Halo Purely For Pets Vitaglo Vita Mineral Mix
- Halo Purely For Pets Vitaglo Vitamin Mineral Mix
- Halo Purely For Pets Dinner Party Protein Chicket W/Herbs
- Halo Purely For Pets Spot'S Stew For Cats Salmon
- Halo Purely For Pets Spot'S Stew For Dogs Chicken
- Joint Max Ts Soft Chews
- Kal-Bone Meal Powder, 8Oz Powder
- Marshall Premium Ferret Diet
- Meow Mix Savory Morsels Seafood Favorites Variety Pack
- Merrick Gourmet Entrees Cat Canned Food Variety Pack
- Naturvet Arhrisoothe-Gold Tablets
- Naturvet Arthrisoothe
- Naturvet Glucosamine Ds With Msm 60 Tabs For Dogs
- Naturvet Glucosamine Ds With Msm And Chondroitin Tablets
- Newman'S Own Organics Cheese Treats For Dogs
- Newman'S Own Organics Dog Treats For Dogs
- Original Buddy Biscuits Roasted Chicken Madness
- Pet Naturals Daily Best For Dogs
- Pet Naturals Hairball
- Pet Naturals Hairball Relief For Cats

- Pet Naturals Hip & Joint For Cats(45Count)
- Pet Naturals Hip & JOint For Small Dogs
- Pet Naturals Of Vermont - Pet - Hip & Joint Extra Strength
- Pet Naturals Of Vermont Hailball Relief Plus
- Pet Naturals Of Vermont Hip & Joint
- Pets'Spark Stain Free, Chicken Flavor
- Pets'Sparktearstain Eliminator
- Pounce Crunch Tartar $ Plaque Control Cat Treats
- Propet Vitamins-Senior
- Simply Wild Chicken &Brown Rice For Adult Dog
- Sojos Grain-Free Dog Food Mix
- Sojos Grain-Free Dog TReats Lamb Sweet Potato
- Solid Gold Berry Balance Supplement For Dogs And Cats
- Swanson Biberry Evebright Vision Complex
- The Honest Kitchen Keen
- The Honest Kitchen Keen Dog Food
- Totally Ferret Complete Premium Ferret Food
- Vet Solutions Enzadent Oral Care Chews For Dogs Petite
- Vetri-Science Laboratiories Glyco-Flex lii Stage lii
- Vets Best Right Bites
- Vibac C.E.T Enzymatic Oral Hygiene Chews For Cats, Poutry Falvored
- Wellness Canned Cuts Minced Tuna Dinner Canned Cat Food
- Wellness Missing Link Canine Plus With Joint
- Wellness Pure Delights Jerky Cat Reats, 30 Ounce Pouch
- Wellness Pure Delights Jerky Cat Treats, 3-Ounce Pouch
- Weruva Paw Licking Chicken Canned Cat
- Whiskas Temptations Dentabits Complete Oral Care Chicken Flavour Treats For Cats
- Whole Food Toppers Freeze Dried Chicken
- Wirbac Pet-Tabs Plus, Daily Vitamin-Mineral Supplement For Dogs
- Wysong Addlife Catdog Supplement
- Wysong Daily Dream Chicken Dog And Cat Treats
- Wysong F-Biofic Feline Food Supplement
- Wysong Uncanny
- Ziwipeak Real Meat Grain-Free Canned Cat Food, Lamb
- Ziwipeak Real Meat Grain-Free Canned Cat Food, Rabbit & Lamb Recipe
- Ziwipeak Real Meat Grain-Free Canned Cat Food, vension
- Zukes Hip Action Jerky Naturals Beef
- Zuke'S Natural Purrz Tender Chicken Cat Treat

4) 구매 대행이 가능한 브랜드인지 알아보기

❶ 관세청 유니패스(https://unipass.customs.go.kr/csp/index.do)에서 상표권 세관 신고 정보에서 상표권을 검색합니다.

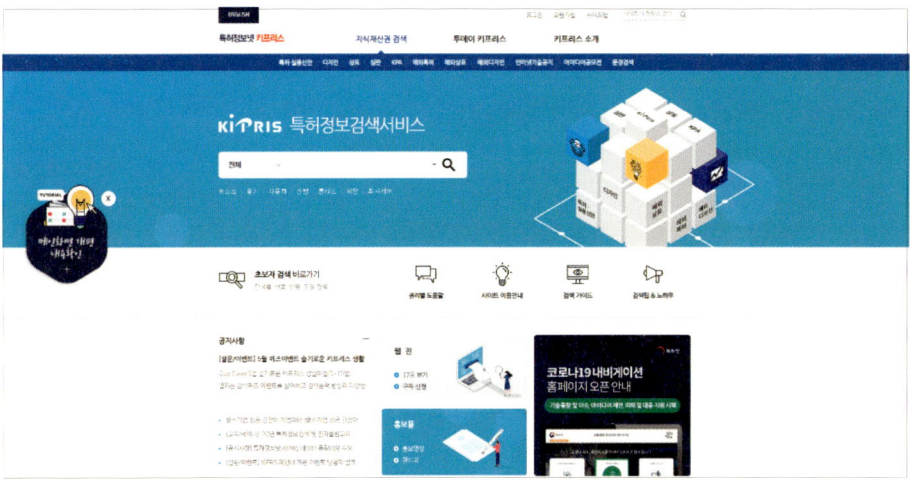

❷ 키프리스(http://www.kipris.or.kr)에서 상표권을 크로스 체크합니다.
병행 수입이 가능하면 구매 대행 가능합니다.

출원인이 해외 사업자인 경우에는 대부분 별 무리 없이 구매 대행이 가능합니다.
병행 수입 가능 여부는 상표권자의 신고 내용을 근거로 판단하며, 특히 병행 수입이 가능한 경우는 당해 수입 물품이 국내 상표권자와 동일한 관계가 있는 제조자에 의해 제조되었음을 전제로 한 것입니다.

병행 수입이 가능한 상표라 하더라도 권리자가 담보를 제공하고 통관 보류를 요청하면 통관이 보류될 수 있습니다.

관·부가세안내

1) 관·부가세 기초

관세는 세관을 통과하는 물품에 대하여 국가에서 부과하는 제세금입니다.

목록 통관	상품 금액 $150 미만 시 (미국은 $ 200미만)	면세
간이통관	상품 금액 $150 초과 시	관부가세 + 간이통관료

[상품 금액 = 상품가+ 해외 현지 운송비 + Sales tax]

협정 당사국 간 상품에 대한 내국민 대우 및 시장 접근 원칙을 규정하기 위한 것으로 관세 철폐 조항 및 관세 양허표 외 통상 비관세 조치, 제도 규정 등으로 구성되어 있습니다. 일반 국가에서 수입되는 상품과 FTA 체결이 된 국가는 관세 혜택에 따른 관, 부가세 요율이 다르므로 수입 시 세금에 따른 가격 설정을 잘 해야 합니다.

예) 중국, 일본 목록 통관 150$ 기준 ↔ 미국 200$ 기준

[출처: 관세법령정보포털(https://unipass.customs.go.kr/clip/index.do)]

2) 한국과 FTA 발효된 국가

한-칠레 FTA, 한-싱가포르 FTA, 한-EFTA FTA, 한-ASEAN FTA, 한-인도 CEPA, 한-EU FTA, 한-페루 FTA, 한-미 FTA, 한-터키 FTA, 한-호주 FTA, 한-캐나다 FTA, 한중FTA, 한-뉴질랜드 FTA, 한-베트남 FTA, 한-콜롬비아 FTA, 한-중미 FTA

3) FTA 서명/타결된 국가

한-영 FTA, 한-이스라엘 FTA

4) FTA 인보이스 발행

FTA 협정국에서 물품 주문 시 원산지가 해당 국가일 경우 FTA 관세 혜택을 받을 수 있는데요, 이런 경우 인보이스를 요청하면 됩니다.

주문 시 해외 쇼핑몰에서 상품 배송과 함께 인보이스가 발행될 때도 있고 포함되지 않을 때도 있습니다. 인보이스가 필요할 때는 해외 쇼핑몰 고객 센터에 요청하면 됩니다. 잘 모르면 미국 배대지에 FTA 원산지 증명서 떼는데 도움을 요청하세요.

더 자세한 것은 관세청 콜센터(국번 없이 125) 또는 관세사에게 문의하면 됩니다.

5) APTA(Asia-Pacific Trade Agreement)

아시아·태평양 무역협정을 말하며, 동 협정에 서명·가입한 국가는 한국, 중국(홍콩, 마카오 제외), 인도, 스리랑카, 방글라데시, 라오스가 있습니다.

FTA는 각 FTA 협정에서 규정한 원산지 증명서를 수입 통관 시 제출하면, FTA 세율을 적용 받을 수 있으며 APTA 협정에서 규정한 원산지 증명서를 수입 통관 시 제출하면 APTA 세율을 적용 받을 수 있습니다.

6) FTA 종합 지원 센터 KITA

http://okfta.kita.net/main.do?method=index

5 과세 금액 산정

1) HOW 과세 금액 산정?

상품 금액이 $150(미국200달러) 초과할 경우 아래의 기준으로 과세 금액이 산정됩니다.

- 과세 금액 = 상품 매입 금액 + 국제 배송비 + 세일즈 택스
- 관세 = 과세 금액 × 해당 물품의 관세율(%)
- 부가세 = (과세 금액+관세) × 10%

2) 품목별 관세율표

■ 일반 물품

품 목	관세율	부가세
CDP/MP3/오디오/스피커	8 %	10 %
GPS 수신기	–	10 %
LCD 패널 / PDP	8 %	10 %
RC	8 %	10 %
가구(장롱/쇼파/침대/침구)	–	10 %
가방/핸드백	8 %	10 %
가습기 / 건강 보조 식품(6개까지)	8 %	10 %
골프채 / 공기 청정기	8 %	10 %
금괴(골드바)	3 %	10 %
기념 주화		10 %
기저귀		10 %
꿀	20 %	10 %
낚싯대	8 %	10 %
노트북/PDA/컴퓨터/컴퓨터 부품	–	10 %
담배	40 %	–
도자기	8 %	10 %
도자기(골동품-100년이상)	–	–
동물 사료	8 %	10 %
디지털 카메라	–	10 %
레고/블럭 장난감, 면도기/다리미	8 %	10 %
모터보트 관련	8 %	10 %
무전기(통신 허가 필요)	–	10 %
방독면	8 %	10 %
선글래스	8 %	10 %
소프트웨어	–	10 %
손목시계	8 %	10 %
수상스키	8 %	10 %
스카프/숄/넥타이/장갑	8 %	10 %
스포차 장비(가구)	8 %	10 %
스프레이(락카)	8 %	10 %
식품(과자/시리얼/젤리 등)	8 %	10 %

품목	관세율	부가세
신발류	13 %	10 %
액세서리 / 액션 피규어	8 %	10 %
영사기	8 %	10 %
우산	13 %	10 %
유리 식기 종류 / 유모차	8 %	10 %
음반(CD / DVD) / 음향 장비 악기	8 %	10 %
의류/수영복/속옷	13 %	10 %
자동차(오토바이) 부품 / 자전거(부품)	8 %	10 %
전기 전자 제어판 / 전등	8 %	10 %
정수기(필터)	8 %	10 %
카메라 렌즈	8 %	10 %
카펫	10 %	10 %
캠코더 / 커피 머신	8 %	10 %
텐트	13 %	10 %
페인트	7 %	10 %
펜/잉크	8 % / 6.5 %	10 %
폴라로이드 카메라/필름 카메라	8 %	10 %
행글라이더	8 %	10 %
헤어 관련 용품 / 화장품 / 향수	8 %	10 %

■ 특소세 부과 물품 -사치품에 주로 부과됩니다.

품목	관세율	특소세	교육세	농특세	부가세	비고
고급 융단 등	10 %	20 %	30 %	–	10 %	
고급 가구 등	8 %	20 %	30 %	10 %	10 %	
고급 모피 관련	16 %	20 %	30 %	10 %	10 %	
고급 카메라 관련	8 %	20 %	30 %	–	10 %	
공기 조절기 관련	8 %	20 %	30 %	–	10 %	
녹용/로얄 젤리	20 %	7 %	30 %	–	10 %	
보석/귀금속 관련	8 %	20 %	30 %	–	10 %	
술(와인)	15 %	–	30 %	–	10 %	주세30 %
술(위스키)	20 %	–	30 %	–	10 %	주세72 %
향수	8 %	7 %	30 %	10 %	10 %	

■ 오해하기 쉬운 합산과세 정책:

해외직구 물품의입항 일이 같아도 합산과세가 면제된다

관세청은 '입항일이 같은 2개 이상의 해외직구 물품'에 대한 합산과세를 면제하고 있다

기존에는 각각 다른 날에 구매 한 2개 이상의 물품이 같은 날 국내에 입항된 경우에는 물품가격을 전부 합산하여 관세와 부가세를 부과하기 때문에,각 물품들이 소액 자가사용물품에 해당 하더라도 면세 혜택을 받을 수 없었다.

관세청은 행정예고 등을 거쳐 수입통관 사무처리에 관한고시에서 '입항일이 같은2건 이상의 물품을 수입하는 경우'라고 정한 합산과세 기준을 삭제했다.

※ [사례] 중국 해외직구로 12월6일 의류(150달러), 12월10일 완구(100달러)를 구매했는데, 해외 운송이 지연되면서 모두12월26일 국내 입항하게 된 경우

· 의류,완구는합산과세 대상(∵입항일 동일)→7만원 세금 부담 ※7만원=35만원[(150달러+100달러)× 환율(1,400원/달러)]×20%[간이세율=관세+부가세 포함 간편세율]

· 만일,입항일이 달랐다면,각각 소액(150달러 이하)자가사용물품으로 인정되어 '면세' 가능

3) 애견용품 직구 시 주의 사항

동물성 성분의 사료 제품은 대부분 통관이 어렵습니다.

Animal, Beef, Lamb, Bone meal, Cheese, Chicken digest,, Chicken, Chondroitin Sulfate, Cod Meal, Deer, Dicalcium,, Duck, Egg, Fish Meal, Gelatine, Intestine, Kangaroo, Liver, Meal, Meat animal fat, Meat, Milk, Moose, Pancreas, Phosphate, Pork, Rabbit, Salmon Meal, Trukey, Vension

가능한 품목: 애견 샴푸나 일반 반려견, 반려묘의 의류 장난감, 미용 도구는 통관이 되고 육식 성분이 아닌 간식도 통관이 잘 되는 편이예요.

6 통관 가능 제품은?

1) 목록 통관 품목

수입 금지 품목이나 일반 품목을 제외한 상품의 관·부가세는 목록 통관으로 간단한 통관절차를 거칩니다. 상품당 당일 배송 구매가가 150달러(미국은200달러)를 초과 할 경우에는 관부가세를 납부하여야 통관이 됩니다. 특히, 의약품이나 야생 동물, 농축산물 등의 검역 대상 품목이나 건강 보조 식품, 술, 담배 등은 목록 통관이 어렵고 아래의 목록 통관 배제 물품들을 관세청에서 구분하여 고시하고 있습니다.

우리가 주로 생활 용품으로 많이 쓰는 의류, 가방, 신발 등이 150달러(미국200달러) 이하이면 대개 목록 통관으로 관부가세 납부없이 통관됩니다.

2) 목록 통관 배제 물품

아래와 같이 의약품, 의료기기, 건강 기능 식품, 식품류, 검역 대상 물품 등은 목록 통관이 배제 되고 일반 수입 신고를 하여야 합니다.

<목록 통관 배제 대상 물품 예시>
번호 구분 예시(빈번 반입품)

❶ 의약품
파스, 반창고, 거즈·붕대, 항생물질 의약품, 아스피린제제, 소화제, 두통약, 해열제, 감기약, 발모제 등

❷ 의료기기
임신 테스터기, 주사기, 전자 체온계, 혈압 측정기, 혈당 측정기, 콘택트 렌즈, 문신용 기기, 코 세정기, 귀 세정기, 콘돔 등

❸ 한약재 인삼, 홍삼, 상황버섯, 녹용 등

❹ 야생 동물 관련 제품
'멸종 위기에 처한 야생 동식물의 국제 거래에 관한 협약 (CITES)'에 따라 국제 거래가 규제된 물품 (예) 상아제품, 악어가죽 제품, 뱀피 제품 등

❺ 농림축수산물 등 검역 대상 물품
커피(원두 등), 차, 견과류, 씨앗, 원목, 조제분유, 고양이·개 사료, 햄류, 치즈류 등

❻ 건강 기능 식품
비타민 제품, 오메가3 제품, 프로폴리스 제품, 글루코사민 제품, 엽산 제품, 로열젤리 등

❼ 지식 재산권 위반 의심 물품
짝퉁 가방·신발·의류·악세서리 등

❽ 식품류 · 주류·담배
비스킷/베이커리, 조제 커피/차, 조제 과실/견과류, 설탕 과자, 초콜릿 식품, 소스/혼합 조미료, 담배, 주류 등

❾ 화장품
기능성 화장품(미백/주름 개선/자외선 차단 등), 태반 화장품, 스테로이드제 함유 화장품 및 성분 미상 등 유해 화장품에 한함)

❿ 적하 목록 정정에 따라 선하 증권 또는 항공 화물 운송장 내용이 추가로 제출된 물품
⓫ 통관 목록 중 품명· 규격· 수량· 가격· 수하인 주소지, 수하인 전화번호 등이 부정확하게 기재된 물품
⓬ 기타 세관장 확인 대상 물품
총포 · 도검 · 화약류, 마약류 등

3) 통관에 대한 일반 상식

전자 제품(TV, 스마트폰 등)은 왜 1대만 통관이 가능한가?

TV 등 전자 제품은 「전기용품 및 생활용품 안전관리법」, 스마트폰 등 통신 용품은 「전파법」에 따라 수입 승인을 받고 수입하여야 합니다.

다만, 판매를 목적으로 하지 않고 개인이 사용하기 위해 반입하는 1개의 제품만 별도의 수입 승인 없이 수입할 수 있도록 규정하고 있어 모델 별 각 1대는 통관이 가능 합니다.

향수의 면세 기준은?

향수의 자가 사용 인정 기준은 60ml 이하(병수 제한 없음)이며 관세 및 부가가치세가 면제됩니다.

4) 화장품의 통관 방법은?

화장품은 기능성 화장품, 태반 함유 화장품, 스테로이드제 함유 화장품 및 성분 미상 등 유해 화장품을 제외하고는 목록 통관이 가능합니다.

1) **화장품의 자가 사용 인정 기준은 정해져 있지 않으며** 세관장이 판단하여 결정합니다.
2) **기능성 화장품이란** 「화장품법」에 따라 아래에 해당하는 제품을 말합니다.
   ① 피부의 미백에 도움을 주는 제품
   ② 피부의 주름 개선에 도움을 주는 제품
   ③ 피부를 곱게 태워 주거나 자외선으로부터 피부를 보호하는 데에 도움을 주는 제품
   ④ 모발의 색상 변화, 제거 또는 영양 공급에 도움을 주는 제품
   ⑤ 피부나 모발의 기능 약화로 인한 건조함, 갈라짐, 빠짐, 각질화 등을 방지하거나 개선하는 데에 도움을 주는 제품

3) 기능성 화장품이 아닌 경우
   기능성 화장품 여부를 확인할 수 있도록 통관 목록 품명, 규격 항목에 "기능성 없음" 표시를 권고합니다.(예: non-functional cosmetic, cosmetic without function 등)

4) 목록 통관에서 제외되는 화장품은 미국에서 발송되어도 물품 가격이 미화 150불 이하만 관세와 부가세가 면제됩니다.

잠깐만요! 사소하지만 잘 모르는 꿀 TIP

화장품 규제 품목 빠르게 찾기!
국가별 화장품 원료 통합 정보 시스템
http://cis.kcii.re.kr/regulationSearch/main.do 사이트 들어가서 성분을 입력하여 찾아봅니다!

5) 아기 분유의 통관 절차는?

분유는 검역 대상 물품으로 목록 통관에서 제외되고 일반 수입 신고를 통해 통관을 해야 합니다. 분유의 자가 사용 인정 기준은 5kg 이하이며, 물품 가격이 미화 150불 이하인 때에만 관세와 부가가치세가 면제됩니다.

7 병행 수입 개념 및 병행 수입 요건

1) 병행 수입이란?

외국에서 적법하게 상표가 부착되어 유통되는 진정 상품을 제3자가 국내의 상표권자 또는 전용 사용권자의 허락 없이 수입하는 행위를 말합니다.

동 제도는 상표법상의 상표 보호 목적 및 상표의 기능(출처 표시 및 품질 보증)을 해하지 않는 범위 내에서 수입업자 간의 자유경쟁을 촉진하여 소비자의 권익을 보호하기 위해서 1995년 11월부터 도입되었습니다.

2) 병행 수입 요건

상표에 대한 국내 권리자가 있는 경우 그 권리는 보호받아야 하겠지만 당해 상표가 외국에서 적법하게 사용할 수 있는 권리가 있는 자에 의해 부착되고 국내외 상표권자가 일정 요건에 해당하는 경우는 상표권자 이외의 자도 수입할 수 있도록 합니다.

해당 상표에 대한 권리가 없는 자가 해당 상표를 적법하게 사용할 권리를 가진 자에 의해서 생산된 물품을 수입하는 경우로서 다음 각 호의 어느 하나에 해당하는 때에는 상표권을 침해한 것으로 보지 않습니다.

3) 병행 수입이 가능한 경우

1. 국내외 상표권자(국내 상표권자가 전용사용권을 설정한 경우에는 전용 사용권자를 말한다. 이하 이 조에서 같다)가 동일인이거나 계열 회사 관계(주식의 30%이상을 소유하면서 최다 출자자인 경우), 수입 대리점 관계 등 동일인으로 볼 수 있는 관계가 있는 경우
2. 국내외 상표권자가 동일인 관계가 아니면서 국내 상표권자가 외국에서 생산된 진정 상품(외국 상표권자의 허락을 받아 생산된 진정 상품을 포함한다.)을 수입하거나 판매하는 경우
3. 국내 상표권자가 수출한 물품을 국내로 다시 수입하는 경우
4. 외국 상표권자의 요청에 따라 주문 제작하기 위하여 견본품을 수입하면서 그에 관한 입증자료를 제출하는 경우
5. 상표권자가 처분 제한 없는 조건으로 양도 담보 제공한 물품을 해당 상표에 대한 권리 없는 자가 수입(법 제240조에 따라 수입이 의제되는 경우를 포함한다. 이하 같다)하는 경우

4) 병행 수입이 안 되는 경우

국내외 상표권자가 동일인이 아니면서 국내 상표권자가 해당 상표가 부착된 지정 상품을 다음 각 호의 어느 하나와 같이 제조만 하는 때에는 상표권을 침해한 것으로 봅니다.

> 1. 전량 국내에서 제조하는 경우(국내 주문자 상표 부착 방식 제조 포함)
> 2. 해외에서 주문자 상표 부착 방식으로 제조하여 수입하는 경우. 다만, 주문자 상표 부착 방식으로 제조하는 외국 제조자가 국외 상표권자로부터 해당 상표의 사용 허락을 받은 경우에는 그러하지 아니하다.
> 3. 국내 상표권자가 해당 상표가 부착된 부분품을 수입하여 조립하거나 일부 가공한 뒤 수입된 부분품과 HS 6 단위 세 번이 다른 완제품을 생산하는 경우

[출처: 관세청]

8 상표권 침해 물품의 통관 보류 절차

1) 세관에 상표권이 신고된 경우 통관 보류 요청

세관장은 수출입 신고된 물품이 세관에 신고된 상표권을 침해할 우려가 있다고 인정되는 경우 상표권자에게 동 물품의 수출입 신고 사실을 통보하며, 통보를 받은 상표권자는 통보 받은 날로부터 7일(공휴일 제외, 다만, 부패하기 쉬운 물품 등 세관장이 긴급하다고 인정하는 물품은 5일) 이내에 과세 가격의 120%(조세특례제한법 제5조 제1항에 따른 중소기업인 경우에는 100분의 40)을 담보로 제공하고 세관장에게 당해 물품의 통관 보류를 요청할 수 있습니다.

2) 통관 예정 물품의 권리침해 예방을 위한 통관 보류 요청

지식 재산권을 보호받으려는 지식 재산권 권리자 등이 국내 반입 예정일 또는 수출 신고 예정일의 20일 이전부터 수출입 신고 수리 전까지 통관 보류 요청서와 침해 증빙 자료를 첨부하여 통관 예정지 세관에 제출하며 이때에도 과세 가격의 120%를 담보로 제공합니다.

3) 통관 보류 기간

통관 보류 기간은 원칙적으로 보류 요청인이 통관 보류 사실을 통보받은 날로부터 10일(공휴일 제외)까지이며, 보류 요청인이 보류 사실을 통보받은 후 10일 이내에 당해 수출입물품의 수출입을 금지하는 청구 취지의 법원 제소(가처분 신청을 제외한다) 사실을 입증하거나 통관 보류를 계속하도록 하는 법원의 가처분 결정 사실을 통보한 경우에는 당해 물품에 대한 통관 보

류를 계속할 수 있습니다.

다만, 보류 요청인이 부득이한 사유로 10일 이내에 법원에 제소하지 못하여 그 마지막 날 이내에 세관장에게 통관 보류 기간 연장 요청을 한 경우 세관장은 입증 기간을 10일간 연장할 수 있습니다.

4) 통관 허용 요청

수출입자가 통관 보류 된 물품에 대하여 통관 허용을 요청하고자 하는 경우에는 과세 가격의 120%를 담보로 제공하고 법원의 판결에 따라 제공된 담보를 통관 보류 요청자가 입은 손해의 배상에 사용하여도 좋다는 내용의 각서를 첨부하여 통관 허용을 요청할 수 있습니다. 이때 세관장은 통관 허용 여부를 통관 허용 요청일로부터 7일 이내에 결정하여야 합니다.

9 개인 통관 고유 부호 발급 안내

1 네이버웨일과 크롬, 사파리, 파이어폭스를 사용, 개인 통관 고유 부호 발급 사이트 (p.customs.go.kr)에 접속

본인 인증을 위해, '공인 인증서'와 '휴대폰 본인 인증' 중 원하는 인증 수단 선택하여 이름, 주민등록번호 입력 후 '확인' 버튼 선택

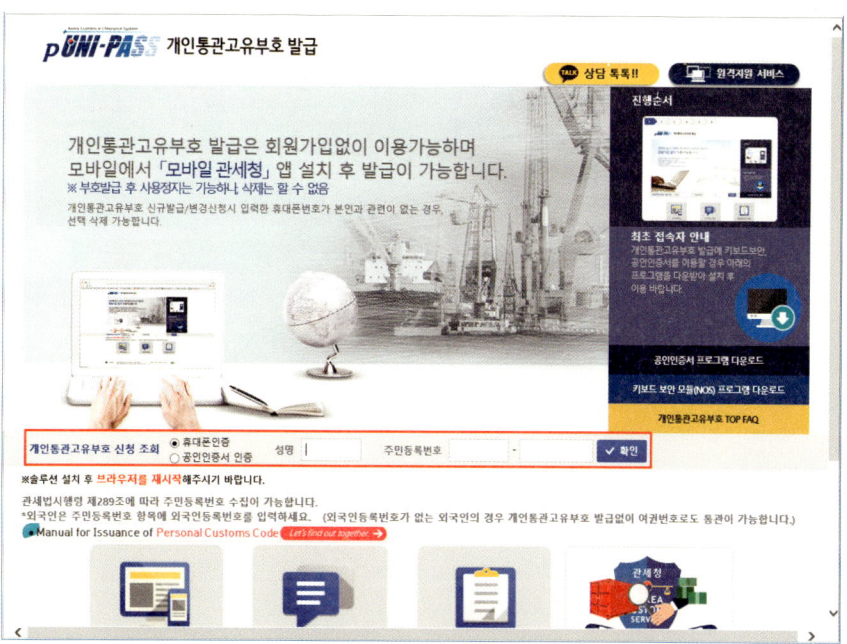

2 (공통) 개인 통관 고유 부호를 처음 발급 사용자는 신규 발급 버튼을 선택, 기 발급 사용자는 조회/재발급에서 핸드폰 번호 입력 후 '확인' 버튼 선택

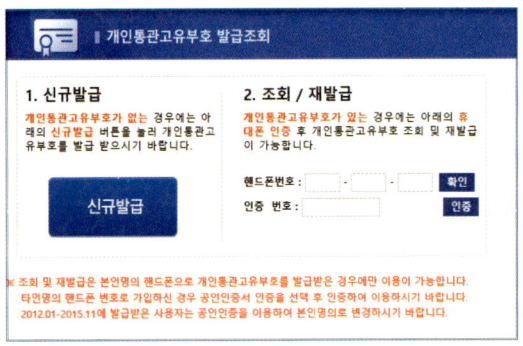

3 (신규 발급시) 본인 명의의 휴대폰 통신사를 선택

휴대폰 개통시 등록했던 개인 정보(이름, 성별, 생년월일, 휴대폰 번호)를 입력하고 본인 인증 시도 방지를 위해 보안 문자를 입력 후 '확인' 버튼 선택

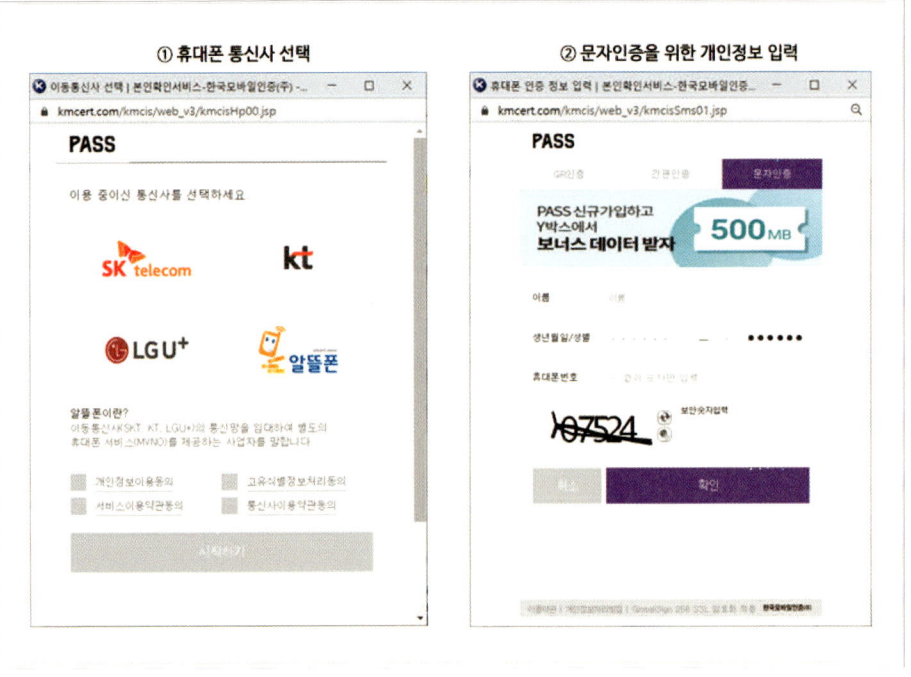

4️⃣ 휴대폰 개통시 등록된 정보(이름, 성별, 생년월일, 휴대폰 번호)와 ③번에 입력한 정보를 비교하여 본인 확인 후 등록된 휴대폰 번호로 인증 번호 전송

5️⃣ 휴대폰으로 전송된 인증 번호를 확인하여 인증 번호 입력창에 입력하고 '확인' 버튼 선택

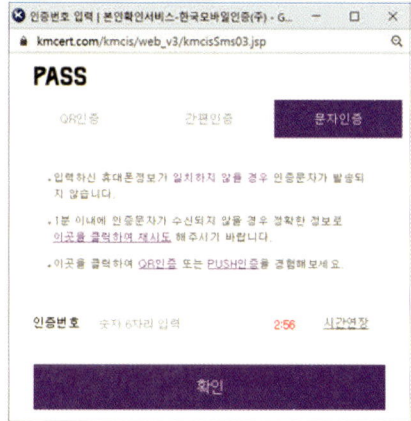

6️⃣ ⑤번 본인 인증이 정상처리되면 개인 통관 고유 부호 발급 신청 화면이 나오고 본인 인증시 입력한 개인 정보 외에 주소, 전화번호, 이메일을 추가 입력하고 등록 버튼 선택

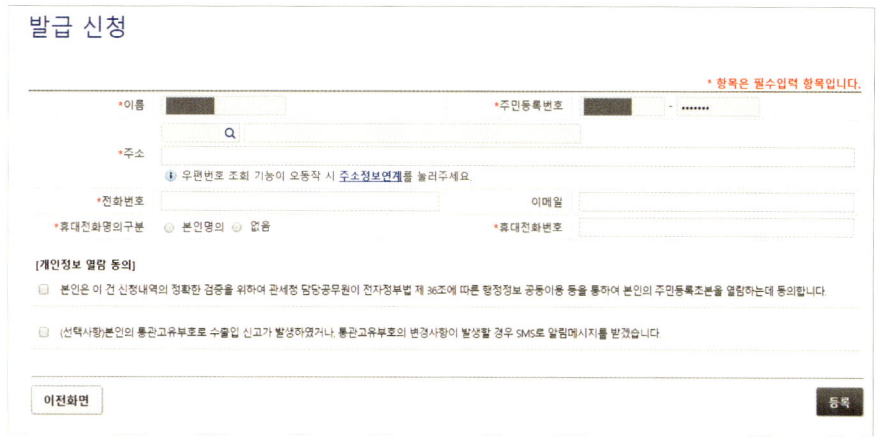

7 통관 고유 부호 등록시 입력한 휴대폰 번호와 연결된 다른 개인 통관 고유 부호의 전화번호를 선택 삭제

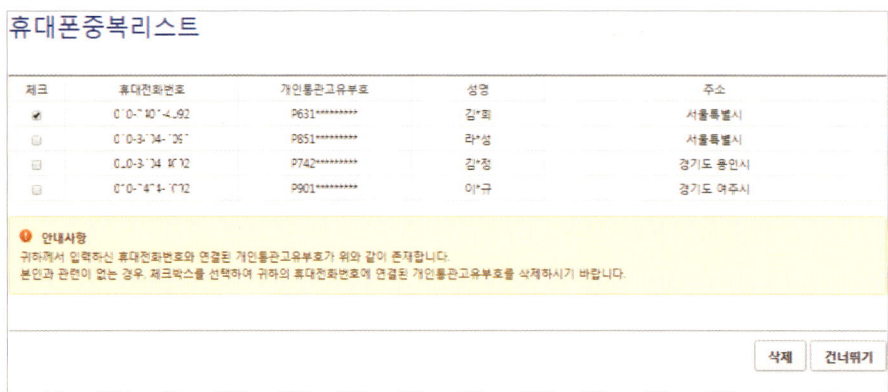

8 ⑥번에서 등록하면 신청 정보가 DB에 저장된 후, 개인 통관 고유 부호 발급 시스템에서 개인 통관 고유 부호를 자동 발급

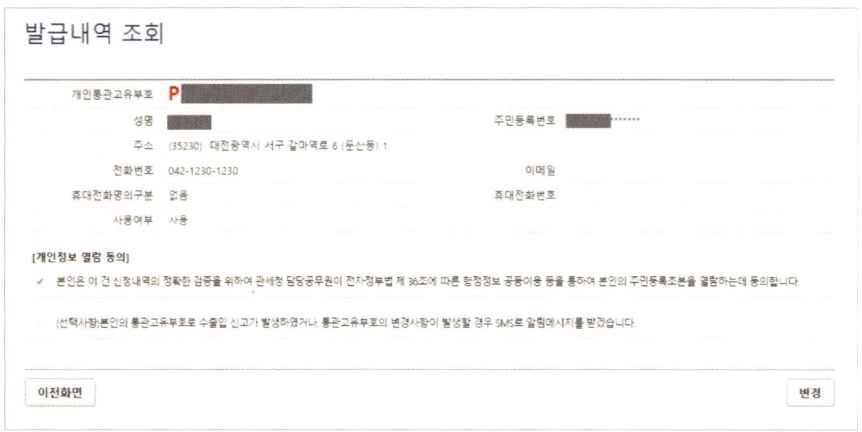

9 (조회/재발급시) ②번의 핸드폰 번호 항목란에 본인의 개인 정보를 입력하고, '확인' 버튼 선택하면 휴대폰 개통시 등록된 정보와 비교하여, 본인 확인 후, 등록된 휴대폰 번호로 인증 번호 전송

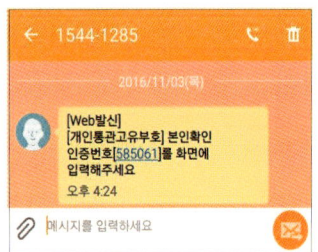

🔟 인증 번호 입력 후 인증 버튼 선택 시 기존에 발급되었던 내용이 조회 가능

[출처: 관세청]

⑩ 자가 사용 기준

직구 할 때 인정되는 자가 사용 목적에 해당되는 기준은 정확히 무엇일까요?

해외직구물품 자가사용인정기준

☐ 자가사용 인정 기준을 초과하는 경우 세금 부과 대상이 되며 개별 법령에서 요구하는 허가를 받아야 하는 경우가 있으므로 자가사용 인정 기준이 있는 품목의 경우 이를 확인하여야 합니다.

○ **자가사용 인정기준** (「수입통관 사무처리에 관한 고시」 제67조 및 [별표 11])

종류	자가사용인정기준	비고
VIAGRA 등 오·남용우려의약품		○ 처방전에 정해진 수량만 통관
건강기능식품	총 6병	○ 면세통관범위인 경우 요건확인(식약처의 사전수입승인) 면제 다만, 다음과 같은 물품은 요건확인대상 - CITES규제물품(예: 사향 등) 성분이 함유된 물품 - 식품의약품안전청장의 수입불허 또는 유해 통보를 받은 품목이거나 외포장상 성분표시가 불명확한 물품 - 에페드린, 놀에페드린, 슈도에페드린, 에르고타민, 에르고메트린 함유 단일완제의약품 ○ 면세통관범위를 초과한 경우에는 요건확인 대상. 다만, 환자가 **질병치료**를 위해 수입하는 **건강기능식품**은 의사의 소견서 등에 의거 타당한 범위내에서 요건확인 면제
의약품	총 6병 (6병 초과의 경우 의약품 용법상 3개월 복용량)	
기호물품	주류 1병(1ℓ 이하) 궐련 200개비 엽궐련 50개비 전자담배 니코틴용액 20㎖ 기타담배 250g 향수 60㎖	○ 물품가격 미화 150달러 초과의 경우에는 과세대상 ○ 주류는 주세 및 교육세 과세
전자제품		○ 판매를 목적으로 하지 않고 개인이 사용하기 위해 반입하는 기자재 1대에 대해서는 세관장 요건확인 생략
기타		○ 기타 자가사용물품의 인정은 세관장이 판단하여 통관허용 ○ 세관장확인대상물품의 경우 각 법령의 규정에 따름

Section 08 통관

해외 직구 물품의 통관 정보 조회 방법은?

해외 직구 물품의 통관 정보는 관세청 홈페이지(www.customs.go.kr)의 "해외 직구 여기로"에서 개인 통관 고유 부호 또는 주민등록번호로 누구나 손쉽게 확인이 가능 합니다.

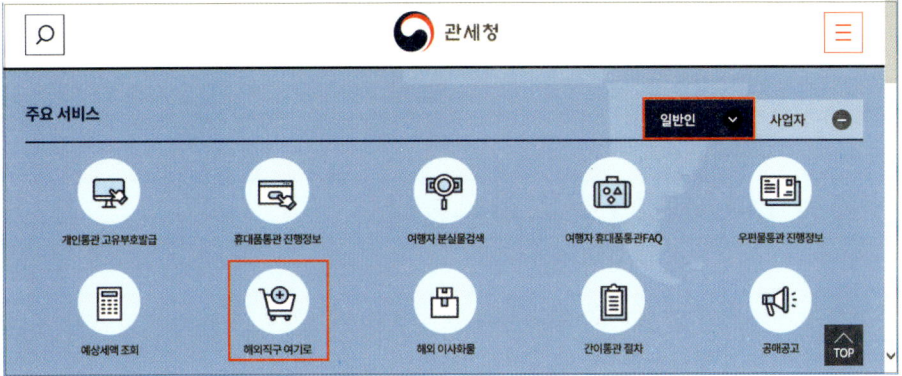

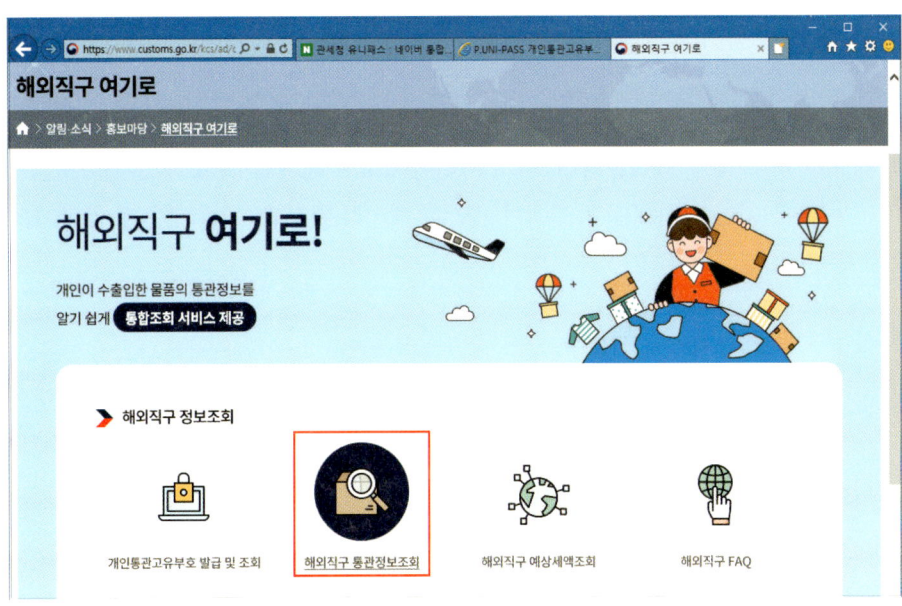

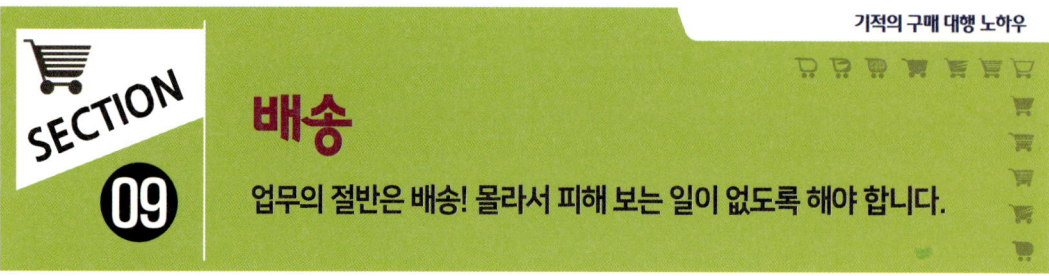

1 순간의 선택이 사업의 질을 좌우한다!

구매 대행 사업의 특성상 좋은 물건을 소싱하고 장사가 잘 되어도 어쩌면 가장 중요한 것 중 하나가 배송이기에 **배송 대행업체(이하 배대지) 의존도가 높은 편**입니다. 배대지를 잘못 선택하면 배송 지연, 오배송 등 처리해야 할 CS가 늘어나게 되죠. 그러므로 본인과 가장 잘 맞는 배송 대행업체를 선택하는 것이 중요하다고 볼 수 있습니다. 여기까지는 앞 챕터에서도 설명 드린 부분이었죠?

나와 제일 잘 맞는 배대지를 선택했다면, 현지 사이트에서 구매한 물품이 배대지의 창고로 도착할 것이고, 이용하고 있는 배대지 업체에서 계약한 배송사를 통해 국제 배송 및 국내 배송이 이루어지게 됩니다.

그렇다면 배송에 관한 일반적인 과정을 함께 알아볼까요?

2 미국 현지 배송

우리가 소싱한 아이템을 주문을 넣게 되면, 보통 1-3일 내에 미국 현지 배송이 시작이 됩니다. 보통 가장 흔히 USPS, UPS, Fedex, Amazon배송 및 ONTRAC 등이 있습니다.

1) USPS

USPS는 미국의 우체국입니다. 우리나라의 우체국과 같은 개념이라고 생각하면 됩니다. USPS는 국가가 운영하는 우체국인 만큼 작은 마을에도 있는 경우가 많아 트레일이 곳곳에 위치하고 있습니다. 또한 가격이 가장 합리적이라는 장점이 있죠.

우리나라 택배 서비스는 전 세계 최고의 수준입니다. 더군다나 한국 우체국 택배에 대한 인식이 워낙 좋아 미국 우체국이라고 했을 때 신뢰가 많이 갈 것 같지만요. 사실 **USPS는 미국의 저렴한 운송 라인**에 포함됩니다. 보통 미국 내 무료 배송은 저렴한 USPS를 이용해 배송이 오게 되는 경우가 많습니다.

USPS는 다른 배송사에 비해 배송도 느립니다. 지역에 따라 다르지만 4일~10일 정도로 느린 편이죠. 배송 사고도 다른 택배사에 비해 더 자주 일어납니다. 그렇다고 해서 불안감에 미국 내 무료 배송을 포기할 순 없겠죠? 느린 배송인 만큼 상품 출고지(웨어하우스)와 가까운 배대지를 이용하거나 검수 처리속도 및 국제 배송 속도가 빠른 배대지를 사용하면 배송 기간을 세이브할 수 있을 것입니다.

혹여나 분실이나 오배송 문제가 생긴다 해도 미국은 CS가 아주 잘 되어 있는 나라이기 때문에 판매처에서 재발송을 해주거나 보상을 해줄 가능성이 크므로 크게 걱정하지는 않아도 될 것 같습니다.

2) UPS 및 Fedex

UPS와 Fedex는 우편 전문 업체가 운영하는 택배 회사입니다. 미국에 본사가 있고 역사와 전통이 있는 운송 업체죠. 특히 Fedex는 특급 배송에 특화되어 있어 미국에서는 '페덱스하다'라는 표현을 빠른 배송이라는 말 대신 쓰기도 하는데요. 그 정도로 속도는 빠릅니다. 두 업체 다 사기업 운영이라 택배비는 **USPS보다 비싸지만 빠르고 안정적**이라는 장점이 있습니다.

보통 미국 쇼핑몰 결제 시 USPS를 선택하면 무료 배송, UPS나 Fedex는 추가 배송비(보통 10~15달러 이상)를 지불하는 경우가 많습니다.

3) Amazon

보통 아마존 프라임을 이용했을 때 FBA 창고에서 오는 택배의 경우 아마존에서 직접 배송을 해주곤 하는데요, 이는 아마존 사이트에서 직접 배송 조회가 가능합니다.

4) ONTRAC

Ontrac은 **미국 서부 지역 배송 서비스에 특화**된 택배 회사입니다. 미국 전 지역이 아닌 한정된 지역을 배송하므로(서부 한정) 배송 기간이 2~3일 정도로 빠른 편입니다.
미국 IP 주소에서만 배송 조회가 가능하므로 공식 루트가 아닌 하단에 첨부된 사이트를 통해 배송 조회를 하면 됩니다.

5) 배송 조회 사이트 추천

모두 공식 홈페이지에서 배송 추적이 가능하나 구매 대행 사업을 하면서 다양한 구매처와 배송 업체를 이용할 확률이 높으니 통합 배송 조회 사이트를 이용하여 수월하게 배송 조회를 하는 것을 추천 드립니다. 또한 배송 대행지를 거치지 않고 바로 한국으로 직배송 받는 경우에도 배송 추적에 많은 도움이 됩니다.

❶ 패키지 트래커(https://www.packagetrackr.com)
하나의 배송 번호의 상세 조회에 좋습니다.
어디까지 이동하였는지 시간별로 조회가 가능하며, 넓은 미국 지도에 그림으로 표현되어 이동 경로를 한 눈에 알아보기가 쉽습니다.

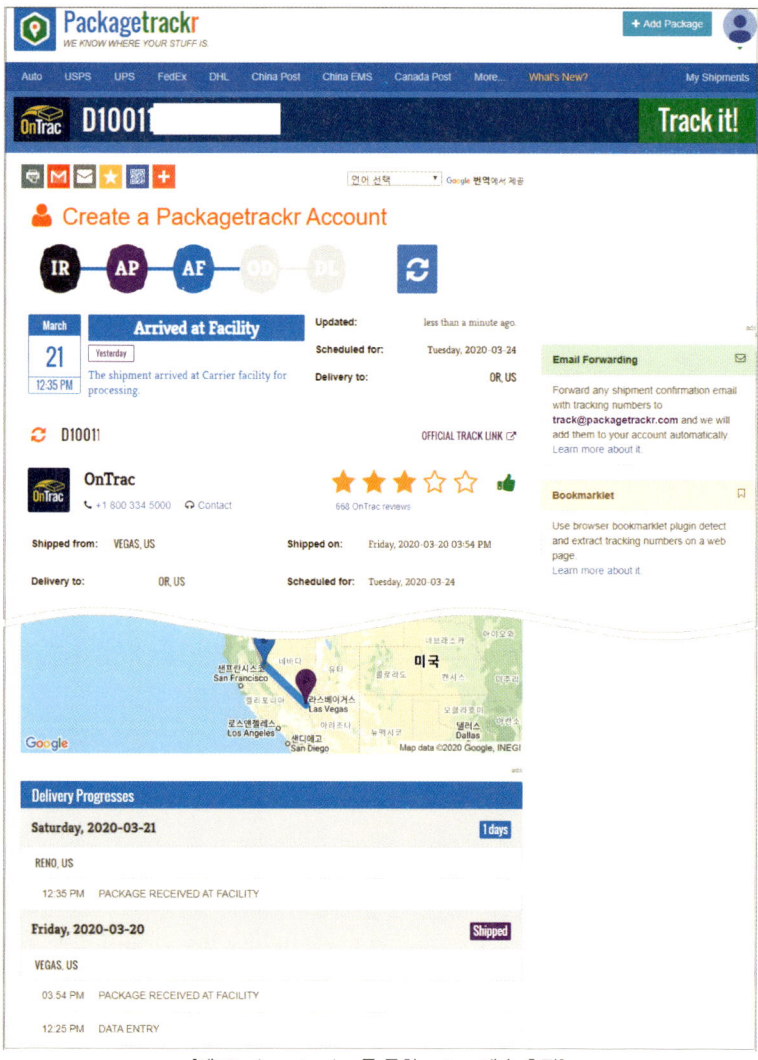

[예: Packagetracker를 통한 ontrac배송 추적]

❷ 17트랙(http://17track.net)

Packagetracker처럼 디테일한 조회는 되지 않지만 한 번에 여러 다른 배송 회사의 배송 번호를 동시에 추적 및 조회 가능합니다.

주문이 많이 들어오면, 각각 다른 배송사와 다른 루트로 배송이 오기 때문에, 한 번에 배송 번호를 입력하여 추적할 수 있다는 점에서 구매 대행 업자들에게 유용한 사이트가 아닐 수 없겠죠?

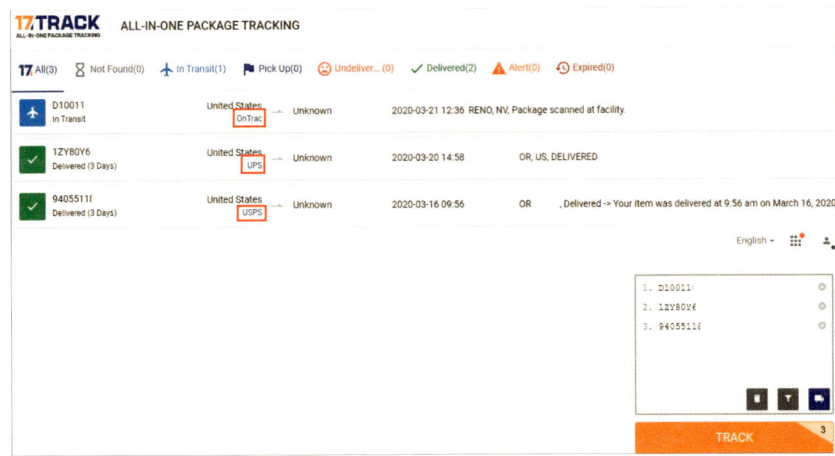

[예시) 17track을 통한 다양한 트래킹 번호 추적]

❸ 쉽트랙(https://www.shiptrack.co.kr)

Fast Tip! 한 번에 쉽게 통관 및 배송 조회 가능한 사이트!

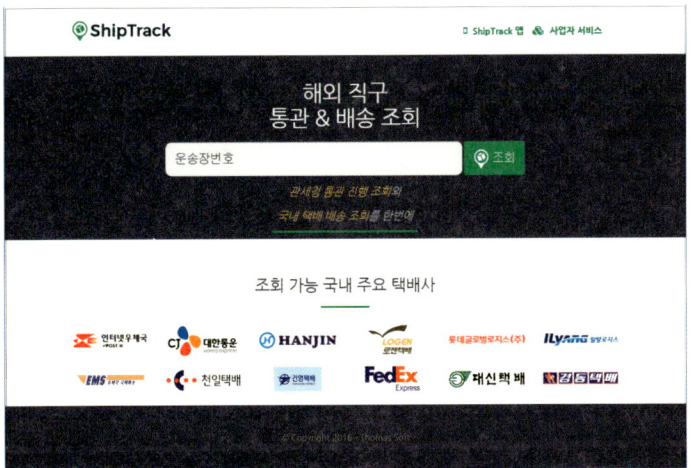

❹ 기타 배송 조회 사이트 한눈에 확인하기!
- 쉽팡 ShipPang(http://delivery.donnert.net)
- 우체국 배송 조회(parcel.epost.go.kr)
- 국내 국제 택배사 통합 배송 조회(http://www.deliverytracking.kr)

틈새 요약(미국 배송 업체 소개)

❶ USPS
장점: 미국 우체국. 저렴한 가격, 넓은 미국 곳곳에 배송이 가능함
단점: 느린 배송, 상대적으로 높은 확률의 배송 사고

❷ UPS & Fedex
장점: 빠른 배송, 상대적으로 낮은 확률의 배송 사고
단점: USPS보다 비싼 배송비

❸ Ontrack
미국 서부의 배송 업체. 공식 홈페이지에서는 미국 IP에서만 배송 조회가 가능하니 배송 추적을 하고 싶다면 통합 조회 서비스 사이트를 이용하자.

③ 국제 배송 및 국내 배송

자, 별탈 없이 미국 현지에서 배송 대행지 창고로 물건이 잘 배달이 되었다면 그 다음 과정은 이러합니다.

> 배송비 계측 후 납부 → 국제 배송사 인계 → 한국 도착(보통 인천공항) → 세관 통관
> → 국내 배송사 인계 → 배송 완료

먼저 배송 대행지 파트에서 자세히 다뤄 보았지만, 배송 신청서를 쓰자마자 국내 송장 번호를 미리 제공하는 배송 대행지 업체들을 선택하여 업무 효율을 높여야 합니다.
배송비 신청서 작성시 국내 송장 번호를 받고, 배송비 납부 후 국제 배송 및 통관 과정까지 한 번에 조회가 되는 서비스를 제공하는 배송 대행지를 선택하는 것이 중요합니다.

Section 09 배송

[예시] 클릭 한 번으로 체크 가능한 원스텝 배송 및 통관 조회]

잠깐만요! 사소하지만 잘 모르는 꿀 TIP

해외 직구 물품 예상 세액 조회 서비스

아이템 소싱할 때 환율 변화 등으로 인해 관세 범위인지 아닌지 애매할 경우, 관세청 해외 직구 물품 예상 세액 조회 시스템에서 자가 사용 물품 면세 기준에 해당하는지 아닌지 조회해볼 수 있어요.

[출처: 관세청 홈페이지]

4 교환 및 환불

해외 주문 결제, 국제 및 국내 배송 등을 세심하게 신경을 써 고객에게 물건을 보냈는데, 교환 및 환불 요청이 들어오면 참 속상하면서도 국내 판매처럼 과정이 간단하지 않기 때문에 난감하기도 한데요. 이럴 경우 어떻게 해결하는 것이 좋을지 한번 알아보도록 하겠습니다.

먼저 교환 및 환불 절차는 간단하게 이렇게 나누어 볼 수 있습니다.(미국 기준)

> ❶ 우체국 EMS 등을 이용하여 미국 배송 대행지로 물건 보내기
> ❷ 리턴 라벨 발급받아 배송 대행지에 제공하기
> ❸ 배송 대행지에 리턴 라벨과 함께 수수료 지불하면 미국 판매처로 반품 서비스 제공
> ❹ 판매처에서 물건 확인 후 교환이나 환불 진행

1) 미국 배송지로 물건 보내기

이를 위해서는 일반적으로 우체국 EMS를 통해 국제우편을 보내는 방법이 가장 편합니다. 이 과정도 두 가지로 나뉘는데요.

- 고객에게 직접 물건을 미국 배송 대행지로 부치라고 한다.
- 고객에게 물건을 국내 배송으로 내가 직접 받아 미국 배대지로 보낸다.

업무상의 효율을 중요하게 생각하는 저의 경우, 고객에게 직접 배송 대행지로 물건을 보내게 하는 것을 선호합니다. 고객에게 직접 물건을 받는다면 물건의 파손 여부와 상태를 직접 눈으로 확인하는 장점이 있겠지만, 직접 우체국까지 보내러 가야 하는 등 업무가 밀려 바쁜 와중에는 이런 것까지 처리하기가 번거로울 때가 많아집니다. 정답이 정해져 있지는 않지만 이럴 때에는 시간 절약을 위해 고객에게 사진으로 물건 상태를 받아 보고, 직접 보내게 하는 것을 추천드립니다. 고객이 EMS로 발송할 때 국제 송장번호를 내가 받아서 배대지에 미리 알려줘야 합니다.

잠깐만요! 사소하지만 잘 모르는 꿀 TIP - 1

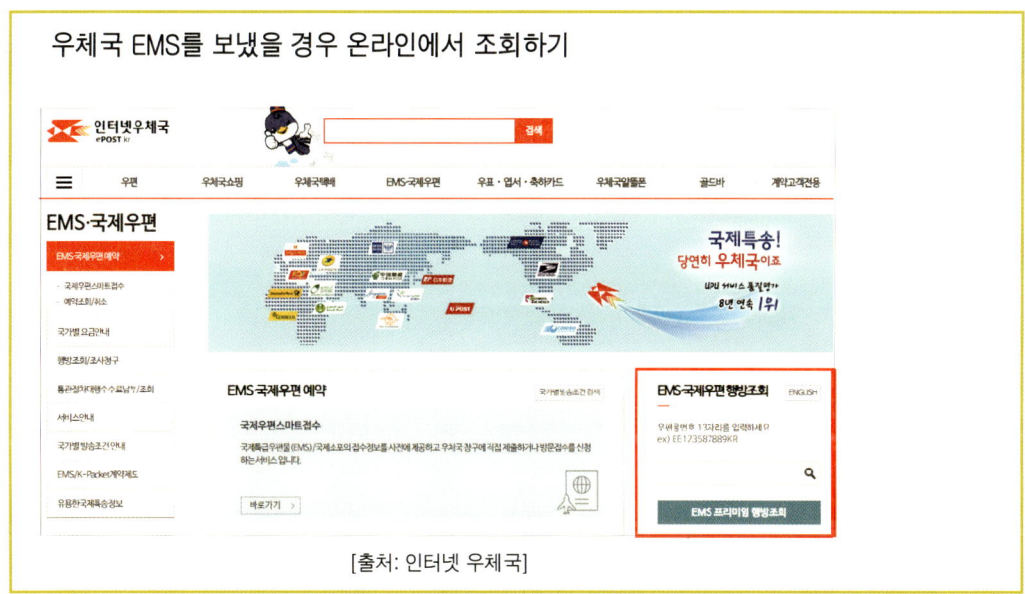

[출처: 인터넷 우체국]

잠깐만요! 사소하지만 잘 모르는 꿀 TIP - 2

여러 가지 이유로 국내 배송 이용 시 조금이라도 배송비를 절약해보자!

■ 홈픽: https://homepick.com

집에서 부르는 편리한 택배: 가격이 살짝 비싸도 실적이 적은 사업자는 유용하게 사용할 수 있습니다.

■ GS 편의점 반값 택배

이용운임 1600~2100원, 받는 사람의 가장 가까운 GS 편의점으로 배송해주는 서비스. 국내 유일 공휴일 배송 가능. 속도에 덜 민감한 배송 상품 활용시 유용합니다.

■ 택배 파인더

- 어플 다운로드 및 회원 가입 후 예약하기.
- CJ대한통운: 전국 5KG 이하 3300원(CU 편의점)
- 방문 택배: 20KG 이하 4000원

2) 리턴 라벨 발급받기

미국에서는 교환 및 반품을 보낼 때 **필수적으로 리턴 라벨**을 받아야 하는데요. 아마존에서는 직접 편리하게 리턴 라벨을 받을 수 있지만, 다른 판매처에서는 리턴을 요청하면 이메일 등으로 리턴 라벨을 보내 줍니다. 이것을 배송 대행지에 제공을 해주면 배송 대행지에서 패키지에 리턴 라벨을 붙여 반품 대행 서비스를 해줍니다.

[예시: 리턴 라벨]

3) 배송 대행지 리턴 라벨 및 반품 서비스 수수료 제공

배송 대행지 1:1게시판이나 반품 요청란에 리턴 라벨을 제공하고 수수료(보통 3~5달러)를 지불하면 배송 대행지에서 관련 서비스를 제공해주고 있습니다.

4) 판매처에서 물건 확인 후 교환 및 환불 진행

힘겹게 이 단계까지 와서 판매처에 안전하게 물건이 도착했어도, 미국은 한국처럼 환불 처리가 빨리 진행되지 않습니다. 아무리 고객 센터에 닦달을 해 보아도 모든 처리에는 1주일~최대 한 달은 기다려야 카드 취소가 승인는 경우도 있으니 여유를 가지고 기다립시다.

이 모든 것들은 많은 시간 및 에너지 소모가 되는 과정들입니다. 미국은 애초부터 판매처에서 잘못된 물건을 배송하는 경우가 드물며, 혹여 있다 하더라도 배송 대행지의 검수 과정에서 거의 다 체크가 되므로 이러한 상황들이 자주 발생하지는 않습니다. 보통 단순 변심의 경우로 교환 환불을 요청하는 분들이 생기는데요. 우리의 고객들 또한 비싼 교환 반품비를 지불하면서까지 받으시려는 분들은 많지는 않으니 큰 걱정은 하지 않으셔도 되겠지만 관련 절차는 꼭 숙지해 놓으셔야 합니다! 또한 교환 반품비를 책정할 때 이 모든 것들을 감안하여 금액을 정하기를 바랍니다.

■ **배송 초기 안내 및 CS 팁 예시**

안녕하세요? 고객님.
문의하신 상품은 정상적으로 배송되고 있습니다.

이 상품의 배송 상태는 현재 미국 아칸소 주에서 뉴저지로 이동 중입니다. 좁은 한국과 달리 미국내 쉬핑은 시간이 제법 걸립니다.

해외 직구 많이 해보셔서 잘 아시겠지만 국내 해외 직구 사이트의 평균 배송일은 약 14~20 영업일(휴일 제외)이 걸립니다. 고객님의 상품은 현재 2영업일 째입니다.

다행히 저희 마켓의 평균 배송일은 약10영업일 이내로, 일반 쇼핑몰 평균 배송일보다 매우 빠른 편입니다.
5월24일까지는 뉴저지 물류센터에 도착할 것으로 판단되며 입고 후 순서대로 검수 과정을 거치고 한국으로 출고됩니다. 출고하면 통상 3영업일 내에 받으실 수 있습니다.

이제 배송이 시작되어 진행 중이라 좀 더 기다리셔야 합니다.
송장 조회는 국내 세관의 통관을 마친 후 우체국 택배에 인계되어야 조회가 가능합니다.

감사합니다.

틈새 요약(배송 및 교환/반품)

❶ 국제 및 국내 배송
국내 송장 번호 및 통관 추적이 한꺼번에 되는 서비스를 제공하는 배송 대행업체를 이용하자. 고객에게 문의가 왔을 때에 더 신속하게 답변할 수 있다!

❷ 교환/반품
교환 및 환불은 최대한 우리의 효율성을 증대시키는 쪽으로 선택해보자.
미국 배송 대행지로의 배송은 우체국 EMS 이용, 판매처에 문의하여 리턴 라벨 준비 후 배송 대행지에 제공 및 수수료 납부하고 환불을 기다리면 우리 선에서 할 일은 끝!

5 국내 택배 업체와 계약은 어떻게 해야 하나?

1) 배송 계약

구매 대행이라고 하지 말고 그냥 쇼핑몰 시작했는데 발송은 별로 없을 수 있다고 하고 본인의 소재지의 택배 회사에 계약해 달라고 하면 대부분 큰 문제없이 해줍니다. 그 뒤 계약서를 작성하고 계약 택배 코드를 받아서 코드가 필요한 마켓(예: 쿠팡)에 입력하면 됩니다.

2) 실제로 반품이 일어났을 때 대처 방안

실제로 판매 활동 시작하면 반품 받을 일이 생기기 마련입니다. 반품지로해서 계약한 택배로 연락하여 반품을 받으면 됩니다.

여기서 잠깐! 알아 두면 좋은 우체국 택배 반품 접수 2가지 요령

첫 번째 방법은 우체국 택배 홈페이지를 통해 택배 반품을 접수하는 방법이 있습니다.

① 우체국 택배(https://parcel.epost.go.kr/auth.EpostLogin.parcel) 검색 후 접속합니다.
② "택배 반품 예약"을 클릭합니다.
③ 로그인하여 필수적으로 택배 등기 번호와 받는 분 이름을 적어야 합니다.

두 번째로는 우체국 택배 반품 전화 예약으로 할 수 있는 방법이 있습니다.

바로 전화 ARS(1588-1300) 접수 방법입니다.
신규 접수 반품 접수 교환 접수 여러 형태 중 선택하신 후에 택배 등기 번호를 입력하면 접수가 완료된답니다.

현재 쿠팡의 반품 정책은 좀 더 판매자를 힘들게 하는 방향으로 자주 바뀌기 때문에 자주 확인이 필요합니다. 쿠팡 반품지를 설정할 때 일단 임의의 8자리 코드를 넣으시고 반품지명에 '직접 회수' 또는 '해외 구매 대행 상품 판매자 회수' 등의 문구를 넣고 전화번호를 적어 넣으세요. 자세한 주소를 넣으면 반품지로 임의 착불로 올 위험성이 있습니다. 직접 회수를 하면 CS 문의에 판매자가 회수하라고 할 때 쓸 만한 택배사를 찾아서 개별 접수하는 방법도 있습니다.

6 중국 택배 배송 조회

❶ 쿠와이디100(https://www.kuaidi100.com)

❷ 바이두(baidu.com)에서 '택배 송장 조회(快递单号查询)'라고 검색하고 송장 번호를 조회하면 된다.

❸ 순풍 https://www.sf-express.com/chn/sc

❹ 중통 https://www.zto.com/

Section 10 마케팅 도구

마케팅 도구

구매 대행 사업자가 자주 쓰는 공개된 마케팅 툴 활용 노하우

기적의 구매 대행 노하우

1 키워드 도구

내가 소싱하는 원피스, 카페의자, 핸드폰 케이스… 키워드를 뭘로 잡지?

키워드 도구는 말 그대로 특정 기간 동안 사람들이 해당 키워드를 얼마나 조회하는지 검색할 수 있는 도구입니다. 네이버 키워드 검색 광고 이외에 아이템 스카우트, 셀러 키워드, 키워드 마스터, 싹모다 3.0, 워드트래커 등이 있습니다. 회원 가입 없이 누구나 쉽게 사용할 수 있도록 공개된 툴들을 사용하면 됩니다. 먼저 아이템스카웃으로 간단히 알아볼게요. ~ Follow me~

❶ 우선 https://itemscout.io에 접속합니다.

❷ 그리고 왼쪽에 있는 검색 섹션에서 [카테고리검색]을 클릭 후 원하는 카테고리를 설정하세요.
   - 기간을 설정할 때 1개월 이상은 길게 클릭하면 드래그 설정이 활성화 됩니다.
   - 참고로 특정한 성별과 연령의 대상이 없다면 과감히 skip 하세요.

❸ 그런 후 스크롤을 아래로 내리면 내가 지정한 카테고리의 키워드들이 나열되어집니다.
   - 원한다면 엑셀 파일로도 다운 받을 수 있으니 활용도가 폭넓겠죠!

 →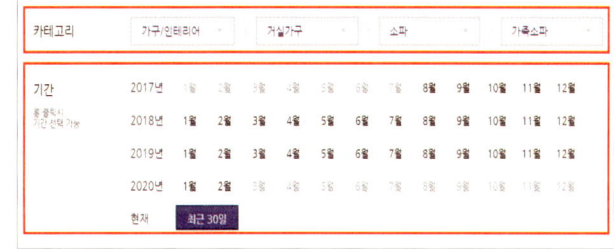

❹ 다음은 왼쪽 섹션 중 [키워드 검색]을 클릭 후 찾고자 하는 키워드를 검색하면 월간 총 검색 수와 상품의 개수, 경쟁 강도 등을 볼 수 있습니다.

- 핵심은 상품 수 대비 조회 수가 높은 가성비 좋은 키워드를 발굴하는 것이 중요하다는 뜻입니다.

이외의 유용한 키워드 분석 툴들입니다.

- 헬프스토어
- 셀러라이프
- 키워드마스터
- 블랙키위
- 판다랭크
- 셀링하니

Section 10 마케팅 도구

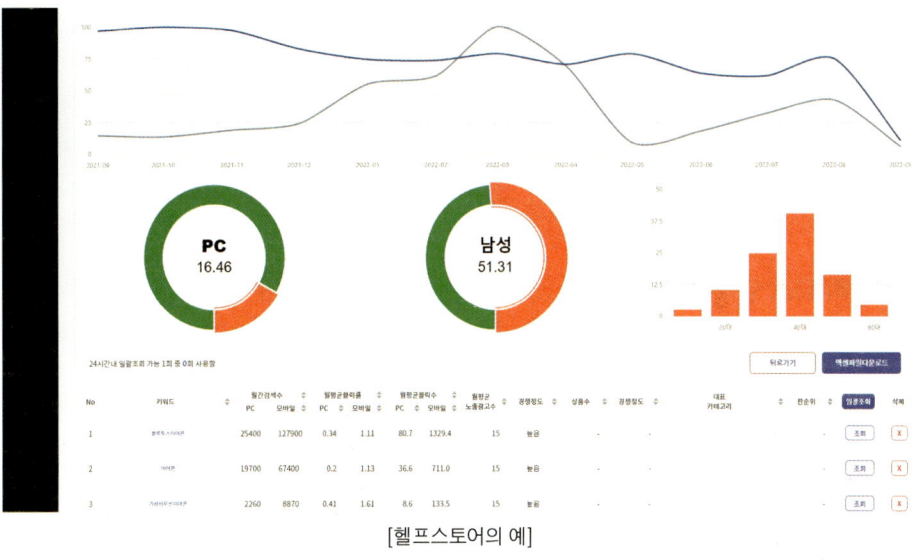

[헬프스토어의 예]

❷ 로그 분석

어랏?! 갑자기 하루 방문자 수가 500명씩 증가?
그러나 아직 좋아하긴 이르다!

내 사이트의 방문자 수, 유입 경로를 분석하여 구매 전환율을 높일 수 있는 방법을 알고 싶나요? 현재 가장 많은 스마트스토어 판매자들이 이용하고 있는 네이버 애널리틱스와 다양한 로그 분석 사이트를 함께 알아보도록 해요.

우선 내가 갖고 있는 스마트스토어와 네이버 애널리틱스를 연동이 필요합니다.
아래의 순서에 따라오시면 쉽게 마칠 수 있습니다.

❶ 애널리틱스 홈페이지에서 '바로 시작하기' 버튼을 클릭합니다.
❷ '등록된 사이트가 없습니다'라는 문구 옆 톱니바퀴 아이콘이 그려진 '설정'으로 접속합니다.
❸ '사이트 등록'을 클릭하여 내 스토어의 사이트명과 URL을 기재 후 등록해주세요. 기본 사이트 설정이 필요하다면 체크하길 권장합니다.
❹ 이 페이지에서 발급 ID만 복사하고, 다시 스마트스토어 센터로 돌아가서 노출 채널 관리 접속 후 비즈니스 서비스 설정을 합니다.
❺ 네이버 애널리틱스로 들어가 주세요. 애널리틱스를 설정함으로 체크하면 팝업창이 뜨는데 발급 ID에 방금 복사한 ID를 넣고 저장합니다.

만약 연동되지 않는다면 사이트 연동 시 사이트 주소를 잘못 입력했거나 발급 ID를 잘못 복사/붙여넣기 했을 가능성이 높으니, 이 부분은 다시 확인해주세요.

연동 과정을 거친 후 하루 정도 뒤에 접속하면 메인 페이지의 왼쪽의 섹션에서 방문 분석, 유입 분석, 페이지 분석, 실시간 분석, 사용자 분석 등 다양한 분석 자료를 활용할 수 있습니다.

네이버 애널리틱스 연동 방법

잠깐! 꼭 기억하세요.

> 네이버 애널리틱스를 통해 실시간 분석, 유입 분석, 페이지 분석, 방문 분석과 인구 통계 분석을 활용해 보세요. 로그 분석 자료는 이해하고 끄덕이라고 제공하는 것이 아니라 피드백하여 내 마켓에 실제로 반영하라고 제공한다는 것을 잊지 마세요.

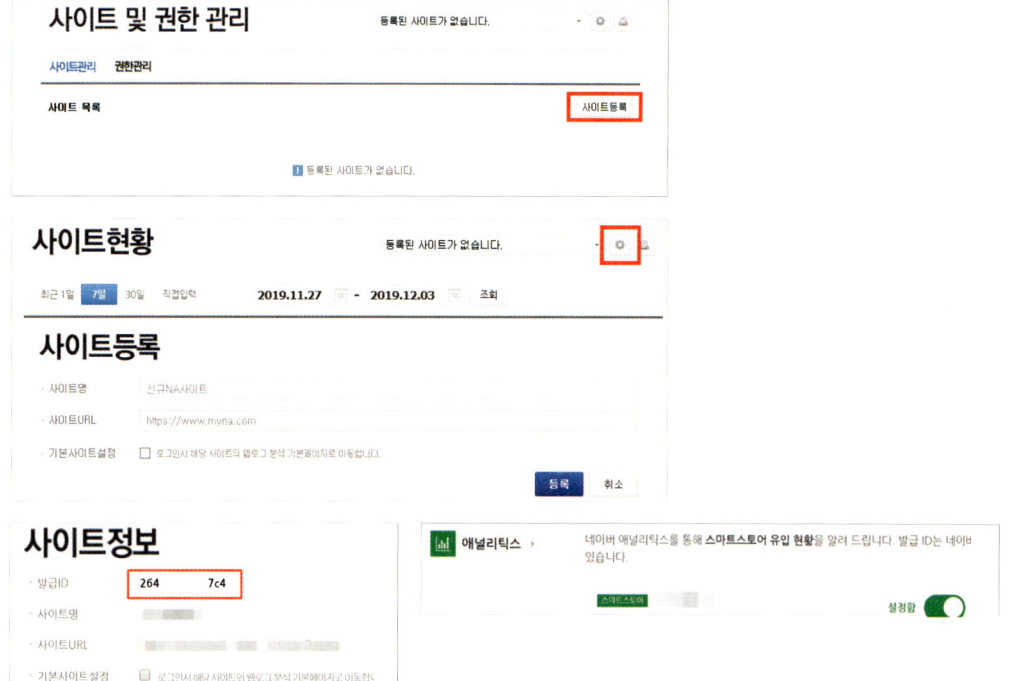

Section 10 마케팅 도구

네이버 애널리틱스의 다양한 활용

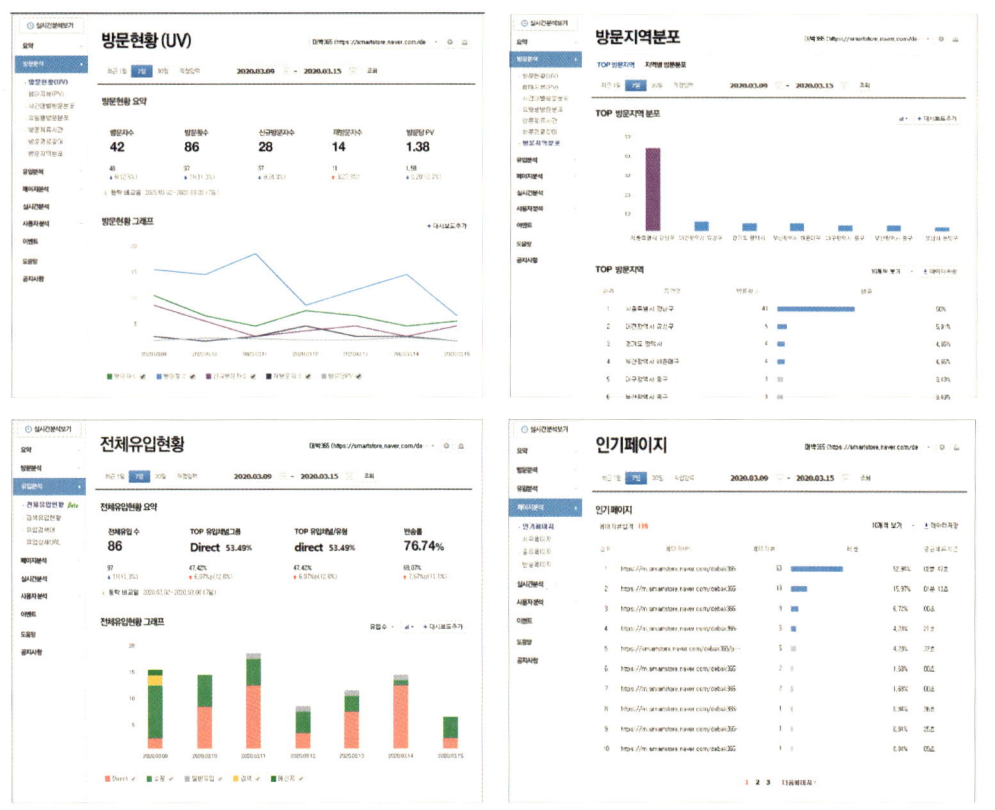

[해당 분석은 이해를 돕기 위해 예시로 활용한 페이지입니다.]

③ 이외의 로그 분석 사이트

1) 플랫폼 기업의 로그 분석 툴

- 오픈 애즈(http://www.openads.co.kr)
- 구글 애널리틱스
- 에이스카운터(https://www.acecounter.com)

2) 일반 로그 분석 툴

- 오픈 셀러 : http://openseller.biz
    - 지마켓, 옥션, 11번가, 인터파크, 스토어팜(준비 중), 월 11,000원
        ※ 지마켓, 옥션 상품 2.0 지원, 구글 애널리틱스 기반

- 샵로그 : http://shoplog.co.kr
  - 지마켓, 옥션, 11번가, 인터파크, 월 55,000원
    ※ 다양한 부수(1:1채팅 스크립트 등) 기능 제공

- 오픈로그 : http://openlog.co.kr
  - 지마켓, 옥션, 11번가, 스토어팜(유입만), 무료/유료, 월 11,000원
    이셀러스 카운터큐 : https://www.esellers.co.kr/CounterqInstroduce/Index
  - 지마켓, 옥션, 11번가, 인터파크, 스토어팜(유입만), 월 14,900원
    ※ 솔루션 주머니와 연계됨

상품 키워드 랭킹 관리 툴

1) 내가 등록한 상품은 네이버 쇼핑 어디에?

내가 등록한 상품이 몇 페이지 몇 위에 등록되어 있는지 판매자라면 당연히 알고 싶죠. 하지만 한 페이지씩 넘겨보며 내 상품을 찾는 일은 결코 쉽지 않은 일입니다. 또한 SEO 작업할 때마다 잘 적용되었는지 수시로 확인하는 것도 보통일이 아니라서 시간 낭비를 최대한 줄일 필요성을 느끼게 됩니다. 내가 등록한 상품이 몇 페이지 몇 위에 랭크되어 있는지 또는 경쟁사의 제품이 몇 위인지 한 번에 확인할 수 있는 툴들이 웹에 공개되어 있으니 잘 활용해보세요.

아래 해당 분석 페이지는 이해를 돕기 위해 예시로 활용한 페이지입니다.

아이템스카우트에 접속후 내 마켓 이름과 상품명의 핵심 키워드를 넣고 실시간 순위를 조회하면 네이버쇼핑 몇 페이지 몇 위에 랭크 되고 있는지 알 수 있습니다.

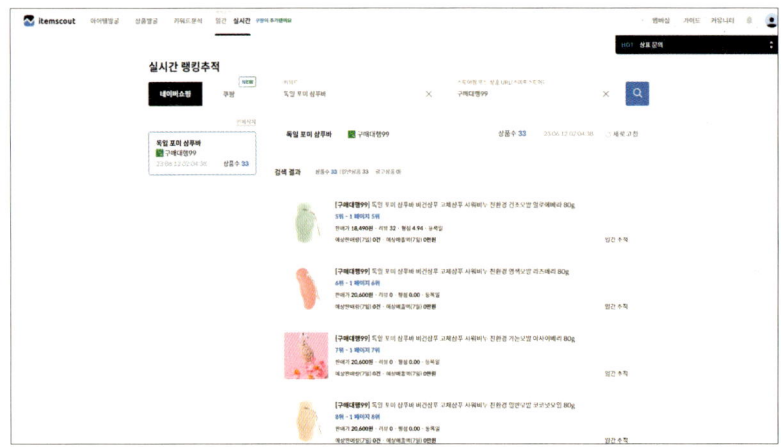

Section 10 마케팅 도구

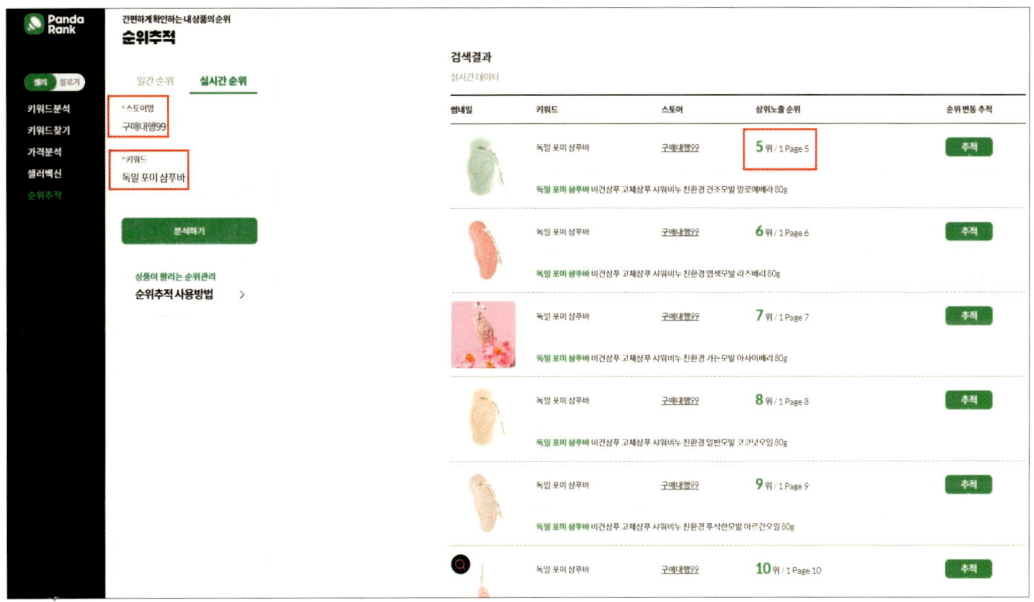

2) 이외의 랭킹 관리 툴 사이트

- 비즈랭킹(http://www.bzranking.co.kr)
- M-자비스

네이버 광고 및 키워드 관리

다크 써클이 턱밑까지 내려올 정도로 상세 페이지를 만들었건만 보는 사람이 없어요.

SEO 작업과 상세 페이지에 부단한 노력을 들였음에도 유입 수가 만족스럽지 못 하나요? 광고비에 너무 겁을 먹지 마세요. 광고는 내가 동네 치킨집이 가게를 열고 전단지 만들어 돌리는 것과 다름이 없습니다. 광고비용은 들지만 최소한 전단지를 돌리는 인건비는 내지 않아도 됩니다. 가만히 앉아서 손님 오길 기다려서는 안 됩니다. 적극적으로 광고와 홍보에 노력을 기울여 보세요.

누군가는 광고비만 썼다 하고, 누군가는 광고비만 들었다고 합니다.

1) 네이버 쇼핑 광고

- 랭킹 TOOL로 확인한 네이버 쇼핑 2~5P 이내에 있는 상품을 광고하면 좋다.
- 네이버 광고 관리 시스템에서 네이버 쇼핑 광고를 한다.
- 파워 링크와 달리 원하는 키워드를 임의 설정할 수 없으나 불필요하다고 판단되는 키워드는 제외할 수 있다.

2) 메인 키워드 광고

- PC의 네이버 웨일 모바일로 조회 후 광고 입찰가를 조회하여 모바일 위주로 전략 상품을 광고한다.
- 비즈 랭킹이나 스마트오너와 같은 도구로 유입 랭킹을 따져서 특정 키워드가 순위에 기여를 못하고 있으면 과감하게 버리고 가성비 좋은 키워드를 니치 키워드로 교체해야 한다.

3) 롱테일 키워드 광고

1개의 아이템에 검색 예상되는 키워드를 넓게 광고한다.

아래의 도구들은 각각의 기능별로 소개해도 책 한권씩 설명이 되는 좋은 툴입니다. 직접 써 보시고 체험하는 편이 낫기 때문에 구체적인 설명은 생략하겠습니다.

1) 네이버 통합 검색을 활용한 광고

- 음성으로 키워드 추출하기(https://speech-to-text-demo.ng.bluemix.net)
- 보이스노트(https://dictation.io)

2) 구글 검색 키워드 추출 툴 활용

- 키워드파인더(https://app.kwfinder.com)
- 키워드쉬터(https://keywordshitter.com)
- 클래버스탯(http://cleverstat.com/keywords-suggestion)
- 우버서제스트(https://neilpatel.com/ubersuggest)
- 롱테일프로(https://longtailpro.com)
- 키워드툴도미네이터(https://www.keywordtooldominator.com)

6 상품 등록 도구로 작업 속도 올리기

좀 더 빠르게 지름길로 가기!

1) 기본 도구

❶ Pocket: 크롬 확장 앱. 찜 한 소싱 대상 페이지를 tag와 함께 저장하는 프로그램

❷ Google Keep: Chrome 확장 프로그램

❸ Avast SafePrice: 가격 비교, 거래, 쿠폰

　온라인 쇼핑을 할 때는 Avast에서 제공하는 가격 비교와 쿠폰 확장을 통해 최저가, 특가 상품 및 할인 쿠폰을 찾아보기가 수월합니다.

❹ Onenote: Office365 구입시 활용 가능한 클립 하기 좋은 노트
- 유튜브 자료나 블로그 포스팅도 원노트 활용 가능
- 아이템소싱시 OCR 기능으로 캡처한 이미지에서 TEXT 추출 가능
- 이미지캡처 Alt-Shift+S
- 빠른 메모장 Win key+N
- 파일 첨부시 인쇄물 삽입으로 첨부하면 수정 가능. 원본도 수정됨

❺ 마인드맵: 너무나 많은 생각과 정리되지 않은 일들 한방에 머릿속에 정리하세요.
- XMIND
- THINKWISE

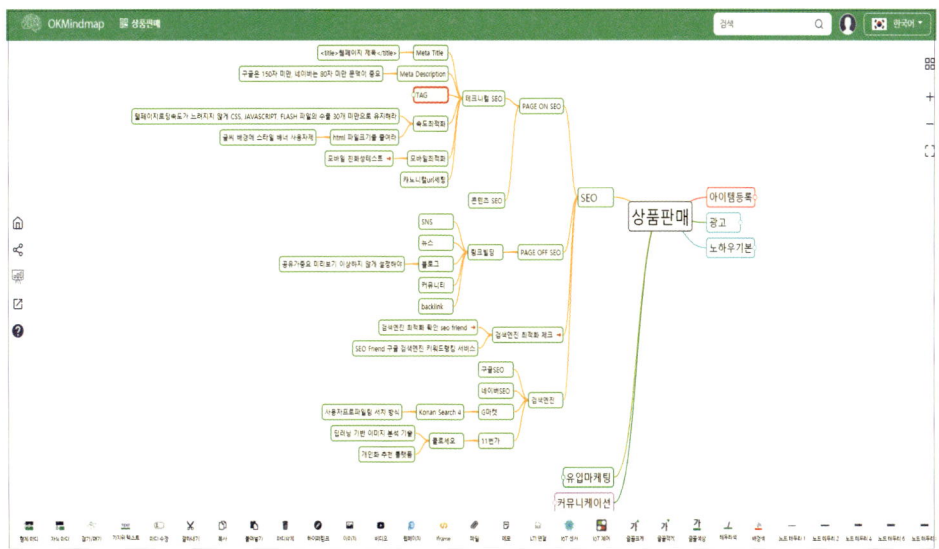

2) 이미지 추출 3가지 방식

■ 이미지 한 번에 다운로드 받기(Fatkun or Image Downloader)

■ 사용 순서

크롬 ➔ 웹스토어 ➔ fatkun(Image Downloader) 검색 ➔ 확장 프로그램으로 반영 ➔ 원하는 사이트 들어가기 ➔ 팻쿤 클릭 ➔ current 이미지 다운로드 ➔ togle 클릭 ➔ 원하는 이미지 선택➔ 일괄 다운로드

■ 캡처 방식

웹상에서 이미지(한문) 알편집- 캡처 복사, 도형 편집

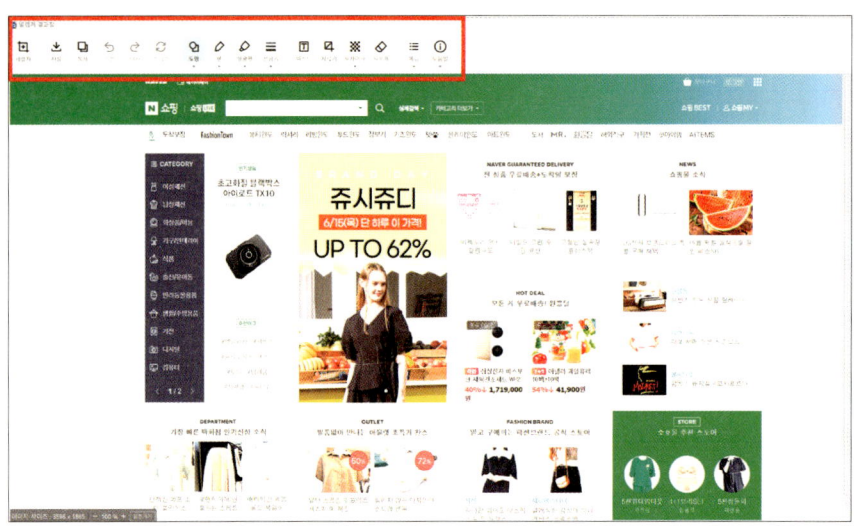

알캡처나 picpick 등의 캡처 도구로 웹상에서 간단히 편집하여 다운하세요.

예) 중국어 글자가 있는 이미지 ➔ 알캡처 ➔ 도형 사각형 ➔ 잉크색 ➔ 배경색 ➔ 지울 부분을 드래그 해서 중국어 삭제 ➔ 다운로드

■ HTML element 활용하기

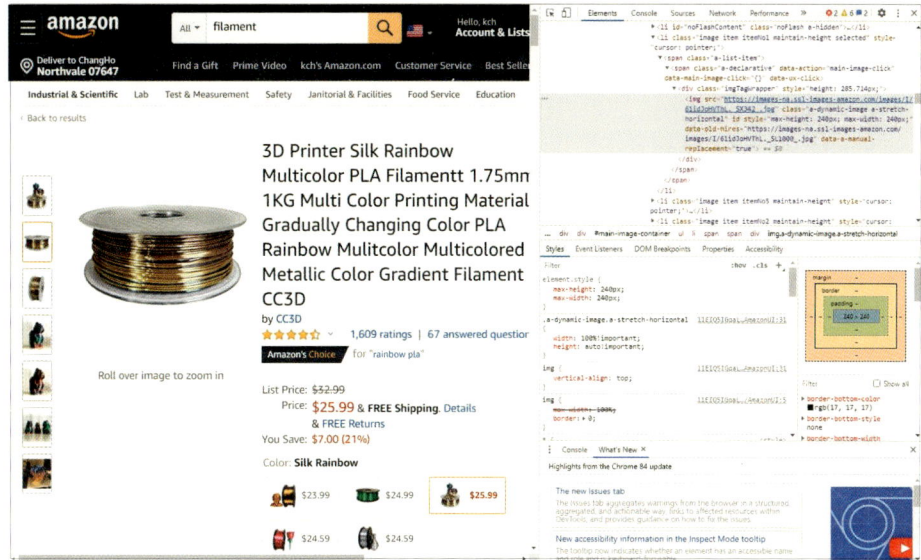

[상품 이미지 소싱의 자세한 방법은 상품 등록 챕터 참조]

3) 마케팅 편집 도구

- 비디오 메이커(https://biteable.com)
- 오토 드로우(https://www.autodraw.com)
- 유튜브 비디오 컨버터(https://www.onlinevideoconverter.com/ko/video-converter)
- 구글 로그인만으로 영상 만들기 어도비 스파크(https://spark.adobe.com)
- 손쉬운 디자인 툴 픽스첼러(https://pixteller.com)
- 스탠실(https://getstencil.com)
- 타일(https://tyle.io)
- 목드랍(http://mockdrop.io)
- 김프 GNU 이미지 조작 프로그램
- 베어 파일 컨버터(https://www.ofoct.com)
- 루멘5 - 텍스트를 영상으로 바꾸기(https://lumen5.com)
- 어반브러시 무료 일러스트(http://www.urbanbrush.net)
- 바이터블(https://app.biteable.com/video/starters)
- 스타트업 스태쉬(http://startupstash.com)
- 슬라이드쉐어(https://www.slideshare.net)
- 어비폰트 무료 폰트(http://uhbeefont.com)
- 이미지 검색의 마술 -구글, 알리바바, 1688

- 디버거 페이스북 이미지 강제 업로드(http://www.smarteditor.co.kr)
- 프린트시티(http://www.printcity.co.kr)
- 온라인 비디오 제작(https://www.shakr.com)
- MOV에서 MP4로 온라인 무료 변환기(https://movtomp4.online/ko)
- MS오피스 무료 서식 파일 활용(https://templates.office.com)
- PDF -PPT 무료 변환(https://www.cleverpdf.com/kr/pdf-to-powerpoint)
- PNG PDF 변환(https://pdfio.co/kr/png-to-pdf)
- 판조이드(https://panzoid.com)
- 곰랩(http://www.gomlab.com)
- 워드 클라우드 생성기(http://wordcloud.kr)
- 온라인 포토 에디터(https://pixlr.com/editor)

4) 마케팅 커뮤니케이션 도구

- LINE WORKS https://line.worksmobile.com/kr/
- SWAY https://sway.office.com
- TalkU http://www.talkyou.me/
  저렴한 국제전화, 실제 미국 전화번호 사용 가능, 3000만 명 회원 간에는 무료. 이 미국 번호를 명함에 넣고 알리바바와 가격 딜할 때 규모 있는 글로벌 회사처럼 네임 카드를 제시해 보세요. 설득력 업업!

- 문자 보내고(https://www.sendgo.co.kr/main/main.php)
  구매 대행 사업자의 대 고객 관리, 주소록 관리, 템플릿 활용한 배송 문자 활용

- 문자나라(http://www.munjanara.co.kr)
- 무료 그룹웨어(https://www.docswave.com/ko)
- 무료 키워드 도구 우버 서제스트(https://neilpatel.com)
- 피들리 콘텐츠 아이디어 얻기(https://feedly.com/i/welcome)
- 유튜브 자동 완성 키워드 툴(https://keywordtool.io/youtube)

5) 기타 도구모음

❶ 파일 변환
- TinyPNG(https://tinypng.com) : 파일의 용량을 줄여 주는 사이트
- convertio(https://convertio.co/kr) : 웹페이지 전체 스크롤 캡쳐, 웹 이미지를 jpg로 변경
- pdfio(https://pdfio.co/kr) : 이미지를 PDF 파일로 변환
- CleverPDF(https://www.cleverpdf.com/kr/pdf-to-powerpoint) : PDF PPT 변환
- Smallpdf.com - PDF를 다양한 파일로 변환하는 무료 솔루션

❷ 사진 용량을 줄이지만 퀄리티는 동일하게 만드는 사이트
- JPEGMINI.COM
- 이미지 프레소(http://imgpresso.co.kr)

❸ 누끼따기 도구
- 이넘컷(Enumcut)
- 키리누끼(http://kirinuki.co.kr)
- 버너보난자(https://burner.bonanza.com)

❹ 수많은 ID와 패스워드 계정 관리 보안성 좋은 도구(웹 로그인으로 동기화)
- Lastpass(크롬 확장 앱) 해외 사이트 구입시마다 가입하게 되는 각 사이트의 계정 관리를 위해서 보안성 좋은 도구를 활용해 보세요.
- 재래식 계정 관리 방법이지만 네이버 메모로 하위 폴더를 만들어 사무실과 스타벅스에서도 쉽게 열람이 가능하도록 쉽게 관리하자.

❺ 번역 및 언어 전환 도구
- 한컴 번역기 < 파파고 < 구글 번역 < 더나은번역기 < 플리토
- 음성을 텍스트로 전환 : 구글 드라이브 문서 → 도구 → 음성 입력
- 스피치 텍스트, 보이스 노트 : 음성 자막 변환 app

❻ 스마트 편집기

상세 페이지 자동 제작 웹사이트 도구로 웰 메이드 된 수많은 템플릿 중에서 선택을 하고 사진과 TXT를 갈아 끼우기만 하여 다운로드 하면 훌륭한 상세 페이지를 만들 수 있습니다. 월 2만원 대에 충분한 자료를 다운로드 받을 수 있으며 크몽이나 재능 마켓에 수십만 원에 고 퀄리티의 상세 페이지를 의뢰하는 작업 퀄리티에 버금갈 정도입니다.

자기 마켓에 하나의 카테고리의 상품들은 엣지 있고 강력한 템플릿을 하나 정해서 상품과 내용만 바꾸어 추가로 진열하면 인상 깊은 상세 페이지도 만들 수 있고 일관성 있는 관리도 할 수 있습니다.

❼ 망고보드 VS 미리캔버스

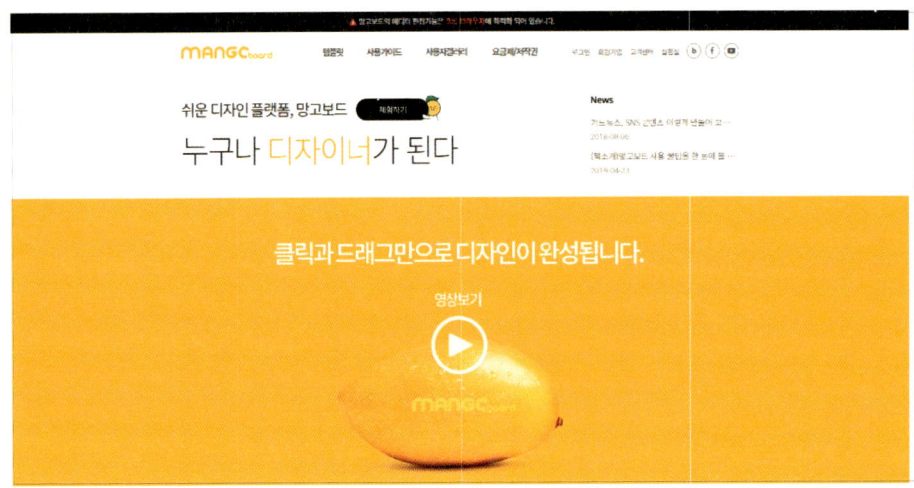

[망고보드]

국내 최고 수준의 이미지 카드 뉴스 동영상 저작 도구

수많은 템플릿 중 원하는 것을 선택해서 카드 뉴스, 유튜브 썸네일, 상품 상세 페이지와 포스터, 동영상 등 손쉬운 커스터마이징 작업을 할 수 있으며 한 번 써보면 매우 유용해서 많은 사람들이 다시 찾는 편입니다. 큰 노력을 기울이지 않고도 질 좋은 작업물을 만들 수 있으며 튜토리얼도 비교적 잘 갖추어져 있습니다. 유료.

[미리캔버스]

비즈하우스의 야심작 미리캔버스는 내 맘대로 뚝딱 손쉽게 카드 뉴스를 만들고 저작권 걱정 없이 사용할 수 있는 무료 디자인 툴을 제공하고 있습니다.
손쉬운 작업과 접근성이 매우 좋습니다.
워터마크로 제한되지 않아 상업적으로 써도 좋은 도구입니다.
구매 대행 사업자가 상세 페이지의 인트로와 FOOTER란에 디자인 작업을 하려면 적극 활용해 보길 권합니다. 교환 반품 정책, 쇼핑 가이드 등을 훌륭한 디자인으로 손쉽게 만들 수 있습니다

6) 네이버 웨일 활용

네이버 웨일은 국산 브라우저로서 2017년 3월 13일에 오픈 베타를 열면서 서비스를 이어 가고 있으며 구글의 오픈 소스인 크로미엄을 기반으로 제작되었습니다.
구글에서 제작한 웹 브라우저 크롬의 힘이 적용되었다고 볼 수 있죠. 그래서 크롬과 흡사하지만 셀러들 입장에서 볼 때 유용한 기능들이 많습니다.

- 네이버 웨일 퀵서치 – 외국어를 마우스 우측 클릭으로 소량의 단어는 즉시 번역 가능
- 네이버 웨일 모바일 – 모바일 창으로 볼 때 사용, 모바일에 잘 진열되어 있나? 확인
- 네이버 웨일 스마트렌즈 – 해외 상품 네이버 쇼핑에 있는지 조회할 때 사용
- 네이버 웨일 캡처 앱 – 웨일 확장 앱으로 손쉬운 캡처 가능

- 네이버 웨일 번역 – OCR– 해외 사이트 이미지 우측 클릭으로 이미지 안에 글자 번역 가능 중국어를 잘 모르시나요? 글자가 아니라 이미지 안에 글자라 당황 하셨세요? 문제없이 추출이 가능합니다.
- 네이버 웨일 사이드바 활용 - 택배 배송 조회 가능

7 구글 상품 검색 TIP

구글 엔진을 활용한 검색 팁

웹 서치 할 때 기본적으로 알고 있으면 업무가 더욱 정확해지고 속도 역시 빨라지게 되는 구글 검색 팁들이 있습니다.

이를 익혀서 업무 할 때 기본적으로 습관화 할 필요가 있습니다.

❶ 큰따옴표 : " "

"검색어"가 반드시 포함되어 있는 결과가 검색됩니다.

❷ 별표 : *

확실하게 기억나지 않는 단어 있을 경우 별표 자리에 자동으로 연관 검색어로 채워집니다.

예) 나이키*97

❸ 하이픈 : –

검색어 앞에 붙이면 그 단어만 제외하고 검색됨

예) 아디다스 스니커즈 –슈퍼스타

❹ 이퀄 : =

검색어 뒤에 붙이면 그 단어의 환율로 계산된 한화로 표시

예) 150$=를 입력하면 결과 값에 180,544.50 대한민국 원으로 출력됩니다.

❺ 물결 : ~

검색어 앞에 붙이면 그 단어와 비슷한 의미의 자료들을 검색해 줍니다.

예) ~boat shoes를 입력하면 보트 슈즈가 어떤 것인지 이미지를 보여줍니다.

❻ define 단어 정의

단어를 정의하는 내용을 바로 보여주거나 연관성이 높은 순으로 검색 결과를 보여줍니다.

예) define 갤럭시s20 -> Samsung Galaxy S20 - Wikipedia를 보여줍니다.

YouTube에서 수익을 창출하는 방법 - YouTube 고객 센터
단어를 정의하는 내용을 바로 보여주거나 연관성이 높은 순으로 검색 결과를 보여줍니다.

❼ 피리어드 2개 : ..

단어와 단어 사이에 ..을 삽입하면 범위 내 검색 결과가 나옵니다.

예) 한국 축구 국가 대표 골 장면 2000..2020
KFATV(Korea Football Association) - YouTube

❽ Or

둘 중에 하나가 포함되는 단어를 모두 보여줍니다.

❾ 최근의 자료 보기

검색어 앞뒤에 연도를 붙여줍니다.

예) 2019 토트넘 핫스퍼 영상 2020

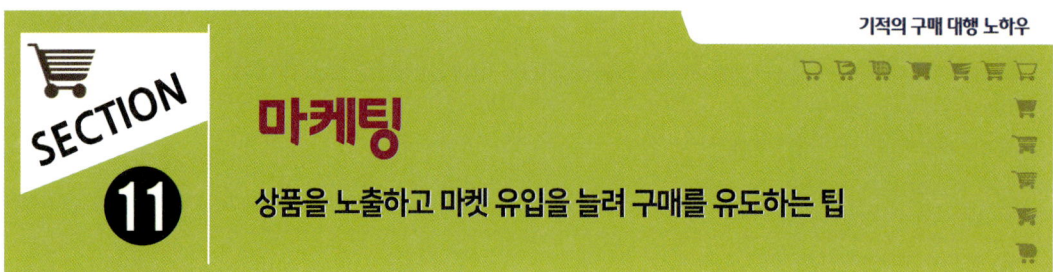

마케팅
상품을 노출하고 마켓 유입을 늘려 구매를 유도하는 팁

일반적으로 마케팅에는 직접 마케팅과 간접 마케팅이 있습니다.
각각의 방법으로 셀러가 어떻게 구사해야 하는지 살펴보겠습니다.

1 직접 마케팅

1) 다이렉트 마케팅

직접적인 마케팅은 방문 판매, 전단지, 아웃바운드 텔레마케팅, 루트 영업(주 거래처 방문 영업), INVITATION MKT, 이메일, 문자, 세미나 등의 마케팅 기법들이 있지만 1인 사업자가 구사할 수 있는 가성비 좋은 마케팅은 아무래도 이메일 마케팅과 문자 마케팅입니다.

능동적인 마케팅
다이렉트 마케팅은 능동적이지만 시스템화되어 있지 않으면 노력에 비해 성과가 낮기 때문에 운영이 쉽지 않습니다. 그러나 마케팅 선진국인 미국에서는 컴퓨터에서 시작하는 이메일 마케팅이 많이 사용되고 있고 판매자에게 까다롭기로 소문난 아마존마저 이메일 마케팅을 허용하며 꽤나 유효한 기법으로 판명되고 있습니다.

미국은 주로 사람이 수동으로 일일이 손대지 않고 시스템에 의해 모객을 하고 템플릿 베이스로 시의적절한 타이밍에 고객에게 자동으로 메일을 발송하고 혜택을 안내하는 값비싼 도구들을 쓰고 있는데요. 여러 도구 중에서 한국에 소개된 툴은 자동화 마케팅이란 이름의 WISH POND 와 GET RESPONSE가 도입되어 있습니다.

그러나 1인 자영업자가 수백만 원 하는 고가의 솔루션을 사용하기란 쉽지 않죠.

2) 현실적인 다이렉트 마케팅 방법

네이버에서 특정 키워드로 검색을 하면 나타나는 결과를 view영역 으로 선택하면 블로그나 카페의 글을 보여주게 됩니다.

이때 내가 판매하고 싶은 상품이 가령 차량용 방향제일 경우 view 영역에서 나오는 글이 카페의 글이라면 카페글을 타고 들어가서 글쓴이에게 쪽지를 보내거나 1:1채팅을 하면 되고, 블로그 글일 경우는 그림과 같이 블로그 글의 url에 있는 네이버 아이디를 추출해서 리스트업 한뒤 여러 블로거에게 동시에 프로모션 요청을 할 수도 있습니다

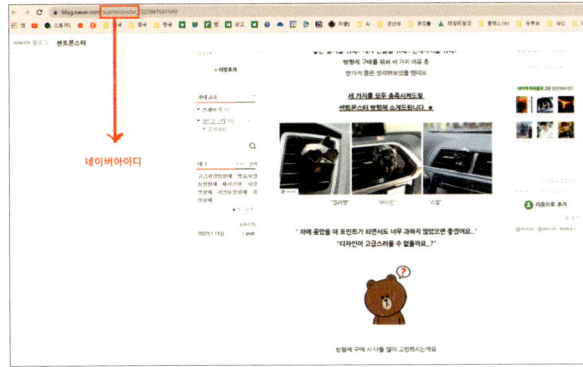

이와 같은 네이버 아이디 추출은 네이버에서 순차적으로 알수 없도록 막을 것으로 예상됩니다.

다음은 이와 같은 이메일 마케팅에 보낼 내용의 소스를 안내해 보겠습니다.

❶ QR 코드 랜딩 페이지 : 홍보하고 싶은 랜딩 페이지를 큐알 코드로 만들어 보냅니다.

 '네이버 QR 코드'라고 조회하면 약식으로 QR 코드 랜딩 페이지를 만드는 방법이 잘 나와 있습니다. 즉, 내가 알리고 싶은 상품의 QR 코드를 만들어 고객이 QR 코드를 찍게 해서 상품 소개 랜딩 페이지로 유도하는 방법입니다.

❷ 마켓 후기 URL : 너무 좋은 후기의 URL을 상품 이미지와 할인 혜택을 믹스하여 보냅니다. 쇼핑몰의 좋은 평점의 후기를 고객에게 알리는 방법입니다.

❸ 스마트스토어 기획전 URL : 네이버 쇼핑에 노출되는 나의 기획전 URL을 보냅니다. 스마트스토어에서 상품 기획전을 만들면 URL이 생성되는데, 이를 타깃 고객에게 알리는 방법입니다.

❹ 네이버 MODOO 홍보용 Tap URL : 모두에서 만든 홍보 페이지 URL을 보냅니다. 네이버 모두는 상단 Tap을 추가할 수 있는데, 하나의 Tap은 하나의 블로그와 같은 효과를 내며 고유의 URL을 생성하게 됩니다. 이를 알리는 방법입니다.

❷ 간접 마케팅

1) 인플루언서 마케팅

인플루언서(influencer: SNS 상에서 팔로워가 많아 영향력이 있는 사람) 마케팅도 엄밀히 말하면 간접 마케팅입니다. 마이크로 인플로언서나 나노 인플루언서가 오히려 가성비가 더 좋은 편입니다. 미국에서는 보통 3만~8만 명 이하의 팔로워를 보유한 SNS 운영자를 마이크로 인플루언서라고 하지만 한국에서는 2~3만 명 이하를 일컬을 때 주로 쓰는 편입니다. 나노 인플루언서는 이보다 더 적은 1000명에서 1만 명 사이의 온 정성을 기울여 계정이 활성화된 소규모 운영자를 나노인플루언서라고 합니다. 국내의 인플루언서 마케팅은 주로 파워 블로거나 파워 유튜버, 인스타 마케터에 주로 몰려 있습니다. 블로그 마케팅은 별도로 소개합니다.

2) SNS 마케팅

유튜브, 블로그, 인스타그램, 페이스북, 핀터레스트, 텔레그램, 카페, 카카오, 밴드를 활용하는 마케팅을 일컬으며, 일반적으로 SNS 마케팅을 '마케팅'으로 부르는 경향이 있습니다.

알쓸신잡 TMI

> 페이스북 마케팅 활용의 진정한 의미: 1인 사업자가 팔로워도 없는 상태에서 페이스북 타깃 마케팅을 하다가 돈만 날리는 경우가 많죠? 페이스북 타깃 마케팅 광고는 좋아요는 많이 확보되어도 구매 전환으로 바로 연결하기가 쉽지 않습니다. 그래서 2차 마케팅을 위한 DB 확보를 위주로 작업하는 편이 더욱 좋습니다.

❸ 네이버 활용과 변화

1) 네이버 무료 툴 활용

스마트스토어 기능을 최대한 활용하자!

스마트스토어로 일을 할 때 '네이버 웨일' https://whale.naver.com/ko/에서 무조건 시작해 봅니다.

네이버에서 제공하는 무료 툴은 모두 내 것으로 만들기!

- 네이버 교육센터 활용(http://www.edwith.org/ptnr/naveracademy)에서 스마트스토어 관련 교육을 참고하여 내 스토어에 대한 이해도를 높이도록 합니다.
- 네이버 무료 폰트(http://hangeul.naver.com/2014/document)

2) 6조 원 매출 시대에 네이버의 대대적인 변화

손쉬운 결제, 빅 데이터를 활용하여 경쟁 마켓들을 제압하고 네이버 쇼핑도 브랜드 우대 정책으로 크게 바뀔 예정입니다.

- 네이버의 가까운 미래는 지금과는 많이 달라질 조짐을 보이고 있습니다.
  네이버는 현재 연 매출 18%가 '껑충', 6조 5934억 원을 기록 중입니다.
  웹툰, V 라이브 급성장에 힘입어 광고와 쇼핑, 간편 결제 부문을 더 키우고 있습니다.

- 중요한 사실은 네이버 쇼핑 내에 브랜드 스토어가 커진다는 점입니다.
  근 시일 내 대기업 유통 브랜드를 입점시켜 종합 쇼핑 플랫폼으로 도약을 추진하고 네이버의 강점인 데이터를 잘 가공해서 판매에 도움이 되도록 제공함으로써 브랜드사들이 마음껏 활개 칠 수 있도록 빅 데이터를 제공할 것으로 예상됩니다.

또, 마켓에 인공지능(AI) 기능을 손쉬운 핀테크 결제와 결합하여 결제 시장도 한층 강화해 나갈 것으로 발표했습니다.

이제 네이버도 아마존처럼 빅 브랜드와 PL(퍼스널 레이블) 중심으로 바뀔 것으로 보입니다. 드랍 쉬핑은 드랍 쉬핑 영역으로 계속 발전하겠지만 영세 자영업자들은 이제 브랜드를 준비하고 자기의 상표권 등록을 준비하는 것이 미래를 대비하는 지름길이라고 판단됩니다.

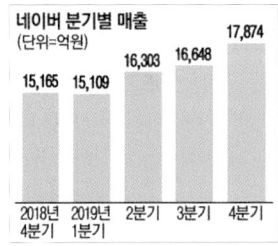

- 쿠팡 또한 1천만 명을 돌파한 쿠페이 결제 서비스를 분사하여 쿠팡 페이를 설립하고 고객들에게 편하고 더 혁신적인 금융 서비스를 제공하여 '쿠팡 없이 그동안 어떻게 살았을까?'라고 말할 수 있게 핀테크 부문에서도 차별화된 서비스를 올해 내에 활성화하겠다고 밝히고 있는 상황입니다.

- 네이버와 쿠팡이 끊임없이 변화하고 진화하는 바람에 온라인 마켓 환경은 셀러들이 미처 따라가지 못할 정도로 바뀌고 있습니다.

마케팅 도구 이용

1) 흔한 상품을 다르게 팔아라

쉽지만 잘 실행하지 않는 첫 구매 고객을 단골 고객으로 만들기!

재구매 고객 혜택과 쿠폰을 활용함으로써 내 스토어에 계속 유입될 수 있도록 합니다. '네이버 톡톡'을 이용하여 고객에게 선물하기 쿠폰을 보내어 단골 고객으로 만들기 작전을 시작합니다. 모바일에서 재구매 하는 고객에게 선택을 받은 듯한 혜택을 제공해야 합니다.(어차피 대부분 모바일에서 구매하므로 특별한 타깃은 아니죠)

재구매 고객이 주문한 상품군은 내 마켓에 아이템을 확장하여 반드시 리스팅을 해야 합니다. 검색 로봇의 알고리즘에 완벽히 적용되지 않는 오픈 마켓인 옥션, 지마켓, 11번가, 인터파크와 같은 마켓은 상품 등록 시 기본적인 광고를 하지 않을 수 없는데 대신, 상품을 조합하고 반대로 구성을 쪼개서 여러 상품으로 진열을 시도하면 꽤 쏠쏠한 재미를 볼 수가 있습니다.

즉, 네이버 태그 사전이나 각 마켓의 고객 창에서 조회되는 연관 검색어를 활용하여 한 개의 상품을 다양하게 리스팅 하는 방식을 말합니다. 판매된 상품과 연관된 상품들을 함께 리스팅 하는 방식과, 비슷한 류의 상품을 계속하여 노출시키는 방식이 있습니다.

하나의 청바지에 블루와 블랙만 판매해도 블루, 블랙 세트 상품이거나, 셔츠+청바지 세트 상품을 기획하고, 청바지도 색상별로 나누되 상품명을 완전히 다른 상품으로 리스팅 하는 방식입니다. '세련된 여성 립트 진', '여성용 찢어진 데님 진' 등 하나의 상품을 다른 상품명으로 리스팅 하는 방법입니다. 이런 방식의 상품이 많아질수록 특정 아이템에 대한 주문이 늘게 됩니다. 그런 다음 스마트스토어 통계의 소비자 행동 분석에서 페이지별 유입 수를 확인한 뒤 그 상품을 전략 상품으로 밀고 가면 됩니다.

요약!

실질적인 팁! 반드시 해보세요!
한 개의 상품이 판매가 된 후에는 꼭 연관되는 상품과 함께 진열하는 방식으로 확장을 시켜 계속하여 고객의 재방문을 유도해야 합니다!
항상 신박한 상품에 눈길이 가지만 사실 양말, 모자처럼 주위에 늘 굴러다니는 재구매 상품이 결국 돈을 벌게 합니다. 즉, **흔한 상품을 다르게 파는 것이 핵심 포인트**입니다.

2) 롱테일 키워드 작업 방법

대박 상품 만들기 "SEO가 끝이 아냐!"
SEO 세팅 후 후속 작업 – 밑바닥 훑기

보통 상품을 하나 올리고 SEO 세팅 작업한 다음에는 많은 후속 작업들이 있습니다. 그중 하나인 바닥을 훑는 작업에 대해서 한번 소개해 보겠습니다.
흔히 '**된장 뚝배기 효과**'로 비유하는데요.

불을 꺼도 보글보글 끓는 효과! 바로 '롱 테일 키워드' 작업입니다.

메인 노출 작업이 끝나고 한참 지나도 롱 테일 키워드로 바닥을 샐 틈 없게 막아 놓으면 잊을 만하면 한 개씩 계속 주문이 들어올 뿐만 아니라 기존 SEO 세팅과 상승 효과를 부르기도 합니다. 보통 네이버 통합 검색에서 검색 창에 자동 완성 검색어를 추출하여 다양하게 활용하게 되는데 이때 우리는 여기서 바로 검색 도구를 활용하여 돈이 되는 롱 테일 키워드를 뽑을 수 있습니다.

첫 번째 방법은 네이버 검색 창에서 한글 키워드를 넣고 옆에 그냥 자음을 하나씩 돌려 가면서 치는 겁니다. 그러면 자음 초성 별로 약간씩 다른 검색 결과가 계속 나오게 됩니다.
이렇듯 생각보다 많은 데이터베이스들을 경험하게 되는데 이게 전부 다 롱 테일 키워드 소재들입니다. 자동 완성 검색어를 추출하는 솔루션을 써도 되지만 수동으로 타이핑해도 됩니다. 그런데 빠른 타이핑이 어려운 사람은 다음과 같은 방법으로 이런 키워드를 추출하면 됩니다.

먼저 듀얼 모니터를 사용함으로써 일의 능률을 더 올려야 합니다. 마이크로 음성 입력이 되게 설정한 다음, 한쪽 모니터의 네이버 검색 창에 키워드와 한글 자음 초성(예: 여성가방 ㄱ, 여성가방 ㄴ...)을 번갈아 가면서 발음하되 다른 한쪽 모니터에는 구글 드라이브 ➔ 구글 문서 ➔ 도구 ➔ 음성 입력 ➔ 언어 선택(한글)을 하고 키워드를 또박또박 빠르게 말하면 음성이 텍스트로 변환됩니다.

예) 여성가방, 여성가방쇼핑몰, 명품여성가방, 여성가방추천, 40대여성가방 ...

발음만 정확하게 하고 마이크를 가까이 대고 이야기하면 생각보다 정확하게 나오기 때문에 우리가 알파벳 기억 니은 디귿 리을 계속 바꿔 가면서 말해도 빠른 속도로 텍스트로 구현됩니다. 이렇게 진행을 해서 롱 테일 키워드를 한 번에 엄청나게 많이 뽑을 수 있게 됩니다. 이것은 네이버에서 실제로 조회하는 사람들의 빅 데이터를 그대로 이용하는 것이기 때문에 굉장히 우수한 데이터하고 할 수 있습니다. 물론 스마트폰에서 음성 인식 APP으로 작업해도 되지만 스마트폰 내용을 PC로 옮겨 작업하는 것이 번거로울 수 있습니다.

이렇게 뽑은 롱 테일 키워드는 당연히 내가 스마트스토어에 올리는 상품과 관련한 롱 테일 키워드를 뽑아야겠지요.

이런 방법은 또 다르게 활용될 수도 있습니다. 예를 들어 해외의 사이트에 있는 상세 페이지의 내용들을 긁어 올 때 이미지와 텍스트를 갖고 오게 되죠. 이때 동영상 내레이션도 구글 드라이브로 추출해서 텍스트 변환한 다음 번역해서 나의 상세 페이지에 붙여 넣으면 같은 상품을 팔고 있는 다른 경쟁자들 보다 훨씬 고객들에게 차별화되는 상세 페이지를 제공할 수 있습니다. 실제로 아마존 상세 페이지의 동영상을 틀어 놓고 구글 드라이브로 음성을 텍스트로 변환하여 긁어 보세요. 그 정확성에 깜짝 놀라실 것입니다.

두 번째 롱 테일 키워드 추출방법은 **키워드 도구를 쓰는 방법**입니다. 좋은 툴들이 많지만 무료로 쓸 만한 도구 중에 '키워드 Shitter'를 추천합니다. 이 도구로 찾기를 누르면 계속 스스로 구동해 가며 찾아 주는데 뒤로 갈수록 연관도가 떨어지기 때문에 적당한 양이 확보되면 정지해서 다운 받으면 됩니다. 관련되어 있는 세상의 온갖 키워드들은 얘가 다 보여주게 됩니다.

이렇게 두 군데에서 추출한 키워드를 정리한 다음에는 네이버 광고 관리 시스템으로 가세요. 여기서 키워드 도구로 들어가서 우측 result 영역에 붙여 놓고 오른쪽 아래에 월간 예상 실적 보기를 클릭해서 보는 겁니다. 사람들이 이걸 잘 안 보는데 여기에 보면 뽑은 키워드들에 대한 예상 노출 수, 예상 클릭 수, 예상 평균 클릭 비용들을 모두 확인할 수 있습니다.

이때 예상 노출 수를 내림차순으로 하여 노출이 0이 되는 키워드들은 체크 해제한 뒤 유효한 키워드는 '선택 키워드 등록하기' 통해 광고하면 됩니다. 그러면 소위 내 상품 팔기 위한 밑밥 깔기가 완성됩니다.

롱 테일 키워드는 SEO가 되어 있는 상품이어야 효과가 높은데 1개의 상품당 50~100개 이상 뽑아서 걸어 버리는 것입니다.

항상 염두 해 두세요!!
값 비싸고 조회 수 엄청난 대 키워드는 상세 페이지나 블로그의 콘텐츠 같은 돈 들지 않는 곳에 활용하고 가격이 싸지만 구매 전환율이 높은 롱 테일 키워드는 돈 들여서 광고하는 겁니다.

쫙 뽑아서 그 모든 키워드의 랜딩 페이지를 내 마켓에 적용해 보시면 SEO가 되어 있는 상품이면 히트 상품으로 갈 확률이 훨씬 높아집니다. 그러면 실제로 돈도 많이 안 나갈 뿐만 아니라 꾸준한 유입으로 마켓 활동 점수를 높이는 효과도 발휘됩니다.

우리나라 검색 엔진과 마켓들이 지난 몇 년간 흉내 내왔듯이 구글 검색 엔진인 허밍 버드 이후 구글과 아마존에게는 이미 중요한 이슈가 되어 버린 '체류 시간 개념'이 우리나라에서도 MD 없는 마켓들부터 쓰나미처럼 강화될 것으로 예상됩니다.

상품 하나하나에 공을 들이는 셀러와 마켓들 만이 살아남는 트랜드로 전 세계 추세가 급격하게 변화하고 있습니다. 상대적으로 상품 개당 전환율이 떨어지지 않게 관리하려면 판매가 되지 않는 대량 등록 형태로 상품을 막 올리지 말고 적절한 필터링을 하든지 소비자의 관심을 불러오는 장치를 해야 합니다.

롱 테일 키워드는 이럴 때 큰 역할을 하게 됩니다.
롱 테일 키워드가 중요하다고 모두들 말하지만 사실 사람들이 의외로 활용 방법을 잘 모릅니다. 몇 번 반복해서 연습하면 자신만의 노하우가 점차 쌓일 것으로 생각합니다.

요약!

알려줘도 하지 않아요. 하기만 하면 돈 벌 수 있는 확률이 높아지는 방법입니다!

SEO 작업 이후 해야 하는 많은 작업들 중에서 롱 테일 키워드 세팅하는 방법에 대해 소개해 보았습니다.

영상으로 보기 – https://bit.ly/대박상품만들기

HOW TO 1. 네이버 고객 검색 창을 통해서 추출하는 방식
HOW TO 2. 키워드 도구 툴을 이용하여 추출하는 방식

5 마케팅 노하우

기본 원칙만 지켜도 상품은 팔린다!

- 기본적인 마케팅 작업을 해라.
- 구매평을 상세 페이지 상단에 반영해라.
- 구매평을 얻기 위한 선물 제공을 최상단에 공지해라.
- 내 상품이 어디에 있는지 매일매일 체크해라.
- 월 검색 량 500~3000 되는 키워드에서 1페이지에 노출시켜라.

결국! 주문이 반복적으로 계속 들어오는 상품 3~4개가 결국 마켓의 매출을 결정합니다.

5.1 HOLIDAY MARKETING

생각보다 쏠쏠한 할리데이 마케팅!

(매달 진행되는 행사를 2개월 전부터 준비한다.)

구 분	글로벌 할리데이 시즌에 맞춘 마케팅 기획이 중요
1월	새해 세일, 마틴루터킹데이
2월	발렌타인데이 세일, 워싱턴 탄생일 세일
3월 4월	독립기념일데이
5월	부활절, 어머니 날 세일(5월 2째주 일요일)
6월	아버지날 세일(6월 2째주 일요일)
7월	아마존 프라임데이(7월 중순), 독립기념일 세일
8월	여름 세일, 백투더 스쿨 세일
9월 10월	할로윈데이 및 노동절, 컬럼버스데이, 하반기 빅세일 기획
11월	광군제, 추수감사절세일, 블랙프라이데이세일, 사이버먼데이세일
12월	크리스마스세일, 박싱데이

5.2 블로그 마케팅

블로그의 가장 큰 장점은 누구에게나 **무료이고 돈 들이지 않는 키워드 활용** 마당이라는 것입니다.

블로그마케팅은 누구나 어렵지 않게 접근할 수 있는 방법으로 스마트스토어 운영자에게는 가장 강력한 SNS 수단입니다. 네이버 검색 엔진에도 쉽게 접근이 가능할 뿐만 아니라 콘텐츠를 올리기만 하면 다른 SNS와도 연동이 가능하여 고객과 소통을 원활하게 진행할 수 있습니다.

최근의 블로그 변화를 보면 **동영상 위주의 게시물이 상위 노출**되기 시작하였습니다. 네이버는 2008년부터 2014년까지 파워 블로그를 선정했으나 이젠 파워 블로그를 선정하지 않고 있습니다.

이웃이 많은 블로그 흔히 파워 블로그를 가진 사람들은 출판, 강연, 협업 등 기타 수익이 어마어마합니다. 이들은 자신의 블로그에서 궁금증을 유발하고 사람들이 알고 싶어 하는 콘텐츠를 작성하여 공유합니다.

- 블로그 구독자는 자신도 모르게 쇼핑몰에서 물건을 구매하고 있게 됩니다.
- 결국 블로그로 소개하고 자신의 쇼핑몰로 유인하는 방식이 가장 많습니다.

1) 최근 포탈 검색 로봇에 노출되는 블로그 흐름

❶ 하나의 블로그도 화보집처럼

예전과 달리 블로그 작성자의 꾸미기 능력도 출중해졌고 블로그를 하나의 작품처럼 운영해 나가는 스타일도 많습니다.

❷ 블로그에 이미지 디테일이 살아 있게 어필하는 콘텐츠

❸ 가족의 일상과 사랑을 기록해 가는 블로그

2) 스마트스토어와 찰떡궁합

스마트스토어에 가장 잘 맞는 SNS는 네이버 블로그입니다. 파워 블로그라는 제도가 폐지되면서 블로그 이웃이 많지 않아도 상위에 노출되는 블로그가 속속 탄생하고 있습니다.

네이버가 인스타그램처럼 비슷한 트랜드를 추구하는 것으로 보입니다. 즉, 강력한 SNS 인플루언서만 우대하지 않고 누구나 검색 로직에 맞으면 가벼운 포스트라도 차별 받지 않게 관리하고 있다는 뜻입니다. 블로그가 가진 사진과 콘텐츠의 힘이 당분간 쉽사리 저물지는 않을 것 같습니다.

블로그를 구성할 때 감각적으로 꾸미는 콘텐츠부터 일상을 가감 없이 기록하는 블로그까지 모두 인기가 많습니다. 그러나 그런 구분보다 중요한 변화는 컨셉의 일관성을 유지하되 자주 업로드하면서 구체적으로 쓰면 이웃의 숫자와 관계없이 앞쪽으로 올라가는 추세입니다.

3) 최적화 블로그가 되면 뭐가 좋은 거죠?

■ 돈 들이지 않고도 뛰어난 노출 효과가 보장된다.

검색 엔진 최적화가 되면 검색 영역 상위에 노출되고 다른 검색 지수 높은 웹 문서가 올라오기 전까지 충분히 노출의 효과를 볼 수 있습니다. 특히 대 키워드로 상위에 유지할 경우 스마트스토어에 적지 않은 유입이 되어 SEO 지수도 올라가게 됩니다.

■ 타깃팅 방문자의 꾸준한 유입

특정 키워드를 따라 들어온 방문자들이 링크를 타고 마켓으로 유입되면 높은 구매 전환율 효과를 볼 수 있습니다. 다시 말해 최적화 블로그에 내가 원하는 키워드를 등록하여 포스팅하게 되면 상위 페이지에 노출되어 상품 판매에 큰 효과를 지속적으로 기대할 수 있게 된다는 뜻입니다. 하지만! 우리는 최적화 블로그를 처음부터 가질 수 없고 주위에 최적화 블로거가 있다 해도 나를 위해 항상 도울 상황이 안 되기 때문에 최적화 블로그를 차근차근 만들어 나갈 필요가 있습니다.

4) 일반 블로그에서 최적화 블로그로 성장시키는 방법

노출별로 블로그를 구분하면 크게 최적화 블로그, 일반 블로그, 어뷰징 블로그 3가지로 나누어 볼 수 있습니다.

어뷰징 블로그는 어떤 키워드를 조회해도 노출이 안 되는 저 품질 걸린 블로그를 말하고 대부분의 블로그는 상세 키워드를 조회할 때 나타나는 일반 블로그입니다.
최적화 블로그는 특정 키워드를 조회했을 때 상위에 노출되는 블로그인데 최적화 블로그로 만들기 위해서는 아래와 같은 원칙들을 지키면서 포스팅하면 일정 시간이 지나 잘 노출되는 것을 확인할 수 있을 것입니다.

❶ 일관된 컨셉으로 양질의 콘텐츠로 자주 포스팅을 해라.
❷ 동영상 첨부는 필수로 하며, 포스팅하는 글을 개성 있게 작성하여 웹 문서 중복 페널티를 받지 말아라.
 - Article Rewriting 후 포스팅한다.(중요)
 - 미국에서는 활성화된 방법인데 검색 로봇에게 다른 웹에서 퍼 온 복사 글이란 판단을 피하고자 퍼온 글을 세탁해서 올리는 방법을 말합니다.
 - 같은 웹 문서는 검색 로봇에게 가점을 받을 수 없습니다.
 예) Article Rewriter Tool - https://articlerewritertool.com

❸ 좋아요, 성의 있는 댓글로 이웃과 소통하여 블로그 지수를 올려라.
❹ 제목과 태그에 경쟁력 있는 키워드를 적절히 배치해야 한다.

이슈가 궁금해야 들어온다. 블로그 썸네일과 궁금한 카피가 유입을 늘린다.

5) 글쓰기 기본 원칙

❶ 일상적인 글 속에 솔직하고 세상에 없는 자료로 포스팅하되 '**공감**'에 무게를 둔다.
❷ 글 작성 후 핵심 키워드를 녹여 넣는 것이 아니라 **핵심 키워드를 엄선해서 배치한 후 글을 이어 가는 것**이 훨씬 효율이 좋고 노출에 유리하다.
❸ 앞으로의 트렌드를 미리 반영하자.
❹ 기존의 방법인 이미지 + 글 + 이미지 + 글의 교차 편집 형식에서, 현대인의 조급함과 빠른 결론을 보고 싶은 욕구를 반영하는 방식으로 급격히 바뀔 것이다.(짧은 동영상 중시)

gif 움짤 or 3~5초 영상과 글이 믹스된 방식이 각광받을 것이다.

6) 이것만은 제발 피하자!!!!

❶ 관계없는 키워드 억지로 엮지 않기!
예를 들어, 나이키 감자 전, BTS 중고차처럼 전혀 핵심 키워드가 아닌 키워드를 사람들이 많이 찾는 키워드라고 해서 억지로 넣으면 안 된다는 뜻이다.

❷ 타이틀보다 본문에 소화해라!
제목보다 본문에 키워드를 자연스럽게 녹여 내는 스킬도 중요하다.

❸ 특수문자 쓰지 말기!
검색 로봇은 기본적으로 특수 문자를 싫어한다. 제목에 별표 같은 특수 기호는 안 된다.

❹ 화이트 글 채우기 → 저 품질 지름길
사람 눈에 안 보이게 흰색 글씨로 키워드들을 바탕에 깔아 놓는 시도를 하지 마라.
어뷰징을 판단하고 글을 읽는 주체는 사람이 아니라 검색 로봇이다.

7) 웹에서 이미지나 글을 퍼 올 때는 이렇게 해보자

100% 창작 글만 쓸 수는 없죠. 그래서 동일한 웹 문서로 인식되지 않기 위해서는 아래와 같은 방법으로 글 세탁을 하는 것도 좋습니다.

TIP 1. 블로그에 웹에서 글을 퍼 오거나 링크 넣을 때
링크 복사 ➜ 메모장에 붙인 후 ➜ 다시 복사 ➜ 블로그에 붙여 넣어서 안 보이는 스파이 링크와 코드를 제거해서 사용하자.

TIP 2. 다른 문서와 유사한 이미지는 검색에 노출이 잘 안돼요!
동일한 이미지를 계속 쓰지 마세요!
(썸네일 이미지 150×150 px 이하로 쓰지 마세요! 작으면 노출 NO!)

알쓸신잡 TMI

> 네이버 블로그 검색 순위 모니터 도구 알려 드릴게요!
>
> - 바이팩: 검색 순위 추적, 키워드 순위 검색, 방문자 집계
>   http://manager.viffect.com
>
> - 블로그 메타: 블로그 순위 검색 도구
>   http://hydra-isp.com/findrank/

8) 그냥 광고하는 게 나아요!

「그냥 이렇게 우리 시작해 보자」

일반 블로그를 열심히 해서 최적화 블로그가 되는 것도 하나의 방법이지만 이미 최적화 블로그를 가진 블로거에게 키워드와 함께 노출하고 싶은 상품을 광고해 달라고 딜하는 것이 가장 빠른 길이라고 생각합니다! 남들이 쌓아 놓은 성에 적절한 대가를 치르고 올라가는 것이죠.

궁금증 해결! 네이버 블로그 Q&A

Q 1) 게시물을 수정하면 노출이 안 되나?
A 노출 지수에 상관없다.

Q 2) 저 품질 블로그와 이웃해도 될까?
A 저 품질 블로그와 이웃해도 아무 상관없다.
이웃을 맺는다고 내 블로그가 저 품질에 빠지지 않는다.

Q 3) 저 품질 걸린 블로그를 포기하고 새 블로그를 띄우는 게 유리한가?
A 저 품질 블로그의 어뷰징 요소를 제거하고 띄우는 것이 새 블로그를 키워 상위 노출하는 것보다는 수월하다.

Q 4) 스크랩이 노출에 영향을 주나?
A 네이버는 글도, 사진도 직접 창작하는 것을 우대한다.

Q 5) 시원시원한 홈페이지형 블로그가 더 유리한가?
A 보기에는 좋지만 노출과 비례하지는 않는다. 유입에는 큰 영향을 끼치지 못한다.
단지 이미 유입된 구독자에게 오래 체류 시간을 늘리는 역할은 한다.

■ NOW 어떻게 살아남을 수 있는가?

체류 개념이 스마트스토어와 블로그에 반영되기 시작하였습니다. 이것은 각 페이지에 방문하는 고객의 활동과 시간을 지수화 하여 판매자의 셀러 지수에도 영향을 미치게 됩니다. 즉, 블로그던 스마트스토어 마켓이던 페이지를 방문한 수많은 활동들이 지수화되어 결국 페이지 품질로 반영한다는 의미가 되는 것입니다.

9) 성질 급한 한국인들에게 맞는 페이지 구성이 필요

스마트스토어 상세 페이지 작성할 때도 최상단에 전달하고자 하는 내용을 노출시켜야 합니다. 예를 들어 gif 파일과 동영상으로 내 마켓에 방문한 구매자가 한방에 척하고 알아보게 만들어 고객의 이탈을 막아야 합니다.

그래서 블로그나 스마트스토어에 움직이는 사진이나 짧은 동영상을 블로그 최상단에 자연스럽게 배치하게 되는 것입니다.

네이버가 2018년 9월경부터 Blog를 Vlog 개념으로 변화하겠다고 선언하고 난 뒤 동영상이 첨부된 블로그가 상위에 노출되기 시작했습니다. 기존의 블로그가 이미지-텍스트-이미지-텍스트의 형태였다면 이젠 동영상과 이해하기 쉬운 설명 위주로 급격하게 패턴이 바뀌고 있습니다. 물론 아무리 바뀌어도 제일 중요한 것은 무엇을 말하려고 하는지의 '메시지' 전달입니다.

전문가들은 포스팅하는 사람이 상위 노출만 욕심이 있고 뭔가 상업적으로 돈 벌려고 하는 목적만 있으니 자연스럽고 창의적인 글쓰기가 어려워진다고 합니다. 그러나 솔직히 창의적인 글을 매번 쓰기는 어렵기 때문에 기존의 글들에서 도움을 받아 비슷하게 작성하게 됩니다. 이때의 검색 엔진은 이미지가 복사된 자료인지 판단할 때 단순히 겉으로 드러난 이미지 형상이나 색상, 채도 및 명도만을 스캔하여 판단하지 않습니다.

10) 허접해도 직접 찍은 세상에 하나뿐인 사진이 최고!

제가 책상에서 선글라스를 찍어 올린 후 속성 값을 자세히 보았습니다. 사진과 같이 세상에 나밖에 없는 이 이미지는 검색 로봇이 유니크한 자료로 인식하게 됩니다. 즉, 동일한 해외 마켓에서 같은 방식으로 상품 페이지를 퍼 올 경우 가점을 받기 어렵다는 이야기입니다.

속성 값이 자세히 보이나요? 웹에서 퍼 오면 저런 구체적인 정보가 없습니다. 이 속성 값을 검색 로봇은 1초도 안 돼서 읽어 가죠. 솔루션에서 HTML 소스로 해외에서 상품을 퍼 오면 저런 속성 값이 없이 동일한 웹 문서가 네이버 쇼핑을 도배하고 있으므로 당연히 노출에 대한 가점을 못 받는 것입니다. 다르게 이야기하면 구매 대행 상품이라도 해외에서 1개 정도 내 사무실로 받아 상세 페이지를 찍으면 다른 경쟁자들과 달리 웹 문서 복사로 인해 가점을 못 받는 것을 피할 수 있다는 뜻입니다.

보통 웹상에서 배포되는 무료 이미지는 정보가 모두 기재되어 있지 않지만 직접 촬영한 사진을 우측 클릭해서 보면 이미지 소스 정보에 수직 해상도, 비트 수준, 이미지 ID와 수평, 카메라 모델 정보 등 파일 이름까지 순식간에 로봇이 읽어 내기 때문에 셔터스톡 같은 업체에서 전 지구상에 있는 이미지의 저작권 위반 사진을 찾아낼 때에 이런 방식으로 원본과 비교해서 찾아낸다고 알려져 있습니다. 그래서 검색 엔진은 남의 이미지를 갖고 올 때는 페이지 품질 가산점을 주지 않는 것입니다.

대신, 글을 인용하거나 긁어 올 때는 이러한 검색 로봇의 로직을 알고 있기 때문에 마케팅 툴을 써서 한 번 더(예: https://smallSEOtools.com/article-rewriter/) 붙여 넣기 합니다. 또 일반적인 텍스트 문서를 복사해서 사용할 때 다 귀찮으면 먼저 메모장이나 다른 파일에 붙여 넣었다가 다시 복사해서 써야 최소한 스파이 링크와 코드를 제거하고 사용할 수 있습니다.

네이버 블로그와 스마트스토어 상세 페이지도 맞춤법 검사를 한 번 돌려서 반영하는 것이 좋습니다. 그리고 효과적인 키워드를 블로그 글에 녹여 넣는 것이 중요하다는 것을 모두가 압니다. 그러나 블로그의 성격에 따라 다른 접근을 해야 합니다.

결론적으로, 일상 글에서는 솔직하고 세상에 없는 자료로 포스팅하되 [공감]에 무게를 두게 되므로 전체 맥락과 결론에 맞는 키워드를 자연스럽게 녹여 넣으면 됩니다. 그러나 상업적인 글은 그렇게 하면 너무나 비효율적입니다. 상업적인 글은 글을 작성 후 핵심 키워드를 녹여 넣는 것이 아니라 핵심 키워드를 엄선해서 먼저 배치한 후 글을 이어 내려가는 것이 훨씬 효율적입니다.

11) 상위 노출 가능성이 높은 키워드를 찾고 싶다면?

블로깅을 할 때 상위 노출 가능성이 높은 키워드를 찾고 싶다면 적절한 도구를 쓰는 방법도 좋습니다. 아래는 개인적으로 쓸 만한 도구라고 생각해서 웹페이지의 내용을 소개해 보겠습니다.

■ **블로깅 도구: 블랙키위** https://blackkiwi.net/

사람들은 검색을 통해 블로그에 들어옵니다. 사람들이 어떤 검색어를 얼마나 많이 검색하고 있는지와 다른 블로거들이 해당 검색어로 얼마큼 많은 글을 쓰고 있는지를 비교하면 내 글이 상위 노출될 가능성이 얼마나 되는지 예측해볼 수 있습니다.

■ **상위 노출 키워드 찾는 과정**

1~7 과정의 반복입니다.

❶ 네이버 키워드 도구 사용
네이버 키워드 도구에서 키워드를 검색합니다.

❷ 키워드 리스트 확인
키워드와 연관 키워드 리스트를 보고 PC, 모바일 월간 조회 수를 확인합니다.

❸ 키워드 선택
블로그 포스팅에 적절한 키워드를 선택합니다.

❹ 통합 검색 창에서 검색
선택한 키워드를 실제 검색 엔진의 검색 창을 통해 검색합니다.

❺ 자동 완성 키워드 확인
검색 창에 키워드를 입력했을 때 나오는 자동 완성 키워드를 확인해 둡니다.

❻ 검색 결과 분석

검색 결과로 나오는 블로그 문서의 수, 블로그 종류, 제목 등을 확인합니다.

❼ 키워드 최종 선택

6번 단계를 통해 상위 노출 가능성이 높다고 판단되면 해당 키워드를 최종 선택해서 블로그 글을 작성합니다.

5.3 한마디로 요약하는 구매 대행과 페이스북 마케팅

페이스북 도움말만 자세히 공부해도 웬만한 강사보다 낫습니다.

■ 개인 초보 사업자 페이스북 마케팅의 현실적인 Tip

타깃을 정하여 소책자나 무료로 상품을 제공하는 대신 이메일 등 간단한 개인 정보 데이터를 확보합니다. 데이터들이 확보되면 광고를 굳이 하지 않고 상품에 대한 정보를 보냅니다.

- 제목은 아주 빠르게 매력을 어필할 짧은 문구
- 클릭 시 얻을 수 있는 혜택을 포함
- 호기심을 자극하는 이미지가 좋습니다.

이렇게 서서히 타깃팅을 좁혀 가며 마케팅에 이용하면 됩니다.

그러나 팔로워가 없는 상태에서 수백만 원을 들여 페이스북 타깃 마케팅에 투자하는 것을 너무 쉽게 생각하는 경향이 있습니다. 많은 '좋아요'에 고무되지 말고 구매 전환율을 악착같이 따져 봐야 합니다. 1인 초보 창업자는 페이스북 광고 시에는 2차 마케팅을 하기 위한 DB 확보를 목적으로 하고 단번에 큰 기대를 걸지 않는 것이 좋습니다.

요약!

> 팔로워가 별로 없으면 타깃팅 광고에 돈 많이 쓰지 마세요.
> 다시 말씀드리지만 페이스북 광고는 2차 마케팅을 위한 DB 확보 목적이면 충분합니다.
> 페이스북의 효과가 없다는 것이 아니라 같은 시간을 투입한다면 상품 하나 더 올리는 것이 구매 대행 1인 사업자에게는 더 중요하다는 뜻입니다.

5.4 인스타그램 마케팅 초 간단 핵심 메모

인스타그램은 블로그나 페이스북보다 성과 측정이 어려운 SNS입니다.
인스타그램은 외부로 나가는 링크가 프로필에 있는 링크 하나뿐이라서 운영자에게 리뷰를 요청해도 그 포스팅이 제품 구매 전환까지 연결되는 과정을 알 수가 없지요. 그런데 팔로워기 많아야 효과를 볼 수 있다는 당연한 원리인 인스타 로직이 변경되고 있습니다. 누구나 초보자도 참신한 콘텐츠로 올리면 잘 노출되게 로직을 바꾸는 것으로 알려져 있습니다. 초보자도 조금 더 기회가 있으니 활발하고 유니크한 포스팅을 해 보면 좋을 것 같습니다.

■ 사용할 때 주의해야 할 점!

- 해시 태그에 큰 키워드를 쓰지 말자.
- 해시 태그는 약 5개 까지만 해도 충분하다!
- 관심 상품의 계정을 팔로우 하고 그들이 광고하는 상품을 노려라.
- 자주 공유하고 댓글을 다는 것을 습관화하자.
- 동영상 길이 1분 이상 하도록 하자!
  (동영상 (MP4)의 프레임 속도는 최소 30FPS(초당 프레임), 해상도는 최소 720픽셀)

5.5 바이럴 마케팅

블로그 품앗이 의뢰하는 방법

바이럴 마케팅의 여러 가지 방대한 방법 중 이번 편에는 지인 찬스를 쓰는 방법을 소개해 봅니다. 바이럴 대행사를 쓰든 스스로 할 경우든 통상 특정 키워드를 조회했을 때 검색 결과에 상위 노출된 블로그 운영자에게 대가를 지불하고 요청하는 형태가 일반적이지만 초보 자영업자의 경우 돈 들이지 않고 마케팅 하는 품앗이 방법에 대해 소개해 보겠습니다.

예를 들어 설명해 볼까요?

■ 준비할 소재

1. 판매할 상품의 상품명
2. 소개해 주실 사람들에게 전달할 키워드 준비
   (블로그 제목에 쓸 핵심 키워드와 태그와 본문에 알아서 녹일 키워드 준비)
4. 블로그에 넣을 이미지
5. 상품 설명 요약본
6. 구독자가 타고 들어갈 마켓 URL 주소

Check 1. 상품명/블로그 의뢰할 사람 수만큼 키워드 준비하기

기본적으로 위의 세 가지 챕터를 목차로 하여 내용을 구성해 주시면 됩니다.
각 챕터마다 정리해 놓은 사진과 문장을 취사선택하면 됩니다.

예) 차량용 방향제 소재일 경우
 - 블로깅 해줄 사람마다 타이틀용으로 1개, 태그용으로 의뢰할 키워드 5개씩을 준비한다.

블로그 제목에 들어갈 메인 키워드는 빨간색으로 표시, 나머지 키워드는 본문이나 검색 태그(Tag)에 반영 요청하면 됩니다.

A 대표님: 차량용디퓨저, **송풍구방향제**, 고급차량용방향제, 자동차디퓨저, 명품차량용방향제
B 대표님: 차량용석고방향제, 자동차용품, 양키캔들차량용방향제, **차방향제**, 자동차악세서리
C 대표님: 차량용공기청정기, 초보운전 방향제, **차량디퓨저**, 차량용송풍구방향제
D 대표님: 실내디퓨저추천, 차량방향제, **차량용장식방향제**, 차량용액세서리, 자동차방향제추천

Check 2. 설명 요약 자료

Point 1. 자동차 인테리어 2. 간단한 설치 방법 3. 특별한 선물 4. 독특한 액세서리

1. 자동차 인테리어의 핫 아이템
'Car Air Freshener Bling Crystal & Diamond Air Vent Clips Automotive Interior Trim'

2. 간단한 설치 방법
사진 + 설명으로 간단히 합니다.
"설치 방법도 간단합니다. 간단한 클립 디자인, 번거로운 설치 단계가 필요 없고 통풍구에 클립을 끼워주면 끝! 내부의 향을 취향에 따라 교체할 수 있습니다"

3. 특별한 선물
차를 좋아하는 지인에게 특별한 선물로도 제격!
기존에 없던 소품으로 차 안의 분위기를 확 바꿔 보세요.

4. 독특한 액세서리
귀여운 에어 벤트 장식
고급 합금으로 만들어졌으며 표면이 윤기가 나고 긁히지 않습니다.
단조로웠던 자동차 실내 분위기에 활력소를 주고 싶다면?
차량용 방향제만 바꿔도 차 안 향기와 인테리어가 확 바뀝니다.
차를 탈 때마다 느껴지는 상쾌함!
세련된 꽃잎 디자인의 방향제와 함께 색다른 드라이브를 즐겨 보세요!!

Check 3. 나누어 게시할 다양한 사진

가급적 직접 찍되 웹에서 살짝 편집 한 번한 내용을 전달하는 것이 검색 품질도 좋고 사진의 속성 값에 동일한 디바이스(사진기, 스마트폰)로 촬영한 흔적을 없앨 수 있습니다.

아래와 같은 사진 외 추가 사진 의뢰받는 사람 1인당 4~5장 필요

Check 4. 상세 페이지 URL

https://smartstore.naver.com/ABCDEF/products/XXXXXXXX

6 통계를 어떻게 활용하나?

통계의 여러 기능 중 셀러가 반드시 반영해야 하는 2가지 통계 자료가 있습니다.

하나는 '카테고리별 유입' 즉, 앞으로 취급해 나갈 상품의 구성을 결정짓는 검증 자료로 활용하는 것을 말하며 또 하나는 '유입 검색어'인데 이는 내 판매에 주마가편이 되도록 광고로 쓸 수 있는 키워드 소재로 활용될 수 있습니다.

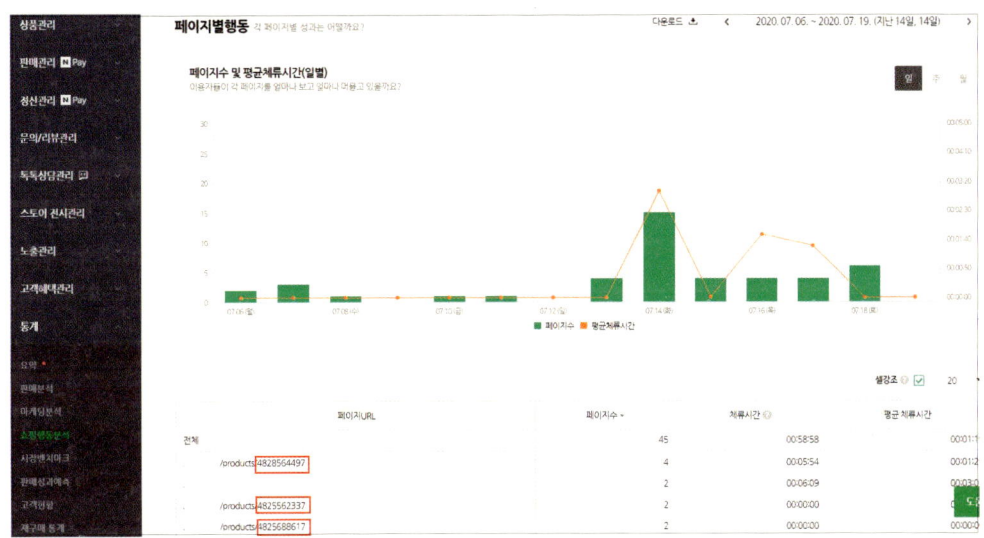

스마트스토어의 통계 활용 시 반드시 활용해야 하는 메뉴는 바로 '쇼핑 행동 분석'입니다. [통계 → 쇼핑 행동 분석 → 상품별 → 상품 상세 조회 수 및 결제 율 정보와 통계 → 쇼핑 행동 분석 → 페이지 별 → 유입 페이지] 순서로 들어와서 페이지 수와 체류 시간을 확인해야 합니다. 그래서 어떤 상품을 전략적으로 띄워야 하는지를 결정하는 자료로 쓰게 됩니다. 어떤 분이 '한 두 개씩 주문 들어오는 상품을 여러 개 만들면 매출이 크게 늘 것이다'라는 주장을 하는 분이라면 분명 그분은 온라인 장사 경험이 많지 않은 분이 틀림없습니다.

왜냐하면 파레토 법칙이 정확하게 적용되지 않는다 하더라도 장사해본 사람은 불과 몇몇 상품이 내 가게 매출을 크게 좌우한다는 걸 너무 잘 알게 되고, 잘나가는 상품이 있어야 기본 수익을 담보할 상황이 된다는 점을 잘 알고 있기 때문입니다.

이런 의미에서 잘 팔리는 상품을 계속 발굴하고 마케팅 하려면 전략적으로 push 할 item 대상부터 정확하게 찾아내야 하는데 이럴 때 고객들은 내 마켓의 어떤 상품에 제일 관심이 많은지가 중요하게 되며, 그에 따라 광고를 하더라도 우선순위별로 하게 되는 것입니다. 이런 의미에서 쇼핑 행동 분석에 페이지 뷰는 전략 상품을 정하는 중요한 역할을 하게 됩니다.

7 알아 두면 유용한 도구 사이트 모음

1) 알아두면 도움이 되는 리뷰 마케팅 업체

- 레뷰 – 리뷰마케팅
  https://biz.revu.net/

- 리뷰플레이스 – 리뷰,기자단
  https://www.reviewplace.co.kr/

2) 무료 이미지 오디오 비디오 소스 사이트

- 문체부+저작권위원회의 무료 제공 사이트(https://gongu.copyright.or.kr)
- Pixabay(https://pixabay.com)
- 포토리아(https://kr.fotolia.com)
- Deathtothestockphoto(https://deathtothestockphoto.com/join)
- Little Visuals(https://littlevisuals.co)
- Free Photos by Paul Jarvis(http://www.fbml.co.kr)
- Function Free Photos(https://wefunction.com/category/free-photos)
- SplitShire(https://www.splitshire.com/splitshire-free-stock-photos)
- superfamous(https://superfamous.com)
- Gratisography(https://gratisography.com)
- compfight(http://compfight.com)
- IM Free(http://imcreator.com/free)
- Newoldstock(https://nos.twnsnd.co)
- picjumbo(https://picjumbo.com)
- getrefe(https://getrefe.tumblr.com)

3) 기타 쓸모 있는 저작 도구

- 짧은 영상 만들기(GIFCAM)
- 사진으로 만들기(https://gifcam.en.softonic.com)/ gif 파일 만들기 https://ezgif.com/
- Noun Project 글감 이미지, 투명 이미지(https://thenounproject.com/search/?q=STUDY)

Part Ⅲ 열정에 기름 붓기

Section 12 마켓 운영
Section 13 C/S(Customer Service)
Section 14 SEO(Search Engine Optimization)
Section 15 Skill-Up Action

SECTION 12 마켓 운영

구매 대행 업무 운영에 대한 실전 노하우

중국? 미국? 핵심은 트렌드 읽기!

해외 구매 대행 사업을 시작할 때, 중국과 미국. 어떤 나라를 주력으로 삼아야 할까요?

중국의 점진적인 부상 속에 중국 시장이 인기를 얻고 있지만, 여전히 국가별 점유율 1위는 압도적으로 미국입니다. 물론 어느 쪽이 옳다고 누구도 단정적으로 이야기할 수는 없겠죠.
먼저 현재의 트랜드는 시국이나 환율, 사회적 이슈하고도 밀접한 상관관계를 갖습니다.

예를 들어 2020년 초부터 휩쓸기 시작한 코로나 사태 때문에 중국 비즈니스가 마비되어 배송이 안 되자 모두들 미국이나 유럽으로 소싱처를 바꿔야 하나? 국내 상품을 취급해야 정답인가? 하며 갈팡질팡 하는 구매 대행 사업자가 많았었습니다. 이때에 위기를 기회 삼아 "오히려 중국 상품을 죽어라 올려서 SEO 작업 해놓고 판매 중지로 걸어 놓자! 중국 비즈니스가 영원히 막힐 것도 아니니까 정상화될 때 한 번에 개시하면 남들과는 비교할 수 없을 정도로 경쟁력을 갖게 될 것이다"라며 미리 가까운 미래를 내다보는 구매 대행 사업자들과 세미나를 했었던 기억이 있습니다.

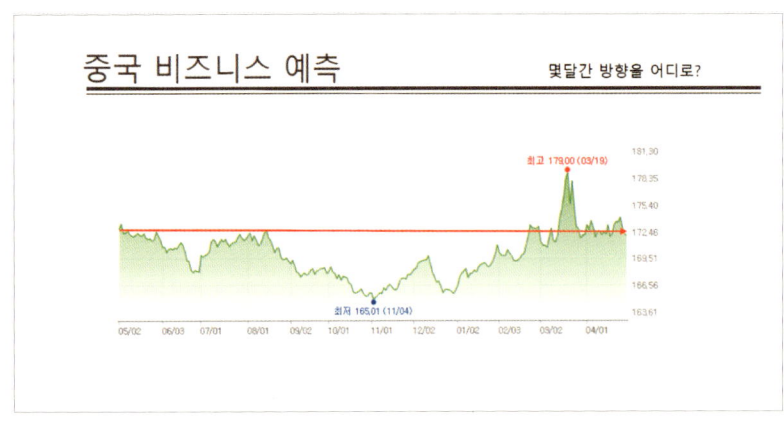

2020년 5월에 중국은 예전의 환율로 거의 회복되어 있는 상태입니다.

구매 대행 사업은 대기업이 환율의 영향에 민감하게 부침을 겪는 상황 못지않게 개인이지만 직접적으로 피부에 와 닿는 직업입니다. 그래서 몇 개월 후를 내다보고 상품 등록에 신경 쓰면 같은 시간 같은 노력을 들여도 훨씬 이익이 되는 결과를 낼 수 있습니다. 이틀 만에 무조건 배송이 된다는 미국의 아마존 프라임 정책이 코로나 사태로 약속이 지켜지지 않으며 배송 지연이 속출하고 환율이 크게 상승해 있습니다. 그래서 이럴 때 평상시 대비 앞으로 얼마나 호전될 폭이 벌어져 있는지를 미리 읽고 판단할 필요가 있습니다.

미국은 원 달러 환율이 많이 높아져 있는 상태입니다.

환율은 수익에 직결되므로 다른 구매 대행 사업자가 환율이 복귀되면서 결국 임박해서야 상품 준비를 할 때, 현명한 사업자는 그 나라를 타깃으로 미리 상품을 소싱하고 충분한 준비를 해 놓으면 같은 조건에 정상적인 영업이 개시되어도 크게 다른 결과를 얻어 낼 수 있습니다. 항상 남들과 다른 생각을 하고 미리 준비하면 승률이 크게 높아지게 됩니다.

지금은 중국 시장이 서서히 정상적으로 개시되는 반면, 뒤늦게 코로나로 몸살을 앓고 있는 미국의 상황이 매우 안 좋은 상황이죠. 다들 미국은 위험하다 배송이 불투명하다고 합니다.
양적완화를 해도 달러가 강세를 보이는 희한한 형국에 위 그래프처럼 환율이 크게 올라 있어 미국 구매 대행의 매력이 떨어져 있는 상태로 보여집니다. 그러나 오히려 지금이 미국 상품을 등록할 찬스라고 생각하실 줄 알아야 합니다. 한국인이 제일 선호하는 미국의 수많은 브랜드들이 곧 엄청난 세일을 시작할 것이라고 점치는 것은 그리 어렵지 않은 예측입니다.

한편 통계 자료를 항상 체크해보면 빠르게 인사이트를 얻을 수 있는데요
통계를 활용해 구매 대행 플랜을 잘 세워야 에너지에 비해 시행착오를 줄이면서 훨씬 효과적인 비즈니스를 펼칠 수 있는데, 여기서 가장 중요한 점은 **항상 트렌드를 읽어 가며 연간 판매 플랜을 짜야 한다는 것**입니다.

예를 하나 들어보죠. 우리는 아이템을 소싱하는 나라와 우리나라의 기념일(홀리데이)에 맞춰 트렌드를 읽어 나갈 수 있습니다.

글로벌 홀리데이 시즌에 맞춘 마케팅 기획이 중요	
1월	새해 세일, 마틴루터킹데이
2월	발렌타인데이 세일, 워싱턴탄생일 세일 / 한국 신학기 준비
3월 및 4월	독립기념일데이, / 한국 5월 어버이날, 5월가정의 달 준비
5월	부활절, 어머니 날 세일(5월 2째주 일요일)
6월	아버지 날 세일(6월 2째주 일요일) / 한국 바캉스 상품 기획
7월	아마존 프라임데이(7월 중순), 독립기념일 세일
8월	여름세일, 백투더 스쿨 세일, / 한국 9월 추석
9월 및 10월	할로윈데이 및 노동절, 컬럼버스데이, 하반기 빅세일 기획
11월	광군제, 추수감사절 세일, 블랙프라이데이 세일, 사이버먼데이 세일
12월	크리스마스 세일, 박싱데이

표에서 본 것처럼 이렇게 다양한 홀리데이들이 있습니다. 우린 이때 몇 발자국 앞을 먼저 보고 발빠르게 움직여야 합니다. 또한 동시에 한국의 기념일과 시즌에 맞춘 기획도 준비해야만 하죠.

즉, 2~3월 발렌타인데이와 화이트데이를 위한 기획은 1월에, 2월은 새 학기 캠페인 준비 기획, 3월은 다가올 5월 가정의 달을 위한 용품 대전을 미리 기획해야 합니다.

좋은 예시)

1월	발렌타인데이, 화이트데이 상품기획
2월	SS 패션상품 소싱, 새 학기 캠페인 준비
3월	봄 용품 클리어런스 대전 기획
4월	어버이날, 가정의날 상품 기획
5-6월	바캉스 상품 소싱
8월	FW 패션 상품 소싱, 추석, 추수감사절 시즌 상품 준비

2 통계자료를 활용한 구매 대행 사업 분석

구매 대행은 신나는 사업이며 한 번 배우면 평생 일을 할 수 있다는 장점이 있죠. 전 세계의 상품이 온라인에 판매되는 한, 아이템 발굴은 무궁무진하게 기회가 열려 있습니다. 내가 잠들어 있는 사이에도 내가 정성을 다해 올려놓은 상품은 누군가가 탐색하고 주문한다는 점에서 정말 매력적인 사업이라고 할 수 있습니다.

2.1 국가별 이용 비중 미국인가? 중국인가?

최근의 해외 직구 트렌드를 살펴보겠습니다. 요즘 유튜브에 가성비 좋은 키워드를 발굴하여 중국에서 상품을 소싱하고 판매하는 노하우와 스마트스토어 판매 사례에 대한 정보가 넘쳐 납니다.

< 지역별 온라인 해외 직접 구매액 >

(억원, %)

	2022년		2023년	증감률	
	1/4분기	4/4분기	1/4분기ᵖ	전분기비	전년 동분기비
합 계	13,714	13,440	15,984	18.9	16.6
중국	3,285	4,080	6,550	60.5	99.4
일본	929	1,253	1,202	-4.1	29.4
아세안	201	203	219	8.1	9.1
중동	11	9	15	60.2	36.8
기타 아시아	-	-	14	-	-
미국	5,543	4,628	4,916	6.2	-11.3
캐나다	-	-	165	-	-
유럽연합+영국	3,254	2,782	2,603	-6.4	-20.0
유럽연합	-	-	1,964	-	-
영국	-	-	640	-	-
기타 유럽	-	-	9	-	-
대양주	303	327	286	-12.6	-5.8
중남미	1	1	3	215.5	159.8
아프리카	-	-	2	-	-
기타[1]	188	157	-	-	-

1) 해외 지역 재분류로 인해 2023년 1/4분기부터 기타 아시아, 캐나다, 기타 유럽, 아프리카로 세분화

< 지역별 온라인 해외 직접 구매액 구성비 >

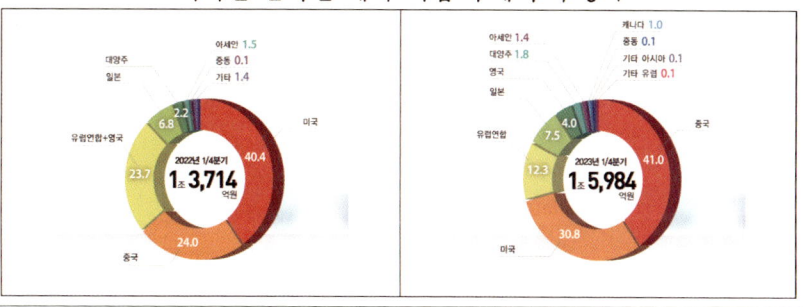

국가별 온라인 해외직접구매액의 흐름을 보면 불과 2년 전만 해도 직구수요가 가장 많은 국가는 미국 – EU – 중국 – 일본 국가순이었으나 2022년 부터 중국이 EU를 넘고, 2023년에는 1년 전 1/4분기 대비 중국이 99% 이상 폭발적인 성장을 보인데 비해,미국은 -11% 를 기록하면서분기 실적이기는 하나 처음으로 미국을 역전하는 현상을 보이고 있습니다.

물론 정치, 사회, 경제적인 이슈가 영향을 많이 끼치겠지만 얼마전까지 중국에 비해 미국이 3배나 직구수요가 높았었다는 사실을 감안하면 지각변동이 일어났다고 봐도 과언이 아닐 것입니다.

또한, 환율의 이점으로 일본 직구 수요도 전년도 동 분기 대비 30%나 상승하고 있습니다.

이렇듯 해외 수입액은 커지는 반면에 역직구는 반대로 줄고 있어 국가 전체의 무역수지가 마이너스로 바뀌는데 크게 영향을줄것으로 판단이 됩니다.

그럼 지금 우리는 어느 국가에 몰두하는 것이 좋을까요? 무슨 일이든 일정한 성과가 나려면 준비와 프로모션 등 정착이 되기까지는 일정한 워밍업 시간이 필요합니다.

지금의 고금리, 자산가격 하락 시기에는 추세가 좋은 중국 구매대행이나 환율방어가 유리한 일본 구매대행이 적격이지만, 다른쪽 분야로 뛰어 들 때는 오랜 준비를 마치고 본격적으로 내 사업이 꽃을 피우는 시즌에도 여러 환경들이 변하지 않는다면 야 금상첨화겠지만 지구촌 경기가 살아나고 저금리에 경기 회복으로 급 반전 될 경우에는 즉흥적인 선택을 크게 후회하는 상황이올 수도 있습니다.

마치 한해동안 사과나 배추 같은 농작물의 풍년으로 재미를 보았다는 소문이 퍼지면 정부에서 대출받고 너도 나도 사과 농사,배추 농사 들어갔다가 수확할 시기에 똥값이 되었다고 한탄하는 농부들과 같은 처지가 되지 않도록 해야 합니다.

한편, 상품 군별 1분기의 온라인 해외 직접 구매액을 보면 의류가 7천1백억이 넘으면서 압도적으로 가장 많은 수입량을 보이고 있고 그 다음은 4천억대의 건기식을 포함한 음식료품으로 나타나고 있습니다. 당분간 이 흐름은 계속 유지될 것으로 보입니다

다시 말씀드리지만 하나의 전문성을 확보하려면 진득하게 오랫동안 공부하고 실천하면서 견뎌야 살아 남습니다

하던 일을 멈추고 다른 쪽에 관심을 가지고 쉽게 방향을 전환한다면 그동안 쌓아 왔던 노하우와 투자가치가 한순간에 사라지고 새로운 성을 쌓아야 한다는 사실을 잊지 않았으면 좋겠습니다.

싸이클은 돌고 도는 것이지만 제발 하나의 방식에 금자탑을 쌓고 다른 곳으로 넘어가시 길 권합니다.

2.2 일상으로 자리 잡은 직구 습관

[전 세계를 대상으로 쇼핑하는 추세]

직구족이 미국 상품을 좋아하는 이유는 뭘까?

그것은 아래 직구족들의 온라인 쇼핑의 구매 행동 패턴을 보면 알 수 있습니다. 그럼 온라인 쇼핑의 최근 구매 습관을 살펴보겠습니다.

1) 원하는 브랜드를 사고 싶어요!

요즘 중국 상품들의 퀄리티가 예전의 싸구려 저 품질에 머무르지 않고 정말 많이 발전했습니다. 그럼에도 불구하고 한국 소비자들은 의류만 보더라도 폴로 랄프로렌, 갭, 카터스, 올드앤뉴, 토리버치, 아베크롬비, 라코스테, 아메리칸이글 등 브랜드 위주로 물건을 구입하고 있으며 의류 외에도 애플이든 나이키든 다른 품목도 브랜드 위주로 구매하려는 양상은 비슷하죠.
이렇게 브랜드가 결정되면 좀 더 합리적인 가격으로 그 브랜드를 구매할 수 있는 채널을 찾는 것이 보통입니다. 다시 말하면 이런 결과는 먼저 직구족들이 브랜드 위주로 구매를 하려는 쇼핑 습관에 기인합니다.

수 만개의 글로벌 브랜드가 있는 미국에 비해, 유럽은 훨씬 적고 중국이나 다른 나라의 글로벌 브랜드는 아주 소수일 뿐이죠. 물론 중국도 샤오미 같은 브랜드도 있지만 다른 익숙한 브랜드 찾기가 쉽지 않은 것이 사실입니다.

2) 좋은 품질과 신뢰도 높은 상품을 사고 싶어요!

 품질과 신뢰도도 그 다음으로 영향이 큽니다. 비타민, 건강 기능 식품 등을 구매할 때 미국과 중국의 신뢰도는 너무나 많은 차이를 보입니다. 센트룸이나 GNC라는 브랜드를 믿을 수는 있어도 중국회사 건강식품을 선 뜻 사기가 쉽지 않을 것입니다.

중국이 우세를 보이는 것은 보통 브랜드 보다는 '가격'이 다른 요소보다 만족을 주는 상품일 경우 우선시하게 되는데, 사람들은 이런 가격 수요보다 브랜드의 니즈와 고품질에 상품에 대한 구매 욕구가 압도적으로 높기 때문에 구매 대행 판매자의 중국 상품에 대한 개인적인 관심과 달리 아직 미국이나 EU 제품의 품질을 더 선호하는 것으로 나타나고 있는 것입니다.

3) 인생 템을 꼭 갖고 싶어요!

또한 대부분의 상품에는 워너비 성향의 욕구를 내포하고 있습니다. 갖고 싶은 마음을 불러일으키는 명품뿐 아니라 품질 좋고 국내에서 구하기 어려운 상품을 꼭 사고 싶은 요인이 다양한 카테고리의 상품에 녹아 있어서 미국 상품들을 선호하게 되는 것이죠.

4) 유쿠? 웨이보? 위챗? 바이두?

또, 중요한 이유 중의 하나는 미디어 채널의 접근성이 매우 큰 영향을 끼칩니다. 국내의 토종 미디어와 SNS 외에 구글, 유튜브, 인스타, 페북, 트윗, 핀터레스트 등의 플랫폼이 우리의 생활을 지배하고 있지만 웨이보나 위챗, 유쿠 등은 아직 국내 소비자에게 많이 다가가지 못하는 환경이기 때문입니다. 늘 접하는 정보가 수요를 부르기 마련이죠. 30대 이상이 네이버로 설정된 것과는 달리 요즘 어린 학생들은 PC를 켜는 첫 홈페이지가 유튜브죠.

2.3 국가별로 선호하는 대표 구매 품목

국가별 인기 쇼핑몰에서 대표적인 구매 품목 분석에 따르면 미국 아마존 닷컴은 영양제, 전공 서적, 운동화, 티셔츠, 장난감, 공구 세트 등의 구매 비중이 높았으며, 중국 타오바오에서는 캐주얼 의류, 잡화, 신발, 펫 용품 등의 구매가 높은 비중을 차지했습니다.

이어 일본 아마존 닷컴에서는 피규어, LP판, 펫 용품, 기타 일본 사이트에서는 가공식품과 기초 화장품이 많이 판매되었습니다. 독일 아마존 닷컴에서는 커피 머신(네스프레소 버츄오, 일리)이, 영국 아마존 닷컴에서는 수영 용품, 스타벅스 등이 주요 구매 품목이었습니다.

■ 경쟁력 있는 소싱 국가

> **중국** – 소모품이나 브랜드가 크게 중요하지 않는 생활 용품, 가성비 좋은 소형 가전 등이 유리
> **미국** – 타미힐피거, 휴렛팩커드, 크록스, 아디다스 같이 브랜드 수요가 있을 시
> **독일 및 영국** – 드롱기세트, 주방용 칼, 버켄스탁, 다이슨 등의 유럽 브랜드
> **일본** – 피규어(캐릭터 상품), 양갱, 곤약 젤리, 전통 의상과 기초 공구 등

아마존 상품도 1688, 알리바바의 물건이 매우 많이 진열되고 있는 현실이고 미국의 오픈 마켓은 이제 구매 대행 사업자들에게는 더 어려운 레드오션이 되어 있습니다.
그래서 미국 구매 대행 사업을 하려면 아마존과 같은 오픈 마켓에는 중국에 없는 아이템을 찾거나 신상품 위주로 소싱을 해서 먼저 최적화 작업을 해 놓아야만 다른 경쟁자들이 솔루션으로 같은 상품을 대량으로 올려도 방어할 경쟁력을 가질 수 있습니다.

또한 한국 사업자가 많이 소싱하지는 않지만 미국인들이 즐겨 찾는 사이트도 많으니 많은 구대 사업자가 경쟁적으로 소싱하는 아마존 보다는 네이버 쇼핑에 소싱 개수가 적은 상품을 찾는 것이 또 다른 방법이 될 수가 있습니다.
그러므로 구매 대행 판매자는 효과적인 아이템을 소싱하기 전에 각 국가별 잇 템과 국내외 사회적 이슈, 수요, 빅 데이터의 결과를 보고 상품을 갖고 오는 것을 습관화해야 할 것입니다. 이렇듯 소비자는 국가별로 선호하는 품목들이 있으니 구매 대행 사업자는 그에 맞추어서 사업을 전개하는 것이 시행착오를 줄이는 비결이 될 것입니다.

2.4 꾸준히 성장하는 중국

거래 금액 기준으로는 전년 동기 대비 국가별 변동폭의 차이가 있지만 주목할 점은 중국의 이용 건수가 매년 꾸준한 상승세라는 점입니다. 이는 저렴한 캐주얼 의류, 패션 잡화 품목에서의 직구 저변 확대와 펫 용품에서의 개인별 수요 증가도 한 몫 하는 원인으로 꼽힙니다. 앞으로 중국의 비중은 시국 리스크가 아니면 점차 더 증가할 것으로 판단됩니다.

중국 상품은 꾸준히만 최적화하여 등록하면 반드시 매출이 나오는 구조입니다. 여기서 많은 사람들이 간과하는게 상품 수 대비 검색 량이 많은 가성비 좋은 키워드를 상품명에 썼다고 해서 최선을 다한 세팅을 한 것으로 생각하는 사업자들이 의외로 많습니다.

그런 키워드는 니치 키워드 중심인데 니치는 니치입니다. 니치 키워드는 말 그대로 주문량이 많은 메이저 경쟁에서 한 발짝 비켜서 자신만의 소기의 성과를 보려는 것일 뿐입니다. 메인 키워드로 1000개 판매할 때 니치 키워드로 10개는 팔겠다는 뜻이지요. 또, 니치 키워드에서 잡고 메이저 키워드로 점차 갈아탄다는 SEO 전략도 생각보다 어렵습니다. 그러므로 가격이 좋은 중국 상품을 키워드 작업을 적당히 하면 되겠지 하는 정도의 생각은 위험합니다.

네이버 SEO만 해도 200가지가 넘는 요소들을 세팅해야 하지만 그래도 상품의 빠른 등록도 중요하므로 최소한의 제대로 된 SEO 작업만이라도 세팅해야 다른 마케팅도 먹히게 되는 것입니다. 그러나, 가격 경쟁력 위주로 중국 상품을 소싱하더라도 포트폴리오 차원에서 미국의 직구 교역량을 무시해서는 안 될 것입니다.

중국 상품 소싱은 구매 대행 사업자에게 큰 기회지만 많은 키워드 작업을 해줘야만 하는 어려움이 있다는 점을 알아야 하며 좀 더 완전한 SEO 작업이 선행되면 매출이 크게 상승할 여지가 많은 것으로 판단됩니다.

2.5 쇼핑의 트렌드 변화

이제 해외 직구는 예전처럼 블랙프라이데이, 사이버먼데이, 아마존프라임데이, 파더스데이, 광군제 등 주요 세일 시즌에만 몰리는 쇼핑 트렌드가 아닌 일상의 영역에서 상시적으로 이용하는 트렌드로 정착되고 있습니다. 즉, 원하는 물건을 상시 전 세계 어디에서든 구매하려는 소비 패턴으로 자리를 잡았습니다.

사업자 관점에서 볼 때 미국 같은 경우는 누구나 쉽게 접근하는 아마존 , 6PM, 자포스, 피니시라인, 이스트베이, 랄프로렌, 갭, 노드스트롬 등에서만 물건을 찾으려고(그것도 솔루션으로만 리스팅) 하지 말고 새로운 사이트와 아이템을 발굴을 해야 의미가 있는 매출이 나올 것으로 판단됩니다. 솔루션을 쓰는 사업자들에게 이미 많이 공개된 미국의 700~1,000개 정도의 사이트 중 구매 대행 사업자들이 실제로 이 모든 사이트에서 소싱하지는 않는다는 사실을 기억하면 좋겠습니다.

잠깐만요!

네이버 카페 내일 연구소에서 국가별 소싱 사이트 리스트를 다운로드 할 수 있습니다.
cafe.naver.com/255

**그럼 구매 대행 사업자는 개당 마진이 많은 중국보다
브랜드 수요가 많은 미국을 타깃으로 집중하는 것이 맞는 것일까요?**

중국이냐 미국이냐의 선택을 할 때, 각 사업자별로 능력과 환경이 다르고 또 본인과 궁합이 잘 맞는 소싱 방법들도 있을 것입니다. 결론적으로 중국의 성장세가 두드러지고 있지만 미국이 중국 보다 상품 선호도가 큰 이유는 결국 브랜드 때문이라는 점. 가격 베이스의 값싼 소모품류는 마땅히 중국이 경쟁력이 있지만 한국 사람들이 어떠한 물건을 구입할 때는 먼저 브랜드를 생각한 뒤 그 다음 이를 조금이라도 합리적인 가격으로 구매하려는 순서로 쇼핑하고 있다는 점을 다시 강조 드립니다.

한국 소비자가 당연히 '값싼 운동화'로 조회하지 않고 '나이키 운동화', '아디다스 스니커즈' 이런 식으로 쇼핑을 시작하기 때문입니다. 그러나 생활 용품과 소모품 같은 경우는 반대로 브랜드 보다는 품질이 웬만큼 받쳐 주고 가격이 좋은 중국 아이템이 있다면 중국 상품들을 소싱하는 것이 올바른 선택으로 보여집니다. 구매 대행 사업자는 이러한 교역량 추세와 개인 소비 패턴을 생각하여 중국과 미국의 비중을 조율해 나아가야 할 것입니다.

틈새 요약(구매 대행 트렌드분석)

❶ 중국 – 브랜드가 중요한 비중을 차지하지 않는 상품이 유리
❷ 미국 – 브랜드 위주의 핫 아이템 천국. 그 대신 너도나도 소싱하는 마켓은 비추
❸ 굳이 하려면 신상품 위주로 먼저 최적화 작업 후, 넓은 시야로 좋은 마켓과 니치 아이템 찾기
❹ 기본적으로 국가별로 수요가 많은 아이템들이 있으니 자가당착에 빠져 엉뚱한 상품 소싱해 놓고 마음고생 하지 말기
❺ 니치마케팅을 효율적으로 운영하되, 진입이 쉽지 않은 레드오션도 크게 터트릴려면 깨지더라도 계속 도전하기
❻ 오픈 마켓의 '컨셉'에 사로잡혀 스스로 경로(path)를 줄이고 있지는 않는지 살펴보기

3 스마트스토어의 스마트한 3가지 발송 처리법

구매 대행 사업을 하면 여러 마켓 중 네이버 스마트스토어는 거의 필수적으로 운영하게 됩니다. 스마트스토어에서 해외 구매 대행을 하는 분들이 발송 처리하는 것에 대해서 고민하는 분들이 좀 있는데요. 그 방법에는 여러 방식이 있기 때문이죠. 이번에는 구매 대행 기초 사업자가 초창기에 수동으로 배송 대행지 신청서를 쓴다는 전제하에 스마트스토어에서 주문이 들어왔을 때 발송 처리에 관한 3가지 팁을 소개해 드리도록 하겠습니다.

1) 주문 → 해외 구매 → 배송 대행 신청서 작성

일단 우리가 물건을 해외에서 구입하게 되면 주문이 들어왔을 때 그 상품을 해외 마켓에서 구매를 하게 되죠? 최저가 상품을 찾고 캐시백과 할인 쿠폰이 적용되는지 찾은 후 물건을 구입하게 되는데 이때 주소는 배송 대행지로 보내게 됩니다. 내 물건이 그쪽으로 간다는 것을 배대지에서 알게 하기 위해 반드시 배송 신청서라는 것을 쓰게 됩니다.

나중에 주문이 많아지면 엑셀로 일괄 등록을 하거나 아니면 자주 사용하는 자사몰 사이트들은 장바구니 담기 상태에서 배송 신청서 양식으로 드래그 앤 드랍 방식으로 쉽게 신청서를 쓸 수 있도록 만들어 사용되기도 합니다. 또 개인 쇼핑몰 같은 경우에는 API로 연결해서 쇼핑몰에서 배대지로 원 클릭으로 정보를 보내도록 구축하기도 합니다.

2) 신청서 작성 후 3가지의 발송 처리 방법

❶ 해외 송장 번호 활용

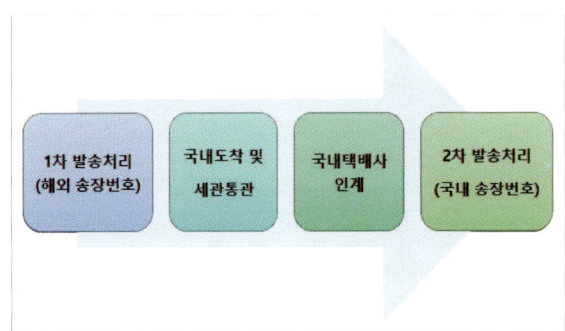

첫 번째 방식은 해외 송장을 확인하여 나의 마켓에 송장 번호를 넣은 뒤 1차 발송 처리를 하고, 한국 도착 후 세관 통관이 되고 난 다음 국내 택배사로 인계가 될 때 국내 택배 송장 번호로 대체하여 넣는 방법을 쓰는 방법입니다.

이것은 스마트스토어의 운영 정책에 맞춰 그대로 따라서 이용하라는 방식을 말하는 것입니다. 배대지 신청서에는 해외에서 구입한 오더 번호와 해외 송장 번호(트래킹 번호)를 넣게 되는데 이와 동시에 트래킹 번호를 바로 한국의 마켓에다 즉시 넣어 발송 처리를 하는 것이죠. 나중에 국내 송장이 나오면 갈아 끼우는 방식을 말합니다. 원칙에는 맞지만 매우 불편한 방식이죠.

❷ 배송 지연 처리 활용

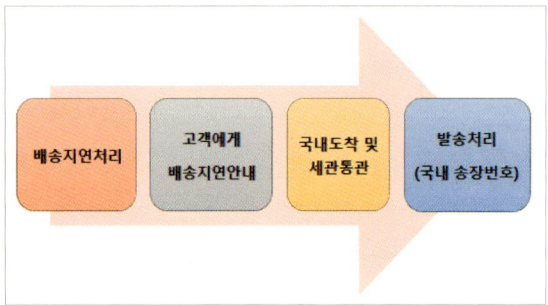

두 번째 방식은 마켓에서 배송 지연을 설정하고 난 다음에 실제로 한국에 들어오면서 발급되는 국내 송장 번호가 나오면 그때 그 번호를 집어넣는 방식을 말합니다.

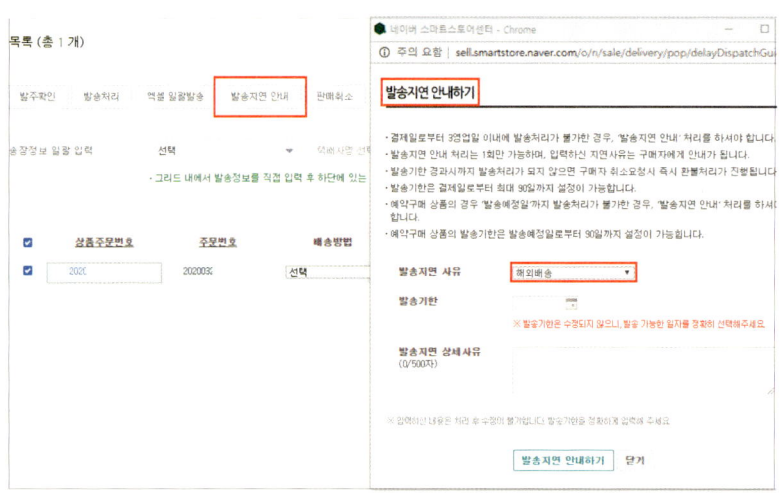

[예시) 네이버 발주/발송 관리 → 발송 지연 안내]

이 방법은 해외 물건이 배송에 걸리는 실제 시간보다 좀 더 넉넉하게 배송 지연일을 설정 해놓고 고객에게 네이버 톡톡 또는 문자로 미리 준비된 템플릿을 불러와 배송 지연 설정과 동시에 안심하라는 내용을 같이 보내 주는 방식입니다.

이는 마켓에서 페널티를 받지 않으면서 일하는 방식입니다. 마켓에 따라 배송 지연 기일 한도가 정해져 있는 경우가 많기 때문이죠. 그런데 이때 배송 지연 설정하면서 같이 보내는 이 문자의 내용이 중요합니다. 실제로는 해외에서 한국에 들어오는 기간이 그렇게 오래 걸리지 않을 것이라고 대부분 예상이 되나 혹시 모를 배송 사고가 생겨 배송 중에 거래 취소가 되지 않도록 보수적으로 기간을 설정한 것이니 안심해도 된다는 메시지가 표현되어야 합니다.

보통은 이런 내용이 템플릿에 이미 정해져 있기 때문에 그 메시지를 받는 고객들의 이름만 바꿔서 보내는 게 보통입니다. 이렇게 하면 훨씬 더 수월하게 관리할 수 있습니다.

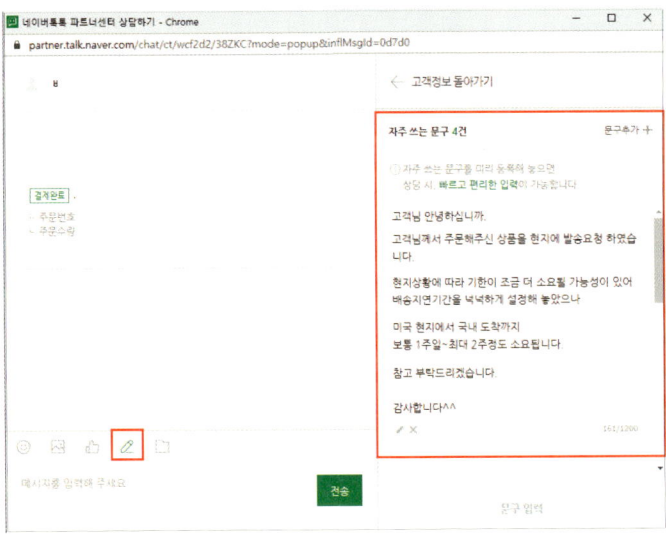

❸ 배대지에서 바로 부여되는 국내 송장 번호 활용

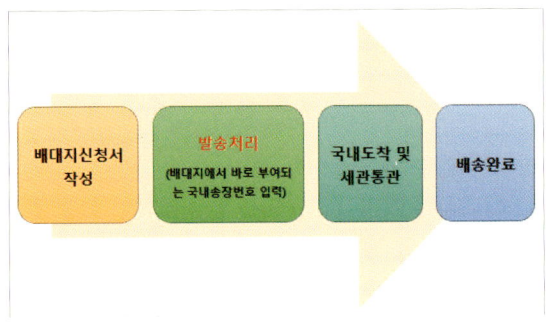

마지막으로 세 번째 방법은 배송 대행지 신청서를 쓰면 바로 부여되는 국내 택배 송장 번호를 그대로 마켓의 관리자 창에서 붙여 넣어 발송 처리하는 방식입니다.

이때 반드시 중요하게 생각해야 하는 것이 송장 번호를 집어넣고 발송 처리를 하면 고객 입장에서는 "어? 내가 해외에서 물건을 주문했는데 왜 국내의 우체국 택배 송장 번호가 뜨지? 제대로 해외에 주문된 게 맞나?"고 의심하는 사람이 있기 때문에 이것 또한 마찬가지로 고객들에게 내가 미리 준비된 템플릿을 불러와서 바로 별도로 메시지를 보내야 합니다. 이때 소통 수단도 네이버 톡톡 및 문자 도구를 이용합니다.

고객이 안심하는 게 중요하기 때문에 그 안심하라는 내용을 미리 템플릿에 저장을 해놓고 순식간에 불러서 발송 처리와 동시에 메시지를 보내서 업무를 단순화시키는 이 방식을 꼭 사용하기를 권합니다. 실제로 이렇게 진행하면 우리 일은 너무나 편해집니다.

여기서 중요한 것은 내가 배대지 신청서를 쓰면 바로 부여되는 그 국내 택배 송장 번호를 바로 나의 스마트스토어에 붙여 넣고 발송 처리를 해 버리는 것입니다. 이렇게 되면 송장 번호 한 번 입력 후 고객에게 배송 완료 과정까지 추가로 체크할 일이 없어집니다. **우리가 두 번 일 하지 않게 업무를 줄이는 것이 중요**합니다.

하지만 이런 방식을 쓰려면 배대지가 송장 번호 자동 부여 기능을 받쳐 주어야 합니다. 배송 대행지 경험이 많거나 규모가 어느 수준 이상인 곳, 아니면 우체국에서 특정 구간의 번호에 대해 할당을 받아 솔루션이 신청서를 쓸 때마다 자동적으로 송장 번호를 부여하게 구축되어 있는 곳을 쓸 때만 가능한 작업들입니다.

물론 오픈 마켓이 권유하는 것은 해외 트래킹 번호가 생길 때까지 하루 이틀 기다렸다가 트래킹 번호가 생기면 그것을 먼저 입력하고 나중에 국내 송장 번호를 대체해 넣으라는 방식을 정석으로 원하는 거죠. 하지만 그렇게 할 때는 이게 1~200건도 아니고 수천 건을 처리해야 할 텐데 이러면 일이 굉장히 힘들어 집니다. 그래서 할 수 있는 한 더 수월하게 일하는 것을 권하는 것입니다.

잠깐만요! 사소하지만 잘 모르는 꿀 TIP

문자 전송 툴 추천
고객에게 준비된 템플릿을 전송할 때 외에도 많은 검수 과정에서 배대지↔셀러↔고객 간에 자주 소통하면서 고객이나 배대지에 이미지나 문자들을 첨부해서 전송할 도구가 필요합니다.
단문/장문/포토 전송/팩스 전송 등의 기능이 있으며 세금계산서 처리 또한 가능합니다.
- 보내고(https://www.sendgo.co.kr)
- 문자나라(www.munjanara.co.kr)

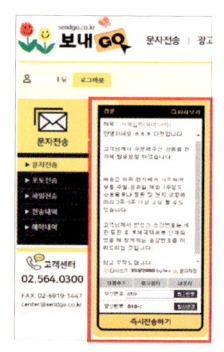

결론적으로 발송 처리하는 방법에는 3가지 방법이 있으며 우리는 배대지의 선택에 따라 일을 얼마든지 수월하게 처리할 수 있습니다. 이왕이면 배대지를 고를 때 신청서를 쓰면 바로 국내 송장 번호가 부여되는지 또 세금계산서가 발행이 되는지 여기에 적립금까지 카드로 결제되고 세금계산서 발행이 원활하면 금상첨화라는 것을 강조하고 싶습니다.

이렇게 기능들이 받쳐 주는 배대지를 사용하게 되면 3번째 발송 처리 방법으로 업무 효율화를 꾀할 수 있다는 점 또한 기억해주세요!

틈새 요약(국내 오픈 마켓 발송 처리 방법)

1. 국내 오픈 마켓이 원칙적으로 원하는 방법인 해외 트래킹 번호를 먼저 넣고 마켓에서 발송 처리를 한 후 국내에 택배가 시작될 때 국내 택배 송장 번호로 수정 처리하는 방법
2. 고객에게 배송 지연을 넉넉하게 설정 후 문자를 동시에 보내서 안심하게 한 뒤 나중에 국내 송장 번호를 입력하여 발송 처리하는 방법
3. 해외에서 물건 구입 후 받게 될 배대지에 신청서를 쓰면 바로 부여되는 국내 택배 송장 번호를 오픈 마켓에 붙여 넣어 발송 처리를 하고 동시에 고객에게 안심하라는 안내 메시지를 보내는 방법

 영상으로 보기 – 발송처리 3가지 방법 : https://tv.naver.com/v/8888951

4 스마트스토어 운영 노하우

헉! 스마트스토어 주문이 들어왔는데 재고 품절이예요. 어떡하죠?

스마트스토어는 발송 지연, 품절, 클레임 처리 지연 등이 발생할 때 판매자에게 페널티를 부여하는 제도를 운영하고 있습니다. 페널티가 최근 한 달간 10점 이상이면 활동이 제한되므로 주의하셔야 해요. 페널티 부과의 기준은 다음과 같아요.

나머지 부분은 세심함과 부지런함으로 페널티를 예방할 수 있지만, 구매 대행의 특성 상 주문 후 재고 파악이 되는 경우가 많으므로 품절 취소를 해야 하는 경우가 반드시 생기게 되는데요. 이럴 때 취소 요령을 알려드리겠습니다.

■ 취소 요령
❶ 먼저 해당 주문건을 배송 처리를 합니다.
❷ 구매자에게 품절되었다고 한 후 비슷한 다른 제품으로 보내 드려도 되는지 양해를 구해봅니다.
❸ 상품 취소를 원하신다고 하면 이때 판매 관리 → 배송 현황 → 판매자 직접 반품 → 사유는 상품 품절 → 수거 방법은 수거 요청 안함 → 반품 접수 클릭 → 수령 버튼을 누르면 바로 환불 처리가 완료됩니다.

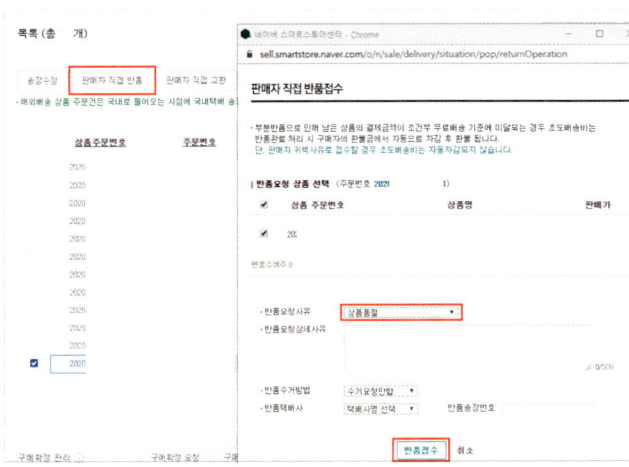

알쓸신잡 TMI

품절 시 페널티가 걱정이에요 ㅠㅠ

기본적으로 상품 관리를 지속적으로 해야 내 마켓의 유효하지 않은 상품 진열로 인한 고객 피해를 최소화할 수 있습니다. 품절 시 고객에게 양해를 구하고 페널티를 부과받지 않는 방식으로 부탁하는 것이 기본적으로 취할 수 있는 방법이겠지요.
마켓의 성격에 따라 현장에서 판매자들이 다양한 방법을 쓰고 있습니다. 매우 중요한 내용이고 셀러들이 매일 겪는 일이지만 마켓 정책과 위반될 내용은 출판물에 표현하는 것이 부적절 하여 일단 제외했습니다. 오프라인 세미나나 정기 모임에 별도로 공유합니다.

구매 후기의 가치를 진짜 아시나요?

구매 후기도 상세 페이지의 일부분이다.

고객은 상세 페이지뿐만 아니라 이 상품의 만족도와 CS를 체크하고 싶어 합니다. 이는 리뷰란과 Q&A에서 쉽게 확인할 수 있는데요.

아무리 좋은 제품이라도 리뷰가 좋지 않으면 구매 전환율이 낮아지게 됩니다. 세세하고 긍정적인 리뷰가 많으면 가격이 경쟁자보다 조금 높더라도 판매가 잘 될 수 있습니다. 좋은 후기를 위해서는 먼저 상품의 질이 좋아야겠고, 배송도 빠르면 좋을 것입니다. 고객 CS의 친절함은 말할 것도 없고요.

따라서 리뷰 관리도 상품 등록과 판매, 배송과 함께 항상 신경 써줘야 하는 부분입니다. 그렇다면 어떻게 리뷰 관리를 해야 할까요?

1) 구매평 좋은 요소를 키우고, 나쁜 요소를 보완해라

좋은 구매평이 달리면 베스트 리뷰로 올려 상단에 위치하게 해줍니다. 혹여나 나쁜 구매평이 달린다면, 고객에게 진심 어린 답글을 달아 줍니다. 100% 만족을 드리지 못해 죄송하나 정성을 다 하고 있다는 점을 어필하는 것도 방법이죠!

2) 구매평을 분석하자.

수많은 구매평이 쌓이면 그것이 바로 고객 니즈의 데이터입니다. 오픈 마인드로 의견을 수렴 및 반영하여 상품명이나 상품 페이지에 녹여 줍니다. 구매평에 보이는 단점들을 미리 고지해서 구매 전환율이 약간은 떨어지더라도 CS 양을 줄이는 것이 좋습니다. 물론 치명적인 단점이라면 곤란하겠죠. 그럴 땐 본질적인 문제를 해결하려고 노력해야 할 것입니다.

3) 포토, 동영상 리뷰의 중요성

고객은 생각보다 글을 자세히 읽지 않습니다. 글보다는 시각적인 사진에 더 자연스럽게 이끌리게 되죠. 즉, 글보다는 사진이나 동영상 리뷰가 효과가 더 뛰어나다는 이야기입니다. 좋은 포토나 동영상 상품평을 얻기 위해서는 리뷰 이벤트를 통해 성의 있는 구매평을 쓰도록 유도합니다.

잠깐만요! 사소하지만 잘 모르는 꿀 TIP

상세 페이지를 어떻게 구성하면 좋을지에 관한 고민
❶ 고객이 원하는 것
❷ 경쟁사가 잘 못하는 것
❸ 내가 잘할 수 있는 것
❹ 구체적인 상품 스펙
❺ 상품 가격과 특성에 따른 접근 필요

도매 상품 판매 방법

도매 상품에도 손 대고 싶어요.

매우 중요한 원리를 불과 몇 줄로 정리했어요.
단계별도 실천을 해보면 깜짝 놀랄 결과가 생길거예요.

❶ 아이템 도구로 경쟁 강도가 유리한 키워드를 찾아 상품을 소싱한다.
　 대량 등록한다.
❷ 도매 상품 지적재산권 문제를 먼저 점검한다.
❸ 팔리는 상품을 가려낸다.
❹ 외부 유입을 늘린다.
❺ 전환율을 파악한다.
❻ 상품을 산다 or 나에게 배송시킨다.
❼ 촬영한다.
❽ 상세 페이지를 재구성한다.
❾ SEO 작업
❿ 마진을 최대한 확대하기 위해 이 상품을 사입하거나 최저가로 위탁 받는다.

7 경쟁사 상품 하루 판매량이 궁금해요

경쟁사는 도대체 하루에 얼마나 팔까요?

우리가 어떤 상품을 취급하든 경쟁사는 있죠. 그들이 도대체 나와 같은 또는 비슷한 군의 상품을 하루에 얼마나 팔고 있는 지 궁금하신 적은 없으셨나요? 아래 순서로만 따라오세요. 그 궁금증을 해결해드립니다.(스마트스토어 예)

1 크롬 웹스토어에서 키워드도구 APP 추가하기

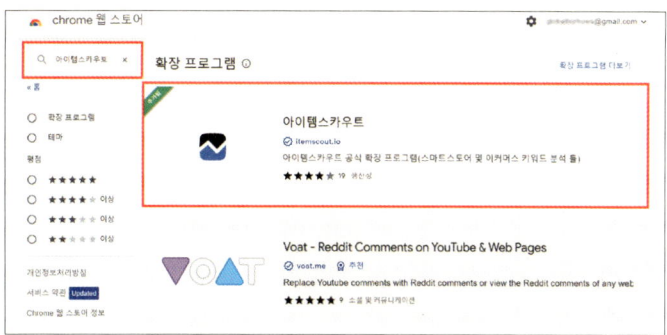

2 네이버쇼핑에서 아이템의 경쟁력 확인하기

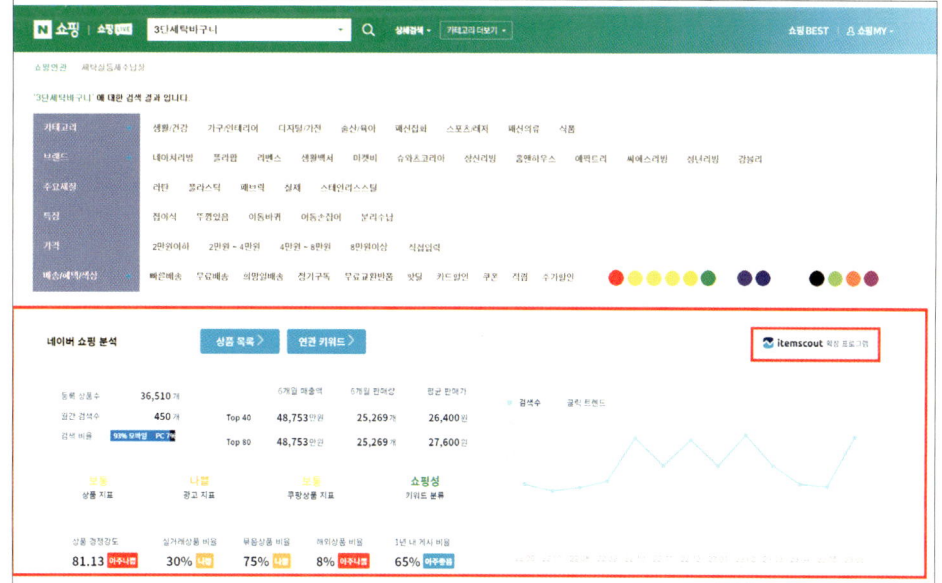

네이버쇼핑에서 아이템의 상품지표와 경쟁강도, 6개월 판매량과 매출액을 확인 할 수 있다. 또 해외상품의 비율과 아이템이 쇼핑성 키워드인지도 한번에 파악할 수 있다

3 상품페이지 상단에 자동 노출되는 키워드 툴 기능 활용하기

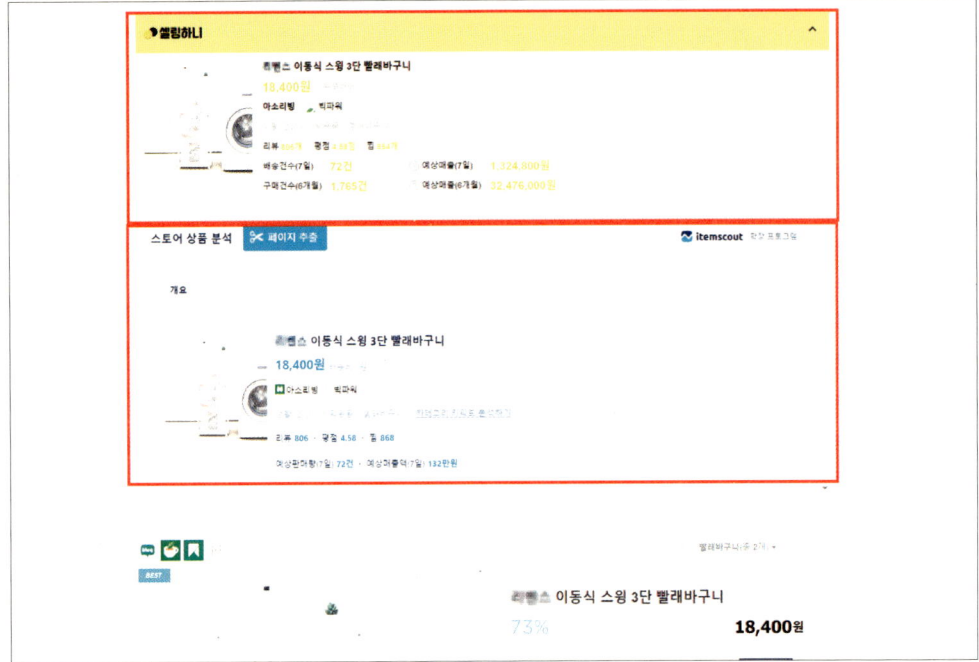

4 상품 키워드 툴로 리뷰와 평점, 찜을 확인하기

- 7일간의 예상 판매량과 매출액을 파악하고 내가 경쟁 할 수 있는 아이템인지 체크해본다
- 해외에서 들여오는 비용과 광고비,물건의 단가와 마진을 계산 해보고 극복 할 수 있는 아이템이면과감하게 소싱을 하고 경쟁사의 상품명과 태그,가격을 기록 해둔다
- 경쟁사를 정해야 목표가 생기게 되고 경쟁사 보다 하루에 한 개라도 더 판매하게 되면 자연스럽게 경쟁사 보다 상위에 내 상품이 노출이 된다고 보면 된다
- 그리고 경쟁사의 좋은 평점을 보고 벤치마킹하여 상세 페이지를 만들고 경쟁상품 리뷰를 나쁜 평점순으로 정렬해서 보고 경쟁 제품의 단점을 보완 할 수 있는 상품을 소싱한다

5 키워드 도구 없을 때 경쟁 상품 판매량을 확인하는 방법

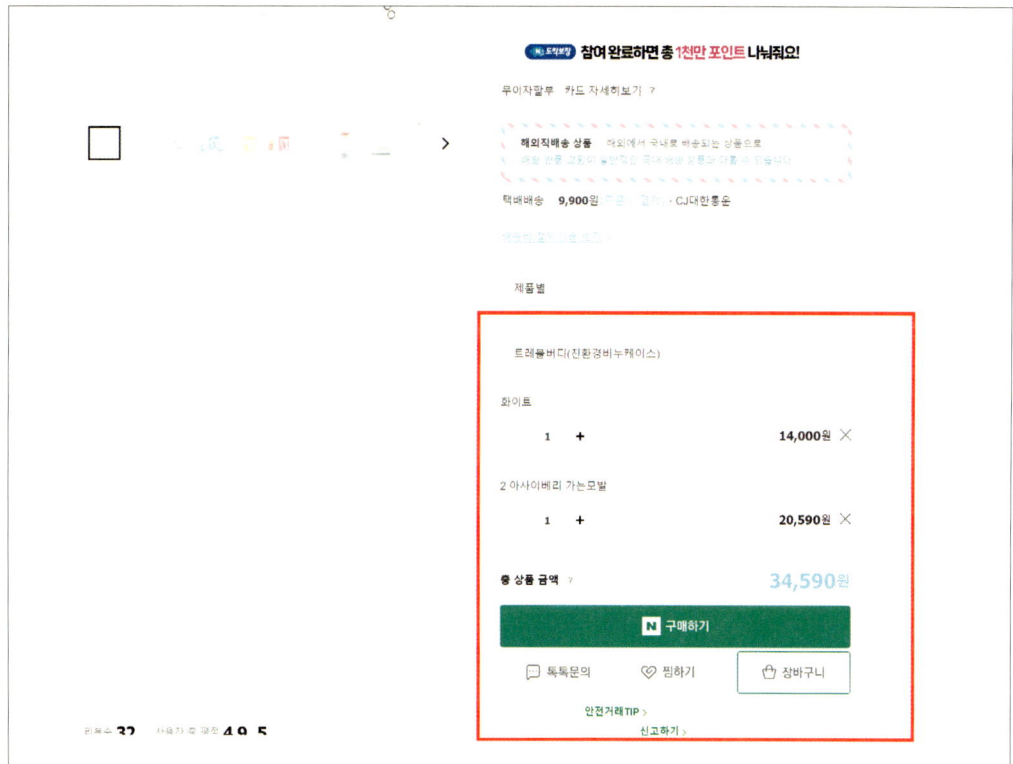

- 경쟁상품을 장바구니에 담고 결제할 때 오늘의 재고 수와, 같은 시간 내일의 재고 수의 차감정도를 확인하면 대개 일주일의 출고량으로도 도구를 쓰지 않고도 판매량을 추정할 수 있다.
- 주문하는 배송지를 제주도로 설정하고 보면 그림에서 보이는 배송기간이 %로 보이는 것을 개수로 전환된 숫자로 확인이 가능하다.

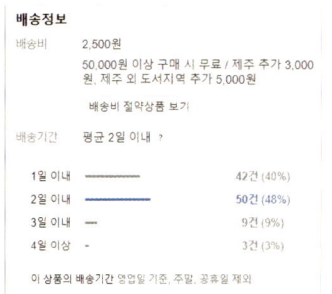

6 (1일 이내+2일 이내+3일 이내+4일 이내)/7 = 하루 판매량

(42건+50건+9건+3건)/7=하루 판매량 14.85개

⑧ 네이버 광고

네이버 광고에서 꼭 기억해야 할 5가지

❶ 네이버 페이 포인트 등 고객 혜택이 설정되어 있어야 한다.
❷ 네이버 추천 키워드에 키워드 중 내 상품명에 반영되어 있나 체크하자.
❸ 제외 키워드 중 연관도 낮은 키워드를 필터링한다.
❹ 쿠팡, 11번가 상품도 노출이 가능하다.
❺ 네이버 광고는 할수록 판매에 수렴된다.

⑨ 통계와 애널리틱스

■ 유입 도메인 확인 방법

- naver.com   네이버 통합 검색
- m.search.naver.com   네이버 모바일 검색
- m.ad.search.naver.com 네이버 모바일 검색 광고 더보기
- m.kin.naver.com   네이버 모바일 지식인 내부 링크
- m.blog.naver.com   네이버 모바일 블로그 링크
- tv. Naver.com   네이버 tv
- mail.naver.com   네이버 메일

구매 대행을 미리 잘 준비하고 창업하자(미팅, 모임, 교육)

여러분의 잠재력은 어디까지 인가요?

먼저 시작한 다른 사업자의 경험을 취하면 시행착오를 줄이고 성공의 확률이 크게 높아집니다. 실천이 중요하다는 말과 무작정 뛰어 들라는 말은 다른 뜻입니다. 사전에 충분한 준비를 하라는 뜻은 시간을 많이 투자하라는 의미보다 충분히 검토하라는 의미입니다.

다음 사업자들의 공통점은 준비가 잘된 상태에서 돌진하신 분들입니다. 실제 사례입니다.

- 투잡으로 창업 3개월 후 순익 250만 원 내고 1년 후 전업으로 전향하신 30대
- 구매 대행 외 사입으로 연간 9억의 안정적인 매출을 구현한 40대
- 병원 마케팅 담당에서 독립하여 구매 대행 사업을 시스템화 하는데 1년. 월 800만 원 순수익을 기록하신 20대 후반 분
- 구매 대행 창업 미국과 중국 아이템으로 3개월 만에 5천만 원 매출을 가뿐하게 넘기신 30대 분
  20대에 구매 대행 시작하여 3개월 후 매출 3500만 원을 달성한 20대 중반 분

배우기, 끈기!
여러분도 이 두 가지면 충분합니다!

> **판매왕들의 두 가지 특징**
>
> 항상 목표를 써 붙이고 일을 한다.
> 매일 일에 대한 기록을 해왔다.

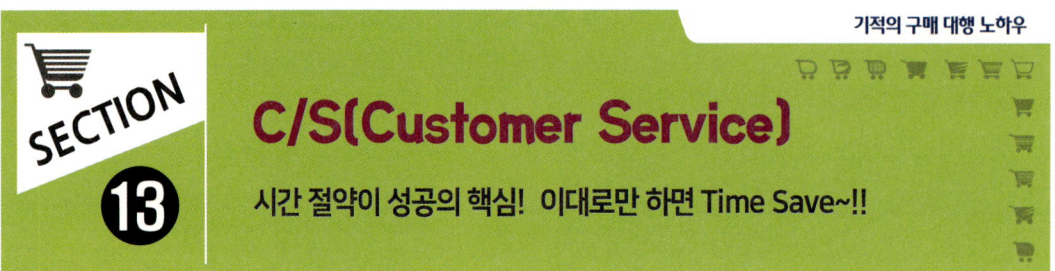

1 최소한의 준비물 ONE!

사입이나 구매 대행일 경우 쇼핑몰에 표준 약관을 비치하자!

우리가 자동차를 사거나 보험을 가입할 때에도 판매자의 약관에 의하는데 하물며 쇼핑몰 판매자가 아무런 준비 없이 온라인 장사를 한다는 것은 아무 준비 없이 장사를 하는 것과 같습니다.

해외 구매 대행 서비스 표준 약관

표준 약관 제10076호를 2016년 10월 14일에 제정하였으니 쇼핑몰을 운영하는 판매자는 반드시 구비하셔서 소비자와의 분쟁을 줄이도록 해야 합니다.
(참고 : 공정거래위원회 표준 약관 제10076호(2016. 10. 14. 제정) - 공정거래위원회

회사와 이용자 간의 권리, 의무, 책임 사항 및 절차 등을 규정함을 목적으로 하기 때문에 각자의 쇼핑몰에 이미지 파일로 배너를 만들거나 연결 링크를 마련하여 비치하면 분쟁에 대비하기에 좋습니다. 구매 대행 표준 약관을 조회하면 쉽게 구할 수 있습니다.

한국소비자원이나 공정거래위원회 등 소비자를 위하는 단체 혹은 기관은 많지만 판매자를 대변하는 공적인 기관은 거의 없습니다. 그래서 각 쇼핑몰 사업자는 약관을 구비하여 정의되지 않는 건들에 대해 미리 고지를 함으로서 권리를 보호받는 최소한의 장치를 마련해야 할 것입니다. 판매자는 FAQ나 사이트 이용 안내를 상세 페이지나 공지사항으로 미리 전시하기도 하지만 내용이 많고 해외 거래상 발생할 수 있는 수많은 케이스에 일일이 대응하기 곤란하므로 약관을 준비하여 사업자의 권익을 보호하는 장치는 그야말로 최소한의 방어막인 셈입니다.

물론 공정거래위원회와 한국소비자원에서 공시하는 법규가 우선이지만 **정의되지 않는 사항들에 대해서는 판매자의 약관이 매우 중요하게 적용됩니다.**

정부는 이러한 분쟁에 대비해서 국가에서 표준 약관을 제정하여 구매 대행 판매자에게 기본 약관을 권고하고 있으나 대부분의 사업자가 이를 잘 쓰지 않고 있는 것이 현실입니다. 우리 독자님들은 꼭 활용하세요^^

② 최소한의 준비물 TWO!

통상 마켓의 상세 페이지 상단이나 하단에 쇼핑 가이드나 주의 사항 등에 대해 눈에 띄게 기재를 합니다. 상단에는 마켓의 큰 특장점이나 개인 통관 고유 부호 안내와 같은 쇼핑의 핵심 가이드에 대한 문구를 기재하는 양식이 많으며 하단에는 반품, 교환 등의 내용이 대부분 기재되어 있습니다.

2.1 쇼핑 정책 가이드 예시

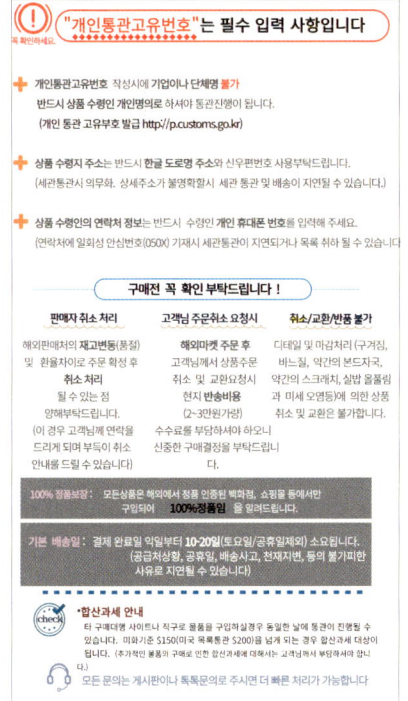

[예시: 상세 페이지 상단부 개인 통관고유번호 등에 관한 안내 사항 기재]

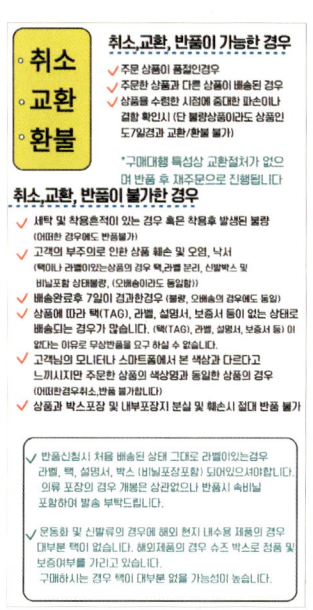

[예시: 하단부 취소, 교환, 반품 등에 관한 안내 사항 기재]

마켓마다 TXT or 이미지로 구성된 내용을 수동으로 일일이 등록하거나 이미지 호스팅 주소를 활용하여 전 마켓에 동일한 문구나 이미지를 손쉽게 표현하기도 합니다.

2.2 사이트 이용 안내에 표기되면 좋을 내용

아래 사항들을 스토어에 명시하여 고객과의 불필요한 마찰을 줄일 수 있도록 해야 합니다.

1) 개인 통관 고유 부호 요청

국내 상품과 다르게 해외 상품의 구매 시에는 수취인의 '개인 통관 고유 번호'가 꼭 필요합니다.
→ 관세청(unipass.customs.go.kr/csp/persIndex.do)에서 확인 가능합니다.

상품을 받는 주소는 **반드시 도로명 주소로 기재하여야 하며** 5자리 우편번호를 기재하게 하고, 또한 **물건을 수취하는 분의 '개인 통관 고유 번호'**이어야만 통관 시에 어려움이 없음을 알립니다.

2) 해외 상품의 지정일 배송 불가

해외 배송의 특성상 천재지변의 문제가 발생할 수 있으며 나라별 배송일 등을 특정 지울 수 없다는 것을 표기합니다.

3) 해외 물류센터에서 재포장 작업 가능 유무

배송비 절감은 구매 대행업을 하며 떼려야 뗄 수 없는 부분입니다. 가급적이면 불필요한 포장과 박스는 제거하고 규격에 맞는 최소 포장으로 출고한다는 내용.

4) 이미 출고 후 이동하고 있는 상품의 구매 취소 불가능 명시

상품을 구매 취소를 하면 교환 처리(반품, 교환 시 일부 비용 발생)를 할 수 있습니다. 하지만 나라별 배송 기간이 상이하고 각 마켓마다 반품, 교환 날짜가 모두 상이하여 배송된 이후에 바로 취소가 어려운 경우가 종종 발생합니다. 이와 같은 내용도 알기 쉽게 표기합니다.

5) 반품 및 교환 불가능한 경우

고객 사용 부주의로 물품 가치가 훼손된 경우나 상품 택(tag)이나 증명서 등을 분리하거나 제거 또는 훼손한 경우에는 반품, 교환이 불가하다는 내용도 분명하게 표현합니다.

요약!

> 상세 페이지에 넣어야 할 체크 포인트
> ❶ 개인 통관 고유 부호
> ❷ 해외 상품의 지정일 배송 불가 명시
> ❸ 해외 물류센터에서 재포장 작업 가능 유무
> ❹ 이미 출고 후 이동하고 있는 상품의 구매 취소에 대한 내용 명시
> ❺ 반품 및 교환에 대한 정책

Section 13 C/S

③ 최소한의 준비물 THREE! FAQ

꼭 체크하고 넘어가야 할 부분! 우리만 알고 가실 까요~!!

1) 배송비와 관·부가세 부담 주체에 대한 내용

배송 대행지에서 무게를 측정할 때에 부피 무게까지 고려하여 측정하게 됩니다. 즉 같은 무게 라도 부피에 따라 배송비가 상이할 수 있게 됩니다.
관·부가세의 경우에 고객에게 편리를 제공하기 위해서 판매자가 판매 금액에 관·부가세를 합하여 상품을 판매하는 경우가 있습니다. 이때 명확하게 비용 부담 주체를 확실하게 하면 분쟁이 일어나지 않습니다.

2) 사이즈 문의에 답변으로 인한 책임 구분

한국과 기타 해외 나라별 사이즈는 상이할 수밖에 없습니다. 더군다나 재고를 갖고 사업하는 것이 아니기 때문에 실측 사이즈는 해외 판매 사이트 정보에 의존할 수밖에 없습니다. 해외 직구족들은 이미 그 상품에 대해 많은 정보를 가지고 구매를 하기 위해서 내 스토어에 방문하였을 확률이 많습니다. 그럼에도 불구하고 고객들은 판매자가 안내하는 사이즈를 보증해 달라는 요청을 하곤 하는데요. 사이즈에 대한 판매자의 답변은 해외 직구의 경험이나 해외 사이트에 정보를 보고 안내하는 것뿐이며 고객 마다 다른 신체 사이즈에 판매 상품이 정확하게 안내될 수 없다는 점을 미리 고지해야 합니다.

3) 송장 번호에 대한 예상 답변

Tip! 판매량이 많아지면서 물품 주문, 고객 응대, 아이템 발굴 등 앞으로 할 일들은 많아집니다. 조금이라도 시간을 줄여 가는 것이 성공의 핵심입니다. 배송 대행지를 이용할 때에 국내 송장 번호가 바로 나오는 곳을 활용하면 시간을 훨씬 더 절약할 수 있습니다. - 마켓 운영 챕터 참조

4) 반품에 대한 책임 문제

사실 반품의 이슈가 발생될 때에 머리가 아파집니다. 배송 대행지에 도착 전 물품의 경우에는 해외 판매 사이트의 반품 기한만 넘지 않으면 반품 비용을 지불하여 반품하면 됩니다. 문제는

국내에 물건이 도착한 후에 반품하는 건입니다. 판매자의 귀책사유로 인한 반품은 마땅히 진행될 수 있는 부분이지만 고객의 실수로 인한 반품 문제는 고객이 반품 비용을 지불하여 진행되어야 합니다. 이 또한 판매 사이트의 반품 기한이 넘어가면 불가능하게 됩니다. 이를 미리 고지해서 불필요한 갈등을 만들지 않는 것이 중요합니다.

5) 모니터 상의 상품 명도와 채도의 한계 문제

모든 사람들의 모니터 채도가 다르기 때문에 발생될 수 있는 이슈입니다. 미리 이 부분에 대해 정확히 기재하여 분쟁을 대비하는 것이 좋습니다.

6) 다양한 예시 모음

예시를 보며 함께 디테일 하게 알아볼게요!

다음은 FAQ 예시입니다

> 최근 많은 고객님의 저희 OOO마켓 방문에 진심으로 감사의 인사를 드립니다.
> 일반적인 사항은 이용 안내를 참조해 주시기 바라며 자주 문의하는 다음의 핵심 FAQ는 주문 전에 미리 확인하셔서 좀 더 편리하게 쇼핑하시기 바랍니다.

예시 1) 배송비와 관·부가세 부담 주체에 대한 내용

Q 기본 배송비 외에 추가 배송비가 드는 경우가 있나요?

A 일반적인 의류, 운동화 등은 기본 배송비로 충분하지만 특정 브랜드(예시: 샘소나이트) 가방류나 하드케이스 캐리어, 프레임이 내장된 스노보드 백, 자전거, 골프백 등 대형 포장의 제품들은 실 무게와는 별도로 부피를 크게 포장할 수밖에 없습니다.
이러한 상품들은 부피 무게가 적용되어 추가 배송비를 항공사에 납부해야 선적이 가능합니다. 주문 전에 상세 페이지에 노출되어 있는 N 톡(예시: 스마트스토어 톡톡 문의)이나 전화로 미리 확인하시고 결제하여 주시기 바랍니다.

Q 상품에 관, 부가세가 포함되어 있나요?

A 기본적으로 모든 상품의 세금은 구매자 부담입니다. 본 스토어는 관·부가세로 어떠한 이익을 취하지 않으며 관세청에서 부과하는 세금에 일절 관여하지 않습니다.
기본적으로 150달러 이하(예외: 미국의 경우 배송료 포함 200달러 이하)의 목록 통관 상품들은 관·부가세가 없습니다. 그러나 수량에 관계없이 2oz(60ml)를 초과하는 향수는 관·부가세 대상이며 일부 기능성 화장품이나 2oz(60ml) 이하의 향수라도 금액이 200달러 이상이면 과세 대상이 됩니다.

200달러가 넘는 과세 대상 상품과 일반 통관 대상의 상품이라 해도 진열 상품마다 일일이 관·부가세의 별도 유무를 가격에 표기하지 않으며 이를 이유로 관, 부가세를 판매자 부담으로 요구하실 수 없습니다.

모든 해외 직구 상품의 관·부가세는 구매자 부담입니다. 보석이나 고가의 시계, 기타 상품의 관·부가세 부과 기준과 관세 부담 여부는 고객 센터에 미리 확인하여 꼼꼼하게 체크 한 후 주문하여 주시기 바랍니다.

예시 2) 사이즈 문의에 대한 답변으로 인한 책임 구분 문제

Q 기재된 사이즈가 확실한가요?

A 구매 대행 사업 특성상 재고를 보유하지 않으므로 사이즈나 기타 상품 문의 시 일반적인 해외 구매 사례와 공식 홈페이지에 공지된 정보로 답변을 드립니다. 상품의 디테일이나 사이즈를 보장해 달라는 요청은 수용하기 곤란한 점 양해하여 주시기 바랍니다.

첨부된 사이즈 조견표는 주문하는 상품의 실제 사이즈를 보장해 드린다는 의미가 아닙니다. 고객님이 주문하려는 상품의 디테일을 해외 사이트에서 확인하신 후 주문하시는 것을 권합니다. 구매할 각 상품의 퀄리티나 디테일을 보증하지 않으며 수 천 개의 해외 판매회사의 신용 또한 보증할 수 없다는 점 양지하시고 스토어를 이용해 주시면 감사하겠습니다.

예시 3) 송장 번호에 대한 예상 답변

Q 주문 후 송장 번호로 조회가 안 되는데요?

A 저희 마켓에 주문하시면 해외 사이트에 주문 1~3일 후 트래킹 번호를 받는 경우가 많으므로 판매자가 트래킹 번호를 네이버 상태 창에 기재하기 전까지는 고객이 볼 때 아무 반응이 없는 상태로 있거나, 발송 지연 안내만 받게 되어 주문이 과연 제대로 진행되고 있는지 몇 일간 불안해하는 고객 분들이 가끔 계십니다.

그래서 일단 해외 주문과 결제가 이루어진 후 배대지에 신청서를 접수하게 되면, 그 상품이 나중에 국내로 통관되어 배송이 시작될 때 고객님이 조회하실 국내 우체국 택배(혹은 국내 타 택배) 송장 번호를 미리 알려드려 안심하실 수 있도록 선제적으로 조치하고 있습니다. 따라서 해외에서 이동 중인 상품을 국내 택배 송장 번호로 조회하면 당연히 조회가 되지 않습니다.

물론 미국(영국) 내에서 도시 간 이동 중인 상품의 배송 진행 상황도 실시간 체크하고 싶다면 고객 센터에 문의하시면 미국의 트래킹 번호를 바로 확인하여 알려드립니다.

예시 4) 반품에 대한 책임 문제

Q 이 상품 반품하고 싶어요.

A 저희 마켓에서 구매 후 반품 시 스토어 운영자나 물류센터 과실일 경우 마땅히 100% 무료 반품이 됩니다. 그러나 고객님의 단순 변심이나 고객님의 오 주문 건은 무료 반품이 어렵습니다. 그럼에도 불구하고 꼭 반품하실 경우 스토어에서 친절히 도와드립니다. 반품하실 물건의 반송은 고객께서 스토어에서 안내하는 장소로 보내시며 해외 반품에 따른 비용과 제 수수료는 고객께서 부담하게 되므로 신중하게 주문하시기 바랍니다.
반품 및 교환은 스토어 판매자의 승인이 필요하며 해외 판매사의 반품 규정에 따라 진행이 됩니다. 단순 변심과 고객의 오 주문에 따른 반품 시 소요되는 반품 배송비와 배대지 수수료, 해외 마켓의 반품 수수료는 구매자의 부담이며 해외 판매자의 반품과 리펀드 완료 후 고객님께 비로소 환불됩니다.

Q 반품의 피해를 막는 장치는 있나요?

A 반품의 피해를 최소화하기 위해 현지의 물류센터 검수팀에서 주문품을 받았을 때 오염이나 훼손, 사이즈나 모델, 색상 등이 잘못 배송 되지 않았는지 정밀하게 체크하며 주문과 다르거나 훼손된 경우 사진을 찍어 신속하게 피드백 해 드립니다.

예시 5) 모니터 상의 상품 명도와 채도의 한계 문제

Q 내가 주문한 상품과 일치하지 않아요.

A 구매를 위임받아 주문하는 구매 대행 사업자가 잘못 주문할 경우(레드를 화이트로 배송하는 예 등)에는 마땅히 구매 대행 사업자가 책임을 집니다. 그러나 상품의 옵션 중 색상이 달라 반품을 요청하실 때, '색상이 다르다는 기준'은 상품 진열 시 각각 다른 색이나 다른 디자인으로 옵션이 구성이 되어 있을 경우 유사 색상, 유사 디자인으로 인한 반품은 인정되지 않습니다.
예를 들어 '선택 옵션에 레드, 블루, 카키, 블랙이 선택 옵션 일 경우, 구입하신 카키 색상이 그린 계열의 카키색인 줄 알고 구매했는데 그레이 계열의 카키여서 반품하겠다.' 같은 경우는 반품이 인정되지 않습니다.
해외 판매자가 블랙 카키, 그레이 카키, 그린 카키 등 여러 가지 카키 옵션을 진열했는데 잘못된 카키색을 받으신 경우는 레드를 주문했을 때 블루가 도착한 것과 동일한 업무 착오로 인정되나 카키 옵션이 한 종류 밖에 진열되지 않았는데 모니터 색상의 명도와 채도를 문제 삼아 리턴을 요청하는 것은 수용할 수 없다는 뜻입니다. 이는 디자인 옵션도 마찬가지로 적용됩니다. 고객님이 주문을 한다는 것은 본 스토어의 약관을 인정하는 것으로 간주합니다.

예시 6) 통관 불가 상품에 대한 안내

Q 세관 통관에 대해 알고 있어야 할 내용이 있나요?

A 세관 통관 시 스프레이류, 무기, 화약 제품 등 관세청 고시, 통관 불가로 지정된 물품들은 세관 통관이 어렵습니다. 간혹 적발되지 않고 통관되거나 관·부가세 대상인데도 세금 없이 통관되었던 사례가 있다 해서 통관이 가능한 품목으로 판단하여 통관을 당연시 하거나 세관에 통관 검사 중 적발되어 압류 당하는 물품에 대한 책임을 저희 스토어에 물으실 경우 이에 응할 수 없음을 양지하여 주시기 바랍니다.

7) 기타 상황 별 알아 두면 좋은 현장의 꿀 팁 방출!

상황 1. 연락이 닿지 않는 고객께 구매 취소 내용을 전달할 때

안녕하세요? OOO 고객님
여러 차례 통화 연결되지 않아 부득이 메시지로 전달 드립니다.
안타깝게도 주문하신 상품의 해외 주문이 승인되지 않고 취소되어 돌아왔습니다.
미국 마켓의 최저가 판매자는 더 이상 이 상품을 판매하지 않아 진열을 내렸고, 세컨드 최저가의 판매자(+21,000)가 신규 진열한 것으로 확인됩니다. 보름 사이에 64달러가 인상된 것이 확인되며 수요가 많아지는 9~10월까지 지속적으로 가격이 인상될 것으로 예상됩니다.
해외에서 물건을 구매할 수 없을 경우 규정에 따라 고객님의 결제액이 묶여 있지 않도록 즉시 구매 취소 및 환불 처리해드립니다. 같은 조건의 상품 정보가 다시 들어오면 문자 드리겠습니다.
감사합니다.

상황 2. 고객의 요청을 일방적으로 들어주는 판매 사이트 분쟁 조정 요청 답변
여러 마켓의 안전 거래 관리팀에게 대응할 기본 템플릿 내용

조정에 수고 많으십니다.
이 건은 구매자 분이 해외 구매 대행 경험이 없으신 것 같아 OOO 고객님께 여러 차례 상세하게 설명을 드렸었던 기억이 납니다.

판매자의 설명을 듣지 않으시고 무조건 판매자 부담으로 반품을 요구하신 건입니다.
그런데 네이버에서는 판매자의 소명을 듣지도 않으시고 무상 환불 처리해야 한다고 결론을 내리신 건가요? 고객님이 반품을 요청하셨을 때는 이미 국내에 물건이 들어와서 세관 통관이 된 시점인데 무조건 도로 가지고 가라 하시면 어떻게 처리할 수 있을까요?

한국에 들어온 상품을 고객이 변심으로 수령 거부하면서 판매자 부담으로 반품 요구를 하면 구매 대행 판매자는 부당하다고 생각하는 것이 당연하다고 봅니다. 해외 직구 상품이 한국에 들어와서 세관 통관이나 국내 배송 중에는 반품이 어려우며 반품 요청은 한국에 들어오기 전에 요청하거나 한국에 오면 일단 받으시고 리턴 요청해야 합니다.

물론 물건을 받으시고 구매자 부담으로 반품 요청을 하면 당연히 성심성의껏 도와드리죠. 구매자 분께서는 발송과 출고의 개념이 정확하지 않으신 것 같습니다. 발송은 해외 판매자가 벌써 한 것이고 배대지에서 한국으로 내보내는 것이 출고인데 발송은 당연히 논란이 되던 시점에는 이미 진행된 상황이고 출고 시기 안내는 통상의 배송 패턴대로 안내하지, 정확하게 날짜를 못 박아서 절대 미리 장담하지 않습니다. 출고 후 배대지와 포워딩 업체, 항공사, 통관, 국내 배송 등이 진행되는 일련의 과정들에 어떤 지연 변수가 생길지 모르기 때문입니다.

대부분의 구매 대행 사업자는 보통 항공 출발을 하면 2~3 영업일 내에, 배대지에서 출고하면 3~4 영업일 내에 받게 되는 것이 보통이라고만 안내 드리고 있습니다.
고객님께서는 이 부분을 약속 위반이라고 이해하는 것 같습니다.
이 물건은 우선 출고 요청이 배대지에 5월 24일(예시) 접수되어 3 영업일 내인 28일 한국 인천 공항에 도착한 물건입니다. 고객님이 반품을 요청하던 5월 30일에는 이미 통관이 끝나고 고객님의 집 근처 물류지인 안양까지 도착한 상품이라 반품할 수 없다고 말씀드렸는데도 불구하고 무조건 갖고 가라고 하셨습니다. 따라서 이 상품에 대한 판매자 부담 반품은 매우 부당한 것입니다.

상품 하나 판매하여 소액을 벌고자 하는 자영업자들이 이런 리턴까지 책임져야 한다면 도저히 사업이 진행될 수 없습니다. 최근 구매자 분들은 갖가지 다른 케이스에서도 모두 판매자가 책임지라고 합니다. 구매자는 보호해 주는 기관이 많지만 판매자들의 권익을 보호해 주는데가 없어 슬픈 현실입니다. 날이 갈수록 억지 고객님들은 늘어나고 OOO 안전 거래팀 분쟁 조정 측에서는 필터링은 고사하고 구매자 편에서만 일을 하니 많이 힘이 듭니다.

저희가 믿을 곳은 판매 사이트(예: 네이버)밖에 없는데 판매자의 의견을 듣기도 전에 먼저 결론 내리고 보상해야 할 것 같다고 연락 주시다니 수용하기 어렵습니다.
부디 구매자 분을 잘 설득해 주시기 부탁드립니다. 지금 이 물건을 반품하라는 것은 판매자가 이 물건을 자비로 구매하라는 뜻과 같습니다. 반품이 어렵습니다.
감사합니다.

상황 3. 배송 현황 문의 답변(입고)

안녕하세요? 고객님

고객님의 물건은 정상적으로 이동되고 있습니다. 주문하신 상품은 뉴저지 물류센터까지 안전하게 도착하여 상품 검수 중입니다. 검수가 끝나면 한국으로 출고하게 되는데 출고 후 통상 3~4영업일 내에 받습니다. 불확실한 구간은 다 지났으니 이제 기다리시기만 하면 됩니다. 다음 주 24일 내외에 받으실 수 있을 것으로 예상됩니다.

일단 한국 인천공항에 들어오면 통관 과정까지 보실 수 있는데 검색 창에 관세청 전자 통관 시스템 조회하셔서 HL 오른쪽 칸에 번호를 입력하셔서 보시면 됩니다. 세관 통관 후에는 이미 알려드린 국내(예: 우체국 택배) 송장 번호로 국내 배송을 조회하면 됩니다.
참고적으로 한국 해외 직구 일반 배송 물량의 대다수는 국내의 로켓 배송과 달리 일주일(휴일 제외)~20영업일 사이에 들어온다고 보고되고 있습니다. 고객님의 상품이 늦는 것은 아니니 안심하시고 기다려 주세요.
고맙습니다.

상황 4. 배송 상황 안내(출고 후)

안녕하세요? OOO를 이용해 주서서 진심으로 감사드립니다. 고객님의 물건은 예상보다 다소 빨리 움직이고 있습니다.

고객님의 상품은 현재 뉴저지 물류센터(배대지)에 안전하게 도착하여 주문한 대로 왔는지 상품 검수를 끝내고 한국 행 항공 선적을 위해 오늘 출고되었습니다.
직구를 많이 해보셔서 잘 아시겠지만 쇼핑몰들의 과장 광고와는 달리 엑스퍼디트 배송을 제외하고 일반 배송 상품들의 실제 배송일은 미국의 경우 약 10 영업일(휴일 제외)~20 영업일(블랙프라이데이 예외), 중국의 경우 3 영업일~14 영업일 사이에 직구 물량의 90%가 들어옵니다 (고객님의 상품은 현재 만 7영업일 경과)

송장 번호에 대한 안내는 FAQ에 미리 공시한 내용을 참조 바랍니다.
고객님의 주문하신 물건을 해외에 주문하면 트레킹 번호가 1~3일 후에 나오므로 고객님들의 상태 창에 전혀 변화가 없으니 내 주문이 과연 진행되고 있는지 불안해하는 분들이 많아 일이 정상적으로 잘 진행되고 있음을 알려 드리기 위해, 나중에 한국에 들어와서 통관 후 국내 배송 시 조회할 국내 택배(예: 우체국 택배) 송장 번호를 미리 알려드리고 있습니다.

우체국 택배 송장 번호는 가상 번호가 아니라 실제로 한국에서 배송 시 조회하게 될 유효한 번호입니다. 출고 후 통상 3~4 영업일 내에 받으시게 되나 연휴 국내 택배사들 휴무로 물량이 적체될 가능성은 약간 감안해 주시면 좋겠습니다.

한국으로 운송되어 들어오면 검색 창에 관세청 유니패스를 검색하셔서 HL 오른쪽 창에 아래 PUS 번호를 넣고 조회하면 세관 통관 과정까지 보실 수 있습니다.

세관 통관되면 대부분 이틀 내에 받습니다. 거의 다 왔으니 조금만 기다려 주세요.
감사합니다.

상황 5. 정품 문의 답변

안녕하세요? OOO 고객님, 문의하신 정품 여부에 대한 답변을 드립니다.
저희 마켓은 미국의 백화점과 브랜드 공식 홈페이지, 그리고 아마존 Prime, 중국의 Tmall 상품 위주로 상품이 진열되고 있으며 그동안 수많은 구매를 하면서 정품임을 한 번도 의심해 본 적 없이 거래하고 있습니다.

그러나 미국 백화점과 미국의 브랜드 공식 홈페이지, 아마존 프라임 상품이 정품인지를 확인할 방법은 없습니다.(예: 랄프로렌 공홈에 가품이 진열되었을 경우 이를 걸러 내는 필터링 작업이 불가합니다.) 즉, 우리나라의 백화점보다 상품 검수가 훨씬 까다롭고 규모도 국내 백화점의 몇 배나 되는 큰 마켓들이지만 백화점이나 브랜드 공식 홈페이지, 아마존 프라임 팀의 검수에 적발되지 않은 가품이 있다고 해도 이를 제어할 방법은 없습니다.

단, 저희 마켓 개설 후 ×년 간 정품 여부로 단 한 번도 문제된 적은 없습니다. 마켓의 상품 진열은 고객의 선택에 이해를 돕기 위해 진열하는 것이며 만약 고객님이 정품임을 확신하는 상품의 URL을 갖고 계시다면 저희가 신속, 정확하게 구매 대행해 드리겠습니다.
구매 대행 의뢰 고객님 중 추첨을 통해 매월 5분께 푸짐한 선물을 보내 드립니다. 다시 한 번 저희 마켓을 찾아 주셔서 감사드립니다.
감사합니다.

상황 6. 배송 기일 오해 해명

해외 직구를 많이 해보셔서 잘 아시겠지만 국내 쇼핑몰들의 과장 광고와는 달리 일부 특별히 빠른 배송 상품이 아닌 한국의 해외 직구 일반 배송 물량의 90퍼센트는 8 영업일(휴일 제외)~20 영업일(블랙프라이데이 예외) 사이에 들어옵니다. 또한 많이들 오해하는 부분 중에 하나가 같은 상품이 한국 내 여러 쇼핑몰에 진열되어 있을 경우 저희 같은 해외 직구 쇼핑몰 중 고객님이 어디에 주문하느냐에 따라 배송 기일이 많이 달라질 거라는 생각하는 분들이 의외로 많습니다.

해외의 상품은 마진과 해외 판매자의 배송 상황에 맞게 수천만 개의 상품마다 이미 배송 기일이 다르게 설정되어 있으며 수많은 다른 배송 기일 상품들 중에 고객님 들이 특정 상품을 선택하는 것입니다. 그래서 해외 직구 결제 전에 배송 예정일을 미리 문의 주시는 것입니다.

즉, 해외에서 공급받는 곳이 같은 상품은 한국의 어떤 쇼핑몰에 전시되어 있어도 사실상 배송 기일이 비슷하다는 뜻입니다. 참고가 되셨길 바랍니다. 감사합니다.

상황 7. 발송 직후 문의 답변

안녕하세요? OOO고객님! 저희 OOO마켓을 찾아 주셔서 감사드립니다.
국내 해외 직구몰의 주문품들은 90% 이상이 8~20 영업일이 소요됩니다.(※ 아직도 한국의 지마켓 배송 기일과 비슷하다고 착각하는 분이 많음. 반복해서 보수적으로 안내합니다.)
출고와 선적, 통관은 선입선출로 처리되며 현지 마켓, 배대지, 세관 통관, 택배사 지연 등의 이슈가 생길 경우 순연될 가능성이 있습니다. 좁은 한국과 달리 미국 판매 회사에서 현지 물류센터까지의 육로 배송은 시간이 많이 걸리기 때문에 국내 로켓 배송에 익숙한 고객님 들은 조바심을 내시지만, 사실 배송 기간은 한국 판매자 보다 미국 판매사의 배송 정책과 물류센터의 작업 속도에 따라 전체 배송 기일이 좌우됩니다.

해외 트레킹 번호가 나오기 전까지, 고객님이 주문하신 상품의 배송 정보가 저희 마켓의 상태창에서 별 변동이 없어서 제대로 잘 진행이 되기는 하는 건지 불안해하시는 분들이 많으므로, 저희 마켓은 해외에 주문 후 즉시 국내 송장 번호를 먼저 알려드려서 물건이 정상적으로 움직이고 있음을 알려 드리고 있습니다.

즉, 나중에 한국 세관 통관 후 조회하게 될 유효한 우체국 송장 번호를 미리 알려 드리는 것입니다.(FAQ 참조) 따라서 미국에서 배송 중인 상품을 한국 우체국 택배 송장 번호로 조회하면 당연히 조회가 안 됩니다. 만약, 미국의 배송 상황까지 궁금하시면 문의시 미국 트레킹 번호를 알려드립니다. 미국내 도시들을 경유하여 배대지에 입고되면 상품을 검수하고 바로 한국으로 출고합니다. 통상 물류센터에서 한국으로 출고 후 3일이면 받으실 수 있습니다. 송장 조회는 한국 세관 통관 후 가능합니다. 조금만 더 기다려 주시면 감사하겠습니다. 배송에 만전을 기하겠습니다.
감사합니다.

요약!

> 여러 상황들에 대해서 미리 문구를 만들어 놓으시면 상품 판매를 하면서 동시에 처리하는 시간을 줄일 수 있어요! 그리고 위에 예에서 보시듯 비슷한 내용이 반복적으로 쓰여 지고 있고 미리 템플릿에 저장되어 있기 때문에 약간씩만 수정하셔서 고객 응대에 쓰시면 됩니다. 사실 직접 부딪히면서 알게 되는 부분들이 더 많기 때문에 스스로 경험을 쌓아 가며 자신만의 노하우를 만들어 가시길 바랍니다~!

SEO(Search Engine Optimization)

효과적인 상품 노출 방법

1 검색 엔진 최적화(SEO : Search Engine Optimization)

온라인 판매의 핵심은 결국 고객에게 상품들을 많이, 잘 노출하는 작업의 연속입니다. 이를 실현하기 위해선 셀러들에게 필수 항목인 검색 엔진의 최적화가(SEO) 반드시 필요합니다.

상품의 단순 등록 후 SNS 유입 마케팅 기법이 '일시적이고 휘발성이 큰 방법이라면 SEO 검색 엔진 최적화는 좀 더 항구적인' 마케팅 기법입니다.

이것을 모르고 상품만 죽어라 리스팅만 한다면 많은 시간과 에너지를 소모하게 됩니다. 이렇게 SEO 하나씩 준비해 나아가는 과정이 나를 전문 낚시꾼으로, 더 나아가 고객을 낚는 어부가 되게 해주는 무기를 갖게 되는 셈이지요.

예를 들어 같은 검색 엔진이라도 네이버와 아마존A9 검색 엔진은 그 알고리즘의 기준이 다릅니다. 네이버가 지금도 아마존과 구글의 검색 엔진을 벤치마킹하면서 성장하고 있지만 상품의 노출을 좌우할 기준을 어디에 포커스를 맞추고 있는가 하는 점에서 좀 차이가 있습니다.

- 네이버 알고리즘 : 인기도 – 적합도 – 신뢰도
- 아마존 A9 알고리즘 : 전환율 – 연관성 – 고객 만족과 유지

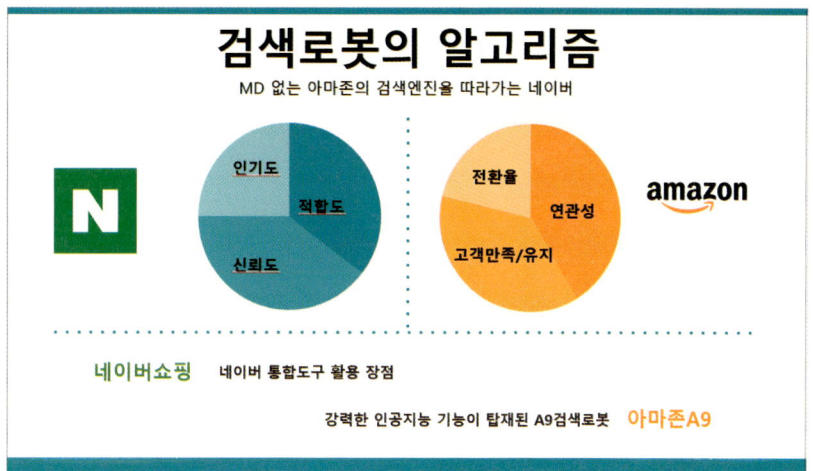

이번 파트에서는 수많은 SEO 작업 중 한정된 시간 내에 어떤 SEO 작업을 하는 것이 효과적인지부터 살펴보았어요. 가장 기초적이면서도 핵심적인 것들만 준비해 보았습니다.

자! 형광펜을 준비하세요!

2 네이버 SEO vs 구글 SEO

한국에서 많은 판매자가 즐겨 사용하고 있는 대표적 검색 엔진은 네이버와 구글입니다. 현명한 셀러들은 이 두개의 검색 엔진에 의해 적용되는 SEO의 개념과 중요성을 익히 잘 알기 때문에 많은 시간을 할애하고 투자합니다.

구글 SEO는 웹사이트의 상위 노출을 위한 기술을 내포하고 있습니다. 이를 네이버가 아래와 같이 따라가고 있지요.

- 2013년 긴 문장, 음성 검색, 구어체 반영
- 2015년 체류 시간 기준 도입과 경험치 누적 반영
- 2018년 2월 22일 '네이버 검색의 구글화' 발표 후 '웹사이트 노출' 단행

하지만 이렇다고 해서 네이버 SEO와 구글 SEO가 동일한 건 아닙니다. 최근에 네이버는 'VIEW'를 통해 구글과 차별화된 서비스를 독자적으로 제공하기도 하니까요.

그렇다면 초보 셀러 입장에서 한정된 시간에 네이버와 구글 중 어느 쪽에 중점을 두고 SEO 작업을 해야 할까요? 물론 다 하면 좋죠^^

한국에서 스마트스토어에 판매하는 셀러라면 네이버 SEO에 중점으로 두고 네이버 쇼핑에 상품을 상위에 노출하도록 최적화할 것을 권장합니다. 유입 랭킹을 확인할 수 있는 오픈 애즈 같은 툴을 참고해서 유입 랭킹을 체크해 보면 알 수 있듯이 네이버가 구글보다 월등이 높은 유입 수를 보여주기 때문에 SEO 작업의 노력에 비해 효율이 좋은 쪽을 하나라도 더 하는게 유리하기 때문이지요.

오픈 애즈란? 내 마켓에 들어오는 유입 출처를 랭킹화 하고 마케팅 정보 수집, 선별하는 사이트

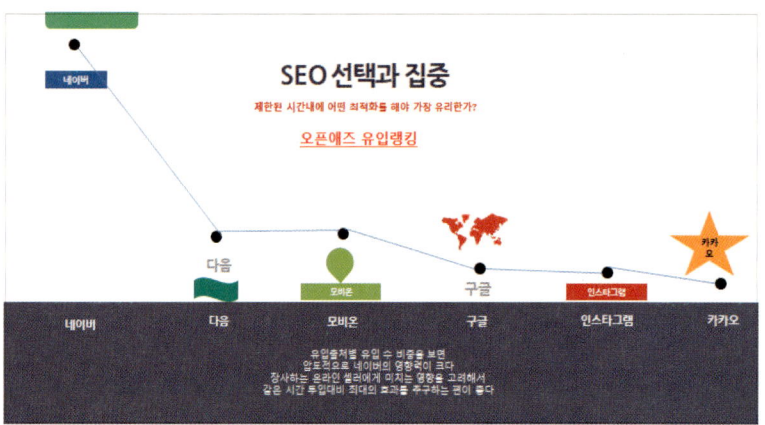

③ 네이버 SEO와 상위 노출

전 세계 유저들은 구글, 빙, 야후 등 다양한 검색 엔진을 사용하고 있는데요. 이 중에서도 구글 검색 엔진은 전 세계 80%의 점유율을 차지할 만큼 많은 유저들이 사용 중입니다. 우리나라의 경우 검색 엔진 시장은 네이버 60%, 구글 30% 다음 5% 순으로 이용하고 있습니다.

현재까지는 네이버의 검색 엔진이 국내 검색 엔진 시장의 가장 높은 점유율을 차지하고 있습니다. 구글과 네이버는 같은 검색 엔진이지만, 플랫폼 특성이 완전히 다르기 때문에 접근을 다르게 해야 합니다. 네이버는 제목과 내용에 검색 '키워드'가 얼마나 일치하는지가 중요하고, 작성 일자도 중요합니다. 띄어쓰기와 검색어에 조사 하나만 달라도 검색 결과가 다르게 검색되죠. 검색어와 키워드가 일치하더라도, 시간이 지나면 순위는 밑으로 내려갑니다. 이런 검색 로직의 특징을 갖고 있는 것이 네이버 검색 로봇입니다.

그리고 꼭 이해해야만 하는 검색 엔진의 로직이 있습니다.
즉, 네이버 서치 알고리즘에 반영되는 4대 Element가 있습니다.

❶ TXT : 키워드가 얼마나 검색 엔진이 읽어 갈 수 있게 잘 세팅 되었는가?
❷ IMG : 이미지가 검색 엔진의 기준에 부합하게 설정되었는가?
❸ 동영상 : 동영상이 필요한 부분에 잘 설명되고 있는가?
❹ 마켓 퍼포먼스 점수 : 마켓의 실적과 고객 혜택, 고객 반응(리뷰)의 정보를 검색 엔진에게 제공하여 지수화되고 상품의 랭킹이 산정됩니다.

이런 네이버도 웹 문서 영역의 검색 로직은 구글처럼 새로 작성한 콘텐츠의 주제와 연관된 키워드를 복합적으로 활용하여, 연관성에 의해 검색어가 제목과 일치하지 않더라도 주제의 정확도에 따라 순위를 배정하고 있습니다.
그래서 이제 네이버 웹 문서 영역의 상위 노출 SEO를 위해 의미 있는 몇몇 방법을 알아보려고 합니다. 네이버 웹 문서 상위 노출 SEO를 통해 아무도 찾지 않는 무인도 같은 사이트에서 탈출하기 위한 방법을 소개합니다.

1) 무조건 '네이버 웹 마스터 도구'에 등록하기

네이버 웹 마스터 도구는 네이버 검색 로봇이 내 사이트를 방문할 수 있도록 하는 내비게이션이며, 검색 로봇이 사이트의 정보를 수집하는 데 어려움이 없는지 체크하는 진단 도구이기도 합니다. 네이버 검색 로봇을 통해 정상적으로 정보가 수집되는 경우, 별도 등록 없이 자동으로 사이트 검색 결과에 노출되기도 합니다.
하지만 이 방법은 네이버 검색 로봇이 내 사이트를 방문할 때까지 무작정 기다려야 되기 때문에 언제 노출이 될지는 아무도 알 수가 없습니다.
구글은 웹 문서 수집을 구글 로봇이 새로운 도메인이나 웹페이지 생성시, 구글에 알리지 않아도 알아서 색인 서버에 저장하는 방식입니다. 하지만 네이버는 웹마스터 등록 후 요청 작업을 통하는 방법이 가장 확실합니다.

네이버 웹 마스터 도구에서 아래와 같은 항목을 필히 살펴봐 주세요.

1 네이버 '서치 어드바이저'로 접속하여 우측 상단의 '웹마스터 도구'를 클릭합니다. 물론 로그인을 통한 사이트 등록을 하여야 합니다.

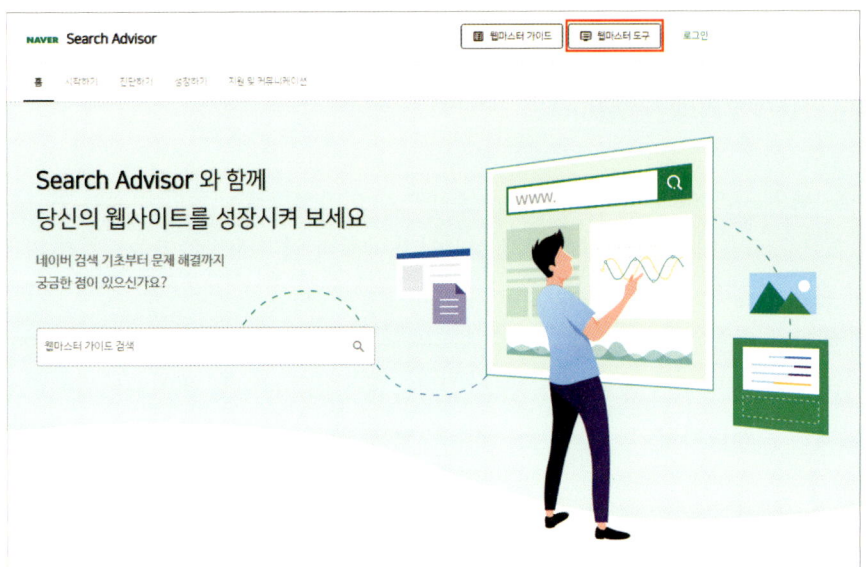

2 아래와 같이 step에 맞춰 따라오세요!

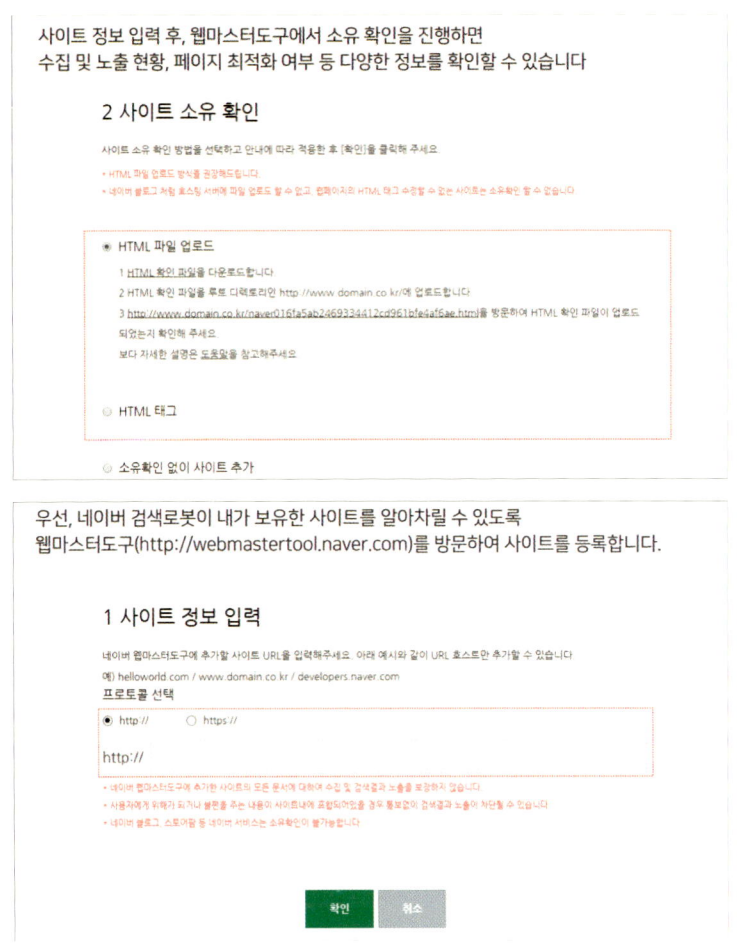

사이트 정보 입력 후, 웹마스터 도구에서 소유 확인을 진행하면 수집 및 노출 현황, 페이지 최적화 여부 등 다양한 정보를 확인할 수 있습니다. 사이트 소유 확인은 'HTML파일 업로드', 'HTML 태그' 설정 2가지 방법으로 가능하며, 별도 소유 확인 절차 없이도 사이트 등록을 완료할 수 있습니다.

잠깐만요!

웹 마스터 도구에서 소유 확인은 필수 사항이 아닙니다. 사이트 소유 확인 없이도 사이트 검색에 노출될 수는 있습니다.

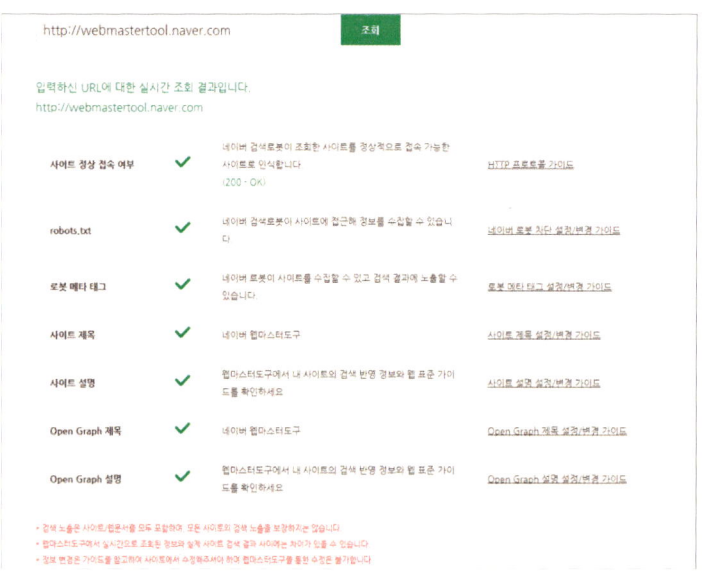

2) 소유확인이 완료된 사이트를 클릭한 후 '검증>웹페이지 최적화' 메뉴 에서 확인

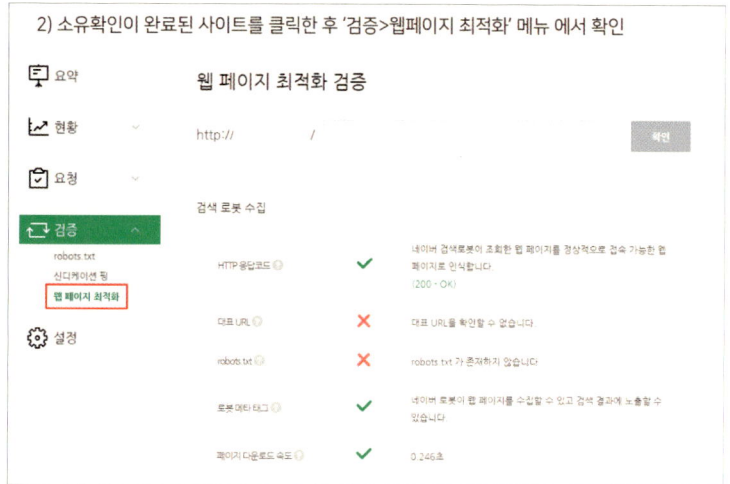

1) 사이트 정상 접속 여부
네이버 검색로봇이 정상적으로 방문이 가능한 사이트로 인지하고 있는지 확인합니다.
HTTP 프로토콜에 따라 네이버 검색로봇에게 사이트가 정상적이지 않다는 신호를 주고 있다면 검색 반영이 되지 않거나 검색에서 제외될 수 있습니다.

HTTP (Hyper Text Transfer Protocol) 이란?
HTTP 란, 웹 브라우저상에서 텍스트, 그래픽이미지, 사운드, 비디오, 기타 멀티미디어 파일 등을 송·수신하는 데 필요한 통신 규약으로
이용자가 웹 사이트를 접속 했을 때, 사전에 협의된 규약에 따라 정상적인 정보로 응답해야 합니다.

따라서 네이버 검색로봇이 웹 사이트를 방문했을 때 정상적인 정보가 수신되지 않는 경우, HTTP 프로토콜을 준수하고 있는지 점검이 필요합니다.

2) 검색로봇 수집 허용 여부 (robots.txt)
robots.txt 파일을 통해 네이버 검색 로봇의 접근을 허용하고 있는지 확인합니다.

현재 운영중인 사이트의 검색로봇 수집 허용 여부는 인터넷 주소 입력창에
사이트 URL + /robots.txt 를 입력, 접속하여 쉽게 확인할 수 있습니다.

- 네이버 robots.txt http://www.naver.com/robots.txt
- 웹마스터도구 robots.txt http://webmastertool.naver.com/robots.txt

3) 검색노출 허용 여부 (로봇 메타 태그)

로봇 메타 태그를 통해 수집한 정보를 정상적으로 검색에 반영할 수 있도록 설정하였는지 확인합니다.

로봇 메타 태그에 검색노출이 차단(noindex)으로 설정된 경우,
네이버 검색 로봇이 사이트 정보를 수집했더라도 실제 검색 결과에 노출시킬 수 없습니다.

로봇 메타 태그 설정 상태는 사이트 메인페이지에서 '마우스 우클릭 > 소스보기' 를 통해 확인할 수 있습니다.

robots.txt 파일과 로봇 메타 태그가 모두 허용으로 설정되어 있어야 검색 노출이 가능합니다.

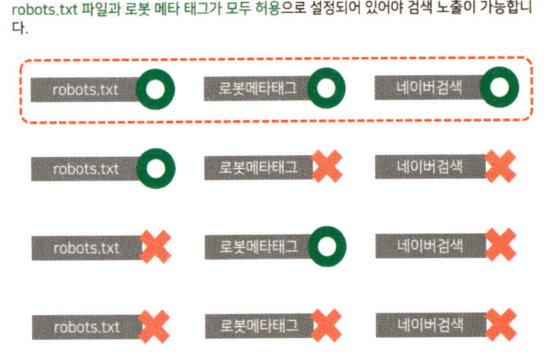

Section 14 SEO

검색 사용자가 사이트를 잘 인지할 수 있도록 제목과 설명이 설정되었는지 점검합니다.

사이트 제목과 사이트 설명이 정상적으로 적용되어 있는지,
너무 길어서 사용자가 인지하기 어렵지는 않은지,
동일한 키워드를 반복해서 입력하지는 않았는지 확인해 주세요.

제목과 설명이 정상적으로 적용 되었더라도 너무 길어서 한눈에 보기 어렵거나 동일한 키워드가 의미 없이 반복된다면 검색 노출에 불리하게 작용할 수 있으므로 사이트 정보를 잘 설명할 수 있는 내용으로 간결하게 작성하는 것이 좋습니다.

제목, 설명 태그 설정 상태는 사이트 메인페이지에서 '마우스 우클릭 > 소스보기' 를 통해 확인할 수 있습니다.

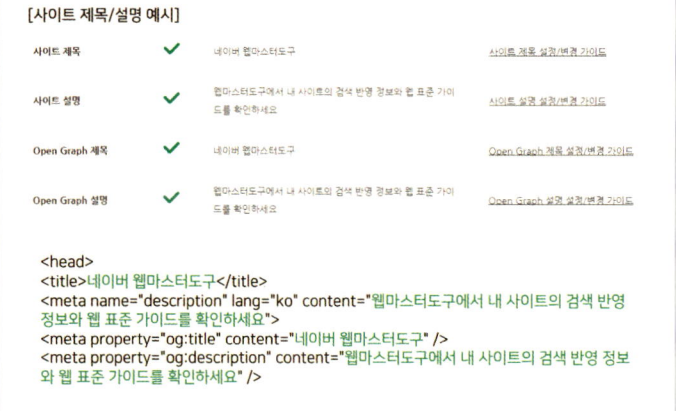

[사이트 제목/설명 예시]

사이트 제목	✓	네이버 웹마스터도구	사이트 제목 설정/변경 가이드
사이트 설명	✓	웹마스터도구에서 내 사이트의 검색 반영 정보와 웹 표준 가이드를 확인하세요	사이트 설명 설정/변경 가이드
Open Graph 제목	✓	네이버 웹마스터도구	Open Graph 제목 설정/변경 가이드
Open Graph 설명	✓	웹마스터도구에서 내 사이트의 검색 반영 정보와 웹 표준 가이드를 확인하세요	Open Graph 설명 설정/변경 가이드

```
<head>
<title>네이버 웹마스터도구</title>
<meta name="description" lang="ko" content="웹마스터도구에서 내 사이트의 검색 반영 정보와 웹 표준 가이드를 확인하세요">
<meta property="og:title" content="네이버 웹마스터도구" />
<meta property="og:description" content="웹마스터도구에서 내 사이트의 검색 반영 정보와 웹 표준 가이드를 확인하세요" />
```

사이트 정보의 수정이 필요한 경우, 네이버 웹마스터도구에서 제공하는 도움말 및 가이드를 참고하여 사이트 정보를 수정합니다.

사이트 간단체크 항목별로 아래 가이드를 활용할 수 있습니다.

1) robots.txt 파일, 로봇 메타 태그
   > 웹 표준 최적화 기본 가이드
     http://webmastertool.naver.com/guide/basic_optimize.naver
2) 사이트 정상 접속 여부
   > HTTP 프로토콜 가이드
     http://webmastertool.naver.com/guide/basic_http.naver
3) 사이트 제목, 사이트 설명, Open Graph
   > 웹 표준 HTML 마크업 가이드
     http://webmastertool.naver.com/guide/basic_markup.naver

2) 무조건 네이버 키워드 광고 도구를 이용하라

SEO에 대한 많은 정보 페이지들은 타이틀, 메타 정보, H테그 및 캐노니칼 등 테크니컬 요소에 대해 많은 얘기들을 합니다. 앞으로의 SEO는 독창적이고 풍부한 콘텐츠를 제공하는 사이트만 살아남는 구조로 가고 있습니다. 앞서 얘기한 테크니컬 요소는 무시할 수는 없지만 콘텐츠 보다 우선하지 않습니다. 그렇다면 타깃 검색 엔진인 네이버에서 나와 관련된 키워드가 어느 정도의 검색량인지 알아야 그 방향을 잡을 수 있습니다.

그러기 위해서는 네이버에서 제공하는 광고 도구를 이용할 수밖에 없습니다. 검색량을 기본적으로 중요하게 생각하는 습관을 일단 들입시다. 유료 키워드 광고를 이용하지 않아도 파악할 수 있습니다.

④ 이미지 SEO 이해하기

왜 상품을 검색할 때 각 상품 이미지마다 검색되어 진열되는 위치가 다르게 나타날까요? 어떤 이미지는 1위에 있고 어떤 이미지는 저 아래에 있을까요?
이를 알기 위해선 아래의 이미지 SEO의 10가지 원칙을 이해해야 합니다.

❶ **이미지 파일명이 키워드로 저장되어야 한다.**

해외 사이트에서 이미지를 퍼 올 때 연관 키워드로 이미지 파일명을 저장해야 합니다. 검색 로봇에게 이미지 덩어리로만 인식하게 하는 1, 2, 3 이런 식의 파일명으로 저장하는 일이 없도록 해야 합니다.

❷ **타이틀에도 키워드가 들어가야 한다.**

타이틀이란 블로그의 제목, 카페의 글 제목, 스마트스토어의 상품명 같은 제목을 말합니다. 예를 들어 네이버 검색 창에 '여성 가방'이라고 조회를 하면 나오는 이미지 검색 영역에서 상위에 진열되는 여성 가방의 이미지를 클릭하면 그 이미지를 담고 있는 글 제목이 나오는데 이 부분을 타이틀이라 하고 여기에 여성 가방이라는 키워드가 반드시 들어가 있다는 뜻입니다.

❸ **랜딩 페이지에도 키워드가 반드시 들어가 있어야 합니다.**

이미지를 클릭했을 때 넘어가는 페이지가 블로그 일 수도 있고, 카페 글 일수도 있고 상품 상세 페이지 일수도 있지만 어쨌든 넘어가는 그 페이지의 본문에도 검색하려는 '여성 가방'이라는 키워드가 들어가야 한다는 뜻입니다.

❹ **고 퀄리티 이미지를 우대한다.**

검색 로봇은 고 퀄리티의 이미지를 더 우대하므로 픽셀 정보가 낮은 300×300 보다 1000×1000px을 더 우대한다는 뜻입니다.

❺ **최신 이미지를 우대한다.**

검색 로봇은 같은 상품을 진열해도 최신 자료를 우대하는 성향이 있습니다. 유저에게 항상 새로운 소식을 소개하려는 속성이 있습니다. 네이버 쇼핑에 보면 비슷한 수준의 상품 페이지인데 이상하게 최근에 등록된 상품이 위에 있는 것을 많이 보시죠? 이미지도 3년 전에 찍은 여성 가방보다 1주일 전에 찍은 여성 가방이 더 위에 보이게 되는 것입니다.

❻ **세상에 없는 이미지를 우대한다.**

검색 로봇은 웹에서 퍼 온 자료보다 새로 찍어 올린 자료를 훨~씬 우대합니다. 같은 이미지가 복사되어 있는 웹자료는 가산점을 받기가 어렵습니다. 상품 페이지를 만들 때 해외 사이트에서 10명이 똑같은 이미지를 퍼 오면 같은 이미지가 연속해서 검색되게 되고 이런 이미지는 가점을 받지 못하므로 해외 상품이라도 내 사무실에서 사진을 찍어 별도의 상세 페이지를 만들어 계속 올리면 당연히 노출에 유리해집니다.

❼ 이미지의 alt 값을 꼭 반영해야 한다.

검색 로봇이 이미지를 읽어 갈 때 단순히 그림 덩어리가 아닌 이미지에 대한 설명이 있어야 하는데 이를 위해 < img src="이미지주소" alt="그림설명" >에서 그림을 설명하는 문구에 키워드를 녹여 넣으면 검색에 더욱 유리합니다.

알쓸신잡 TMI

도대체 이미지 ALT 값 위치가 어디이고 거기에 넣을 키워드를 어떻게 준비하냐구요?

네이버 스마트스토어 검색 설정에 들어가면 네이버 태그 사전에 있는 '추천 검색 설정 키워드'를 다른 연관 검색어와 MIX 해서 마치 형용사 부사처럼 활용하면 좋습니다. '요즘 뜨는 핫 태그', '감성 태그' 부분을 + 네이버 쇼핑에서 추출한 키워드 '여성 숄더백' 과 합하면 '패셔니 스타 여성 숄더백' 이런 기가 막힌 문구가 완성되고 이를 이미지 ALT 값에 넣어 주시면 됩니다.

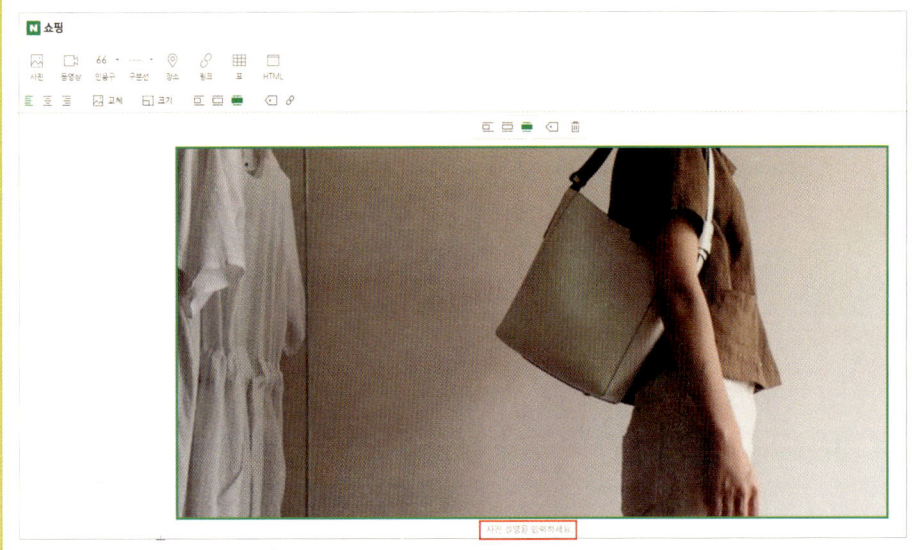

여기 위의 '사진 설명을 입력하세요'가 ALT 값 넣는 자리입니다.

여기 박스의 네이버 추천 태그와 내가 직접 추출한 연관 검색어를 결합해서 ALT 값에 쓰면 됩니다. 카테고리를 여성 가방으로 선택하면 검색 설정 키워드에서 추천 키워드들이 위와 같이 제시됩니다.

❽ 상품과 연관도가 확실히 높은 이미지를 우대합니다.

내가 판매하는 상품과 관련이 있는 이미지를 우대합니다.
여성 가방을 판매하는데 이미지의 엣지가 뛰어나다고 모델만 들어가 있는 사진을 쓰면 당연히 연관성 점수가 떨어지겠죠.

❾ 1초 안에 읽을 수 있는 가벼운 이미지가 좋습니다.

항상 검색 로봇에 부담을 주지 않는 방식이 좋습니다. 읽는데 로딩이 많이 걸리지 않는 가벼운 이미지가 좋습니다. SEO는 수많은 요소들 중에 특정한 요소 하나 지키지 않아도 대세에 지장이 없으나 요소 하나하나 최선을 다해서 요건을 충족하게 맞추어 SEO 지수를 높이면 노출에 더 유리하게 되는 것이죠.

❿ 표현하고자 하는 바를 분명히 전달하는 이미지로 구성해야 좋습니다.

누끼 딴 이미지처럼 상품 외에 불필요한 부분이 없는 이미지가 무엇을 표현하려는지 분명히 어필할 수 있습니다.

5 스마트스토어 스마트에디터 활용

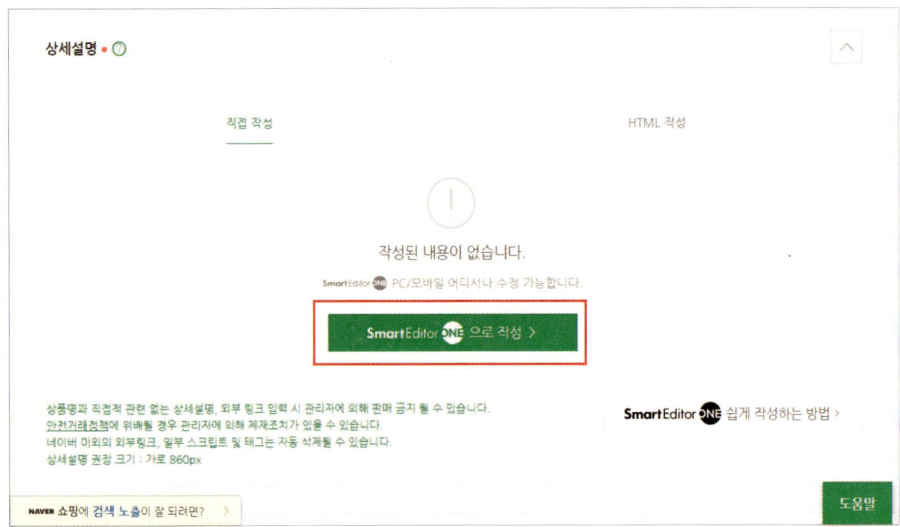

네이버의 상품 등록은 다른 오픈 마켓에 비해 사용자가 사용하기 쉽도록 만들어 놓았습니다. 블로그를 해보신 분들이라면 보다 쉽게 기능들을 익힐 수 있죠.

스마트에디터 ONE은 상품을 등록하는 프로그램이면서도 자체가 편집 기능을 갖고 있습니다. Copy & Paste가 가능하여 수월하게 작업을 진행할 수도 있죠. 현재는 버전이 3.0에서 에디터 ONE까지 나와 있으며 계속해서 업그레이드를 진행하면서 더 나은 서비스를 제공한다고 합니다. 네이버 스마트스토어! 아주 칭찬해 줄만 하죠!

여기에서도 상품 등록 시 몇 가지 꿀 팁을 전수해드립니다.

1 스마트에디터 ONE 편집 후 반드시 모바일 모드로 체크한다.

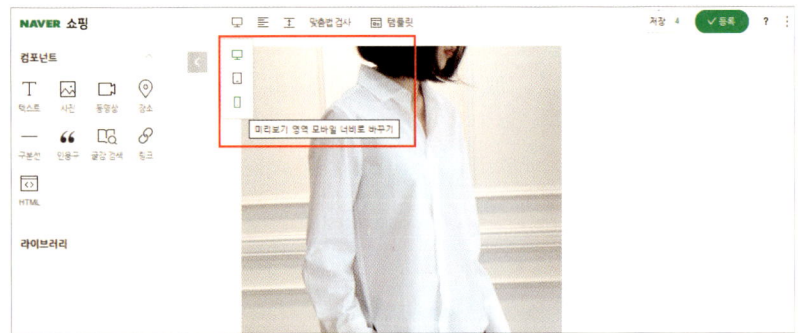

검색량과 구매량을 통계적으로 보면 **PC보다 모바일**이 월등히 많은 비율이 나옵니다. 그렇기 때문에 상세 페이지를 모바일로 보았을 때 보기 편해야 하죠.

PC로 작업했을 때는 예쁘게만 보였던 내 상세 페이지가 모바일 버전으로 봤을 때 글씨가 너무 작아서 잘 안 보인다든지, 단어나 문장이 애매한 부분에서 줄 바꿈이 돼 버려 소비자가 보기에 불편할 수도 있게 됩니다. 소비자가 상세 페이지에 머무는 시간은 순식간입니다. 10초 내외라고 말해도 과언이 아니죠. 그 짧은 시간 안에 고객의 눈길을 잡으려면 간결하고 임팩트 있게 내 상품을 상세 페이지에 녹여야만 합니다. 이러한 노력 하나하나가 모여서 고객이 내 스토어에 머무르는 시간을 1초씩 늘려 주는 셈이죠.

명심하세요. 고객은 절대 기다려 주지 않습니다.

2 스마트에디터 '글감 검색' 후 상세 보기를 이용한다.

'글감 검색'은 기본적으로 상품과 관련된 정보, 기사를 넣는데 활용되는 기능입니다. 하지만 초보 셀러들에겐 이런 용도로 사용할 일은 거의 드물죠. 우리는 이 기능을 연관 상품의 판매 글에 노출하는 용도로 활용할 수 있습니다.

여기서 참고할 점은 내가 올린 상품명 그대로 검색을 해야 찾기가 수월하다는 점과 '글감 검색'에서 내 상품을 찾아서 등록하려면 스토어에 상품 등록 후 네이버 쇼핑에서 노출이 되어야 검색이 된다는 점입니다. 노출되는 시간은 1시간 내외로 소요되니 이점 또한 참고 해야겠네요.

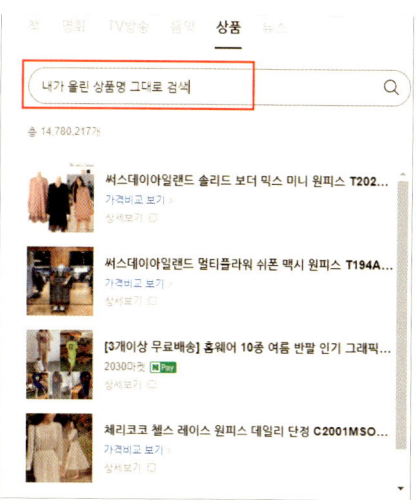

3 상세 페이지 작성 후 맞춤법 검사 - 페이지 품질 지수 UP

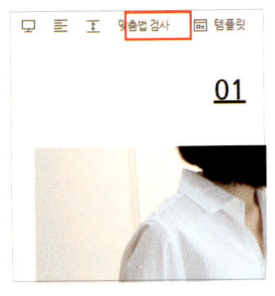

정확한 정보를 전달해야 하는 내 상세 페이지에 오타가 많다면 소비자의 신뢰를 얻기가 힘들겠죠. 다시 접속해서 상품을 찾아 들어가 수정해야 하는 번거로움 만들기 전에 맞춤법 검사 클릭하고 페이지 품질 지수 업그레이드하기! 잊지 마세요.

4 상품 태깅 등록으로 코디 세트를 완성한다.

코디 세트 기능은 아래 사진과 같이 관련된 상품들을 조합하여 상품 상세 페이지에 노출할 수 있는 기능입니다.(등록하는 곳: 스마트스토어센터 → 상품 관리 → 연관 상품 관리)
이는 모델의 전신 이미지 기준으로 코디된 상품들을 연관 상품으로 최대 5개까지 구성 가능하고 코디 이미지의 경우 얼굴부터 신발까지의 전신이 나온 이미지를 권장합니다.
한 번 등록하게 되면 스마트스토어와 쇼핑 윈도 채널에 모두 노출되게 됩니다.
권장 사이즈는 가로 750 × 세로 1000이니 꼭 메모해주세요!

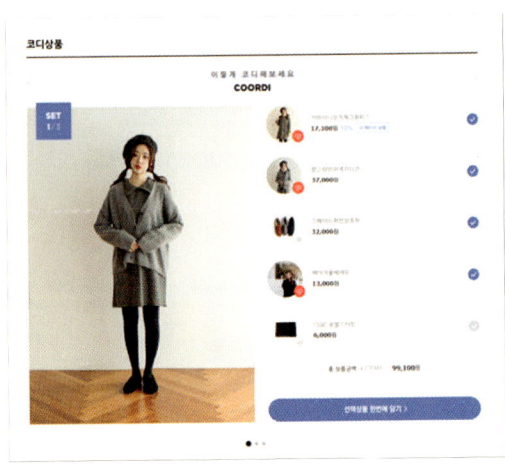

또한 상품 태깅 등록이란 스마트에디터를 통해 상품 상세 작성시 원하는 이미지에 좌표 또는 상품 정보를 등록할 수 있는 기능을 말합니다.(등록: 상품 등록 또는 수정 시 상품 사진에 → 스마트에디터)
현재는 PC 스마트스토어센터에서만 등록이 가능하며 가로 640 이상 이미지만 등록 가능하게 되어 있습니다. 이미지는 최대 5개까지 등록이 가능하고 상품당 최대 3개 이미지에 상품 태깅을 등록할 수 있으니 꼭 활용해보세요.

이는 각 상품의 상세 페이지에서 확인할 수 있습니다.

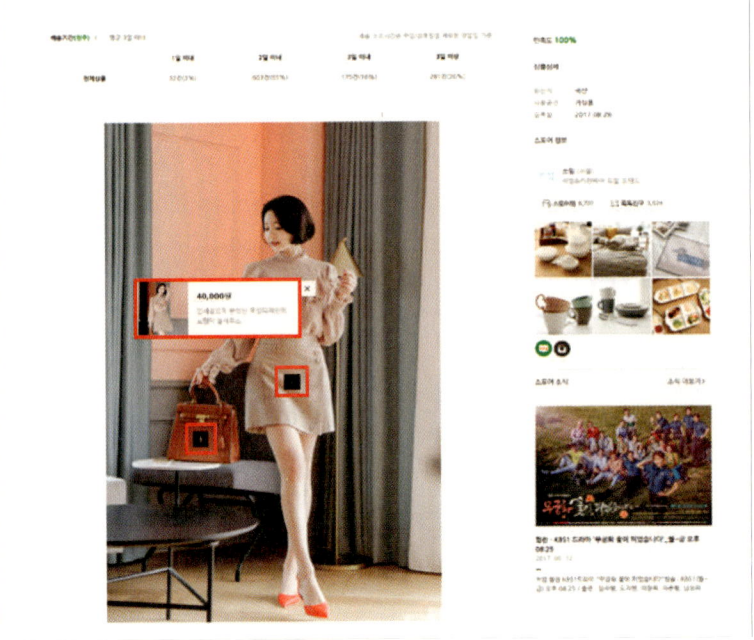

11 상품 등록시 HTML 코드를 활용한다.

상품을 직접 등록하기를 원한다면 스마트에디터를 활용하여 HTML 태그를 통해 작성 가능합니다. 상품 상세 페이지를 작성하면 텍스트, 이미지 등을 추가하면서 동시에 미리 보기를 할 수 있다는 점이 장점입니다.

아래는 HTML 작성시 참고할 사항들입니다.

- 모바일에서 바로 미리 보기를 할 수 없는 경우 PC 웹페이지의 스크린샷을 통해 미리 보기를 제공합니다.
- 직접 작성과 HTML 작성 기능을 함께 사용할 수 없습니다.
- iframe, table, link 태그를 사용한 경우 미리 보기를 지원하지 않습니다.
- 외부 호스팅 URL이 포함된 경우 파일명 변경 없이 이미지 덮어쓰기로 업데이트 하는 방식은 모바일 미리 보기에 반영되지 않습니다.(PC는 반영)
- 외부 호스팅 이미지를 사용하신 경우 스마트스토어센터에서 직접 이미지 수정해야 합니다.

5 상품 인증 정보도 도메인 지수를 높인다.

내가 판매하는 제품이 KC 인증이 필요하거나 전자파 인증, 어린이 제품 안전 인증, 식약처 인증 상품 등이라면 인증을 받고 꼭 명시하세요. 이는 소비자의 신뢰를 얻을 뿐 더러 도메인의 지수를 높여 줍니다.

네이버 쇼핑 검색 SEO & 상품 정보 제공 가이드

네이버에서 공식적으로 밝혔다! - 최적화 전략과 검색 잘 되는 상품 DB 만들기

아래는 네이버에서 공식적으로 밝힌 SEO와 상품 정보 가이드입니다.
가장 기본이 되는 최적화 가이드이기 때문에 중요성은 말로 다 할 수 없죠. 어떤 내용들이 있는지 살펴보고 중간 중간 꿀 팁도 넣어 놨으니 한 눈 팔지 말고 잘 따라오세요.

6.1 SEO 기본 가이드

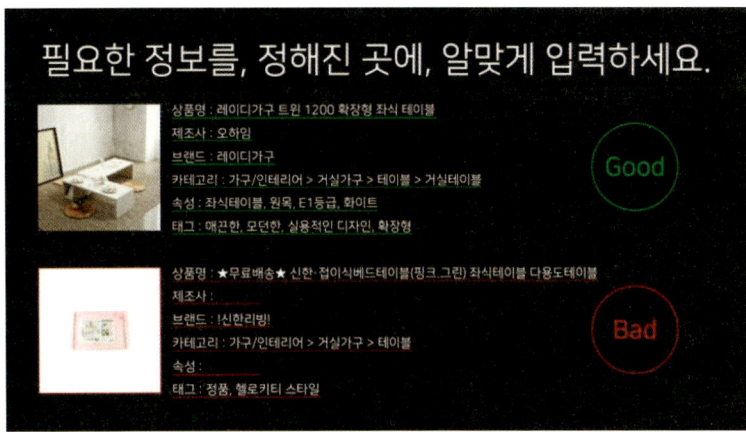

각 쇼핑몰에서 판매하고 있는 상품이 네이버 쇼핑 검색에서 잘 노출되게 하는 방법입니다. 쉽고 정확한 상품 검색을 통해 좋은 상품을 찾을 수 있게 하기 위하여 가이드라인을 잘 지켜야 합니다.

❶ **상품명 가이드라인 준수** : 상품명에 중복된 단어, 상품과 관련 없는 키워드, 할인 정보 등은 제외하고 간결하게 작성해 주세요.

잠깐만요! 사소하지만 잘 모르는 꿀 TIP

> 상세 페이지의 'Intro'는 개인 통관 고유 부호 발급 요령과 URL을 첨부하여 넣어 줍니다. 가급적 배너 형태로 링크를 심는 방식이 더 좋습니다. 고객이 더 상품 정보에 집중할 수 있도록 다른 쪽에 시선이 뺏기는 기회를 주면 안 되기 때문입니다.
> 'Footer'는 보통 반품 교환 정보 같은 내용을 FTP로 마켓에 쏘거나 이미지를 만들어 놓고 불러 올리는 형태로 쓰는데 되도록이면 텍스트로 작성된 내용을 불러 올려 넣는 편이 더 검색 로봇에게는 유리합니다. 이것을 활용한 꿀 팁은 상품 등록 편에서 확인하세요.

❷ **브랜드/제조사 입력** : 브랜드/제조사 정보는 빠짐없이 정확하게 작성해 주세요.

❸ **카테고리/속성/태그 매칭** 상품과 관련된 카테고리에 매칭해 주시고, 제품 속성, 태그, 바코드 정보, 모델 코드 등 검색 가능한 다양한 정보를 제공해 주세요.

❹ **선명한 고해상도 이미지** : 깨끗하고 선명한 상품 이미지를 제공해 주세요. 상품을 잘 표현할 수 있는 여러 개의 고해상도의 이미지가 좋습니다.

잠깐만요! 사소하지만 잘 모르는 꿀 TIP

> 이미지와 더불어 짧은 동영상(5초~15초)을 꼭꼭 넣자!
> 따로 찍은 동영상이 없다면 내가 갖고 있는 이미지들을 툴을 이용해 슬라이드쇼 형태로 동영상을 만들어 넣으면 됩니다.

❺ **판매 실적 제공** : CPA, 판매 지수, 네이버 페이 결제 지원을 통해 실제 판매되는 인기 상품 정보를 제공해 주세요.

❻ **구매평 제공** : 이미지를 포함한 상품 구매 후기와 사용자 평점 정보를 제공해 주세요.

❼ **상품명 SEO 준수** : 단어 중복, 혜택/수식 문구, 특수문자, 지나치게 긴 상품명 사용을 조심해 주세요.

❽ **이미지 SEO 준수** : 이미지에 텍스트, 워터마크, 도형 등을 포함하지 마세요.

❾ **네이버 쇼핑 페널티 관리** : 배송 만족도, 상품 만족도 등 쇼핑몰 이용과 관련된 사용자 평가 정보를 제공해 주세요. 네이버 페이 신용 시스템을 통해 자동 연동 됩니다.

❿ **혜택 정보 제공** : 쿠폰, 추가 할인, 카드 할인, 무료 배송, 카드 무이자, 포인트 적립 등 혜택 정보를 제공해 주세요.

6.2 검색 기본 요소 및 어뷰즈 필터링

네이버 쇼핑 검색은 제휴사가 제공하는 상품 정보와 네이버에서 수집하는 사용자 로그를 종합적으로 평가하여, 검색어 및 사용자 요구에 맞게 재구성하여 검색 결과가 만들어집니다.
검색 결과가 홍보 수단으로 활용되면서 각종 소프트웨어, 로봇 및 자동화된 도구를 이용해서 특정 상품을 노출시키려는 악의적인 시도 등이 늘고 있는데, 이러한 어뷰즈 행위는 검색 품질을 훼손하고 이용자의 불편을 초래하기 때문에 적극적으로 차단하고 있습니다.

네이버는 과학적인 방법을 동원해 어뷰즈를 정밀하게 필터링하여 서비스에 영향을 끼치지 않도록 하고 있으며, 기존 서비스 운영 경험을 토대로 검색 알고리즘 및 어뷰즈 필터링 로직을 지속적으로 개선하고 있습니다.

다만, 검색 알고리즘과 검색 결과 어뷰즈 판정 기준이 알려질 경우 이를 우회한 새로운 어뷰즈 공격이 생기게 되고, 그에 따라 대다수 선의의 이용자들이 피해를 볼 수 있습니다.

따라서 네이버는 정책적으로 상세한 검색 알고리즘 및 어뷰즈 필터링 로직과 해당 로직을 역으로 추정할 수 있는 **어뷰즈 필터링 결과를 외부에 공개하지 않고 있습니다.**

6.3 검색 기본 요소 및 알고리즘_ 적합도

이용자가 입력한 검색어가 상품명, 카테고리, 제조사/브랜드, 속성/태그 등 상품 정보의 어떤 필드와 연관도가 높은 지, 검색어와 관련하여 어떤 카테고리의 선호도가 높은 지 산출하여 적합도로 반영됩니다.

■ 필드 연관도

검색어가 "나이키"인 경우 "나이키"는 브랜드 유형으로 인식되며, 상품명에 "나이키"가 기입되어 있는 것보다 브랜드에 "나이키"로 매칭 되어 있는 것이 우선적으로 노출됩니다.

■ 카테고리 선호도

"블라우스" 검색어의 경우는 여러 카테고리 상품이 검색되지만, [패션의류 → 여성의류 → 블라우스] 카테고리의 선호도가 매우 높습니다.

검색 알고리즘은 해당 카테고리의 상품을 먼저 보여줄 수 있게 추가 점수를 주게 됩니다.

6.4 검색 기본 요소 및 알고리즘_ 인기도

해당 상품이 가지는 클릭 수, 판매 실적, 구매평 수, 최신성 등의 고유한 요소를 카테고리 특성을 고려하여, 인기도로 반영됩니다. 인기도는 카테고리 별로 다르게 구성되어 사용됨.

■ 클릭 수
최근 7일 동안 쇼핑 검색에서 발생된 상품 클릭 수를 지수화

■ 판매 실적
최근 2일/7일/30일 동안 쇼핑 검색에서 발생한 판매 수량/판매 금액을 지수화 합니다.
스토어의 판매 실적, 리뷰 수는 네이버 페이를 통해 자동 연동, 부정 거래가 있을 경우 페널티를 부여합니다.

■ 구매평 수
개별 상품의 리뷰 수를 카테고리별 상대적으로 환산하여 지수화

잠깐만요! 사소하지만 잘 모르는 꿀 TIP

고객의 한달 사용 후 동영상평과 포토평은 지수를 더욱 높여 줍니다.

■ 최신성
상품의 쇼핑 DB 등록일을 기준으로 상대적 지수화, 신상품 일시적 랭킹 유도

6.5 검색 기본 요소 및 알고리즘 _ 신뢰도

네이버 쇼핑 페널티, 혜택, 상품명 SEO, 이미지 SEO 등의 요소를 통해 해당 상품이 이용자에게 신뢰를 줄 수 있는지는 산출합니다.

■ 네이버 쇼핑 페널티
배송 만족도, 상품 만족도, 구매평/판매 실적 어뷰징, 상품 정보 어뷰징 등에 대한 상품/몰 단위 페널티 부여

■ 혜택
쿠폰, 추가 할인, 카드 할인, 무료 배송, 카드 무이자, 포인트 적립 등 혜택 정보가 있을 경우 질의별로 부가적인 랭킹 점수를 부여

■ 상품명 SEO
상품명 가이드라인을 벗어난 상품에 대한 페널티 부여

■ 이미지 SEO
이미지 가이드라인을 벗어난 상품에 대한 페널티 부여

잠깐만요! 사소하지만 잘 모르는 꿀 TIP

이미지를 설명하는 ALT 값을 넣어 주세요. 스토어 지수를 한 단계 더 높여 줍니다.

잘 숙지하셨나요?

요약!

요약하자면 네이버 검색을 위한 10가지 기본 가이드와 검색 결과의 노출 순위를 결정하는 검색 기본 요소를 인지하면서 어뷰징 하지 말고 적합도, 인기도, 신뢰도의 3가지로 구성된 검색 알고리즘을 잘 반영하면 된다는 것입니다.
처음엔 지켜야 할 것들이 많아 SEO를 맞춰 가는 것이 버거워 보일 수도 있지만 시간이 지나고 경험이 쌓이게 되면 금세 익숙해지게 될 겁니다.

 네이버 쇼핑에서 검색 잘 되는 법?

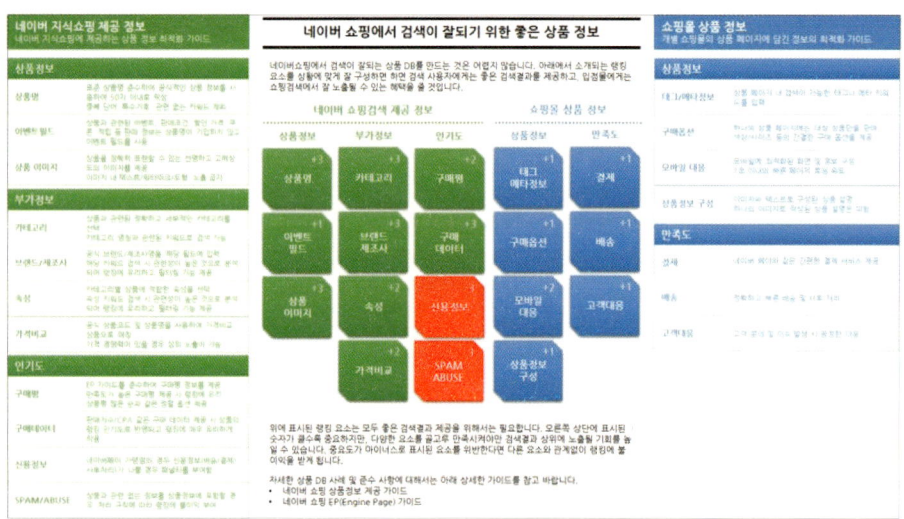

검색 잘 되는 좋은 상품 DB를 만들기 위한 가이드

네이버 쇼핑은 이용자들이 쉽고 정확한 상품 검색을 통해 좋은 상품을 찾을 수 있게 하기 위해 각 쇼핑몰에서 판매하고 있는 상품이 네이버 쇼핑 검색에서 잘 노출되게 하는 방법을 공개하고 있습니다. 아래의 내용에 충실해서 마켓을 운영하는 것이 중요합니다.

1) 좋은 상품 DB 정보 제공

- 상품명에 중복된 단어, 상품과 관련 없는 키워드, 할인 정보 등은 제외하고 간결하게 작성해야 합니다.
- 이벤트 정보, 판매 조건, 할인, 쿠폰, 적립 등의 정보는 상품명이 아닌 이벤트 필드에 작성해야 합니다.
- 브랜드/제조사 정보는 정확하게 작성하고, 상품과 관련된 카테고리에 매칭해야 유리합니다.
- 제품 속성, 태그, 바코드 정보, 모델 코드 등 검색 가능한 다양한 정보를 충실히 기재하면 노출에 유리합니다.

2) 인기 상품 정보 제공

- CPA, 판매 지수를 신경쓰되 네이버 페이로 결제하여 판매량을 늘려야 더 유리합니다.
- 이미지를 포함한 상품 구매 후기와 좋은 사용자 평점을 많이 확보할수록 유리합니다.
- 배송 만족도, 상품 만족도 등 쇼핑몰 이용과 관련된 사용자 평가가 좋을수록 노출에 좋은 작용을 합니다.

3) 좋은 쇼핑몰 상품 페이지 운영

- 하나의 이미지로 만들어진 상품 설명보다는 이미지와 텍스트로 구성된 상품 설명이 좋습니다.
- 한 페이지에 여러 개의 상품을 판매하는 것 보다는 하나의 상품과 간결한 구매 옵션으로 리스팅 하는 편이 유리하다는 뜻입니다.
- 너무 무겁지 않은 1초 이내의 페이지 로딩 속도를 만족시키도록 상세 페이지를 만들되 모바일에 최적화된 화면으로 제작하는 것이 중요 하다는 뜻입니다.

4) 표준 상품 DB 제공 가이드(EP 가이드) 준수

- 상품 DB 제공 가이드(EP 가이드)는 검색 반영을 위하여 기본적으로 준수해야 합니다.
- 각 필드 영역에 해당하는 값을 정확하고 빠짐없이 작성해야 합니다.

8 SEO 체크업 서비스 툴

신규 사업자는 MD의 영향이 큰 마켓보다 알고리즘에 의해 움직이는 마켓이 상대적으로 더 유리할 수밖에 없죠. SEO를 전문적으로 연구하는 전문가 그룹이 많습니다.
여기에 SEO 작업에 있어서 기초 공사를 다지기 위한 유용한 툴들을 여러분께 공개합니다.

1) 내 쇼핑몰 메인 페이지 SEO 레벨 체크하기

상품을 등록하고 SEO 지수를 체크해보세요. 공개된 SEO 체크 서비스에 관심을 갖고 테스트를 해보세요. 그리고 무엇이 부족한지 보완하는 연습을 하면 됩니다. 물론 아래의 툴들이 구글 엔진을 기준으로 한 로직이 많지만 그래도 유용하게 활용할 수 있습니다.

[출처 : www.next-t.co.kr]

위와 같은 SEO 전문가 그룹이 운영하는 유료 서비스를 받으면 좀 더 확실한 효과를 누릴 수 있으나 공개된 체크 업 서비스만으로도 나의 SEO 품질과 미진한 부분을 스스로 체크해볼 수 있습니다.

2) SEO – 웹사이트 성능 테스트 사이트

- 지역별 웹사이트 성능 테스트(http://www.webpagetest.org)
- 모바일 속도 test(https://testmysite.withgoogle.com/intl/en-gb)
- 속도 test(https://gtmetrix.com)
- sitemap 생성(https://www.xml-sitemaps.com)

3) 구글 네이버 SEO 최적화 마케팅 도구

- SEO 사이트 체크업(https://www.SEOcheckup.net)
- SEOSITECHECKUP(https://SEOsitecheckup.com/tools)
- SEO Tester Online(https://www.SEOtesteronline.com)
- Wiselister(https://wiselister.com)
- 스크리밍프로그(https://www.screamingfrog.co.uk/SEO-spider)
- 웹페이지 테스터(https://www.webpagetest.org)

4) 웹사이트의 순위와 트래픽 올리기

- LINKLIFTING https://linklifting.com/

5) 백 링크 및 SEO(검색 엔진 최적화) 서비스

- 페이지스피드체크 툴(https://developers.google.com/speed/pagespeed/insights)

모바일 및 데스크톱 기기의 실제 성능을 보고하고 페이지 개선 방향을 제안합니다.

9 SEO 현장의 판매 실무 팁

현장에서 중요하게 반영해야 하는 요소들을 주제 구분 없이 간단하게 정리했습니다. 압축한 요약 내용을 풀어서 설명하면 방대한 내용으로 기술되겠지만 유저 입장에서는 이와 같은 결과들이 왜 도출되는지를 아는 것 보다 이 결론들을 익히고 실전에 잘 활용만 하면 그만입니다.

■ 필수적인 SEO 판매 실무 TIP 1

- 잘 노출되는 상품명은 섣불리 건드리지 마라.
- 반대로 네이버 쇼핑 뒤쪽에 있는 상품명은 자주 수정하여 상위로 올려라
- 네이버도 알려주지 않는 기본적인 알고리즘 원칙이 있다.(닥등 효과, 지속적인 로그인) – 꾸준한 상품 등록, 꾸준한 구매, 꾸준한 로그인이 지수를 높인다.
- 모두들 효율적인 키워드 추출이 중요하다지만, 사실 수정 작업이 더 중요하다.
- 상품명 정하기 전 검색량을 반드시 조회하고 올려라.
- 상품명은 소 키워드 중 핫 키워드 위주로 반영되도록 시도해라.
- 상세는 텍스트부터 시작하되 블로그 형으로 스마트 에디터 ONE으로 작성이 노출에 유리하다.
- 제목 1의 폰트를 가장 크게 적고 하단에는 제목 크기의 폰트가 없도록 하라.(H1 SEO)
- 메타디스크립션은 검색 영역은 아니지만 검색 후 페이지를 보는 유저가 관심을 갖고 있는 키워드가 담겨 있을 경우 클릭을 유도하게 되므로 연관 검색어 조회 수를 활용하되 80자 이내로 작성하는 것이 좋다.

■ 필수적인 SEO 판매 실무 TIP 2

- 기본적으로 매력 있는 상품이 좋은 가격으로 경쟁사보다 좋은 조건에 노출되면 반드시 소비자는 반응한다는 생각을 해야 한다.
- 전략적으로 밀고 있는 상품은 네이버 검색의 모든 영역에 상위 노출이 되도록 가능한 모든 옵션을 써서 노력해라.

  즉, 파워 링크, 네이버 쇼핑, 이미지, 지식인, 스마트플레이스, 웹사이트, 블로그, 동영상, 카페, 포스트..... 이 모든 영역에 내 상품이 1 페이지에 노출되도록 작업한다.

  이미지와 동영상, 지도도 타이틀에 키워드 반영이 중요합니다. 꼭 기억!

  이때 키워드 반영에는 자동 완성, 연관 검색, 검색 도구 키워드 조회 결과를 활용해서 반영한다.

■ 필수적인 SEO 판매 실무 TIP 3

경쟁사 키워드 전략 알아내기

• 경쟁사의 메타 디스크립션과 키워드를 뛰어 넘어라.

```
<META name="description" content="나이키 에어맥스97,OOO, OOOO">
<META name="keywords" content="나이키 스니커즈 O샵 ">
<title>나이키스니커즈 O샵▶정품직수입, 나이키신발 할인매장, 멀티샵, OOO
언더아머, 뉴발란스993, 런닝화, 에어맥스</title>
```

• 스마트스토어와 달리 일반 자사 몰인 경우에는 우측 클릭하여 페이지 소스 보기 → CTRL+ F → keyword를 조회하여 경쟁사의 키워드를 파악하고 내 사이트에 더 우월하게 세팅한다.

그러나 때로 소스 보기가 안 되게 설정된 사이트들을 종종 볼 수 있다. 이럴 때도 우리는 포기하거나 그냥 지나치지 않는다. 크롬 확장 앱인 'toggle javascript'라는 도구를 써서 블락된 웹페이지도 키워드 훔쳐보기 할 수 있으며 이런 방법으로 경쟁사의 키워드를 뛰어 넘을 수 있다.

주의 사항. 토글을 활성화하면 사용 후 반드시 다시 오프 해줘야 앱 간섭에 의한 브라우저 잠김 현상이 없다.

■ 필수적인 SEO 판매 실무 TIP 4

• 스찜, 톡찜, 상찜은 자연스러운 상거래에 의해 증가하는 것은 의미가 있으나 품앗이로 늘리는 것은 실제 노출 알고리즘과는 무관. 심리용이며 구색용이다.
• 럭키투데이 가격 설정은 해당 럭키투데이 기간과 동일하게 즉시 할인을 꼭 걸어 주어야 한다.
• 럭키투데이 자체의 수입보다 상위 노출로 인한 지속적인 영업을 염두하고 하자. 럭키투데이는 1년 내내 상품들을 돌려가면서 끊기지 않게 유지한다는 생각을 갖고 있어야 한다.
• 상품을 묶어 보자. 하나의 상품 검색으로 유입되었다가 다른 옵션으로 구매하는 경우가 많다. 대신 다양하게 구성하되 너무 옵션이 많으면 좋지 않다.
• 국내 상품인 경우 구매확정을 빠르게 받는 방법은 손 편지만한 것이 없다.
• 잘나가는 스마트스토어를 끊임없이 벤치마킹해라.
• 사실 기존 고객을 잘 관리하는 것이 마켓의 성패를 좌우한다. 누적 효과

■ 필수적인 현장의 판매 실무 TIP 5

❶ '비겁한 070 고객 관리'의 편리성을 누려라

판매자가 고객과 통화할 일은 무엇이 있을까요? 상품, 배송, 결제, 반품, 교환, 환불 등 대부분 고객에게 미안한 메시지를 전해야 할 때 전화를 합니다. 사실 셀러 입장에서는 가급적 문자나 1:1 게시판을 활용해서 불필요한 갈등이나 시간 낭비를 줄이고 싶어 합니다. 이럴 때 070전화는 중요한 역할을 합니다. 고객이 070 전화의 수신을 거부하는 습성 때문에 오히려 많은 셀러들이 070 전화로 '도리?'를 다하고 표현하고자 하는 내용은 결국 문자로 전달해서 음성에서 붉어질 고객과의 갈등 상황을 만들지 않으려고 활용하게 됩니다. 생각보다 일이 수월해집니다.

- 문자와 이미지 전송, 고객 수신 거부 등 나만의 판매 관리 활용 팁을 축척하자.
- 판매 취소의 사유를 고객에게 효과적으로 어필하는 노하우를 적어 놓자. 사례는 결국 맨날 비슷하다.
- 배송 지연, 품절 등은 판매자 페널티 사항임을 명심해야 한다. 그러나 이것도 하다 보면 페널티 먹지 않고 품절 상품을 처리하는 방법을 깨우치게 된다.

❷ C2B 비즈니스가 뭐야?

- 1688/ 알리바바에서 아이템을 소싱하여 도매 사이트와 공급자 계약을 하는 비즈니스는 C2B 비즈니스의 일종인데 도매처에 상품, 이미지와 거래 조건 KC 인증만 맡아서 계약하게 되고 이를 도매 사이트에 회원 가입한 일반 리셀러들이 상품을 오픈 마켓 등에 전시하여 주문을 받게 되면 도매 사이트에 다시 주문을 넣고 도매 사이트는 이를 공급사에게 주문 정보를 알려주며 공급사가 고객에게 배송을 하는 구조의 비즈니스를 말합니다.

- 그래서 개인 사업자(간이 과세자는 안 됨)도 공급사가 될 수 있으며 나를 위해 전국의 수많은 리 셀러들이 판매에 나서는 장점이 있는 것입니다. 그러나 예전과 달리 최근에는 도매 사이트에서 제공받는 상품 리스트로 등록한 상품을 원천 사이트에서 검색되지 못하도록 상품 최적화 후 넘겨야 경쟁력을 가질 수 있습니다.

■ **필수적인 현장의 판매 실무 TIP 6**

잘 팔리는 상품을 추가로 또 올릴 수 없을까?

같은 사업자가 같은 마켓에 같은 상품을 또 올리면 상품 중복 등록으로 페널티를 받게 됩니다. 그런데 상품이 잘 팔릴 경우 누구나 추가 노출 방법이 없나 고민하게 되죠. 이럴 때는 다음의 방법으로 변경되어야 추가 등록이 가능합니다.

- 같은 상품을 상품명을 수정하여 등록한다.
- 같은 상품을 대표 이미지를 수정하여 등록한다.
- 같은 상품을 카테고리를 바꾸어 등록한다.
- 같은 상품을 가격을 수정하여 등록한다.

위 네 가지 요건을 모두 맞추어 등록해야 안전합니다.
네이버는 중복 상품 등록에 매우 민감하고 페널티도 강력합니다.

판매 현장 SEO 꿀 팁 8선

1) 메인 키워드 세팅

광고 없이 돈 벌겠다는 생각에서 벗어나라!

❶ 네이버 데이터 랩에 작년 검색어를 활용하여 추세적 수요를 체크한다.

❷ 쇼핑 검색어와 연관 키워드가 매우 중요하다.

❸ 네이버 자동 완성, 연관 검색어, 키워드 도구로 최소한 40개 추출한다.

❹ 상품명은 각각 대, 중, 소 키워드의 인기 키워드 순으로 추출한다.

❺ 네이버 쇼핑의 키워드는 상품을 사고 파는 곳이므로 가장 중요한 추출 영역이다.

❻ 좋은 키워드라도 데이터 랩 인기 키워드 500에 들어야 주문이 일어날 가능성이 있다.

❼ 연관 검색어가 별로 없는 키워드는 매출이 잘 안 나온다

❽ 내가 무엇인가를 팔려고 할 때 네이버에 검색해서 '네이버 쇼핑'부터 먼저 뜨면 구매가 왕성하다는 간접적인 증거다.

❾ 기가 막힌 키워드를 발굴하는 것이 중요한 것이 아니라 정기적인 키워드 수정 작업이 결국 성패를 좌우한다.

2) 상품 등록 기본 세팅

상세 페이지? 무조건 직접 찍어라. 돈 된다!

❶ 타깃 키워드를 명확히 정해라 – 월 검색 수 보다 월평균 클릭율(모바일)이 더 중요하다.

❷ 상품명에 연관 검색어에 관련 있는 상위 키워드를 상품명에 넣자.

❸ 가급적 심플하게 상품명을 만들자.

❹ 키워드로 조회 시 네이버 쇼핑 상위에 노출되는 상품을 체크한다.

❺ 상위 노출 되고 있는 상품의 카테고리를 확인한다.

❻ 몇 개의 카테고리를 데이터 랩에서 조회하여 인기 검색어를 찾는다.

❼ 네이버 쇼핑 1페이지 파워 셀러 2~3명의 상세 카테고리의 상품 수와 구매평 수의 비율로 가성비가 더 좋은 카테고리를 따라 정하자.

3) 아마존 상품 수집과 키워드 세팅

❶ 제발 중요한 키워드라고 반복해서 상세 페이지에 노출하지 마라.

이미 2015 이후에 쓰지 않는 로직이며 지금은 오히려 역작용을 한다.
아마존 상품인 경우 Unicorn Smasher나 AMZSCOUT로 엑셀 파일 SORTING 하여 상품을 등록하되 핵심 키워드를 추출해서 네이버 연관 키워드를 추출 비교한다. 이미지명에 키워드를 넣어서 다운로드 한다.

❷ ASIN 번호를 살려서 하이퍼링크 삽입하면 링크 타고 들어가기도 좋고 좀 더 정돈된 상품 리스트를 가질 수 있다.

유니콘스매셔나 AMZSCOUT로 내보낸 엑셀 Sorting은 사용자 정렬 → 월 판매-리뷰-월 예상 수익 순으로 해라. 월 예상 수입을 참조하는 것이 중요하다.

❸ 항상 판매가가 설정된(함수 적용된) 상품 리스트(상품 관리 대장)를 사용해야 한다.

원 사이트 가격 변동 시 오픈 마켓 가격도 바로바로 수정될 수 있도록 해야 한다. 또, 스프레드 시트로 상품 리스트를 만들면 해외 영문, 중문 상품명을 붙여 넣어서 구글 번역 함수를 적용하면 외국어 상품명을 손쉽게 한글 상품명으로 자동 번역할 수 있다.

> =GOOGLETRANSLATE(변환할 텍스트, "대상언어", "원하는 언어 ")
> 예) =GOOGLETRANSLATE(A10,"KO","EN ")

4) 롱테일 키워드 세팅

❶ 스마트스토어 통계분석 유입 검색어를 활용한다.
❷ 페이지 유입이 있는 상품은 반드시 롱테일 키워드를 광고한다고 생각하자.
❸ 롱테일 키워드 추출 → 네이버 광고 관리 시스템 > 도구 > 키워드 도구 > 월간예상실적보기로 들어가서 키워드의 효용성을 파악한 후 광고를 집행하면 된다.
❹ keywordshitter와 같은 도구를 사용하여 롱테일 키워드를 뽑고 전략 상품당 50개씩 광고를 한다.

5) 네이버 쇼핑 노출 위치 확인(비즈랭킹, 스마트오너 활용)

❶ 오픈 마켓 가게명과 상품명을 조회하여 노출 위치를 기록한다.
❷ 네이버 쇼핑 3p 이후는 의미 없다고 생각하자.
❸ 검색 수 10은 쓸모가 없다는 뜻이다.
❹ **키워드를 지속적으로 관리하는 표를 만들자. 스타 상품을 만드는 필수 작업**

6) 네이버 쇼핑 노출을 위한 추가작업

❶ 페이지 타이틀과 메타디스크립션은 연관 검색어 조회 수를 활용
❷ 모델 코드, 바코드 정보를 적극 활용한다.
❸ 네이버 노출에 모든 영역에 상위 노출을 구축한다.
❹ 경쟁사의 메타디스크립션과 키워드를 뛰어 넘어야 한다.
❺ 경쟁사 SNS 마케팅 전략, 키워드 지속적으로 벤치마킹한다.
❻ 모바일에 최적화된 화면으로 제작한다.

7) 네이버SEO 효율 UP 전략 1

❶ 경쟁 업체의 판매 개수를 모바일 버전으로 확인해라
❷ 경쟁 업체의 평균 판매량이 안 나오면 장바구니에 담아서 매일 남은 재고수의 변동과 매출 변화를 체크하라.(옛날 방식으로 오랫동안 누구나 사용해 왔으나 네이버에서 Block 할 것으로 예상됨)
❸ 경쟁 업체의 가격 비교로 묶인 상품은 1주일 동안 그루핑 된 업체들의 주문량과 구매평 변동을 체크하라.
❹ 경쟁 업체의 메타 네임과 키워드를 체크하라.

❺ 판매량보다 더 좋은 SEO 작업은 없다.

❻ 배송비 묶음 배송 설정은 도매처마다 묶어서 배송비 템플릿으로 관리할 수 있다.

❼ 상품 등록 시 미리 준비한 템플릿으로 출고지와 배송비를 한 번에 불러와서 손쉽게 등록하라.

❼ 복사 등록이 오히려 상품 노출이 잘되는 이유는 주로 단일 상품이기 때문임을 기억해라.

알쓸신잡 TMI

자사몰일 경우 반응형 페이지가 유리합니다. 모바일이 주문의 주요 채널로 자리 잡은 요즘, 고객이 사이트 진입 후 모바일에서 가로로 스크롤바를 움직이거나 두 손가락으로 확대할 상황이 발생하면 10초도 안 되어 대부분 떠난다고 보시면 됩니다. 웹 사이트가 반응형인지 체크하려면 다음과 같은 사이트에서 URL을 넣고 확인해 보면 됩니다.

http://banweb.kr/

8) 네이버 SEO 효율 UP 전략 2

❶ 일반 고객 혜택과 일반 구매평에 대한 고객 혜택을 아끼지 마라.
   1달 사용 후 동영상 후기에 대한 보상을 아낌없이 줘라!

❷ 상세 이미지 만들고 난 후 1초 이내에 구현이 가능한 용량인지 확인해라.
   상세 이미지 크기를 확인하라.(예: 가로 860Px)

❸ 모바일 모드 보기로 문단과 배치를 확인하라.

❹ 네이버 검색 로봇 상위 노출에 추가적으로 고려할 요소
   - 일정 기간 동안 체류 시간(고객 체류, 판매자 로그인)이 지수화 된다.
   - 일정 기간 동안 클릭 수(인기도와 관련하여)가 지수화 된다.
   - 일정 기간 동안 판매 볼륨이 2, 7, 30일 단위로 집계된다.
   - 구매평 중 한 달 후 동영상 구매평 수(사진 포함)가 상대적으로 크게 반영된다.
   - 페널티 점수 – 리셋과 별개로 페널티는 누적적으로 집계되어 마켓 품질에 반영된다.

요약!

결국 SEO 기본적인 작업 방식은 특정 검색어를 웹페이지에 배치하고, 다른 웹페이지에서 링크로 연결되도록 하는 것이다.
스마트스토어 경우에는 키워드 조회에 대비한 키워드 배치가 핵심이고 외부에 블로그, 지도, 동영상, 카페, 포스트, 웹 문서 등에 상품명과 URL을 배포하고 광고로서도 노출해야 한다.

SEO 효과를 배가시키는 운영 팁들

1) 카탈로그 가격 관리 그루핑 작업에 대해

'1 item Magnifying 전략'

네이버 쇼핑은 강력하게 어뷰징을 단속하고 있고 그 방법도 점점 진화하고 있습니다. 최근 몇몇 판매자들에 의해 가격 비교 그루핑에도 반칙이 횡행하고 있습니다.

일단 자신의 상품명과 상세 페이지를 유니크하게 만든 다음, 각 오픈 마켓에 동시에 진열하고 자신의 상품끼리 묶은 다음 하나의 상품에 밀어주기를 하는 의도적 차별을 주는 그루핑 방법은 그야말로 애교 수준입니다. 모두 기술하기 어려울 정도의 어뷰징 방법으로 계정이 정지될 만한 반칙 행위들이 늘어나고 있습니다. 제발 인위적으로 억지 작업을 하지 말길 바랍니다. 잠시 반짝일 수는 있어도 장기적으로 잘되는 사람은 못 봤습니다.

한편, 상품 론칭 시 아는 사람에게 몇 개 사달라고 하는 정도야 전 세계 어디든 판매자라면 다 이해할 수 있지만 특정 시간에 초저가로 일시 할인하여 순간 주문 폭증 작업은 스스(스마트스토어)에서는 통하지 않습니다. 발각되면 바로 마켓 계정이 정지되고 1년 동안 가입이 거부됩니다.

2) 도매 상품 등록과 SEO

스마트스토어 SEO 핵심 4대 요소는 뭐니 뭐니 해도 판매량, 상품명, 카테고리, 구매평이다!

도매 업체 상품을 등록할 경우 가급적이면 상세 페이지를 새로 만들어 등록하고 그 중에서 전략 상품은 최적화 작업을 병행하면 경쟁이 치열한 도매 상품도 자연스레 매출이 높아집니다.

타오바오, 1688, 알리바바 상품을 소싱하기 위해서는 주변에 중국어 능통자가 있으면 모르지만 중국 상품의 이미지 안에 들어 있는 글자는 '플리토' 사이트에 번역을 의뢰하거나, OCR 기능으로 추출하여 정확한 상품 정보를 먼저 확인해야 합니다. 이때 상세 페이지를 종이에 프린트해서 모바일 구글 번역 앱으로 확인하든지 모니터 위에서 바로 확인하려면 빛 간섭을 없애는 무광 보안막이 설치되어 있으면 인식률이 높아져 좀 더 빠르게 글자를 인식할 수 있습니다. 그러나 잘 안하게 되는 방식이죠. 아니면 크롬 웹스토어에서 COPYFISH 같은 OCR 앱을 써서 텍스트를 발라내어 확인하고 소싱하는 편이 좋습니다.

또, 네이버 웨일을 사용하여 중국 상품의 이미지를 네이버 쇼핑 렌즈로 네이버 쇼핑에서 찾아 가격 경쟁력과 판매량을 측정하는 것이 습관이 되어야 합니다.

이렇게 해서 소싱한 상품이 잘 팔리게 되면 EC모니터 솔루션이나 플레이오토를 활용해 큐텐에 도 상품을 진열하고 역직구로 해외 판매자에게도 간편하게 판매를 시도해 봅니다. 참고로 해외에서 들어온 주문을 위한 배송은 상품을 국내 큐텐 물류지로 배송하면 큐익스프레스를 통해 해외로 배송됩니다.

잠깐만요! 사소하지만 잘 모르는 꿀 TIP

> 카달로그 가격 비교는 보통 검색 로봇에 의해 자동으로 묶이게 되지만, 가격 비교 그룹에 묶여도 경쟁력이 있다고 판단되는 상품은 쇼핑 파트너 센터에서 상품 관리 탭을 열고 상품 현황 및 관리에 들어가서 네이버 쇼핑에 서비스 상품 중 상품을 선택해서 가격 비교 매칭 요청을 하면 되는데 서비스 아이디에 MID 값을 넣고 최저가로 묶으면 상위의 구매평을 내가 먹는 꼴이 되며 주문이 활성화된다.
> 또한, 쇼핑 파트너 존에서 카테고리 매칭 오류 상품은 주문이 잘 안 들어온다는 사실을 알아야 하며 네이버 쇼핑에서 삭제된 상품은 수정 신청을 해서 살려야만 노출이 된다.
> 쇼핑 파트너 존 → 상품 관리 → 네이버 쇼핑에 노출 확인 → 삭제 상품 확인 → 수정 신청

3) 판매 방해 고객 관리

진상 고객과 소모적인 시간 낭비와 스트레스를 줄여야 한다.
판매 방해 고객을 리스트업 하여 스토어 구매 행위를 블록시켜야 한다.
1000명까지 가능하나 낮은 구매평을 제거하기 위한 목적으로 활용은 불가하다는 사실!

4) 꼼수 보석함

❶ 꼼수 보석함 1 – ACTIVITY 유지 전략

"누적 효과가 마켓의 운명을 좌우한다"

- 잘 팔리던 제품이 단종이거나 품절 나면 그대로 두고 유사 상품을 찾아 이미지 바꿔서 상품평을 그대로 사용한다. 마켓에서는 당연히 금지하고 있지만 아마존도 스마트스토어도 셀러들 간에 논란은 있다.
- 좋은 상품평을 구하기 위해 고객에게 쿠폰 발송을 하면서 좋은 구매평과 Deal을 하지 마라. 쿠폰은 고객한테 그냥 쏘는 것! 감동하면 구매평은 자연스럽게 달리게 된다.
- 고객 반응을 상품 페이지에 피드백 반영해서 유입을 늘려라(매우 중요)
  "고객이 동영상 구매평을 작성하면 반드시 상세 페이지 최상단에 올린다"

❷ 꼼수 보석함 2 – 상세 페이지(쇼핑 가이드)를 활용한 키워드 태깅

- 상세 페이지의 FOOTER는 왜 이미지로 쓰는 것이 당연하다고 여기는가?
  텍스트로 쓰고 키워드가 될 만한 요소를 넣어 봐라. 아래의 예시 응용 필요

- 상품 페이지에 배대지 운영 정책을 활용한 키워드 배치로 검색에 노출시킨다.
  예) 배대지에서 일부 상품의 '언박싱 불가 '상품에 대한 리스트를 공지하면서 유명한 대 키워드를 상세 페이지에 녹여 넣는다.

  이렇게까지 해야 하나 묻겠지만 검색 로봇에 노출이 될 수만 있다면 불법이 아니면 뭐든지 해야 한다는 생각을 해야 한다.

- 배대지 운영 정책 공지를 활용한 하나의 구체적인 예

"최근 유명 브랜드의 박스포장 자체를 레어템으로 판단하여 주문하는 고객이 늘어나면서 배대지에 도착한 상품의 박스를 훼손하지 말고 출고 해달라는 요청이 증가함에 따라 다음과 같은 상품의 포장은 개봉하지 않고 출고합니다.

나이키에어맥스97, 나이키플라이니트, 아디다스슈퍼스타, 크록스크록밴드……" 등등 인기 있는 아이템을 키워드로 열거하여 올린다.

5) 생각보다 괜찮은 구매 대행 약관

한국소비자보호원에 제소할 거야

- 구매 대행 약관을 작은 배너 노출로 클릭할 수 있게 준비하세요.
- C/S 챕터 참조하세요.

한국소비자보호원, 공정거래위원회, 마켓의 안전거래관리팀 모두 소비자 편입니다.
판매자를 위한 장치는 결국 약관밖에 없지요. 비상식적인 고객이 많아짐에 따라 약관과 쇼핑 가이드, FAQ에 사전에 고지해 놓는 일이 점점 더 중요해지고 있습니다.

공정거래위원회에서 마련한 구매 대행 표준 약관을 검색 창에 조회하여 정의되지 않는 분쟁 건들을 삽입하여 마켓에 첨부시키면 됩니다.

우리가 자동차를 사도 보험을 계약해도 무심코 약관에 동의하고 분쟁시에는 약관 때문에 억울하게 피해를 보기도 하죠. 그렇다고 말도 안 되는 내용을 판매자에게 유리한 내용만 일방적으로 넣으라는 이야기가 아니라 진상 고객으로부터 방어를 위해 상식적인 일처리를 위한 보호 장치로 생각하면 됩니다.

약관은 기본적으로 공정거래위원회와 한국소비자보호원이 규정한 상위 법규가 우선합니다. 그러나 정의되지 않는 일반적인 분쟁은 약관에 담으면 법률에 위반되는 요소가 아닌 이상 약관은 매우 큰 위력을 발휘하게 됩니다. 구매자에게 상세 페이지 상단에다 '상품을 주문한다는 뜻은 본 쇼핑몰의 약관에 동의하는 것'으로 간주한다는 내용을 명기하고 링크가 달린 배너를 만들어 놓는 것이 중요합니다. 그리고 실무적인 내용이나 시의성을 타는 건들은 FAQ를 잘 활용하면 됩니다. FAQ에는 명절 배송 지연, 부피 무게 문제, 관·부가세 문제, 합산 과세 문제, 모니터 색상 문제 등을 공지하면 됩니다. 스스로 판매자를 보호해야 합니다.

12 앞선 검색 엔진들을 통해 알게 되는 SEO 팁

1) 캐노니컬 요소

❶ 아마존은 구글의 검색 정책에 부응하여 키워드를 5개만 검색되게 하고 이베이는 모든 키워드를 검색에 반영하는 형태를 취해 왔습니다. 결과적으로 아마존이 더 좋아졌죠.

❷ 우리가 네이버 위주로 SEO 작업을 하고 있지만 구글 검색 엔진의 서칭 조건까지 만족시키려면 다섯 키워드를 넘지 않게 상품명을 작성하는 것이 좋다는 의미입니다.

❸ 또, 네이버 쇼핑에 노출되는 자사 쇼핑몰은 Canonical URL을 고려해야 최적화에 유리합니다. 검색 로봇은 하나의 도메인에 연동되어 있는 서브 도메인들이 대표 URL이 지정되지 않으면 여러 차례 서칭 작업을 하는 결과가 되어 최적화 효율이 떨어지는 결과를 낳게 됩니다. 즉 하나의 쇼핑몰에 연결된 도메인이 많아도 대표URL 아래 종속적으로 연결을 시켜야 검색 엔진의 유입이 쉬워진다는 뜻입니다.

❹ 구글의 캐노니컬 알고리즘을 네이버 쇼핑도 따라가고 있습니다.

❺ 네이버와 구글을 동시에 만족시키는 상품명으로 조합하는 것이 좋습니다.

❻ 5개 핵심 단어로 타이틀을 만들고 나머지 키워드는 Tag나 상세 페이지 txt에 담으면 됩니다.

2) 네이버 VS 아마존의 다른 PPC 가치

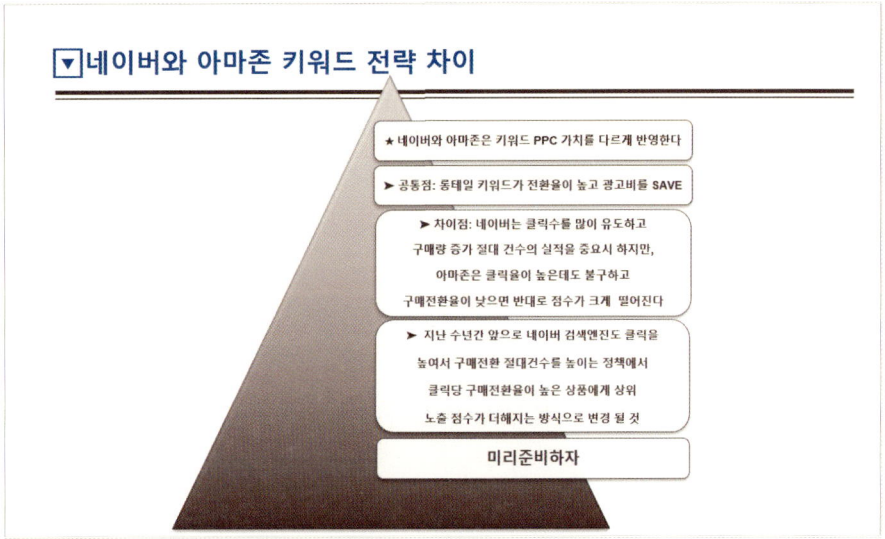

- **공통점** : 롱테일 키워드가 구매 전환율이 높고 광고비를 SAVE 한다는 점이 같습니다.

- **차이점** : 네이버는 클릭을 많이 유도하고 구매 전환 절대 건수의 실적을 중요시하지만, 아마존은 클릭율이 높은데도 불구하고 구매 전환율이 낮으면 반대로 점수가 크게 떨어집니다.

- 지난 수년간 구글과 아마존을 뒤따라왔듯이 앞으로 네이버 검색 엔진도 클릭을 높여서 구매 전환 절대 건수를 높이는 정책에서 클릭당 구매 전환율이 높은 상품에게 상위 노출 점수가 더해지는 방식으로 변경될 것입니다. 미리 준비하죠.
상품 관리가 안 되는 상품이 마켓에 좌~악 뿌려져 있으면 마켓으로부터 좋은 점수를 받을 수 없다는 기본 원리에 충실한 결과를 낳을 것입니다.

- 나중에 스마트스토어에 진입하는 사업자는 더 힘들게 될 가능성이 큽니다.

오늘 광고해서 내일 상위 노출 보장되는 로직은 점점 줄어들 것이구요. PPC 반영 지수도 결국 아마존의 형태를 따라 갈 것으로 봅니다. 네이버 입점 판매자에게도 결국 아마존과 같이 판매자의 여러 가지 퍼포먼스와 크레딧을 점수화 해서 노출될 것이며 향후 새롭게 진입하는 셀러는 더 많은 자본과 시간을 필요로 할 것으로 예상됩니다.

아마존이 로그인 상태에서 검색하기도 전에 자료가 SORTING 되는 소비자 맞춤형 탐색 기능이 구현되듯이 네이버와 국내의 전 오픈 마켓에도 이미 도입되었지만 앞으로는 점점 더 진화된 방식으로 개선될 것입니다. 얼마 지나지 않아 모바일 음성 검색이 활성화될 것이며 VR 쇼핑몰도 많아질 것입니다.

3) 구글의 발자국을 보면 네이버가 보인다
구글의 검색 엔진 업데이트에 따른 SEO 변화 – 롱테일 키워드 중요성이 급부상

구글 검색 엔진의 변화에 따라 국내 엔진도 시차를 두고 뒤 따라 왔습니다.

구글 엔진은 SEO → SXO로 전환되었습니다.(계속 좋은 검색 체험 제공)
사용자들의 검색 결과를 축적하여 의도를 정확히 이해하는 방향으로 가고 있죠.

아래는 구글 검색 엔진이 업그레이드될 때마다 변화하는 로직을 보여줍니다.

1. 페이지랭크('1988) : 구글 검색 로봇 페이지 랭크는 링크의 숫자가 중요시하게 되었다.
2. 카페인('2009) : 카페인으로 업그레이드되어 인덱싱 알고리즘이 적용되었다
3. 판다('2011) : 판다 검색 엔진부터 콘텐츠의 품질을 중요하게 판단하게 되었다
4. 팽귄('2012) : 스팸에 대한 대응이 시작되었다. 네이버도 2년 후 스팸 필터 보안관제 도입
5. 허밍버드('2013) : 허밍버드 부터는 긴 문장, 음성검색, 구어체를 반영하게 되었다
6. 랭크브레인('2015) : 이 엔진부터는 AI 기술이 도입이 되었고 글의 의도를 반영하기 시작

체류 시간 기준 도입, 경험치 누적 반영하여 모든 것을 지수화하고 있고 네이버도 지난 몇 년 차로 구글 엔진을 벤치마킹 해왔고 이제는 구글 검색 엔진 방식을 적극적으로 표방하고 있다고 말하고 있습니다.

4) 쿠팡의 SEO가 정말 궁금했다. 쿠팡 최적화 핵심 노하우
쿠팡은 진짜 이것만 잘 하면 돼!!

쿠팡에서 SEO를 적용시키는 항목은 네이버보다 단순한 편이지만 그 대신 쿠팡 SEO 작업 요소를 만지는 것과 하지 않는 것의 차이는 스마트스토어보다 폭이 큰 편입니다.

❶ 키워드를 어디서 추출해야 정답인가?

키워드를 소비자 페이지에서 추출하여 제목, 태그에 잘 반영해야 한다. 네이버 우선(×)

예) '헤드셋'을 네이버 쇼핑과 쿠팡에서 조회해보자.

겹치는 키워드는 당연히 있겠지만 결과 값은 상당히 다른 것을 확인할 수 있다.
누구를 위해 키워드를 선보이려 하는가? 쿠팡 고객이다. 그러면 쿠팡 고객이 많이 조회하는 창에서 키워드를 추출하는 것이 당연히 중요하다.

❷ 키워드의 띄어쓰기 인식 구분이 없어졌다.

단어별 띄어쓰기를 각각 키워드를 입력해야 했던 쿠팡이 네이버처럼 띄어쓰기 구분이 없어졌다. 네이버 광고 관리 시스템에서 키워드 도구를 써서 띄어쓰기를 조회해보라. 그러면 띄워 쓰기가 무시되는 것을 알 수 있다. 쿠팡도 같은 로직으로 바뀌었다.

❸ 검색 옵션의 비중이 상대적으로 스마트스토어보다 커졌다.

SEO할 소재가 덜 다양하기 때문에 상품을 구성하는 소재와 디멘션 등 검색옵션을 충실하고 정확하게 넣는 방법이 노출이 잘된다.

예) 힐높이 3Cm, 소재 가죽 등등 …

❹ 아무 상품이나 메인 키워드로 광고하는 것이 아니다.

- 핵심 상품 위주로 메인 키워드로 승부하고 상위 20%의 상품에는 롱테일 키워드 광고를 깔아라.
- 어떻게 하든 위너 시스템에서 자리 잡고 구매평을 쌓아라.
- 상품을 먼저 올리는게 어드벤티지가 있으므로 새로운 상품을 계속 올리자.

❺ 나만의 브랜드를 구축하자.

쿠팡은 위너 시스템에서 경쟁자를 밀어 내려면 나의 브랜드와 로고, 포장을 구성한 후 대표 이미지를 수정해서 쿠팡 판매자 센터에 다른 상품임을 강조하고 경쟁자가 컷오프를 될 때까지 요청한다.

❻ 기획전을 구성하자.

나의 기획전을 유니크하게 운영하자.

❼ 셀러의 쿠팡 스토어를 구축하라.

쿠팡이 다른 마켓의 미니샵처럼 쿠팡 스토어를 전략적으로 밀고 있다. 올라타라!

❽ 광고도 해야 한다.

광고비를 내렸다. 가격이 비싸서 엄두를 못냈던 사업자들을 위해 클릭당 250원에서 100원으로 내렸다. 어차피 경쟁은 비슷하게 어렵다. 크게 시험 삼아 질러라. 반응이 올 것이다. 대신 광고비는 내가 설정한 1등 금액으로 빠져나가지 않는다. 2등 금액으로 빠져나간다. 키워드에 과감하게 배팅하란 얘기!

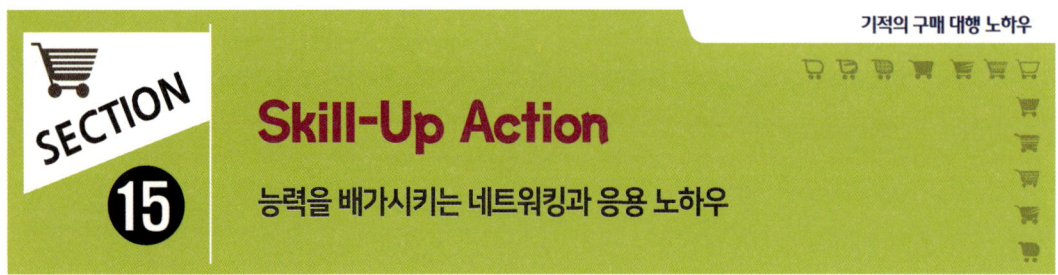

SECTION 15 Skill-Up Action
능력을 배가시키는 네트워킹과 응용 노하우

❶ Skill Up! Catch Up!

나를 성장시켜 주는 꿀 정보. 행동은 당신의 몫!

1.1 비즈니스 및 커뮤니티 사이트

1) 비즈니스를 위한 필수 사이트

K-스타트업은 정부의 창업 포털 사이트로 각종 창업 지원 사업을 지원합니다.

http://www.k-startup.go.kr/

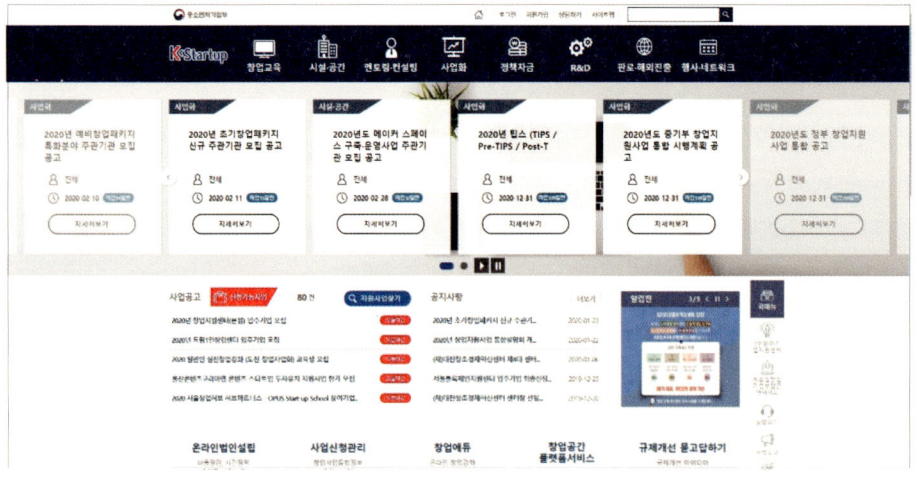

2) 일반 커뮤니티 사이트

- 셀러오션 카페(https://cafe.naver.com/soho)
- 온유(https://cafe.naver.com/zelpia/105230)
- 내일연구소 카페(https://cafe.naver.com/255)

- 해외 구매 대행마니아(http://cafe.daum.net/globas)
- 유통과학연구회(https://cafe.naver.com/dbstnzld1/475634)
- CBT Leaders club(https://cafe.naver.com/amazonsell/433)
- Ebay(https://cafe.naver.com/ebayandream.cafe)

1.2 네트워킹

1) 스터디 그룹 운영과 방법

- 동종 업계의 스타트업 사업자 간의 정기적인 미팅과 노하우를 공유하는 모임
- 스터디는 '숙제-완수 체크-페널티-성과 공유-디스커션'의 과정을 거칩니다.
  반드시 리더가 있어야 하고 약속 위반에 대해서는 용서가 없는 편입니다.
  임무 불이행자가 스터디룸 렌트비나 식사비를 부담하는 방식이 효과적입니다.

2) 스터디 네트워킹의 목표 설정

스터디를 하면서 이루고 싶은 GOAL을 정해서 공유합니다. 보통 웹이 아닌 종이로 써서 보이게 하는 방법이 효과가 좋습니다.

3) 스터디 그룹의 효과

짧은 시간에 많은 정보를 공유할 수 있습니다. 외로움을 덜어낼 수 있으며 사람과의 만남으로 같은 일을 하는 동질감을 느낍니다. 업무를 분장하거나 공동 수익을 위해 한마음으로 실천하게 됩니다.

4) Output 기록 인쇄 매체로 종이 매체로 기록하고 공유하라

스터디는 자칫 배타적이고 독선적으로 흐를 위험이 있으며 독단적 운영은 파행을 맞는 경우가 많으니 서로 간의 공감이 매우 중요합니다.

잠깐만요! 사소하지만 잘 모르는 꿀 TIP

■ 교재 제작 공유 추천 사이트
피오디넷(http://www.podnet.co.kr/calc)
온페이퍼(http://www.onpaper.kr)

■ 스터디 장소 추천

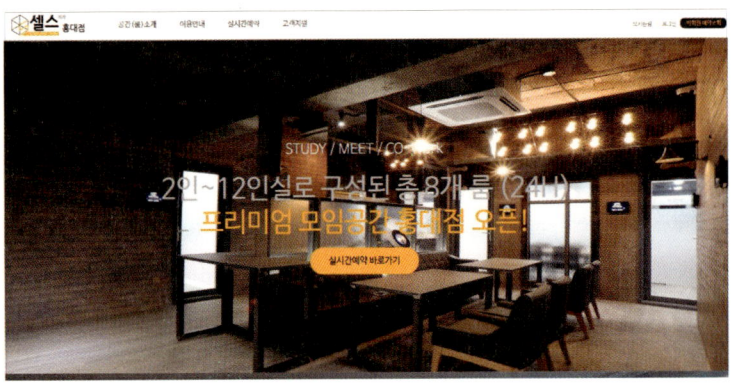

셀스스터디	슈퍼스타트	토즈	윙스터디
스터디룸 인	커피랑도서관	스페이스 클라우드	스터디카페 채움
스터디카페 서당	소셜팩토리	팀플레이스	코지모임공간
영스스터디카페	더플레이스 몰입	굿브라더스페이스	브레인스펙세미나
종로유쾌한 발상	브런치	혁제관	앤드스페이스
세미나공간드리움	토브헤세드		

스터디원들의 주거 위치를 고려 연간 계약 하는 것이 동기 부여도 되고 가격적으로도 유리합니다.

1.3 협업 도구

1) MS Teams

마이크로소프트 Office365를 활용한 협업을 위한 무료 도구입니다. PC, 맥, 스마트폰(안드로이드, IOS) 모두를 지원하며 조직을 만들어 실시간 채팅 및 파일 공유가 가능합니다.

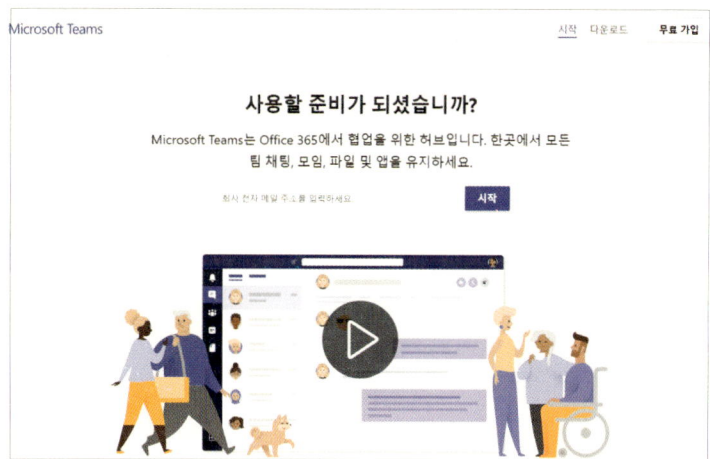

2) 구글 드라이브

구글 드라이브는 각종 문서 및 파일 등을 만들고, 공유 및 보관할 수 있는 도구입니다. 파일 및 폴더를 다른 사람과 공유할 수 있는 클라우드 기반 협업 도구로 공동 작업에 많이 사용되고 있습니다. 서로의 미션 보드로 로그인하거나 공동 작업과 출석표, 채팅까지 할 수 있는 도구입니다.

잠깐만요! 사소하지만 잘 모르는 꿀 TIP

■ 협업에 도움이 되는 마인드맵 프로그램 추천
1. 오케이마인드맵- 무료. 채팅과 공동 작업, 프레젠테이션 기능
2. 씽크와이즈 – 생각을 성과로 바꾸는 협업 도구(구글 캘린더 연동)
3. XMind
4. 마인드맵

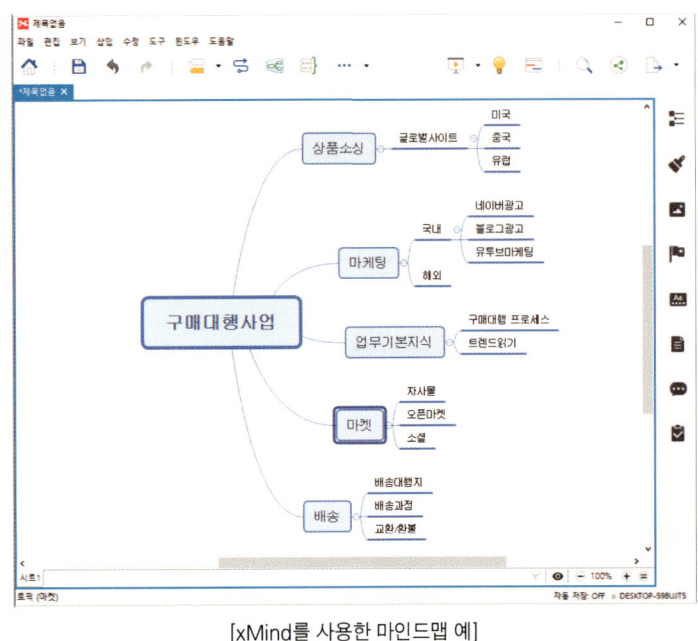

[xMind를 사용한 마인드맵 예]

1.4 마켓 MD 미팅

여러분의 상품과 마켓이 시장 경쟁력이 있는 차별화된 상품으로 보인다면 오픈 마켓 MD에게 직접 컨택이 오며 기획전에 참여할 기회를 받을 수 있습니다.

그게 아니라면 종종 열리는 오픈 마켓 MD 간담회에 참여하는 것 역시 좋은 방법이 될 수 있으며 전화해서 기획안을 들고 자꾸 만나야 합니다. 보통의 경우 만나는 만큼 돈이 쌓입니다.

- 오픈 마켓 MD와 기획전 및 딜을 협의한다.
- 오픈 마켓도 경쟁사 보다 좋은 셀러 확보를 위해 적극적인 영입 노력을 한다.
- 제안을 할 때는 양식에 맞게 제대로 기획해서 협의한다.
- 잘 만든 기획서(직관적이고 쉬운)는 100통의 스팸성 메일 보다 낫다.

1.5 해외 판매 응용

제법 잘나가는 아이템을 확보한 경우 아이템이 국내 마켓에서 주문이 한계를 보이고 확장성이 떨어질 때 큐텐(QOO10)이나 이베이, 아마존 등에 물건을 올리고 One source-multi use 개념으로 활용할 수 있습니다. 역직구는 또 다른 시장으로 많은 공부와 준비를 해야 합니다.

1) 역직구

직구의 반대말로 해외에 물건을 판매하는 형태입니다. 해외 소비자가 국내 인터넷 쇼핑몰에서 상품을 직접 구입하는 것이죠.

■ 쇼피(http://shopee.kr)

동남아시아 7개국에서 실 사용자 수 1억 3천만 명 이상인 동남아 최대 오픈 마켓입니다.

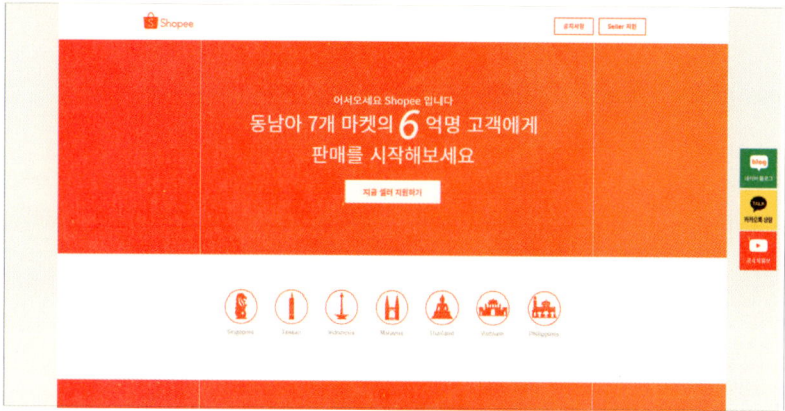

■ Amazon 또는 Walmart에서 eBay, Shopify 또는 Amazon으로 dropship 쉽게 하기

손쉽게 드랍 쉬핑 상품을 끌고 와서 이베이와 쇼피파이에 판매하고 손쉽게 주문 처리하는 APP입니다. 국내에도 전문 교육 강사가 있습니다.

• https://easync.io

놀라운 오토메틱 드랍 쉬핑을 경험할 것입니다. 반면 앱에 대한 의존성이 생겨서 계정에 대해서 신중함을 잃어버릴 위험성이 있습니다.

크롬 확장 APP을 설치하고 사용법 동영상을 유튜브에서 확인하세요. 시스템에 맡겨버리면 아마존에서 주문 취소나 계정 정지가 될 위험성도 있습니다. 단, 역직구 영역이라 공부를 충분히 하셔야 합니다.

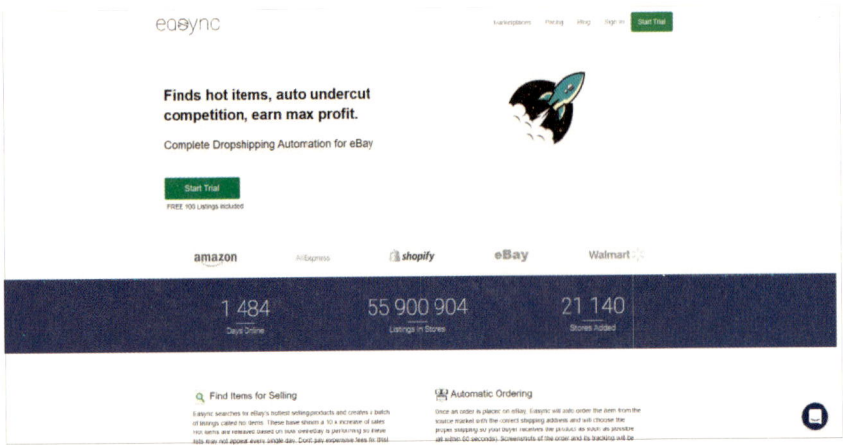

■ K-mall 해외 전자상거래 정보, 파워 셀러 판매 팁

자신의 상품이 확보되면 해외에도 판매를 하고 싶은 욕심이 생깁니다.
이대 중소기업진흥공단이나 KITA를 활용해 보시고 또, K-mall도 살펴보세요.

• https://www.kmall24.co.kr

■ 도어로(해외/FBA 배송)

해외로 물건이 나갈 때 도움이 되는 경쟁력 있는 배송 채널입니다.

• http://www.doorro.com/web/

2) 해외 직구 예상 세액 조회 시스템

• http://www.customs.go.kr/kcs/main.do#tax

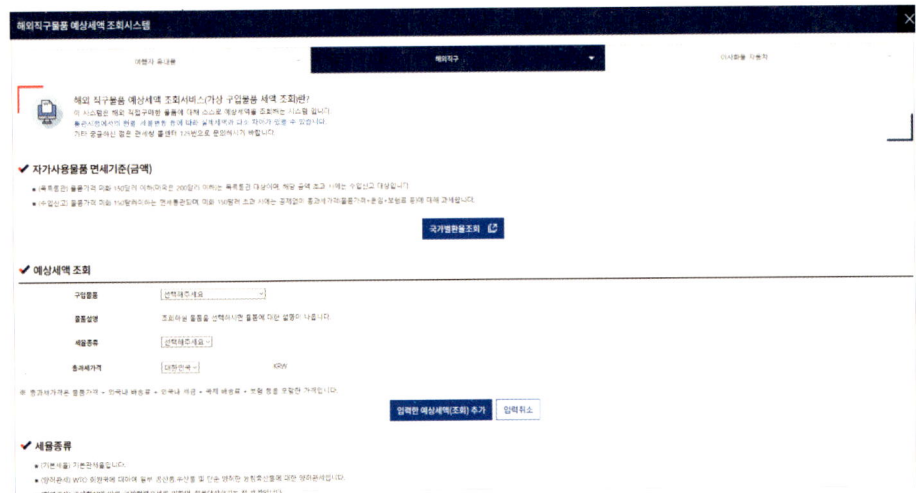

퍼스널 레이블을 키우는 방법

2.1 PL(Personal Label) 작업 순서

1) 제품 브랜드 메이킹 작업

1. 브랜드를 결정
2. 로고 결정: 테일러브랜즈, fiverr.com, 비즈하우스, 성원애드피아 사이트를 활용하세요.
3. 상표권 등록(변리사를 통하면 200~400만 원이 소요되나 스스로 하면 30만 원 내외에 할 수 있습니다.)
4. 해외 상표권 등록
5. 브랜드 몰, 오픈 마켓의 미니샵 구성

잠깐만요! 사소하지만 잘 모르는 꿀 TIP

> 로고 만드는 사이트를 소개합니다.
>
> 쿨택스(Cool Text)
> 로고팩토리(LOGO FACTORY)
> 로고디자인(Logo Design)
> 로고가든(LogoGarden)
> 로고메이커(Logo Maker)
> 로고인스턴트(LogoInstant.com)
> 테일러브랜즈(https://www.tailorbrands.com)
> 그래픽스프링스(https://www.graphicsprings.com)
> 플래밍텍스(http://www.flamingtext.com)
> 온라인로고메이커(https://www.onlinelogomaker.com)
> 로고메이커닷컴(https://logomakr.com)
> 로고포니(https://app.logopony.com/en/details)
> 플레이스잇넷(https://placeit.net/logo-maker)
> 로가스터(https://www.logaster.com)
> 로고지니(https://www.logogenie.net)
> 로고타입메이커(https://logotypemaker.com/logo-maker)
> 로고스퀘어스페이스(https://logo.squarespace.com)
> 유아이드로우(https://www.youidraw.com/#logocreatorapp)
> 프리로고서비스(https://www.freelogoservices.com)

- 로고를 샘플에 인쇄해서 시제품을 만들려면 3D프린팅 '메이커스 스퀘어' 같은 공간을 활용하자.
- 해외에 판매하려면 해외 상표권도 등록한다.
- 자사 브랜드 몰을 구축하고, 오픈 마켓의 미니 샵도 구성한다.

2) 판매 제품 탐색

- 제품명을 영작한다.
- 마켓 베스트셀러 확인 후 벤치마킹하고 모방하고 참고한다.
- 상품군의 상품 가격과 시장조사 얼마나 많은 수요가 있는가?
- 경쟁사 판매량과 경쟁력은 어떤 지 탐색한다.
- B2B마켓 OEM 상황을 우선 확인한다.
- 대형 마켓의 판매량 확인
- 국내 도매 업체 컨택은 반드시 오프라인 미팅이 필수이다.
- 이우시장, 광저우시장, 1688, 알리바바 등 중국 제조 공장을 컨택한다.

3) 상품 리스팅

- 키워드 추출 세팅
- 타이틀 결정
- 마케팅 포인트 찾기 상세 설명에 결핍을 찾아 반영한다.
- 제품 사진 촬영과 편집

4) 최적화 작업

- 검색 노출 섹션별 SEO 작업을 모두 세팅한다.(파워 링크, 네이버 쇼핑, 블로그 영역 등)
- 마켓 퍼포먼스 지수 UP 작업(구매평, 판매량 UP)

5) 물류 관리

- 3PL 업체를 써서 일손을 줄여야 —마이창고, 플랜로지스 등
- 포장에 메탈 스티커나 럭셔리 포장을 활용하여 가치를 높인다.
- BOX는 박스닷컴, 153박스의 몰도 좋으나 방산 시장 같은 오프라인에서 맞춘다.

2.2 PL화 작업 시 주요 고려 사항

- 구매에 망설임 없는 1만 원~5만 원 내의 상품으로 승부하자.
- 사이즈가 작은 상품을 취급하는 것이 여러모로 유리하다.
- 통관에 문제가 없는 상품을 우선으로 취급하며 제 인증에 유의해야 한다.
- 심플한 상품으로 불량률이 낮고 반품 가능성이 적은 물건으로 하자.
- 디자인이 좋고 제품의 모서리 등의 위험 요소가 없는 제품이 좋다.
- 인증 필수와 같이 인허가 장벽이 높은 제품일수록 수익률이 높아진다.
- 개별 상품 Personal Label화 한 후 최저가로 세팅한다.

2.3 개별 상품 Personal Label화 최저가 세팅

- 내 아이템을 나만의 브랜드로 런칭
- 국내 3D 프린팅 업체를 활용하여 시제품 만들어 본다.
  (문래동 메이커스 유니온 스퀘어 makersunionsquare.com을 활용하는 것도 하나의 방법)
- PL화 작업의 시작은 로고 창작부터 한다.
- 로고 인쇄(의류, 모자, 컵 등)
- 샘플 작업(3D 프린팅을 활용)

3 아웃 소싱

아웃 소싱을 통한 업무 효율화가 중요합니다. 상품 등록 효율화 작업을 위한 알바 고용하기 및 알바 고용 문서 작성법에 대한 지식도 필요하죠.

1) 아웃 소싱 기준 정하기
모든 일을 혼자 하려고 하지 마세요. 나눠서 하면 수익이 오히려 커집니다.

2) 자신의 effort 단순 계수화 하기
모든 작업에는 투입 비용과 산출 수익이 있습니다. 항상 정확하게 측정하고 일을 설계해야 합니다.

3) 자신의 연봉 or 연간 예상 revenue 값/365 = 1일의 수익
- 1일의 수익/노동 투입 시간 = 시간당 자신의 가치
- 시간당 나의 업무 가치 = ((연봉÷12개월)÷30일)÷근무 시간

나의 시간당 가치와 외주 비용을 비교해서 비슷하면 외주를 맡기는 것이 좋습니다.

4) 아웃 소싱 = 투자

아웃 소싱의 기준은 현실적으로 돈을 벌어야 아웃 소싱을 하지라는 생각보다는 아웃 소싱을 해야 돈이 들어 오지라는 생각으로 투자로 보는 시각이 현명합니다.

5) 현실적인 아웃 소싱 방법

처음 시작할 때는 근로 계약보다 용역 계약이 좋아요.

6) 프리랜서 계약

시간 알바보다 프로젝트성 건 바이 건 프리랜서 계약 형태가 좋습니다.

7) 지인은 피하자

알바는 절대 아는 사람을 쓰지 않는 게 좋습니다.

8) 전자 계약을 하기 위한 추천 사이트(Modusign 모두사인 - modusign.co.kr)

Modusign으로 서명 날인하고 전자 계약을 해 뒷말이 나올 애매한 상황을 처음부터 만들지 않는 것이 중요합니다.

계약서 파일을 업로드하여 서명을 요청하고 상대방은 회원 가입 없이 이메일 카카오톡 링크를 통해 서명할 수 있죠. 언제든지 5분 내에 빠르게 투명하게 계약을 체결할 수 있다는 점이 큰 장점입니다.

이와 같은 전자결제는 감사 추적 인증서를 통해 모든 참여자의 행위를 전자 형태로 기록하고 원본과 함께 교부함으로써 개인/기업 도장 구분 없이 당사자의 행위를 증명할 수 있습니다. 법령에 전자 계약의 효력이 종이 계약과 동일한 효력을 적용 받는다고 명시되어 있습니다. 또한 데이터를 암호화 전송하고 백업하여 보안성이 좋고 위조 및 변조가 어렵습니다.

시간당 알바를 꼭 써야 한다면 오전 알바와 오후 알바를 나누어 건당 미션으로 계약하는 것을 추천 드립니다. 창업 욕구가 강한 알바는 아무래도 알바로 배운 기술을 갖고 독립하려 하므로 지속적으로 같이 일하기 어려우니 알바에게 주는 미션은 전체 과제 하나의 프로세스를 다 맡기지 않고 작업의 부분 부분 분할해서 맡기는 게 효율도 좋고 많은 결과물을 얻기도 좋습니다.

예) 상품 등록 알바인 경우

한사람에게는 원래 사이트 이미지 다운로드와 파일명 키워드 변환과 키워드 추출만 맡기고, 다른 사람에게는 상세 페이지 작성과 alt 값만 맡깁니다. 그리고 나머지 사람에게는 상품 리스트를 베이스로 검색옵션을 비롯한 여러 항목 기재해서 등록만 맡기는 방식이죠. 하루 풀타임 근로계약은 얼마 가지 않아 루즈해지기 쉽다는 점을 기억하세요.

9) 아웃 소싱 업체
- 라우드소싱 - 디자이너 플랫폼, 디자인 외주
- 크몽 - 비즈니스 파트너 찾기
- 오투잡 - 재능마켓(디자인, 마케팅, 번역, IT 개발 등)
- 탈잉 - 여러 가지 강좌 수강 가능(베이킹부터 엑셀까지)
- 숨고 - 전문지식 관련 고수 찾기
- 재능넷 – 재능마켓, 재능기부(https://www.jaenung.net)
- 넷뺑 - 외부 직원이 되어드립니다.(https://netbbang.com)
- 재능마켓 재능아지트(http://www.skillagit.com/main/main.php)
- 위드몬 - 재능마켓(https://withmon.com)

④ Next Step! 사업의 시스템화

❶ 나를 위해 수익을 내주는 구조를 구축하자.
❷ 한국에서 구매가 어려운 중국 상품들을 취급해보자.
❸ 멤버십 단톡 방 활동/오프라인 정모에 참여해서 정보를 얻자.
　궁금한 업무는 계속 생긴다.
　돈이 되는 커뮤니티를 활용해야 한다.
❹ 판매 대행 수행사 활용 기회를 찾는 것도 좋다.
　내 물건을 상위 노출 판매 전문가 그룹을 활용해서 팔아 보자.
❺ 온라인 판매 솔루션 활용을 잘만 이용하면 능률이 높아진다.
　내 아이템을 도매 솔루션에 태워 나를 위해 셀러들이 판매하게 하자.

잠깐만요! 사소하지만 잘 모르는 꿀 TIP

도메인, 무료 호스팅, 무료 홈페이지 제작 사이트 소개

Dothome 닷홈(https://www.dothome.co.kr)

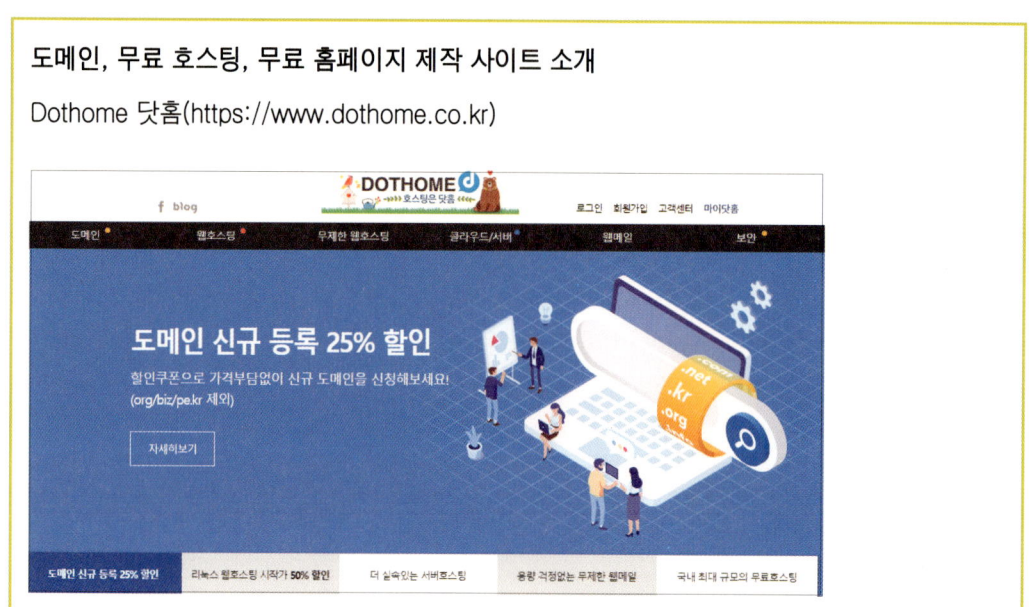

Part Ⅳ 돈이 들어오는 업무 루틴

Section 16 구매 대행 사업자의 세무
Section 17 정부 지원/공공
Section 18 비즈 원칙
Section 19 글로벌 셀링 용어와 참조

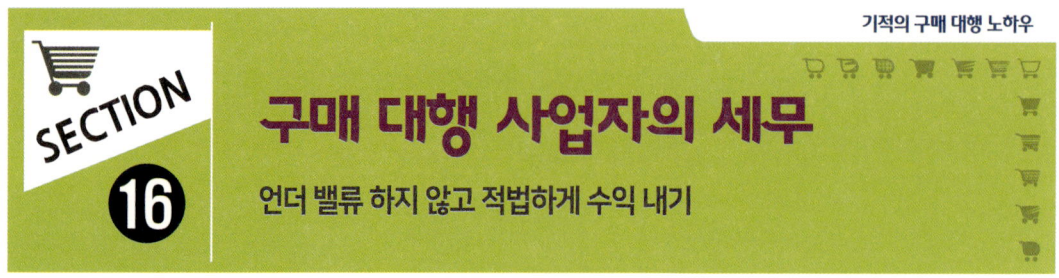

구매 대행 사업자의 세무
언더 밸류 하지 않고 적법하게 수익 내기

아! 세금 많이 내고 싶다!

초보 창업자는 절세보다는 당장 많은 매출로 제발 세금 좀 많이 내고 싶은 마음이 듭니다. 구매 대행 사업자가 기본적으로 꼭 알아야 하는 내용만 간단하게 요약해 보았습니다.

1) 하나의 스마트스토어에서 위탁 판매와 구매 대행 상품을 같이 팔아도 괜찮나요?
- 이것의 세금 처리가 제일 궁금해

국내 판매와 구매 대행은 세금 처리가 다릅니다. 구매 대행은 사업자 등록 증상에 '업태'에 '서비스'가 등재되어 있어야 고객이 내 마켓에서 주문 시 결제한 금액에서 그 상품을 해외에 구매하는데 드는 비용을 공제한 차액을 매출로 신고할 수 있습니다.

반대로 드랍 쉬핑의 구조는 비슷하지만 '국내의 위탁 판매'는 고객이 내 마켓에 결제한 금액이 매출액이 되고 이 상품을 구하기 위해 도매 업체에 결제한 금액이 비용이 되므로 구매 대행과 위탁이 같은 금액이 과세 표준(세금 대상)이 되지만 매출이 지나치게 높게 산정되어 연간 80,000,000원의 매출을 금방 초과하게 되므로 간이 과세자의 세금 혜택의 이점을 쉽게 버리게 되는 결과를 낳게 됩니다.

따라서 하나의 마켓에서는 구매 대행과 위탁 판매의 상품을 같이 전시하면 나중에 세금 신고시 이를 구별하는 작업이 어려우므로 별도의 마켓에 구분하여 상품을 진열하는 것이 좋습니다. 그리고 원칙적으로 간이 과세자는 사입을 할 수 없습니다. 간이 사업자이면서도 중국에서 물건을 사입하여 사무실에 쌓아 놓고 판매를 하는 분들이 많은데 원칙적으로는 불법입니다.

간이 과세자는 세금 혜택이 큰 만큼 반대로 부가세 환급은 받지는 못합니다.

마켓에 중국 구매 대행 상품과 미국 구매 대행 상품을 같이 담아서 판매하는 것은 전혀 문제될 것이 없으나 일반 소매 판매 상품과 구매 대행 상품을 같이 판매하는 것은 세무 소명 시 건건이 매출을 발라내는 것이 매우 힘들어 집니다.

> 하나의 마켓에 구매 대행과 위탁 판매 상품을 같이 진열하지 말고 사업자를 별도로 내거나 마켓을 별도 관리하라.

2) 간이 과세자의 혜택을 최대한 누리라는 것이 무슨 뜻이예요?

간이 과세자는 일반 사업자에 비해 세금의 혜택이 많습니다.
일반 사업자는 매출에서 매입을 뺀 이익에서 과세율을 곱해서 결정 세액이 산출되지만 간이 과세자는 여기의 과세 표준에서 간이 세율을 다시 곱해서 세액을 산출하므로 국가에 내는 돈이 현저하게 적다고 보면 됩니다. 그러니까 보통의 경우 간이 과세자가 유리하다는 뜻이죠.
간이 과세자와 일반 과세자를 구분 짓는 매출액 기준은 연간 8,000만 원으로, 매출에 따라 세금 계산서 발급도 가능 해 졌습니다.

3) 언더 밸류 하면 잘 걸리나요?

예, 요즘 잘 걸립니다. 귀신 잡는 세관이 되어 가고 있습니다.
사실 이것은 기본적으로 세무서 보다는 관세청과의 문제입니다만 언더 밸류를 반복하면 세무 신고도 꼬이게 됩니다.

언더 밸류라는 것은 보통 배대지에서 한국으로 통관될 때 매입한 상품의 가치를 고의로 낮게 기록하여 관·부가세를 회피할 목적으로 하는 치팅 행위인데 이러한 위법의 소지가 있는 판매는 처음부터 하지 않는 것이 좋습니다. 언더 밸류를 당연시하던 시절도 있었는데 언더 밸류하는 방법으로 돈 많이 버는 사람 별로 못 봤습니다. 요행히 안 걸려도 결국은 대가를 치르게 됩니다.
한편, 구매 대행으로 들어온 물건이 재판매되는 것은 불법입니다.

또한, 같은 드랍 쉬핑 사업이라도 국내 B2B 위탁 판매와 구매 대행은 다르며 사입 판매는 또 전혀 별개의 영역임을 잊지 말아야 할 것입니다.

구매 원가는 투명하게, 관세를 피할 목적으로 언더 밸류 기장 마라!

4) 구매 대행업 세금 신고시 주의할 사항 있나요?

- 매출 신고 시 구매 대행 사업자의 매출 산정 기준을 명확히 해야 합니다.
- 즉, 구매 대행 수수료와 마진을 매출로 신고해야 합니다.
- 하나의 마켓에 소매와 구매 대행 상품이 섞이지 않는 것이 좋습니다.
- 가급적 사업자를 따로 운영하거나 마켓을 분리하는 것이 정산에 유리합니다.
- 또 세무서의 매출 소명 요구 시를 대비하여 자료를 잘 보관하여야 합니다.
- 정식 수입이나 병행 수입 사업자가 아니므로 사무실에 재고를 보유하지 않아야 하며 고객에게 현지에서 직접 배송해야 합니다.

5) 매출/매입 내역 잘 매칭하여 정리하는 방법

구매 대행 사업에서 발생한 매출 건마다 매입 내역과 일치시켜서 sorting 할 수 있어야 합니다. 대개의 경우 관할 세무서 담당이나 처음 접하는 세무 사무소는 구매 대행의 매출 개념이 없어서 그들이 공부를 하고 이해하기보다 납세자가 소명하라고 요구하는 게 일반적입니다.

이때 한 해 동안 발생한 구매 대행의 매출 내역과 매입 내역이 매칭이 되어야 소명이 가능하게 되는데 이럴 때 가장 기본적으로 준비 되어야 하는 방법이 마켓의 '상품 주문 번호'를 배대지 '사용자 번호' 또는 비고란에 기입하여 세금 신고 시기에 한 번에 엑셀로 다운받아 해외 매입 내역을 준비하고, 마켓에서도 매출 내역을 엑셀로 다운받아 대조하여 매칭하면 손쉽게 규명이 될 수 있습니다.

이때 주의해야 할 사항은 배대지 신청서 쓰는 란에 마켓의 상품 주문 번호를 평소에도 기입하는 습관과 배대지 신청서에 해외에서 구입한 물건 가격을 정확하게 기재해 놓는 것이 중요합니다. 마켓에서 받은 주문이 아니라 전화나 다른 채널로 개별 판매한 건들은 반드시 별도 관리해서 소명 자료에 붙여야 정확한 금액이 나오게 됩니다.

아래는 구매대행 세금신고 후 셀러에게 소명신고 요구가 있을 경우를 대비해서 사업자가 평상시 습관적으로 준비해야 하는 업무 방법을 말합니다. 배대지 신청서에 마켓의 상품주문번호를 기록하는 것이 핵심입니다.

소명에 대비한 평상시 배대지 신청서 작성 예)

배대지에 상품주문번호를 기록할 공간

[스마트스토어 상품 주문 번호]

세무서에서 소명 자료 요청 시 증빙 자료

상품 주문 번호를 활용해서 매출에 따른 지출 내역을 Sorting하여 매칭, 정리한다. 배대지 사용 내역과 마켓의 매출 자료를 엑셀로 동시에 내려 받아서 상품 주문 번호를 매칭시키면 매출≒매입건이 자연스럽게 규명될 수 있습니다.

6) 자영업자를 위한 간단한 무료 ERP 회계 영업 관리 프로그램 좀 추천해 주세요.

1. 경영 혁신 플랫폼 소프트웨어 오픈 마켓

https://market.smplatform.go.kr

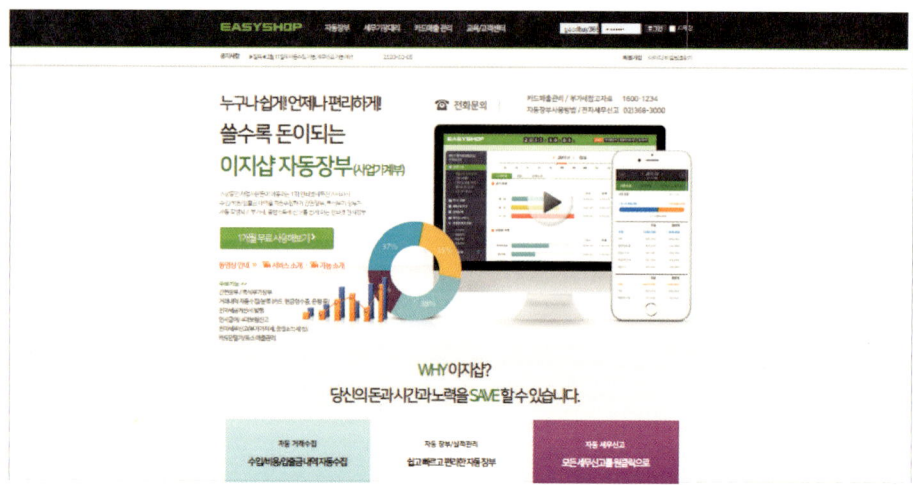

2. 스마트 기장 서비스 제로택스

https://ztax.co.kr/

3. Q머니 간편 장부
소상공인에게 큰 인기를 누리는 프로그램으로 도움이 많이 되는 프로그램입니다. 카페도 운영해서 궁금한 것을 공유할 수 있습니다.

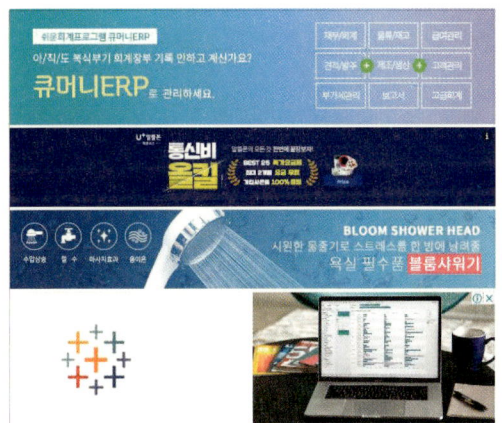

4. 디지택스
간편 장부, 복식 부기, 부가세, 소득세, 법인세, 원천 징수 신고, 자동 장부, 전자 장부, 인터넷 세무 회계 서비스

http://www.dztax.com

7) 마켓 외에서 따로 파는 거 고객이 카드로 결제한다는데 어떻게 하죠?

■ 페이앱 PAYAPP(스마트폰 간편 결제)

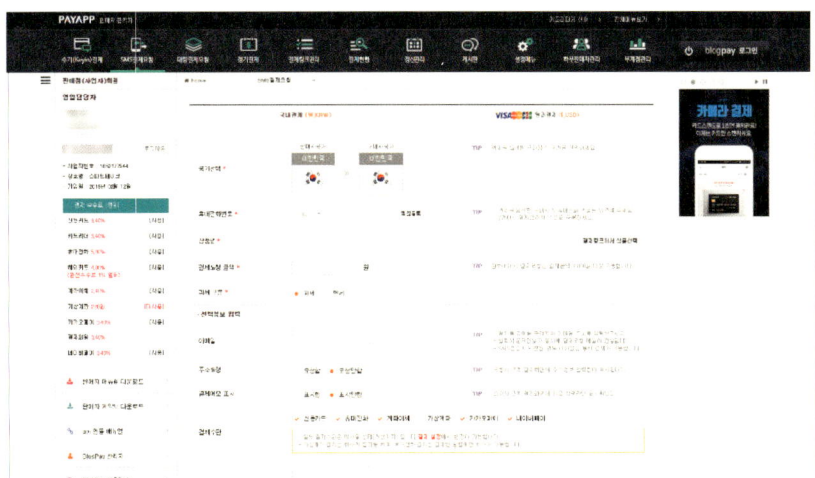

- 페이앱은 판매자와 구매자가 있는 곳이면 어디서나 카드 결제가 가능한 결제 시스템을 지원합니다.
- 페이앱은 온라인과 오프라인 카드 결제를 모두 지원합니다. 온라인의 블로그나 밴드 등에서 상품 판매를 할 때 페이앱을 통해 온라인 주문서 결제 링크를 넣을 수 있으며 고객에게 SMS나 카톡을 통해 결제 요청도 가능합니다.
- 온라인 주문서의 경우 카드 결제는 물론, 무통장입금과 휴대폰 결제, 장바구니 기능을 지원하며 현금 영수증 발행도 가능합니다.
- 페이앱은 구매자의 상황에 맞추어 다양한 방법으로 결제를 받을 수 있다는 장점이 있는데 원격지 고객인 경우 SMS 결제 요청이나 수기 결제로 요청할 수 있고 구매자와 만나서도 리더기가 필요 없이 카메라 결제나 삼성페이 결제로도 가능합니다.
- 페이앱은 간단한 등록 과정만 필요해서 손 쉬운 절차로 이루어지며 결제 수수료는 통상 부가세 포함 3.74% 정도이며 정산 주기는 영업일 +5일 내외입니다. 오픈 마켓이나 자사몰이 아니라도 누군가에게 돈을 카드로 받으려면 쉽게 해결할 수 있는 유용한 결제 수단입니다.

8) 해외 구매 대행 현금 영수증 발급 방법

고객이 구매 대행에 대한 현금 영수증을 원할 경우에는 고객이 결제한 금액에서 구매 대행 서비스 수수료와 제비용을 제외한 차액에 대한 현금 영수증만 발행하면 됩니다. 사업자의 홈텍스 발급 현금 영수증 현황은 연도별, 월별로 조회가 가능합니다.

예) 고객이 결제한 금액이 200,000원이고 해외 사이트에서 구입한 나이키 운동화의 매입비가 150,000원+ 배송료 15,000원, 구매 대행 수수료 35,000원이면

200,000원-(150,000+15,000원) = 35,000원이므로 35,000원만 현금 영수증을 발행하면 됩니다.

홈텍스에 로그인 후
❶ 조회/발급 → 현금 영수증 → 현금 영수증 발급
❷ 홈텍스 발급 시스템 현금 영수증 발급 등록
   현금 영수증 발급 → 홈텍스 발급 신청 → 담당자명과 담당자 연락처 기록
❸ 현금 영수증 승인 거래 발급 요청
   현금 영수증 발급 → 승인 거래 발급, 발급 완료 후 영수증 형태로 출력이 가능함
❹ 현금 영수증 취소 시
   현금 영수증 발급 → 취소 거래 발급
❺ 현금 영수증 발급 결과 조회
   현금 영수증 발급 → 발급 결과 조회

9) 주요 품목별 과세 정보를 알려주세요.

일반적인 내용은 쉽게 알 수 있으나 긴가민가하는 품목들이 있습니다.

말린 과일은 면세
제34조(면세하는 미 가공 식료품 등의 범위)
① 법 제26조 제1항 제1호에 따른 가공되지 아니한 식료품(이하 이 조에서 "미가공식료품"이라 한다)은 다음 각 호의 것으로서 가공되지 아니하거나 탈곡·정미·정맥·제분·정육·건조·냉동·염장·포장이나 그밖에 원 생산물 본래의 성질이 변하지 아니하는 정도의 1차 가공을 거쳐 식용으로 제공하는 것으로 한다.

여성용 생리 처리 위생 용품의 수입에 대해서는 부가가치세 과세
부가가치세법 제12조 제1항 제3호의 2의 규정에 의한 여성용 생리 처리 위생 용품(생리대)의 수입에 대하여는 부가가치세가 과세됩니다. 국내의 생리대와 어른 용 기저귀는 면세지만 수입하는 생리대는 과세라는 점

식품안전나라에서 해당 제품에 수입 금지 성분이 포함되어 있지는 않는지 확인합니다.

식품안전나라(https://www.foodsafetykorea.go.kr/portal/board/boardDetail.do)

(10) 종합 소득세 세율 – 과세표준별 세율을 확인하자

※ 세율 적용 방법 : 과세표준 × 세율 - 누진공제액

〈예시〉 2018년 귀속
과세표준 30,000,000원 × 세율 15% - 1,080,000원 = 3,420,000원

종합소득세 세율 (2018년 귀속)

과세표준	세율	누진공제
12,000,000원 이하	6%	-
12,000,000원 초과 46,000,000원 이하	15%	1,080,000원
46,000,000원 초과 88,000,000원 이하	24%	5,220,000원
88,000,000원 초과 150,000,000원 이하	35%	14,900,000원
150,000,000원 초과 300,000,000원 이하	38%	19,400,000원
300,000,000원 초과 500,000,000원 이하	40%	25,400,000원
500,000,000원 초과	42%	35,400,000원

종합소득세 세율 (2017년 귀속)

과세표준	세율	누진공제
12,000,000원 이하	6%	-
12,000,000원 초과 46,000,000원 이하	15%	1,080,000원
46,000,000원 초과 88,000,000원 이하	24%	5,220,000원
88,000,000원 초과 150,000,000원 이하	35%	14,900,000원
150,000,000원 초과 500,000,000원 이하	38%	19,400,000원
500,000,000원 초과	40%	29,400,000원

종합소득세 세율 (2014년, 2015년, 2016년 귀속)

과세표준	세율	누진공제
12,000,000원 이하	6%	-
12,000,000원 초과 46,000,000원 이하	15%	1,080,000원
46,000,000원 초과 88,000,000원 이하	24%	5,220,000원
88,000,000원 초과 150,000,000원 이하	35%	14,900,000원
150,000,000원 초과	38%	19,400,000원

종합소득세 세율 (2012년, 2013년 귀속)

과세표준	세율	누진공제
12,000,000원 이하	6%	-
12,000,000원 초과 46,000,000원 이하	15%	1,080,000원
46,000,000원 초과 88,000,000원 이하	24%	5,220,000원
88,000,000원 초과 300,000,000원 이하	35%	14,900,000원
300,000,000원 초과	38%	23,900,000원

종합소득세 세율 (2010년, 2011년 귀속)

과세표준	세율	누진공제
12,000,000원 이하	6%	-
12,000,000원 초과 46,000,000원 이하	15%	1,080,000원
46,000,000원 초과 88,000,000원 이하	24%	5,220,000원
88,000,000원 초과	35%	14,900,000원

종합소득세 세율 (2009년 귀속)

과세표준	세율	누진공제
12,000,000원 이하	6%	-
12,000,000원 초과 46,000,000원 이하	16%	1,200,000원
46,000,000원 초과 88,000,000원 이하	25%	5,340,000원
88,000,000원 초과	35%	14,140,000원

종합소득세 세율 (2008년 귀속)

과세표준	세율	누진공제
12,000,000원 이하	8%	-
12,000,000원 초과 46,000,000원 이하	17%	1,080,000원
46,000,000원 초과 88,000,000원 이하	26%	5,220,000원
88,000,000원 초과	35%	13,140,000원

종합소득세 세율 (2005년~2007년 귀속)

과세표준	세율	누진공제
10,000,000원 이하	8%	-
10,000,000원 초과 40,000,000원 이하	17%	900,000원
40,000,000원 초과 80,000,000원 이하	26%	4,500,000원
80,000,000원 초과	35%	11,700,000원

(11) 세무사 쉽게 구하는 방법

구매 대행의 메커니즘을 잘 이해하고 있는 세무사가 생각보다 적습니다. 세무사 가격 비교 사이트(세무통)의 도움을 받아 보세요.

[https://semutong.com]

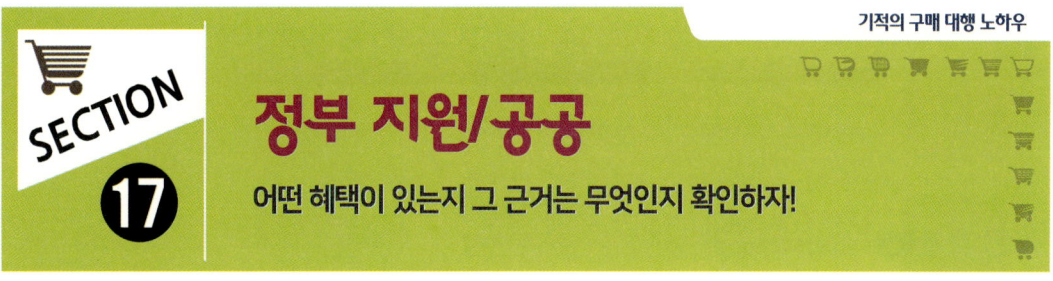

1 근로 장려금이란?

열심히 일을 하지만 소득이 적어 생활이 어려운 근로자 또는 자영업자, 종교인 가구에 대하여 총 급여액 등(근로 소득, 사업 소득, 종교인 소득을 합산한 금액)에 따라 산정된 근로 장려금을 지급함으로써 근로를 장려하고 실직 소득을 지원하는 제도입니다.

1) 자격 요건 1

근로 장려금 반기 신청은 근로 소득만 있는 거주자가 **가구원 모두의 재산 합계액이 2억 원 미만이면서 부부 합산 총소득이 기준 금액 미만인 경우 신청**할 수 있습니다.

- 가구별 기준 금액은 단독 가구 2000만 원, 홑벌이 가구 3000만 원, 맞벌이 가구 3600만 원
- 3월에 신청하지 못한 경우에 5월에 신청 가능함(3월 신청 시 6월 지급 예정, 5월 신청 시 9월에 수령 가능함)

2) 자격 요건 2

2019년 중 근로 소득만 있는 거주자(배우자 포함)로서 아래 요건을 모두 충족할 것

- 소득 요건: 2018년 부부 합산 연간 총소득 및 2019년 부부 합산 연간 근로 소득이 가구원 구성별 기준 금액 미만일 것
- 재산 요건: 가구원 소유 2018.6.1. 현재 재산 합계액이 2억 원 미만일 것

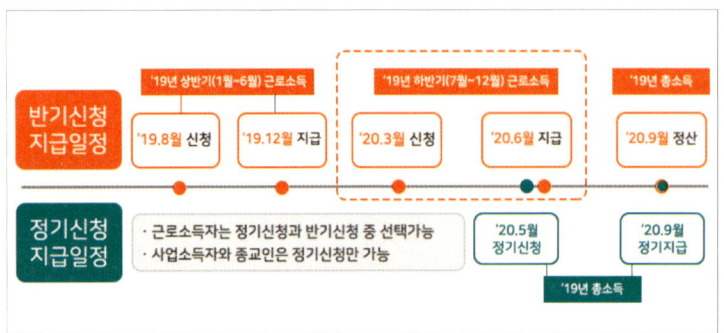

[출처 - 사람인]

3) 신청 기간

근려 장려금은 연간 근로 장려금을 상·하반기로 나눠 1년에 두 번 지급됩니다. 전년도 하반기 근로 소득에 대한 근로 장려금(상반기 신청 분)은 6월에, 상반기 근로 소득에 대한 근로 장려금(하반기 신청 분)은 12월에 지급됩니다.

최대 지급액은 단독 가구 : 52만 5000원/홀벌이 가구 – 91만 원/맞벌이 가구 105만 원

4) 신청 방법

[ARS 전화]
1. 1544-9944로 전화
2. 장려금 신청은 1번
3. 개별 인증 번호, 주민등록번호 뒤 7자리 입력 후 #
4. 신청하기 1번

[모바일 홈텍스]
1. 모바일 홈텍스 다운로드 및 실행
2. 자주 찾는 서비스 -19년 하반기 근로 장려금 신청- 선택
3. 개별 인증 번호, 주민등록번호 뒤 7자리 입력 후 #
4. 신청하기 1번

[홈텍스]
1. 홈텍스 사이트 접속 후 로그인
2. 근로 장려금 신청 안내(화면 상단 배너) 신청 바로 가기 클릭
3. 간편 신청하기
4. 계좌번호, 연락처 확인(수정 가능) 후 신청하기

[홈텍스(신청 안내문을 받지 않은 경우)]
1. 홈텍스 사이트 접속 후 로그인
2. 근로 장려금 신청 안내(화면 상단 배너) 신청 바로 가기 클릭
3. 일반 신청하기
4. 신청 요건 확인 후 연락처와 계좌번호 확인 후(수정 가능) 신청하기

[기타(하반기 신청에 한함, 신청 안내문을 받은 경우)]
- 전화 신청 – 장려금 전용 콜센터 상담원을 통해 전화 신청
- FAX, 우편 제출 – 안내문과 함께 발송된 '근로 장려금 신청 요청서'를 세무서 방문 없이 FAX나 우편으로 제출

* 세무서장에게 근로 장려금을 신청하여 줄 것을 요청하는 양식
(※ 요청서 양식을 수령한 50대 이상 안내 대상자에 한함)

※ 지방청별 전용 콜센터 전화번호

서울청	02-2114-2199
중부청	031-888-4199
부산청	051-750-7199
인천청	032-718-6199
대전청	042-615-2199
광주청	062-236-7199
대구청	053-661-7199

[출처 : 국세청 공식 홈페이지]

2 소상공인 지원

1) 소상공인 기본법 및 지원 정책

소상공인 기본법 국회 통과

소상공인이 경제 정책 독립 분야로 인정되는 당당한 경제 주체가 되었음을 의미합니다. 따라서 정부는 3년마다 지원 계획을 수립하게 됩니다.

모호한 자영업 개념으로는 전문직, 고소득 기업, 프리랜서 등 개념이 혼재될 수밖에 없어 소상공인 기본법 제정을 통해 소상공인들의 사회 경제학적 정립을 명확히 규정하여 권리를 보호하기 위한 목적입니다

국회 산업 통상 자원 중소 벤처기업 위원회는 소상공인을 별도의 지원 대상으로 분리한 소상공인 기본법 제정안을 처리했습니다. 법안은 기존 중소기업 기본법에 따른 중소기업 정책 대상의 일부로 간주했던 소상공인을 독자적으로 분리해 이들에 대한 종합적·체계적 지원이 가능케 되었으며 소상공인이 명확한 경제 주체 집단임을 법으로 명문화된 것에 큰 의미를 갖게 되었습니다.

달라질 주요 내용으로는 [소상공인 고용·산업재해·연금 보험료 일부 지원], [소상공인 공동이익 증진을 위한 단체 결성], [소상공인의 날 기념일 신설], [소상공인 유통 판로 현대화], [명문 소상공인 발굴 제도 실시] 등입니다.

향후 각론에 부합한 소상공인 지원 정책들이 차례차례 발표될 것으로 예상되는 만큼 자영업자들은 항상 촉각을 곤두세우고 혜택을 받을 시기를 놓쳐 아쉬워하는 일이 없도록 사업자 각자가 챙겨야 할 일이라고 봅니다.

소상공인이 주목해야 할 정부 지원 7대 정책

자금 지원	공간 임대	교육 지원	세무 지원
판매 지원	정보화 지원	조합 지원	

여기에서 정보 참고해보세요!

소상공인 보호 및 지원에 관한 법률(국가법령정보센터를 참고)

www.law.go.kr > lsInfoP

- 중소벤처기업부(소상공인정책과), 042-481-3988
- 중소벤처기업부(판로지원과), 042-481-8919
- 중소벤처기업부(판로지원과), 042-481-8919
- 중소벤처기업부(소상공인정책과), 042-481-3988

2) 소상공인 보호 및 지원 관련 법률

아래는 소상공인 보호 및 지원에 관한 법률 중 주요 골자만 첨부했습니다. 아는 분들의 주관적인 의견보다 셀러가 법률을 직접 확인하는 것이 좋습니다.

소상공인법은 내일연구소 카페 (cafe.naver.com/255) 참조

3 공공 사이트

알아 두면 도움이 되는 공공 사이트

- BI-Net 창업 보육 센터 네트워크 시스템(https://www.bi.go.kr/main/main.do)
- 경기 여성 정보 꿈수레(https://www.dreammaru.or.kr/www/index.do)
- 경기 여성 꿈마루(https://www.dreammaru.or.kr/www/index.do)
- 경기도 일자리 재단(https://www.gjf.or.kr/gjf/index.do)
- K-Startup(http://www.k-startup.go.kr)

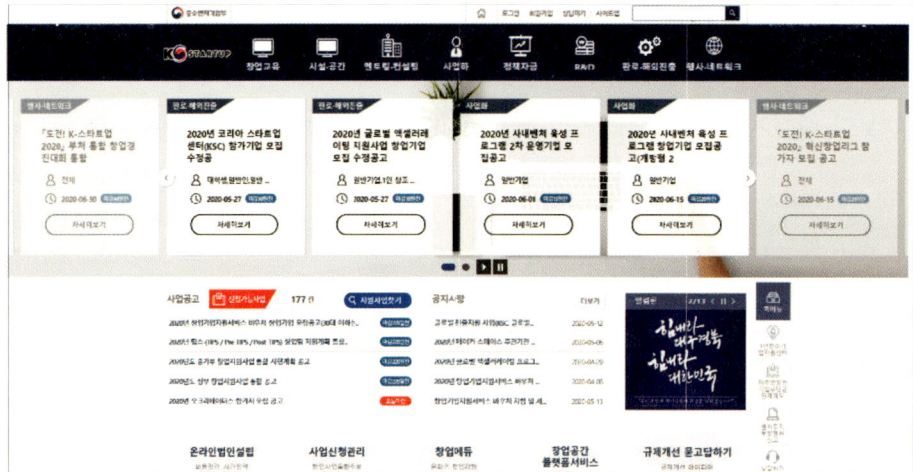

[K-Startup 공고 http://www.k-startup.go.kr]

- 서울시 50플러스 포털(https://50plus.or.kr)
- 서울 창업 허브(http://SEOulstartuphub.com)
- 기업 마당(http://www.bizinfo.go.kr/cmm/main/mainPage.do)
- 청년일자리 도약 장려금(https://bit.ly/43wBV7Z)
- 소상공인 시장 진흥 공단(https://www.semas.or.kr/web/main/index.kmdc)

[소상공인 정책 자금 접수 활용(//www.semas.or.kr)]

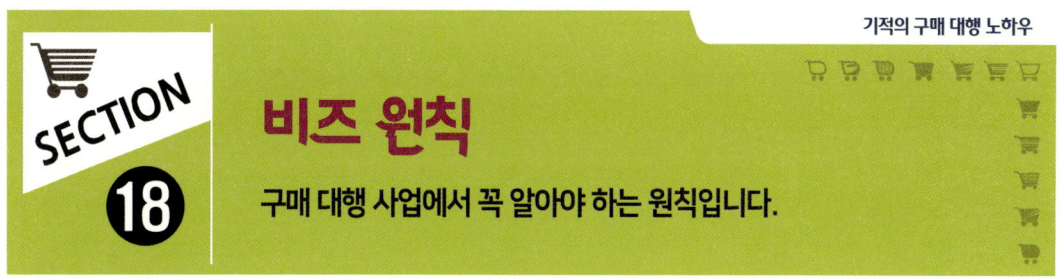

비즈 원칙
구매 대행 사업에서 꼭 알아야 하는 원칙입니다.

1 온라인 판매 전 기본적인 체크 사항

온라인에서 판매시 다음 사항들은 습관적으로 체크해야 합니다.

여러 차례 해보면 금방 익숙해지겠지만 처음엔 적어 놓고 항상 체크하는 것이 좋습니다.

- 소싱 전 식약처 수입 금지 품목 리스트, 소비자보호원 구매 대행 피해 사례 품목 확인
- Kipris에서 상표권 등 지적 재산권은 확인하고 등록하는가?
- 병행 수입 가능 여부 유니패스에서 조회하라
- 어린이 안전 제품 기준에 위반되지 않는 품목인가?
- 수입 식품, 건강 기능 식품을 구매 대행을 하기 위해 교육과 영업증은 취득했는가?
- 화장품 책임 판매업 영업 허가를 받았는가?

2 마켓 별 다른 노출 정책을 알자

■ 일반 오픈 마켓 & 소셜 마켓 정책
- 고객이 한자리에서 다양한 상품을 접하고 이탈하지 않고 구매하게 한다.
- 상품 페이지에 진입하면 스크롤 압박이 느껴질 정도로 끝없는 옵션 나열 방식
  예) 위메프, 티몬

■ 네이버 쇼핑 & 스마트스토어 정책
- 고객이 원하는 대로 검색 로봇이 노출해주고 고객이 가장 쉽고 편리하게 결제하게 한다. 옵션수가 적고 단일 상품에 한눈에 쉽게 이해할 수 있는 방식을 지향한다.

    예) 나이키 플라이니트2 블랙 260mm라고 조회하면 바로 그 상품이 나오게 또 바로 그 자리에서 결제하게…

- 지마켓, 11번가도 트랜드를 따라 단일 상품 등록을 권장하고 있다.

3 묘하게 적용되는 파킨슨 법칙 & 파레토 법칙

■ Parkinson's law

> 제발 집중해서 해치우자!
> 행동 계획: 마감 효과(데드라인을 반드시 정해라)

- 사전에 일일 활동을 계획하자.
- 일일 플래너에 각 활동의 기한을 입력하자.
- 더 나은 생산성을 달성할 수 있도록 시간 간격을 짧게 유지하자.
- 무엇을 하든지 마감 시간 안에 끝내자.
- 마감 기한을 넘기면 불필요한 작업을 건너뛰자.
- 산만하게 일하지 말자.
- **그렇지 않으면 주문이 고통스러워진다. 명심하자!**

■ Pareto's law

> 결국 나를 먹여 살리는 상품은 전체의 20% 이하다!
> 행동 계획 : 선택과 집중

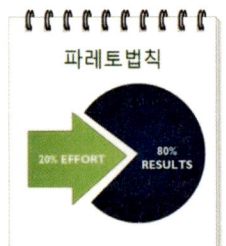

알쓸신잡 TMI

마켓의 매출에 대한 오해

많은 사람들이 상품 수 대비 조회 수 높은 키워드로 네이버 쇼핑 1페이지에 들어오면 상품 1개당 1~3개 정도의 주문을 목표로 하고 그런 상품들을 많이 모으면 내 마켓의 매출이 커질거라고 말합니다. 정말 그럴까요? 필자가 본 수많은 빅 셀러들을 봐도 그런 케이스는 거의 없습니다. 맹세코 장사를 해본 경험이 없는 분들이 그런 말씀을 하는 거라고 봅니다. 파레토 법칙 때문만이 아니라 실제로 마켓의 매출은 소수의 상품이 터져서 반복 구매하는 스타 상품이 만들어지고 그것 때문에 금세 수천만 원의 매출이 만들어지는 것이죠.

단지, 스타 상품을 만들기 위해 어느 것이 잘 팔릴지 모르기 때문에 고객의 큰 선택을 받기 위해 여러 가지 상품을 계속 올리는 것입니다.

필수 업무 루틴 세팅

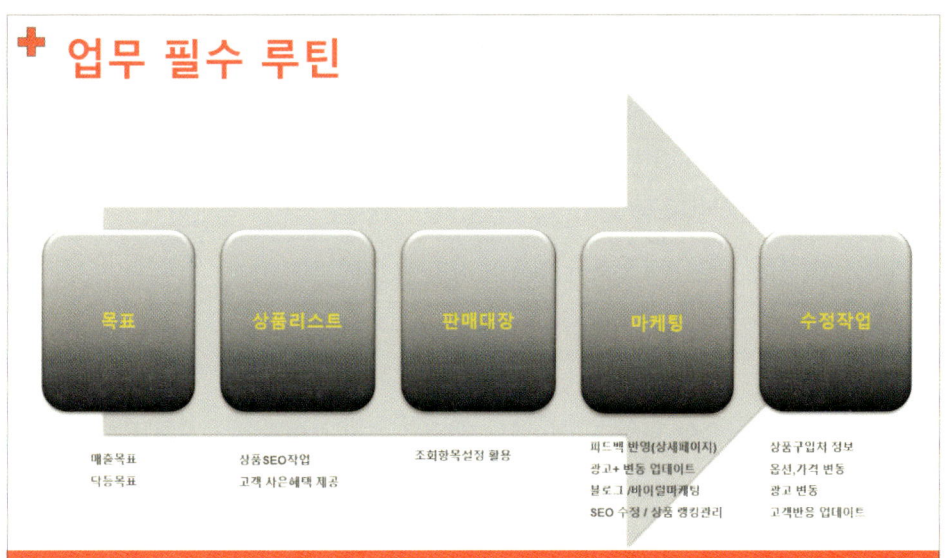

아래의 v 마케팅과 b 피드백 반영은 셀러가 매일 해야 하는 일의 업무 분장을 말합니다.

1 목표를 세우자

- 매출 목표(이번 달의 매출 목표는? 향후 6개월, 1년 후의 매출 목표)
- 닥등 목표(일주일에 몇 개를 리스팅 할까? 닥치고 등록하라는 업계 용어)

알쓸신잡 TMI

■ **오늘하루의 업무성과는 이미 어젯밤에 결정되었다!**

구매 대행 사업자의 하루 루틴은 얼리버드 전략이 월등히 효과가 좋습니다. 새벽 4시에 기상해라! 어제 밤 12시에 잠들지 않고 이대로 자기 왠지 아까워서 좀 더 생산적인 일을 하려고 컴퓨터 앞에 앉았다가 결국 쓸데없는 웹 서핑이나 유튜브만 보다 잠들지 않았는가?

새벽 4시에 일어나세요. 눈곱도 떼지 말고, 양치질도 하지 말고 식구들 다 잘 때 컴퓨터를 켜세요. 이미 준비한 엑셀 상품 리스트와 키워드가 반영된 이미지의 폴더로 기계처럼 최적화하여 올리세요. 너무나 많은 시간이 흘렀다고 생각했는데 이제 겨우 8시반? 어느새 오늘 등록해야 할 상품 등록 목표가 어느 정도 달성되어 있을 것입니다. 심지어 독서도 가능합니다.

상상해 보세요! 오늘의 숙제를 완수한 상태에서의 출근은 하루 ALL-DAY 너무나 할 수 있는 일이 많습니다. 상품 등록 시간만큼 반드시 할애되어야 할 시간이 수정 작업 시간이고 마케팅 할 시간입니다. 어차피 오전에는 주문 처리 때문에 여력이 없어요. 그러나 숙제가 없는 하루는 너무나 여유롭고 가치 있는 업무를 할 수 있습니다.

그렇지 않으면 출근 후 상품 등록 숙제하다가 하루를 다 보내고 오히려 정시 퇴근도 못하고 밤 늦게까지 남기 일쑤입니다.

그동안 어떠셨나요? 밤늦게 주무시고 아침에 허둥지둥 일정 관리도 제대로 머릿속에 그리지도 못하고 출근하지 않으셨나요? 구글 캘린더나 네이버 캘린더에 일정이 있다고 안심하지는 않으셨나요? 아침 4시에 일어나시면 너무나 달라집니다. 습관은 보통 3~4달이면 가능합니다. 허둥지둥 정시에 딱 맞추어 출근하는 것은 사람의 향기가 없습니다.

구매 대행 라이프는 "새벽 4시에 돈의 역습이 시작됩니다."

2 상품 관리장

- 한 주간 리스팅 할 개수를 정하고 아이템을 찾아 상품 리스트를 상세하게 작성

- 상품을 올릴 후보를 엑셀로 항목별 함수를 정해 놓는다. 스마트스토어 엑셀 등록 양식, 원산지 코드, 카테고리 코드도 탭 별로 준비되어 있다.
- 상품을 올릴 때는 이 시트를 활용하여 기계적으로 초스피드로 올린다.
- 모든 상품의 관리가 이 엑셀에서 이루어지며 가격 변동, 품절, 최저가 URL 등의 관리와 반영도 여기서 한다.
- 해외 사이트의 상품명과 가격, 환율, 오픈 마켓에 올릴 가격, 마진율 설정 등을 해놓으면 좋습니다.

3 판매 대장

스마트스토어에 있는 조회항목 설정 기능을 활용하여 발주/발송 관리에 들어가서 설정 가능합니다. 셀의 순서를 조정하고 엑셀로 실적 자료를 다운받되 판매대장을 만들기 위해 별도의 노력을 하지 않도록 최소화 업무를 편하게 할 수 있는 본인만의 순서로 변경하여 운영하세요.

KEY WORDS

■ 판매 대장이란?

매일 판매되는 상품명과 옵션 정보, 구매자 지역 등을 기록하는 엑셀 장부입니다. 이를 통해 어떤 상품이 인기 있는지 앞으로 어떤 상품에 더 주력해야 하는지를 판단할 수 있으며 하루의 매출 흐름과 반품 히스토리도 리뷰할 수 있는 근거 자료가 됩니다. 그러나 이것을 작성하는 일이 힘들면 안 되겠죠? 그래서 마켓에서 내려 받을 수 있는 엑셀 자료를 조금 조정해서 작업을 최소화해야 합니다.

상품 주문이 들어왔을 때 보이는 순서를 변경할 수 있는 기능이죠. 스마트스토어 → 발주/발송 관리에 들어가서 설정 가능합니다. 업무를 편하게 할 수 있는 본인만의 순서로 변경할 수 있습니다. 엑셀 판매 대장을 만들 때 마켓에서 그날의 판매 데이터를 내려 받은 후 최대한 추가 작업을 줄이기 위해 조회 항목 설정을 통해 매출다운 자료와 판매 대장 셀을 일치시켜야 좋습니다.
판매 대장을 만들어야 상품의 트랜드나 반복 구매되는 상품의 추가 소싱과 확장을 위한 바로미터가 되며 시장 반응을 내 상품으로 직접 알 수 있게 됩니다. 즉, 새로운 상품 등록의 기준이 됩니다.

조회 항목 설정을 활용해서 필요로 하는 엑셀 셀의 순서를 정합니다. 그리고 다운로드 받은 엑셀 파일을 가급적 수정하지 말고 판매 대장으로 활용하세요.

4 마케팅

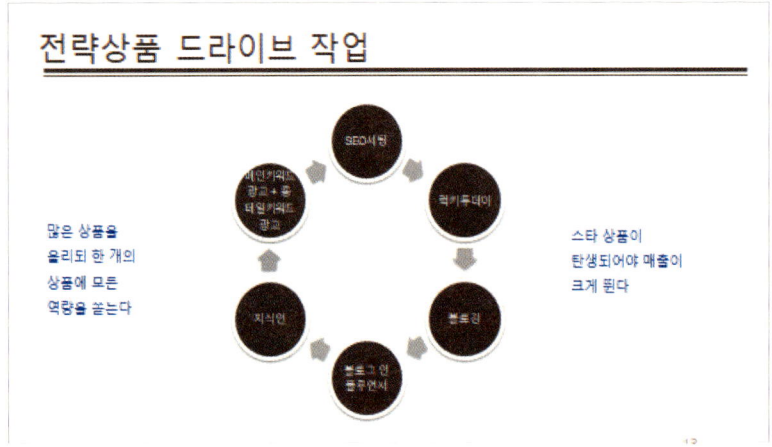

> ① 상품 SEO 작업   ② 블로그   ③ 바이럴 마케팅(Case by case)

[※ 매일 시간을 내서 일상적으로 하는 하루의 작업들입니다.]

❶ 최적화 작업 – 전 검색 영역 중 드랍 쉬핑 사업자는 일부 영역만 선택적으로 합니다. 구매 대행 상품은 내 상품이 아닌데다 내 의지와 관계없이 재고가 변동하므로 전 방위적인 마케팅은 위험이 따르겠죠.

❷ 광고는 메인 키워드와 롱테일 키워드를 적절하게 믹스해야 합니다.
핵심 상품은 메인 키워드 광고를 하지만 주문이 들어온 경험이 있는 상품은 기본적으로 롱테일 키워드 광고를 할 것을 추천합니다.

❸ 고객 사은 혜택 제공 - ex) 리뷰 이벤트, 쿠폰 제공 등 제공할 곳에 제대로 하고 있나? 체크한다. 고객을 위한 프로모션을 하고 쿠폰 지급, 구매평 확보 작업과 피드백 자료를 상세 페이지에 반영하는 작업을 합니다.

5 피드백 반영(상품 리스트+마켓 상세 페이지)

❶ 상품 구입처 정보 업데이트 : 주문이 들어오면 더 싼 곳이 있는지 찾아보고 새로운 가격을 상품 리스트와 오픈 마켓에 수정해 줍니다.

❷ 옵션, 가격 변동 내역 업데이트 : 해외 사이트의 색상, 사이즈 정보를 업데이트 합니다.

❸ 광고 변동 업데이트 : 유료로 하고 있는 키워드 광고가 효율적으로 쓰이고 있는지 체크합니다.

❹ 고객 반응 업데이트 : 고객의 리뷰에 감사 표시를 하고 고객의 영상/사진 리뷰를 상세 페이지에 올립니다.

❺ SEO 수정 작업 : SEO 작업이 잘 되어 있는지 개선 작업을 합니다.

❻ 랭킹 관리 : 키워드가 내 상품의 네이버 랭킹에 제대로 기여하고 있는지 추적 관리합니다.

5 생산성을 높이는 효율적인 도구

1 Avast SafePrice

본인이 이용하는 해외 쇼핑몰에 들어가면 자동으로 쿠폰 또는 최저가를 검색해 주는 툴입니다. 크롬 웹스토어에서 Avast SafePrice를 설치 후 사용 가능합니다.

(https://www.avast.com)

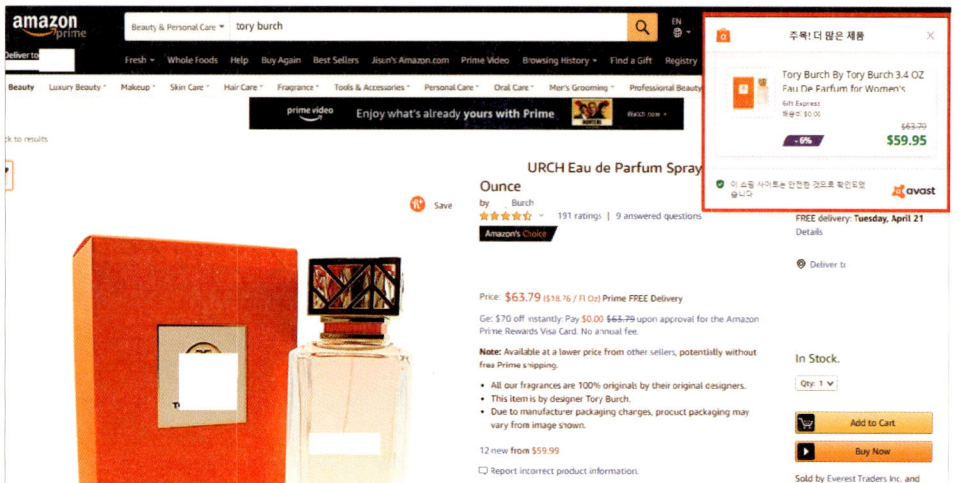

[예시] 아마존에서 Avast SafePrice 적용 후 가격 비교(크롬 브라우저)]

2 Office 서식 파일 및 테마

각종 워드/파워포인트/엑셀 양식 및 템플릿을 무료로 받을 수 있습니다.

(https://templates.office.com)

3 무료 파워포인트 템플릿 양식(Free PowerPoint Templates Design)

(https://www.free-powerpoint-templates-design.com)

4 메모 툴

북마크는 URL을 관리하기에는 부족하고, 에버노트는 너무 무겁고 복잡합니다. 포켓은 메모를 작성할 수 없을 뿐더러 검색 기능도 미흡하죠.

쉽고 강력한 Granary.pro를 사용하여, 업무, 프로젝트, 보고서 또는 관심사를 기반으로 한 체계적인 폴더에 URL을 저장하고 관리하세요.

(https://granary.pro)

5 업무 일지 – Journey(크롬 확장 앱)

일기 앱을 활용한 간편한 기록과 손쉬운 열람. 양식에 얽매이지 않고 자유스럽게 기록하고 손쉽게 엄지손가락으로 스크롤하며 리뷰 할 수 있음.

[https://journey.cloud]

6 크라우드 펀딩을 활용하자 – 매력적인 스토리텔링이 되어야 한다.

- 와디즈 – No.1 크라우드펀딩(https://www.wadiz.kr/web/main)
- 크라우디(https://www.ycrowdy.com/)
- 상품을 오픈하고 투자자와 서포터를 찾기

6 현장 경험에서 얻은 노하우 10선

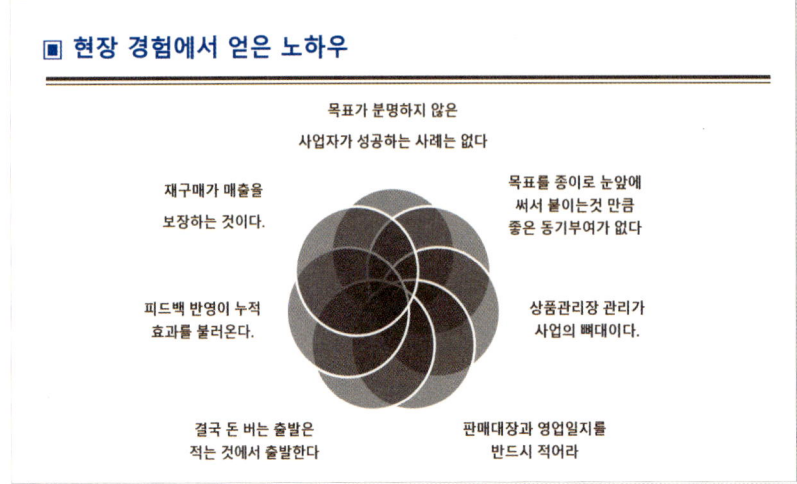

❶ 목표가 분명하지 않은 사업자가 성공하는 사례는 없다
– 목표를 종이로 눈앞에 써 붙이는 것만큼 좋은 동기부여가 없다.

❷ 상품의 리스트 관리가 사업의 뼈대이다.
– 상품 리스트는 나의 무기고 관리이다.

❸ 판매 대장과 영업 일지를 반드시 적어라.
– 결국 돈 벌어 주는 출발은 적는 것에서 출발한다.
– 어떤 것이 팔렸나? 어떤 상품을 앞으로 더 올려야 하는지 실적이 알려준다.

❹ 피드백 반영이 누적 효과를 불러온다
– 다른 고객의 반응이 새로운 고객을 탄생시킨다.
– 또, 재구매가 매출을 보장하는 것이다.

❺ 상품 PL(Personal Label)화가 핵심이다
– 무지 브랜드를 소싱하라.
– 반복 주문되는 상품은 노브랜드 상품에 내 상표를 붙여서 팔자. 내 사무실로 배송해서 사진을 찍고 상세 페이지를 새로 만들어라.
– 도매 상품도 최적화하면 나만의 상품이 된다.
– 결국, 내 상표와 나만의 색상, 나만의 로고, 나만의 포장으로 브랜딩 해야 한다.

❻ 나만의 마케팅 채널, 유튜브나 블로그 중 하나를 키워라
- 인플루언스 마케팅으로 성공하는 사례가 많다.

❼ 닥등 or 닥케어가 매출 상승 최고 비법이다.
- 매일 물을 먹듯이 습관적으로 상품 올리는데 왜 돈이 안 들어오겠나?
- 상품만 올리는 것 보다 중요한 것은 일과 중 시간을 할애해서 수정 작업을 꼭 해야 한다.

❽ 모방이 최고 효율적인 시도이다.
- 여기저기 잘 팔리는 상품 과연 내가 팔아도 효과 있을까?
  효과가 있다. 장사 안 해본 사람들은 이미 포화 상태라며 신기한 물건 찾으라 한다.

❾ 롱테일 키워드가 순위를 올린다.
- 블로그 타이틀도 카페 제목도 상품명도 포스트도 모두 롱테일 키워드가 전환율을 높인다.

❿ 검색 광고의 핵심은 기가 막힌 키워드 발굴이 아니라 정기적인 수정 작업의 효과이다.

7 현장에서 사업하면서 느낀 점

- 실적은 희한하게 계단식으로 증가하더라.
- 결국 혼자 하는 거, 너무 외롭더라.
- 그 좋다는 SNS, 전문가한테 아웃 소싱해도 구매 전환이 잘 안되더라.
- 직원 한 명씩 더 쓸 때의 지출 비용은 예상보다 훨씬 크더라.
- 결국, **시간과 인내, 선 순환되는 사업 구조의 시스템화가 핵심**
- 20% 상품이 전체의 80% 이상의 수익을 준다.
- 일을 패턴 플레이로 해보니 훨씬 나아지더라.
- 열심히 하는 게 중요한 것이 아니고 정확한 타격(Input)이 좌우
- 이러니 저러니 해도 닥등이 최고의 가치이더라.
- 딱 한 가지만 강조하라면 '목표와 엉덩이'

8 비즈 원칙

온라인 셀러님 제발 이 원칙은 잊지 마오!

- 반드시 **목표**를 정해야 한다.
- 대부분의 성공한 셀러들은 매일 등록하고 **업무일지**를 썼다.
- 틈나는 대로 기록하는 습관보다 중요한 것은 **다시 보는 것**이다.
- 모든 것을 혼자 하려하지 말고 **협업**해야 크게 번다. 손해와 이득을 너무 재지 말고 도와라.
- 상품 하나하나에 **정성**이 들어가지 않으면 절대 돈을 벌 수 없다.(언어 걸리는 주문에 기대는 사람은 평생 그런 통로만 늘리려고 하면서 제자리에 맴돌 뿐이다.)
- '아이템은 내가 좋아하는 물건인가? 잘 아는 물건인가?' 보다는 '**잘 팔리는 물건인가?**'가 더 중요하다.
- 큰 매출은 2~3개씩 주문되는 상품을 여러 개 만들면 된다?
  NOPE!! 크게 벌려면 반드시 **반복 구매 상품**이 있어야 한다.

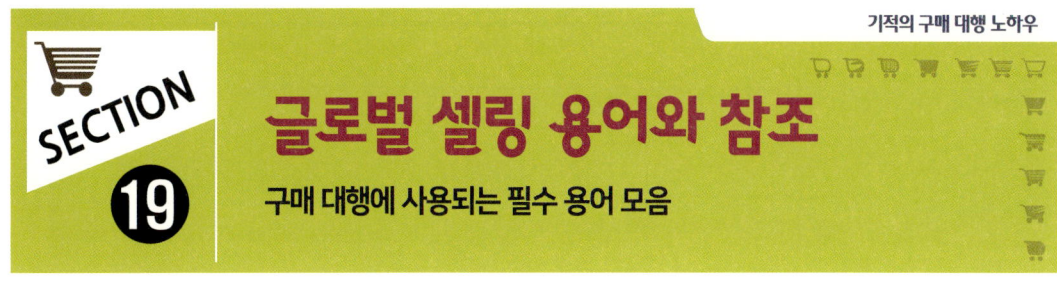

한 단계 더 Level Up!

문의나 전화할 때 당황하지 말고 용어는 미리 익혀 두자!

1 기본 셀링 용어

고시 환율	세관에서 매주 금요일 고시하는 주간 환율
과세 가격	세관에 신고 되는 최종 금액
입고	배대지로 물건이 들어옴
출고	배대지에서 검수와 계측을 마치고 선적을 위해 내보냄
오더 번호	물건을 주문할 때 마켓에서 부여하는 주문 번호
배대지	배송 대행지, 현지 물류센터
묶음 배송	두 곳 이상의 쇼핑몰에서 주문 후 한국으로 묶어서 배송
나눔 배송	배대지에 도착한 상품을 나누어 국내로 출고할 것을 요청하는 배송 형태
실측 무게	배대지에서 측정한 실제 중량
부피 무게	부피가 커서 선적을 위해 별도로 적용하는 중량 수치
블랙프라이데이	11월 마지막 주 목요일 인 추수 감사절 다음 날인 금요일을 지칭. 각 쇼핑몰마다 BIG 세일을 진행하여 저렴한 가격으로 제품 구입할 수 있음
체리 시즌	미국산 체리가 아시아로 대거 수출되는 시즌으로 선적 공간 부족으로 오프로드가 자주 발생하는 시즌

② 셀링 필수 용어, 모르면 안돼요!

쉬핑 어드레스(Shipping address)	물건 받을 주소, 배송지 주소
빌링 어드레스(Billing address)	등록된 카드 청구지
핫딜(Hotdeal)	최저가 딜, 파격 세일
트래킹 넘버(Tracking number)	해외 현지의 물건 송장 번호
오프로드(Offload)	예정된 날에 비행기 뜨지 못함
쉽비(ship fee)	배송비. 쇼핑몰에서 부과하는 배송비
프리쉽(Free shipment)	무료 배송
세일즈 택스(Sales tax) :	물건을 받는 장소가 속하는 주 정부가 부과하는 세금
미국 주별 Tax	델라웨어, 오레곤, 몬태나는 면세 구역
백오더(Backorder)	재고 부족으로 쇼핑몰에서 제조사에게 상품을 요청하는 상태

③ 까다로운 셀링 중국어 정복하기

1) 일반

天天特价	매일 특가
时间限制特价	시간제 특가
免运费	무료 배송
温馨提示	알려드립니다
产品信息	제품 정보
货号	제품 번호
产品尺寸	제품 규격
确认收货	상품 확인
颜色	색상

2) 사이즈

尺码	사이즈
尺码信息	사이즈 자료
尺码参考	사이즈 참고
美码	US 사이즈
中国码	중국 사이즈
欧码	EU 사이즈
基本单位	기본단위
厘米	cm
1尺(자)	33.3cm
1斤(근)	500g
长度(单位 : mm)	길이(단위:mm)

3) 제품핏

产品版型	제품 핏
修身	슬림 핏
版型指数	핏 지수
紧身	꼭 끼는
适中	적당한
宽松	여유 있는

4) 재질

面料质感	옷감 질감
软	부드러운
偏硬	딱딱한 편
面料弹力	옷감 탄력
无弹	탄력 없음
微弹	약한 탄력
高弹	고탄력
超弹	초고탄력

5) 무늬

黑条纺	블랙 스트라이프
格子	격자, 체크
花瑶	물결 무늬 비단
提花	자카드 무늬
条子	줄무늬
双色	투 톤

6) 둘레

腿围	다리통 둘레
腰围	허리 둘레
胸围	가슴 둘레
臀围	엉덩이 둘레
坐围	앉은 엉덩이 둘레
膝围	무릎 둘레
脚围	발목 둘레

7) 기장

衣长	기장
外长	총 길이
前衣长	전면 기장
袖长	소매 길이
裙长	치마 길이
裤长	바지 길이
下摆	밑단
肩宽	어깨 넓이

8) 드라이클리닝

干洗	드라이클리닝
不可干洗	드라이클리닝 불가
可用各种干洗剂干洗	드라이클리닝(드라이 세제 사용 가능)

9) 다림질

熨烫	다림질
不可熨烫	다림질 불가
低温熨烫	저온 다림질
中温熨烫	중간 온도 다림질
高温熨烫	고온 다림질

10) 세탁

可漂白	표백 가능
不可漂白	표백 불가

11) 두께

薄厚指数	두께 지수
薄	얇음
厚	두꺼운
加厚	더 두꺼운

12) 신발

尺码表	사이즈 표
脚长	발 사이즈
标准脚型 (选正码)	표준 발 모양
鞋子内长	신발 내부 길이
鞋码男	신발 사이즈 남
鞋码女	신발 사이즈 여
男鞋尺码对照表	남자 신발 사이즈 대조표
女鞋尺码对照表	여자 신발 사이즈 대조표
您的脚长范围	발 길이 범위
不同脚型的尺码推荐	발 모양에 따른 사이즈 추천
此鞋尺码正	이 신발은 정 사이즈
脚掌宽大 (选大一码)	넓은 발볼
瘦脚型 (选正码)	좁은 발볼
高脚背 (选大一码)	발등이 높음
大脚趾外翻 (选大一码)	엄지발가락 밖으로 나옴
二脚趾外翻 (选大一码)	두 번째 발가락 밖으로 나옴

13) 원단

面料	옷감	柞蚕丝	터서 실크, 견주
里料	안감	苎麻	라미
全拉伸丝	원사	真丝	실크
棉	면	涤棉纱	폴리에스테르 면사
棉混纺纱线	면 혼방사	纖維纤维	인조섬유
棉晴纱	면 아크릴 혼방사	大麻	대마, 헴프
超细纤维	극세사	仿真丝	모조 명주 직물
尼龙	나일론	黄麻	황마
绡	생 명주실	羊羔毛	램스울, 양모
羊毛	울 양모	马海毛	모헤어
全羊毛纱	울 100%	开司米, 羊绒	캐시미어
毛晴纱	울 아크릴 실	帆布	캠브릭
毛涤纱	울 폴리에스테르 실	阳离子	카치온
毛, 丝纱	울 명주실	雪纺	쉬폰
毛粘纱	양모 비스코스	长丝	필라멘트
醋脂纤维	아세테이트 인조 섬유	乔其	조젯
腈纶	아크릴섬유	牛仔布	데님
马海毛	앙고라 산양 모섬유	高士宝	코시보
聚烯烃纤维	폴리아미드	玻璃纱	오건디, 오르간디

聚乙烯纤维	폴리에틸렌	缎面	새틴
高聚物	폴리머	涤捻	폴리에스테르 레이온 교직물
聚烯烃纤维	폴리올레핀 섬유	平纹	평직
丙沦	폴리프로필렌	塔丝隆	태슬론
再生纤维	재생섬유	三角异形丝	이형 섬유
纱线	실, 방적사, 얀	斜纹	트윌

14) 후기

评价	후기
有图	사진 후기
好评	좋음
中评	보통
差评	나쁨

15) 신체

体重	체중
身高	키

④ 참조

■ **집필시 참고 및 출처**

- 블로그 행복한 은우네
  출처 : https://blog.naver.com/juwaa1004/221287535911

- 업무 기본 지식_모바일이 대세
  https://www.statista.com/

- 구매 대행 실무 기초 – 신용 카드차지백
  http://blog.naver.com/shdct/221142253847

- 출처: 관세청 – 알아두면 유익한 해외 직구 통관 길라잡이

- 출처: 관세청 통관 진행 조회 방법
  https://blog.naver.com/shdct/220133181685

- 사이즈 조견표 & 통관
  출처: http://www.talekorea.com/page/page20

- FTA 인보이스 작성법
  출처 : https://blog.naver.com/overseas_purchase/221813620840

- FTP 주의 사항
  출처: https://blog.naver.com/brotherko/221419108741

- 럭키투데이
  출처: https://www.edwith.org/foodbizedu-1-02/lecture/42697/

- 크롬 캡처 steemit
  출처: https://steemit.com/kr/@debugger.break/k8obv

- 병행 수입 개념 및 병행 수입 요건
  출처: 관세청 수입 통관

- USPS
  https://personalresearch.tistory.com/63
  https://blog.naver.com/asitis2015/221406986147

- EMS 배송 조회
  출처: 인터넷 우체국(https://ems.epost.go.kr)

- 네이버 안전 거래 가이드
  출처: https://ips.smartstore.naver.com/main/rules/safety/credit

- 스마트스토어 리뷰
  출처: https://cafe.naver.com/thekwondo/2805

- C/S 공정거래위원회 - http://www.ftc.go.kr

- SEO 참조 네이버 쇼핑윈도 공식 블로그
  https://blog.naver.com/n_shopwindow/221198720640

- 세무
  출처: https://m-nes.tistory.com/222

- 국세청 홈페이지 www.nts.go.kr,
- 통계청 http://kostat.go.kr/portal/korea/index.action
- 관세청 https://www.customs.go.kr/kcs/main.do

5 구매 대행 비즈 협력사

■ 저자

[온라인 마케팅 구매 대행 전문 연구소]

■ 출판사

[incomtrend.com]

■ 협력사

[창작노하우 아이디어 기획 상품화 전문 회사]

[이미지번역 올인원 상품관리 솔루션]

[소통좋은 중국 배대지 익스프레스365]

기적의
구매대행
노하우

지은이 : 강창호
정　가 : 28,000원

발행일 : 2023년 7월 1일 1판 6쇄
ISBN : 979-11-970718-1-2

발행처 : ㈜인컴트랜드
발행인 : 김민규
주　소 : 인천광역시 부평구 부평대로 6, 6층
홈페이지 : www.incomtrend.com

내용 문의
- 코칭　　　　　　http://bit.ly/구매대행교육
- 이메일　　　　　globalbizhows@gmail.com
- 온라인강의　　　http://class101.page.link/V3oA
- 블로그　　　　　http://bit.ly/구매대행블로그
- 내일연구소 카페　cafe.naver.com/255
- 내일연구소 유튜브　bit.ly/naeillab

이 책은 저작권법에 따라 보호받는 저작물이므로 무단 전재와 무단 복제를 금지합니다.